변경의 사상

변경의 사상

일본과 홍콩에서 생각하다

후쿠시마 료타, 청육만 지음

윤재민, 정창훈 옮김

현실문화

차 례

홍콩 지도

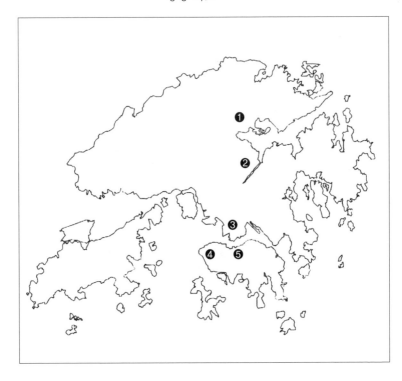

❶ 홍콩교육대학

❷ 홍콩중문대학

❸ 몽콕

❹ 중완

❺ 코즈웨이베이/빅토리아 파크

일본 지도

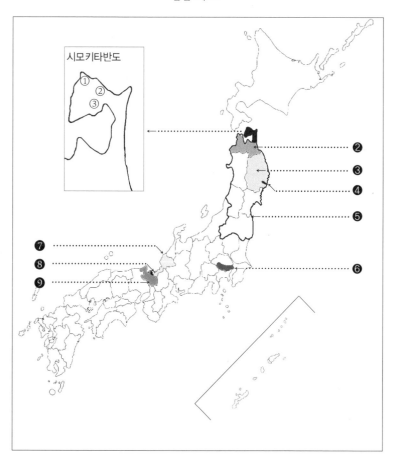

시모키타반도

① 오마마치

② 무쓰시

③ 오소레산

❶ 시모키타반도

❷ 아오모리현

❸ 이와테현

❹ 오쓰치조

❺ 도호쿠 지역

❼ 후쿠이현

❽ 오이초/오이초 원전

❾ 교토

일러두기

- 이 책은 福嶋亮大·張彧暋,『辺境の思想—日本と香港から
  考える』(文藝春秋, 2018)를 옮긴 것이다.

- 기본적으로 인명과 지명은 외래어 표기법에 맞추어 표기했
  다. 단, 중문의 경우, 신해혁명 이전 인명은 한국 한자음으
  로, 신해혁명 이후 인명은 중국 보통화 발음의 한국어 음차
  로 표기했다. 예외적으로 한국인에게 널리 알려진 인명의
  경우에는, 그것을 우선시하여 표기했다. ex) 왕가위, 장국영
  등. 또한 본문에서 언급한 도서명이나 작품명 중 국내에서
  출간되거나 소개된 경우에는 원문의 제목 병기를 생략했다.

- 1945년 이후 출생이면서 맥락상 홍콩인 정체성이 강조되
  어야 하거나 이를 존중할 필요가 있다고 판단되는 지식인,
  예술가, 정치인 등은 광둥어 발음으로 표기했으며, 홍콩 본
  토화 운동 관련 용어 중 맥락상 광둥어의 음차로 표기되어
  야 의미 전달이 보다 용이하다고 판단될 경우 광둥어 음차
  로 표기했다.

- 지은이가 본문에서 인용하는 책의 경우 국역본이 있으면
  최대한 그 서지사항을 달아주었다.

- 외국 인명/지명 등의 표기는 국립국어원에서 펴낸 외래어
  표기법을 원칙으로 하되, 국내에서 널리 사용되는 것은 관
  행을 따르기도 했다.

한국어판 서문

후쿠시마 료타

홍콩인 청육만 씨와 일본인인 내가 『변경의 사상』을 간행한 지 10년도 채 지나지 않았는데, 그사이 홍콩의 상황은 격변했다. 홍콩 시민들은 2019년 이후 대규모 반중국 시위를 벌였지만, 2020년 국가안전유지법 시행으로 언론계는 궤멸 직전의 피해를 입었고, 민주화운동은 급속히 위축되었다. 우산운동 때 거리를 뒤덮었던 젊은 시민들은 지금 어디에 있는 것일까?

영국 통치 시대의 마지막 홍콩 총독이었던 크리스 패튼 Chris Patten은 몇 년 전 인터뷰에서 홍콩이 처한 곤경을 걱정하며 "눈은 녹기 시작하면 순식간에 녹아버리고 맙니다"[1]라고 평했다. 사태를 정확하게 표현하고 있는 말이다. 자유도시 홍콩은 그야말로 눈이 녹아내리듯, 전문가도 예상치 못한 빠른 속도로 급사하고 말았다. 코로나19의 위협이 줄어들고 평화로운 일상을 회복했다고는 하나, 홍콩은 과거의 자유로운 영혼을 잃어버

---

[1]   Jeffry Wasserstrom, *Vigil: Hong Kong on the Brink*, Columbia Global Reports, 2020.

렸다.

　우산운동이 일어난 지 10년이 흐른 지금, 이 책은 골동품처럼 보일지도 모른다. 다만 당시 우리 두 사람은 홍콩이나 동아시아 세계가 앞으로 어떤 식으로 변화할지 알 수 없다는 '불가해한' 느낌을 나누면서, 중화 문명의 변경을 별자리처럼 잇는 새로운 '인지認知의 지도'를 모색하고 있었다. 우리는 자기 지식을 자부하는 전문가라기보다, 오히려 이방인이나 아마추어 같은 태도로 세계를 관찰하려고 했다.

　그 시도 자체가 무의미해졌다고 생각하지 않는다. 오히려 중국이 일대일로一帶一路 구상(우산운동과 같은 2014년에 제창되었다)을 배경으로 점점 대국화되고 권위주의적 체제가 강화되고 있는 지금이야말로, 우리는 사상의 네트워크를 끊임없이 게릴라적으로 확대, 수정, 재생하는 시도를 멈추어선 안 된다. 즉, '변경의 사상'은 아직 완결되지 않은 작업, 끊임없이 진행시켜야 할 일이다.

　영국으로 망명한 홍콩의 민주 운동가 로군충羅冠聰, Nathan Law이 말했듯이 원래 정치란 '줄타기'와 같다. 이것은 홍콩만이 아니라 현대의 어느 나라나 그럴 것이다. 미국, 중국, 러시아 같은 강대국조차 다음 해의 일을 예측하지 못한 채 정치적 결단의 주사위를 던질 수밖에 없다. 사태가 우발적으로 고조되면 누구도 그 기세를 멈출 수 없다. 그야말로 '눈이 녹기 시작하면 순식간에 녹아버리'는 것이다.

　이런 우발성은 지옥을 만드는 계기가 될 수도 있지만, 의외로 희망의 계기가 될 수도 있다. 희망은 언제나 연약하다. 그러나 우리는 단 한 번의 실패로 포기해서는 안 된다. 정면의 문이 닫혔다면 측면에 새로운 통로를 만들자는 것, 중심에서 벗어나 새로운 탈출구를 창조하자는 것, '변경의 사상'은 이러한 시도를 위한 거점이다.

청육만 씨는 많은 홍콩인과 마찬가지로 자유를 가치관의 중심에 두고 있다. 에밀 뒤르켐Émile Durkheim을 원류로 하는 신제도파New Institutionalism 사회학에 영향을 받은 그는 자유를 추상적 이념이 아니라 누적된 '진화'의 산물로 본다. 자유를 가능하게 하는 제도를 어떻게 지킬 것인가. 이 주제에 대한 대답이 그에게는 내셔널리즘이다.

　　그런 가운데서도 청 씨가 '제도'의 범주를 폭넓게 잡고, 애니메이션, 게임, 만화 같은 대중문화까지도 여기에 포함시키고 있다는 점은 흥미롭다. 청 씨뿐만 아니라 홍콩의 젊은 시민들도 시위 현장에서 일본 만화와 애니메이션을 활용했다. 지금 돌이켜보면 격세지감이 드는 일이다.

권위주의 체제는 사소한 말 한마디를 문제 삼아 그것을 죄로 만든다. 더구나 이런 경우에는 일부러 죄의 기준이나 규칙을 모호하게 한다. 그러면 사람들은 어떤 말이 정치적 문제가 될지 몰라 자기 검열을 할 수밖에 없다. 즉, 스스로 자신의 자유를 빼앗아 버린다. 국가안전유지법 이후 중국공산당은 홍콩에서 이

상투적인 수단에 의존했다. 로군충이 지적했듯이 그것은 상식을 무너뜨리고 사람을 무력감에 빠뜨리는 함정이다.

그러나 이런 교활한 통제에 굴복하여 과거의 기억까지 까맣게 잊어서는 안 된다. 홍콩 시위가 대중문화의 자원을 이용해 자유와 민주의 가치를 얼마나 호소했는지는 증언으로 보존되어야 한다. 그것은 중국의 강압적인 정치가 미치지 못하는 일본인의 몫이라고 나는 생각한다. 일본은 청 씨가 말한 '피난소'로 기능해야 한다.

대중문화의 차원에서 말하면, 지금의 동아시아에는 전례 없이 강고한 문화적 공통성이 성립하고 있다. 일본 영화비평가 하스미 시게히코蓮實重彦가 국적을 초월한 영화 유통에 주목해 "영화에는 발이 달려 있다"라고 말한 것은 대중문화의 경계 없는 성격에도 그대로 들어맞는다. 문화의 본질은 무엇보다도 복제와 유통이다. 이 발 달린 대중문화 덕분에 동아시아 변경끼리 나누는 공감대는 확연히 높아졌다. 예를 들면, 지난 20년간의 한류 붐은 일본인의 한국 이미지를 극적으로 바꿨다.

물론 한국, 북한, 홍콩, 대만, 일본 등 중화권의 '변경'이 걸어온 역사의 행보는 크게 다르다. 유럽과 달리 동아시아에서는 세계전쟁이나 전후에 대한 역사관도 공유되지 않고 있다. 그것이 서로의 충분한 이해를 가로막는 요인이다. 전쟁 책임을 모호하게 해온 일본에게 큰 과실이 있음은 말할 것도 없다. 그런 가운데서도 대중문화는 동아시아 여러 지역의 상호 이해를 위한 큰 발판이 되지 않을까. 정치와 대중문화가 교차하는 홍콩 시위의 광경을 보며 나는 그런 생각을 했다.

홍콩이 정치적 곤경에서 벗어난 미래는 현재로선 상상하기 어렵다. 그러나 그렇기 때문에 우리는 사상의 모험을 중단해서는 안 된다. 민주주의를 위한 투쟁을 계속해 온 한국의 독자들은 그것을 잘 이해해 주리라고 믿는다.

한국어판 서문

청육만

한국의 독자들에게,

나는 한국에 대해 아는 게 없다.

이는 아마 필자만의 사정은 아닐 것이다. 일본과 예전 '동아시아 네 마리 용'으로 불리던 한국·홍콩·대만·싱가포르는 각각이 처한 상황이 다른 가운데, 정치적으로 미국이라는 자본주의 진영의 혜택을 받았다. 산업화와 탈산업화에 성공한 이들 간에 사회적 배경과 문화적 화제에 대한 공통점이 많은 건 당연한 일이다. 물론 일본 애니메이션, 홍콩 영화와 광둥 팝, 한류문화에서 알 수 있듯, 이들 사이에는 서로 많은 교류가 있다. 그러나 우리 모두 가까운 듯 멀어서 상대방의 음식을 즐기고 여행을 다니면서도 서로에 대한 지식과 사상에 대해서는 아는 게 없다.

우리 모두 문명의 틈바구니에서 사는 탓이다. 일종의 '변경의 사고'로 문명의 '중심'—근대 이전에는 '중화', 근대의 '일본' 혹은 전후 미국—만을 바라보기에 같은 처지에 놓인 주변에 대해서는 알지 못하는 것이다.

앞에서 말한 몇몇 지역의 근현대 진입 과정을 비교해 보자. 예를 들면 한국과 홍콩은 다른 시간대에 존재하는 걸 알 수 있다. 우리 모두 스스로를 '대중화大中華 문명'의 일부라 칭하는 사고와 결별해 "갈수록 멀어져 소식까지 끊기고 물 넓고 하늘 높아 물어볼 곳 사라지는漸行漸遠漸無書, 水闊魚沉何處問"[1] 과정에서 자신의 정체성을 찾아다녔다. 그러다 나중에는 '서양 근현대 문명' 대열에 어떻게 진입할 것인가를 두고 분투했다.

최근 한류문화 이전까지 홍콩은 한국에 대해 그다지 친밀하지 않았는데, 아마 양쪽 다 부유한 사회만을 염두에 뒀던 탓이 아닐까. 한국과 홍콩은 구미나 일본 사회를 선망하며 모방하고 부러워하거나 시기 질투한다. 우리의 비교 축은 모조리 '유럽·미국·일본 VS 중국·러시아'다. 그래서 '동아시아 네 마리용'끼리 깊이 있게 이해하거나 비교하고 질투하는 일이 드물다.

경제적 번영만이 모두에게 의의 있는 기준이었다. 그에 따라 2010년대까지 홍콩은 한국의 1980년대 민주화운동을 '너무 혼란스럽다'고 생각했으며, 한국의 민족 정서(이를테면 북한과 관련된 것)나 구식민 제국인 일본에 대한 복잡한 감정 또한 전혀 몰랐다. 홍콩에서 대일對日 감정은 젊은 세대들에겐 문제가 되지 않았다고 할 수 있다. 반면에 필자는 전전戰前 쑨원

---

1   歐陽修, 「木蘭花」 중 일부. 소식 끊긴 지음(知音)을 그리워하는 마음을 표현하는 구절이다.

과 신해혁명, 거기에 더해 1989년 천안문 사건 이후에 이르기까지, 중국이 민족주의를 발명하는 데 홍콩이 실제로 중요한 역할을 했음을 분명히 인식하고 있다. 중국 정부는 더는 공산주의로 정권을 당파화할 수 없게 되었다. 그 대신에 중국 민족주의에 대한 재정의와 선전에 의존해 권력을 공고히 하고 있다. 이는 홍콩이 중화민족 애국심과 서양의 자유민주적 이념으로 새로운 중국공산당 정권에 대항해 온 것과 관련이 있다. 하지만 그렇다 해도 한국과 달리 홍콩의 소위 네이션國族[2] 제도와 민족주의는 근본적 정체성fundamental identity이 결코 아니다. '중화 민족'이라는 감정은 그저 서양의 기독교 세계에서 볼 수 있는 종교 정체성 같은 것으로서, 이는 널리 퍼져 있는 주변적 정체성의 일종이다.

한국과 홍콩은 중화 문명의 주변이다. 양자는 다른 시기에 대중화大中華 의식에서 벗어났다. 예를 들어, '대한민국'이 계승한 '대국大國' 의식은 원명元明 시대부터 이어져 온 것인데, 중화의 정통을 자처하던 한국은 이후 청나라의 출현으로 천천히 중국과 멀어지는 과정을 거쳤다. 그러나 홍콩의 경우 그러한 과정이 일어난 건 근 20년 정도일 터이다.

주변적 사고방식을 지닌 한국과 홍콩의 가장 큰 차이는 근

---

2 여기서 일컫는 '네이션'이란 한족, 몽골족, 만주족 같은 '민족'의 상위 개념으로서, 보편적인 '중화 민족'을 지칭한다. 쑨원은 '삼민주의' 강연에서 네이션의 번역어로 '국족'이라는 조어를 처음 사용했다. 오노데라 시로, 김하림 역, 『중국 내셔널리즘: 민족과 애국의 근현대사』, 산지니, 2020, 162쪽 참조.

대성을 향해 가는 길이 매우 다르다는 데 있다. 세계의 주류 사회 제도는 사실 '네이션'을 주체로 하고 있으며, 본서의 내용[다섯 번째 편지]처럼 영국계 미국인에게서 '시민'과 '개인'의 형태로 네이션이 출현했다. 이와 달리 독일, 러시아에서는 '민족'과 '집단'의 가치로 네이션을 정의한다. 그러나 어떤 경우에도 '존엄'은 네이션의 근본적인 가치이자 동력으로서, 사회 변화를 촉진하는 끝없는 동기를 부여한다.

네이션의 궤적을 따르는 일본, 한국, 대만과 달리 홍콩과 싱가포르는 전형적인 '도시적' 사고를 취한다. 지난 30여 년 동안의 세계화 시대에 이러한 종류의 사고방식이 비주류였던 건 사실 이상하다. 도시인은 신용과 자본 외에는 근본적인 정체성이나 신앙이 없다. 가장 중요한 건 개인이나 동료의 생존이다. 도시의 다원 문화는 소위 보편적인 도덕적 이상이라기보다는 일종의 "영원함을 원하지 않고 그저 한때 가진 것만을 원하는不望天長地久, 只在乎曾經擁有"[3] 난민 사상이며, 시대와 권력의 틈바구니에서 살아남기 위한 일종의 피난소이자 성역聖域 시스템이다.

이 책은 2018년에 쓰였는데, 돌이켜보면 그때는 고요한 폭풍전야였다. 내 친구 후쿠시마 료타는 내게 예언자적 재능이

---

3   홍콩의 전설적인 카피라이터 주가딩(朱家鼎)의 1993년 티투스(Titus) 시계 광고 카피 "영원히 지속되는 건 없다. 그저 한때 가진 것만이 있다(不在乎天長地久, 只在乎曾經擁有)"에서 유래한 현대 중국어 관용 문구다. 『도덕경』 제7장의 "하늘은 영원하고 땅은 장구하다(天長地久)"를 비틀어 현재에 만족한다는 의미를 강조한 것인데, 이후 홍콩을 넘어 중화권 전체에서 널리 쓰이는 수사가 되었다.

있다고 말했는데, 지금 생각해 보면 그 말이 맞는 것 같다. 책에도 썼듯이, 사회학은 정확하진 않더라도 일종의 일기예보 같은 것으로, 앞으로 다가올 사회 변화에 대해 사회학자는 약간의 경고를 할 책임이 있고 그 핵심은 문화에 있다고 생각한다. 후쿠시마 선생은 이제는 멸종된 문인이다. 내가 항상 그에게 말하는 건, 전공은 중국 문학이나, 수많은 책을 섭렵하며 무엇이든 쓴다. 그가 쓴 모든 책은 마치 임종 직전의 대학자가 쓴 것처럼 느껴지는데, 아이러니하게도 중국 문학에 관한 책은 한 권도 없다. (웃음) 나는 천성적으로 게으르고 친구들 앞에서는 세 살짜리 어린아이같이 아무것도 모르는 듯이 군다. 이런 내가 그와 억지로나마 대화할 구석이 있다고 한다면 그건 호기심과 두려움 없는 사고력뿐이다. 그리고 이것이 이 책에서 '변경의 사고'라 칭하는 능력이다.

  나는 운 좋게도 2010년대 홍콩의 모교에서 사회학 강사로 일할 수 있었는데, 돌이켜보면 진짜 환상적인 체험이었다. 그저 강의하고 독서만 하면 됐고 논문이나 출판의 의무가 전혀 없었다. 세계화 속에서 홍콩 학계는 거의 황폐화됐다. 모든 학자가 영문 학술 생존 대학살 게임Battle Royale에 참여해야 한다. 지역사회와 문화에 도움이 되는 학문적 사고는 거의 함양할 수 없다. 광둥어를 쓰는 일반인과 영어로 쓰고 가르치는 학자의 상아탑은 완전히 다른 세상이다. 2019년의 사건은 홍콩 사회는 말할 것 없고 전 세계의 흐름을 완전히 뒤바꾼 대전환의 최전선이었다고 할 수 있다. 무지한 홍콩 학계와 어리석은 홍콩 엘리트는 이런 전환을 결코 이해하지 못한다. 이 책은 이런 폭풍 전야의 고요함 속에 있던 두 사람이 대학에서 안정된 교수직 자리를 잡기 전, '국제 학술 논문'과 같은 쓸데없는 제약에 구애받지 않고, 전근대 동서양 문인들이 서신으로 나눈 대화 같은 것이다. 공리적인 목적이 없기에 일종의 예언서 같은 느낌이 들 수도 있겠다.

'불행하게도' 필자는 2018년 말 모교를 떠나야 했고 '다행히도' 2019년 4월 일본 교토에서 직장을 얻었다. 그 후에 일어난 일 모두 이제 역사가 되었다. 사회학자인 내가 예측 혹은 예언할 능력이 없었다고 한다면 사실 이 작업은 학문 그 이상도 이하도 아니었을 것이다. 예언자가 된다는 건 그다지 좋은 일이 아니라고 생각한다. 일어나기 전까진 아무도 믿지 않다가 나중에 아쉬워하고 한탄할 따름이다.

필자는 2015년에 다른 일본인 친구와 한국에도 번역되어 소개된 『홍콩의 정치와 민주주의』[4]를 출간했는데, 이 책은 2000년대부터 전환점이 되는 2014년의 우산운동까지 다루고 있다. 『변경의 사상』은 전작 '이후'의 연장선이자 2019년에 도래한 거대한 변화에 관한 '전조'의 예감이 담긴 작업이다. 또한 2019년이 되어서야 많은 홍콩 시민에게 한국이 민주화를 위

---

4   [옮긴이] 倉田徹·張彧暋, 『香港: 中国と向き合う自由都市』, 岩波新書, 2015: [국역본] 구라다 도루·장위민, 이용빈 역, 『홍콩의 정치와 민주주의』, 한울, 2019. '장위민' 은 청육만의 보통화/국어(대만) 발음이다.

해 1980년부터 현재까지 헌신한 사실들이 '비로소 명백해졌' 다. 2019년에 많은 한국 친구들이 홍콩을 지지했던 일은 홍콩 인들에게 잊지 못할 기억이다. 이런 의미에서 한국과 대만은 현재 홍콩의 선배가 되었다. 도시주의가 완전히 소실된 건 아니나, 내셔널리즘은 홍콩이라는 도시를 근본적으로 변화시켰다.

2014년부터 지금까지의 홍콩 사정을 써야 마땅하겠으나 여러 정황으로 쉽지 않을 듯하다. 한국과 대만이 대중화주의를 대면한 이때, 내셔널리즘은 한동안 직면할 수밖에 없는 현실이 되었다. 나는 과거 도시주의 시절의 홍콩이 행복했다는 사실에 전적으로 동의한다. 그러나 꿈에서 깨어나 현실과 대면하면서 평등, 우리 고유의 문화, 정체성, 존엄 및 인권 등의 가치를 지키는 데 대가를 치러야 한다. 이를 직시하지 않는 건 미래 세대에게 책임을 전가하는 것에 불과하다. 이 점은 나보다 한국의 독자들이 더 잘 이해할 거라 믿는다. 나아가 젊은 독자들이 한국 기성세대의 이야기를 이해하면서 일본, 대만, 싱가포르의 상황도 살펴보고 지난 10여 년 동안 홍콩에서 일어난 일에도 주목해 주길 바란다.

필자가 주목하는 홍콩의 젊은 작가 로우시닷盧斯達(페이스북 페이지 '無待堂')은 『골짜기로 달리는 물처럼: 홍콩 역사와 의식의 흐름如水赴壑: 香港歷史與意識之流』[5]을 저술하여 2010년대 홍

---

5   盧斯達, 『如水赴壑: 香港歷史與意識之流』, 香港山道出版社, 2021. 이 책이 한국 독자들에게 읽히길 바란다.

콩의 젊은이들과 '본토파'의 생각에 담긴 심정을 세심한 필치로 기록했다. 그는 최근 「낙관과 비관樂觀與悲觀」(2024년 4월 15일)이라는 글에서 다음과 같이 썼다.

PTSD(외상후스트레스장애)는 심각한 사건을 겪은 후 뇌가 지속적으로 재시뮬레이션되는 것을 말한다. 그것을 지속적으로 다시 겪는 사람은, 실제로 다음에 유사한 사건이 나타날 때를 위해 스스로 끊임없이 대응할 준비를 할 수 있다. 우리 모두의 대뇌에는 사실 이러한 기능이 어느 정도 내장되어 있다.

만 년 전쯤 어떤 고대인이 호랑이 입에서 탈출했다고 가정해 보자. 그는 살금살금 조심하며 위기에서 멀어지고 위험을 회피하는 법을 배우게 됐을 것이다. 그렇게 그는 더 많이 상처 입은 터라 다른 고대인보다 더욱 '정신적으로 준비'된 남다른 생존 전략으로 살아남을 수 있었을 것이다. 사람들 대부분은 책략을 번갈아 가며 쓴다. 사람들 대다수는 모순적이고 혼합적이다.

'그 당시 내가 더 잘하지 못해서 거의 죽을 뻔했다'라고 괴로워하지만, 인간한테 그런 종류의 괴로움이 없었다면 아무것도 배우지 못할 것이다. 그런 고통이 새겨지지 않는다면, 진정한 가르침이 아니다. 요즘은 이런 종류의 시간과 정신의 방에 갇혀 나오지 못하는 상황을 병이라 부른다……

이러한 특징이 앞으로 어떤 방식으로 발전할지는 미지

수다. 생존을 위한 능력이 될지 생존에 부담이 될지는 그때의 운세나 성장에 달려 있다. 이제 다 여기까지 와버린 김에 일생일대의 특별한 한 수를 어떻게 한번 둬보려고 하는데, 그게 먹히지 않는다고 한들 어떤가. 보라, 난 매우 낙관한다.[6]

변경의 사상이란, 위에서 말한 생존 지혜일 따름이다. 연이 닿아 이 책이 한국에서 출간되는 것도 일종의 변경의 지혜가 아닐까. 또한 이 예언의 효력은 아직 끝나지 않았을지도 모른다. 필자는 동아시아의 대변환은 이제 막 시작되었다고 생각하기에.

2024년 4월

교토에서 청육만

6   https://www.patreon.com/posts/102444780

들어가며
─ 독자 여러분께

홍콩의 사회학자이자 일본 연구자인 청육만 씨와 일본의 문예 평론가인 제가 알게 된 것은 2010년의 일입니다. 청 씨가 교토 국제만화박물관에서 열린 심포지엄을 방청하러 일본에 왔을 때, 일본 애니메이션이나 게임에 관해 의견을 교환한 것이 첫 만남이었습니다(그는 저의 일본어 평론을 읽고 제게 먼저 연락을 주었습니다). 같은 세대인 우리는 이를 계기로 친구가 되었고, 종종 메일을 주고받게 되었습니다.

그 후 얼마 지나지 않아, 2011년 3월 일본에서는 동일본 대지진, 그 3년 후인 2014년 9월에는 홍콩에서 민주화를 요구하는 대규모 시위, 이른바 우산운동이 일어나, 두 사회는 큰 전기를 맞이했습니다. 당초에는 주로 서브컬처나 비평 정보를 교환하던 우리의 서신 교환도 서로의 어려운 사회적 현실을 어떻게 파악할 것인지의 방면으로 나아갔습니다. 그 과정에서 일본과 홍콩을 비교하는 작업이 새로운 세계 인식의 단서가 될 것임을 깨닫기 시작했습니다.

그런 연유로 2016년 청 씨가 "일본에서의 출판을 전제로 왕복 편지를 나눠보는 것이 어떨까"라고 제안했을 때, 저 역시 그 제안을 기꺼이 받아들였습니다. 우리는 2016년 연말부터 다음 해에 걸쳐서 열네 통의 편지를 나누기로 약속했습니다(덧붙이자면 청 씨의 편지는 편집자와의 공동 작업 방식으로 진행되었습니다). 이 책 『변경의 사상』은 그 기록입니다. 다만 본론으로 들어가기에 앞서 전제가 되는 문제들을 여기에 간단히 설명해 두고자 합니다.

변경과 변경을 비교하기

이 책은 '변경'을 주제로 합니다. 보다 구체적으로는 일본과 홍콩이라는 두 개의 변경을 비교하는 것에 중점을 둡니다. 우선 여기서 말하는 변경이란 자기만의 문화적인 표준을 구축하는 대신 중심의 그것을 변형시키며 생존해 온 지역을 가리킵니다. 그렇다면 왜 그런 테마가 필요한 것일까요? 저의 관점에서 보자면 그것은 무엇보다 일본이 자기 인식의 좌표를 바꿔야 하기 때문입니다.

　동일본 대지진 이후 저의 일은 한마디로 말하자면 일본의 문학과 서브컬처를 근세 이래 동아시아의 역사적 환경 속에서 재검토하는 것입니다. 즉, 넓은 의미의 '문명론'입니다. 다만 이전부터 이상하다고 생각했던 것은, 대부분의 일본론이 중국이나 구미 등과 구별되는 섬나라의 '변경성'을 강조할 뿐, 다른 변경에 거의 관심을 보이지 않는다는 점입니다. 최근 베스트셀러가

된 우치다 타츠루_{內田樹}의 『일본변경론』[1]에도 그러한 경향을 찾아볼 수 있습니다. 거기에서 일본을 제외하고는 거의 구미와 중국만 다루고 있습니다.

물론 거기에도 일정 정도 유효성이 있고, 우치다의 논의에서 많은 것을 배울 수도 있겠습니다만, 맹점도 있습니다. 예를 들어 평론가 가토 슈이치_{加藤周一}는 영국과 프랑스의 문화가 '순종'인 것에 비해 일본의 문화는 전통적인 것과 서양적인 것이 섞인 '잡종'이라고 평가한 바 있습니다.[2] 그러나 그렇게 말하자면 오랫동안 영국 식민지였던 홍콩은 일본 이상으로 잡종적입니다. 게다가 최근 일본에서는 잡종적인 애니메이션이나 만화, 게임이 문화를 대표하고 있는데, 홍콩도 대중문화가 매우 강하고, 일본과 서로 영향을 주고받고 있습니다. 유럽과 일본이라는 이원론은 알기 쉽지만, 이 때문에 홍콩과 같은 가깝고도 기묘한 존재를 간과하게 됩니다.

가토의 경우든 우치다의 경우든 간에, 근대 일본의 지식인은 오랫동안 변경의 '자기'(일본)와 중심의 '타자'(중국, 구미)라는 손쉬운 좌표 아래서 자기 인식을 구축해 왔습니다. 20세기 후반의 인문학은 이 좌표를 위협할 만한 사조(포스트식민주의)를 낳기도 했습니다만, 결국 지금도 일본의 논단에서는 낡고 알

---

1   [옮긴이] 內田樹, 『日本邊境論』(新潮新書), 新潮社, 2009: [국역본] 우치다 타츠루, 김경원 역, 『일본변경론』, 갈라파고스, 2012.

2   加藤周一, 「日本文化の雑種性」, 『加藤周一セルフセレクション5』(平凡社ライブラリー), 平凡社, 1999.

기 쉬운 좌표를 선호합니다. 그러나 중국과 서양만 모델로 삼는다면 세계 인식은 경직될 뿐입니다. 오히려 홍콩이 재미있는 것은 그 잡종성이 일본과 닮아 있지만, 근대화의 길은 전혀 비슷하지 않다는 점입니다. 일본에게 홍콩은 자기와 타자 그 '사이'에 있는 존재입니다. 홍콩과의 비교를 통해 기존의 일본 특수론을 어느 정도 해소할 수 있으리라 생각합니다.

애초에 글로벌화(세계 경제의 일원화)가 진행되어 지구상에서 유행이 공유되고 누구나 스마트폰으로 구글을 보는 시대에, 일본의 순수한 '타자'를 상정하기란 어려운 일입니다. 또한 다양한 정보와 사람이 지구상을 오간다는 건 일본이라는 순수한 '자기'도 흔들린다는 뜻입니다. 따라서 자기(닮은 것)와 타자(닮지 않은 것) '사이'의 존재, 즉 부분적으로 자기이기도 하고 타자이기도 한 존재를 어떻게 파악할 것인지가 세계화 시대의 중요한 문제입니다. 그런 점에서 일본과 홍콩이라는 비슷하지만 다른 변경끼리의 비교는 사상적인 의미가 있을 것입니다.

중심 없는 세계

나아가서는 '변경'에 대한 인문적 사고의 틀 자체도 수정이 필요합니다. 이제까지의 사고 틀을 대표하는 것은 무엇보다도 역사학자 임마누엘 월러스틴Immanuel Wallerstein이 제창한 세계체제론의 '중심과 주변' 도식이라고 할 수 있습니다. 월러스틴은 17세기 네덜란드에서 19세기 영국이라는 해양 국가를 거쳐

20세기 미국이라는 대륙형 국가에 이르는 세계사의 '패권 국가'(중심) 이동에 주목하면서, 주변화된 지역이 그것에 경제적으로 종속된다는 분업 시스템을 제시했습니다.

그러나 저에게는 이 모델의 유효성이 의심스럽습니다. 미국 사회가 공동화空洞化되어 가는 한편, 국가의 제어를 벗어난 글로벌 자본주의가 세계를 뒤덮고, 경제 활동 자체도 평면화, 분산화되고 있는 오늘날, 특정한 중심적 패권 국가에 부富가 집중되는 일은 계속되지 않습니다. 반대로 아시아의 부흥을 보면 알 수 있듯, 주변도 예속적인 위치에 계속 머물러 있지 않습니다. 미국 다음의 패권 국가를 예상해 보는 일도 그다지 유의미하지 않을 것입니다. 본래 근대 세계 체제는 유럽의 산업화 역사에 뿌리를 두고 있기에, 글로벌하고 탈산업적인 정보화와 금융 머니게임이 지배하는 시대에는 그 전제를 크게 바꾸지 않을 수 없습니다.[3]

제가 이 글을 쓰고 있는 시점이 2016년 미국 대통령 선거 결과가 나온 다음날인 점도 상징적입니다. 사전 여론조사를 뒤집은 도널드 트럼프의 승리는 혼돈을 원하는 사람들의 소망을 표면화시켜 기존의 지식과 질서를 비웃습니다. 현재의 선택 사항이 모두 보잘것없는 것이라면, 불확실성을 늘리는 거대한 소동극이 더 낫다든지, 적어도 분위기를 띄울 수 있어 재미있다는 식의 장난스러운 투표 행위도 있었을 것입니다. 오늘날 세계

---

3   川北稔, 『世界システム論講義』(ちくま学芸文庫), 筑摩書房, 2016.

의 수많은 사람이 미국이라는 이 대국의 궤도 이탈에 흥분하고 있습니다. 텔레비전 사회자이자 부동산 왕이기도 한 트럼프는 도를 넘어선 욕망을 일깨웠습니다. 확실히 미국은 여전히 세계의 중심이지만, 그것은 혼란의 중심인 셈입니다.

무엇보다도 자포자기의 쾌락은 금방 식어버립니다. 인문적 지식은 트럼프 현상의 광적인 소란과는 거리를 두고, 이를테면 현재 상황을 과감히 뿌리쳐 내듯이 새로운 비전을 제시해야 합니다. 만일 세계의 절대적 중심이 없어진다면, 그것은 모든 지역이 크든 작든 '변경'으로 바뀐다는 것입니다. 즉 앞으로 명확해지는 것은, 이른바 세계적 규모의 '변경의 편재화'라고 할 수 있지 않을까요?

유산을 상속해 변경의 성좌를 잇다

절대적인 중심이 없는 세계, 그것은 일본의 경우 극히 예외적인 상황입니다. 지금까지의 전형적인 일본론은 대체로 외부의 절대적인 모델의 존재를 자명한 전제로 삼아 왔습니다. 그러나 이제 중국이나 구미라는 확고한 아버지(중심축)는 약화되었고, 그 결과 일본은 일종의 방향 상실에 빠진 것처럼 보입니다. 일본론 혹은 변경론의 패턴을 수정하지 않으면 새로운 현실에 대응하기 어려울 듯합니다.

그렇다면 어떻게 해야 일본은 전술을 재편해 새로운 문화를 구상할 수 있을까요? (여기서 말하는 '문화'란 세계와 인간의 관계를 만드는 기법의 집적을 가리킵니다.) 하나의 길은 이른바 '완고한 변경'인 홍콩과 일본의 역사적 체험을 새로이 참조해 보는 것입니다. 새로운 현실에 대응한다 하더라도, 이때까지의 축적을 무시하는 것은 아닙니다. 변경에 축적된 '유산'을 중심 없는 세계에서 어떻게 상속해 나갈 것인가, 그것이 이 책의 큰 기획입니다.

또 다른 계획은 중심과의 수목樹木적인 연결에 의존하는 것이 아니라, 변경끼리의 리좀(지하 줄기)적인 연결을 구상하는 것입니다. 특히 변경 문화의 특성을 다른 변경과의 비교를 통해 생각하는 것만으로도 일본이라는 닫힌 내부의 폐쇄성과 위험성은 상당히 줄어들 것입니다. 이 책의 소재는 어디까지나 홍콩과 일본에 한정됩니다만, 언젠가는 세계사의 변경들을 이어서 새로운 별자리를 창출하듯이 거대한 이야기를 꿰어가면 되리라고 생각합니다.

일본은 세계(보편적인 것)로 나아가는 통로를 재건해야 합니다. 문명의 중심에 더는 의지할 수 없기에, 변경의 유산을 변형해 계승하면서 다른 변경과의 새로운 연결 방식을 생각해야 합니다.

네이션과 도시

게다가 일본과 홍콩을 비교하는 일은 극동의 지방적 문화론에 그치지 않습니다. 저는 구라다 도루倉田徹와 청육만 공저『홍콩의 정치와 민주주의』(홍콩사를 요약하고 실시간 정치운동의 모습을 그린 쉬운 입문서)에 다음과 같은 추천사를 덧붙인 바 있습니다.

> 글로벌리즘과 내셔널리즘의 대립이 다시 첨예화되고 있는
> 오늘날, 홍콩은 그야말로 그 대립이 응축된 '정치적' 도시로
> 거듭나고 있습니다. 이 책은 그 현장의 숨결을 전하는 양서
> 입니다.

오늘날의 세계가 글로벌리즘과 그 반작용인 내셔널리즘 사이에서 갈라지고 있다는 건 인문학계에서 상식으로 통합니다. 홍콩은 지금까지 세계 유수의 글로벌 도시로서 번영을 거듭해 왔지만, 우산운동 이후에는 '중국화'에 반발하는 독립파 내셔널리스트가 대두함과 동시에, 출판이나 웹사이트 등에서 홍콩의 문화적 정체성이 전례 없이 큰 규모로 화제가 되었습니다. 변경의 상업도시 홍콩은 지금 글로벌리즘과 내셔널리즘이 날카롭게 맞부딪치며 다투는 현대 세계의 축도가 되고 있습니다.

여기서 까다로운 것은 홍콩의 정체성이 네이션-스테이트 nation-state(민족 국민을 단위로 하는 영토 국가=국민국가)가 아니라, 동서양이 뒤섞인 코즈모폴리턴(세계시민적) 도시의 기억과 연결되어 있다는 점입니다. 지금까지 내셔널리즘을 동력으로 삼지 않고 발전해 온 코즈모폴리스 홍콩이 네이션을 이루려는 움직임을 보인다는 점도 일본과 비교해 볼 만합니다.

사전 논의 과정에서 청 씨는 일본 '네이션의 근대화'와 홍콩 '도시의 근대화'를 비교하면 어떨까 하는 흥미로운 아이디어를 제시했습니다. 일본 열도에 축적된 다양한 전통을 취사 선별하고 서양의 문물을 받아들이면서 네이션을 통합하는 거대 서사(내셔널리즘)를 만들어 부국강병과 식산흥업을 추진하는 것, 이것이 곧 일본의 근대화 프로그램이었습니다. 반면 19세기 중반 아편전쟁 이후 개항해 오랫동안 영국의 식민지가 된 홍콩에는 그처럼 두터운 역사가 없습니다. 홍콩에서는 오히려 도시를 이민자들에게 개방해 혼종적인 문화를 키워나가는 것에 '근대' 체험이 있었습니다.

세계 각지에서 내셔널리즘의 회귀나 우경화가 일어나고, 일부 홍콩인도 독립에 뜻을 두고 있다고는 하지만, 홍콩을 발전시켜 온 도시의 개방성은 본래 내셔널리즘의 배타성과는 맞지 않습니다. 그렇다면 오늘날의 홍콩 내셔널리즘은 과연 무엇을 목표로 하는 정치운동인가? 홍콩이 네이션으로 '독립'하는 것이 바람직한 일인가? 반대로 내셔널리즘으로 발전해 온 일본은 앞으로 도시적인 것을 어떻게 흡수할 수 있을까? 이런 까다로운 문제들을 이 책에서 다루고 있습니다.

이상의 내용을 정리하면 (1) 비슷하지만 다른 타자를 거울로 삼아 일본과 홍콩의 자기 인식 좌표를 재검증하는 것(정체성 차원), (2) 일본과 홍콩에 축적된 유산을 분석하면서 세계와의 연결 방법을 다시 생각해 보는 것(문화적 차원), (3) 네이션과 도시의 차이를 단서로 정치적 비전을 구상하는 것(정치적 차원), 이 세 가지가 이 책의 큰 기둥입니다.

홍콩의 '정신'

끝으로 이 왕복 편지의 대표자 입장에서 또 다른 저자인 청육만 씨에 관해 간단히 설명하겠습니다. 홍콩 중문대에서 사회학을 가르치는 청 씨[4]는 일본의 오타쿠 문화와 철도 문화에 조예가 깊은 인물로, 매년 말 코믹마켓[5]에도 줄곧 참석하는 한편, 홍콩의 서브컬처 비평 동인지 편집자이기도 합니다. 영문의 박사 논문으로 쓰인 철도론은 일본에서도 번역 출간되었습니다.[6]

　이 논문은 "사회학이란 제도制度에 관한 학문이다"라고 말한 에밀 뒤르켐을 계승하면서, 일본 철도를 집단적 이미지와 신념을 생산하는 종교적 제도(인류학에서 말하는 토테미즘과 같은 것)로서 파악한 연구로, 최근 TV 드라마 〈아마짱あまちゃん〉에도 나타난 일본인의 '철도 신앙'을 자세히 분석합니다. 문학 팬들은 미야자와 겐지宮沢賢治의 『은하철도의 밤銀河鉄道の夜』이나 마쓰모토 세이초松本清張의 철도 미스터리를 떠올리면 이해하기

4　[옮긴이] 2024년 기준 일본 리츠메이칸 대학 국제관계학부 교수로 재직 중이다.

5　[옮긴이] 일명 코미케(コミケ) 또는 코미켓(コミケット)이라고 한다. 일본 도쿄도 아리아케에서 매년 두 번 개최되는 세계 최대 규모의 만화·애니메이션 행사 중 하나다.

6　張彧暋, 山岡由美 訳, 『鉄道への夢が日本人を作った―資本主義, 民主主義, ナショナリズム』, 朝日新聞出版, 2015.

쉬울 것입니다. 그들은 일본인의 철도 신앙을 지탱하는 일종의 '사제'였던 셈입니다.

저는 홍콩 중문대학에서 청 씨의 수업을 청강한 적이 있는데, 유머가 풍부하고 유창한 영어로 사회학을 강의하면서, 강의록에 게오르크 짐멜Georg Simmel, 뒤르켐, 알프레드 슈츠Alfred Schutz, 리처드 세닛Richard Sennett, 로이따이록呂大樂, 페이샤오퉁費孝通 등의 사회학자부터, 아미노 요시히코網野善彦, 미타 무네스케見田宗介, 아베 긴야阿部謹也, 오구마 에이지小熊英二와 같은 일본 학자까지 망라하는 그 자유로움에 놀랐습니다. 청 씨에게는 중국어권, 영어권, 일본어권의 학문 세계를 횡단하는 잡종적인 지성이 있으며, 그 센스가 홍콩이나 일본의 혼종적 서브컬처에 대한 흥미와도 직결되어 있습니다. 게다가 그는 거만한 엘리트주의와는 무관해 일본 지인이 홍콩을 방문할 때면 언제나 기꺼이 안내를 자처합니다. 저를 포함해 그에게 신세를 졌던 일본 언론인이 사실 많이 있을 것입니다.

요컨대 청 씨에게는 도시적, 국제적, 지적인 것과 오타쿠적, 서민적, 유희적인 것이 모순 없이 동거하고 있습니다. 그것은 홍콩인에 관한 하나의 축도입니다. 그에게 또 다른 얼굴이 있음을 깨달은 것은 우산운동 이후의 일이었습니다. 청 씨는 솔선수범해서 이 홍콩의 역사를 구획하는 대규모 시위에 참가했고, 운동이 끝난 뒤에도 오늘에 이르기까지 그 정치적 열정이 전혀 시들지 않고 있습니다. 저에게는 청 씨가 도시인인 채로 급속히 '정치화'되는 것처럼 보였습니다. 하지만 그것은 갑자기 일어난 것이 아니라 홍콩의 역사적 환경이 그렇게 만든 것이라 생각합니다.

청 씨는 2014년 여름 시점에 큰 정치운동의 발생을 예견하며, 저한테 "반드시 재미있는 일이 벌어질 테니 와줘"라고 미리 알려주었기에, 저는 우산운동 이틀 뒤라는 가장 뜨거운 시공간을 목격할 수 있었습니다. 우산운동은 중앙의 사령탑 없이 홍콩섬의 어드미럴티金鐘와 카오룽九龍 주변의 몽콕旺角을 순식간에 '점거'하고, 폭력을 사용하지 않은 채 도시의 풍경을 일변시켜 버렸습니다(개체의 돌발적인 행동이 얼마나 질서 있는 집단적 행동을 만들어내는지 고찰하는, 최근 유행하는 '무리의 과학' 사례로도 이 시위의 추이는 흥미롭다고 할 수 있습니다). 관광객의 속 편한 소리일지도 모르겠으나, 그 이전에도 그 이후로도 저는 그때만큼 강한 충격을 받은 적이 없습니다.

많은 일본인은 홍콩이라고 하면, 쇼핑이나 광둥요리, 쿵푸 영화나 코미디 영화, 그리고 고도로 발달한 금융업 등을 떠올릴 것입니다. 그러나 이러한 물질주의적 요소만으로 홍콩을 말하는 건 더는 충분하지 않습니다. 비행기로 고작 네 시간 정도의 근거리에 있음에도 일본인이 아직 잘 모르는 사실은 홍콩에도 뚜렷한 지적인 운영이 있다는 것, 그리고 종래의 유희적인 감성을 배경으로 하면서도 젊은 세대에게서 새로운 정치의식이 싹트고 있다는 것입니다. 일본인은 홍콩의 새로운 '정신'을 알아야 합니다. 청 씨의 생생한 말은 일본 독자들에게 새로운 발견이 될 것입니다. 물론 제가 일본인을 대표하지 않듯, 청 씨도 홍콩인을 대표하지는 않습니다. 우리는 분명 각자 선입견이 있습니다. 또한 오늘날의 유동적인 사회에서 불편부당한 중용의 길을 목표로 해도 어차피 잘 이루어지지 않습니다. 오히려 중요한 것은 상호 행위를 관찰하는 시점(개구리의 눈)과 상황을 부감하는 시점(새의 눈)을 입체적으로 교차하는 것입니다.[7] 미시적인 인간적 감정과 거시적인 사회적 사건을 함께 화제로 삼을 수 있는 왕복 편지는 이를 위한 좋은 매체가 될 것입니다.

지적인 산책으로서의 왕복 편지

왕복 편지는 일본에서 주요한 출판 형태는 아닙니다. 하지만 대담보다 차분히 시간을 가지면서 상대방의 말을 곱씹으며 생각을 정리할 수 있다는 장점이 있습니다. 유감스럽게도 요즘 일본 출판계는 즉석 대담집을 남발하는 경향이 있습니다. 그렇기에 지리적 제약을 넘어 서로의 생각에 시간을 할애하면서, '나'와 '우리'를 재창조해 나가는 그런 토론이야말로 진정으로 생산적인 커뮤니케이션임을 재확인할 필요가 있습니다. 본서에서는 왕복 편지가 지닌 시간성이라는 풍성한 결실을 선사하고 싶습니다.

이와 동시에, 이 책은 결코 엄격한 성격의 것이 아닙니다. 우리는 서로 속박하지 않은 채 자유로운 상태로 편지를 주고받

---

7   ニコラス・ルーマン, 德安彰 訳, 『プロテスト』, 新泉社, 2013.

으며, 보통의 서적이나 논문에서는 쓰기 어려운 생각도 편하게 이야기하려 했습니다. 약간의 탈선도 허용하는 지적인 산책 같은 것이라고 할 수 있습니다. 원래 지적인 글쓰기의 형태는 다양한 편이 좋다고 생각합니다. 논의를 무리하게 학술 논문처럼 체계화하기보다는, 다양한 주제가 편지의 이곳저곳에서 자유롭게 솟아나도록 하는 게 이 책의 기본적인 구성이 될 것입니다. 좀 더 깊이 알고 싶은 독자들을 위해서 참고자료를 주석으로 넣었습니다.

　물론 이런 식의 흔치 않은 기획이 이루어지려면 우수한 편집자의 협력이 필수적입니다. 문예춘추의 도리시마 나나미鳥嶋七実 씨는 우리의 제의를 흔쾌히 승낙해 즉석에서 기획을 통과시켜 주었습니다. 그 열의와 헌신 덕분에 이 책은 무사히 출항할 수 있었습니다. 그녀는 분명 우리를 능숙하게 안내해 줄 것입니다.

2016년 2월 10일
도쿄에서 후쿠시마 료타

변경(홍콩)에서 변경(일본)으로

후쿠시마 씨,

답을 잃고 카오스가 된 세계

세계가 혼란스럽네요. 서양의 근대가 이끌어온 보편적 가치 모델이 상실되어 혼란스럽게 분열된 지금의 세계에 더는 유일하고도 절대적인 모델 따위는 어디에도 없다고 말해야 할 것 같군요. 정치학자 프랜시스 후쿠야마Francis Fukuyama는 『역사의 종말』에서 민주주의와 자본주의의 승리를 설파했는데, 전제정치가 사라지고 자유와 민주를 구가하는 '역사가 끝난' 시대가 오기는커녕, 현실에서는 오히려 홍콩이 그렇듯 권위적인 정치가 판을 칩니다. '미국의 패권에 의지하면 된다', '미국의 자유주의 가치관을 따르면 된다'거나 '경제성장을 계속하는 중국이라는 배에 타고 있으면 괜찮다'는 식의 단순하고 손쉬운 이야기는 홍콩에서도 일본에서도 이제는 통용되지 않을 것입니다.

유일한 가치 모델이 사라져 버렸습니다. 그 이후 소용돌이 치는 혼란스러운 세계를 일본의 여러분도 느끼고 계시지 않을 까요. 고자 유이치吳座勇一의 『오닌의 난応仁の乱』이 상당히 화제 가 된 것 같네요.[1] 이토록 오랜 기간 지속된 복잡한 전란에 용 케도 사람들이 관심을 갖게 되었다는 것이 놀라웠습니다. 트럼 프 대통령의 탄생이 상징하듯, 모두가 인정하는 중심적 가치가 사라지고 '유일무이한 절대적 모델'이 사라진 세상이 불안하고 견디기 힘들기에 이 시대를 난세에 빗대어 읽는 사람들이 있다 고 생각합니다.

일본 독자들에게는 잘 와닿지 않겠지만, 홍콩은 최근 몇 년간 경천동지할 정치·사회 변화를 겪었습니다. 무력 충돌은 없었지만, 전후 일본에 뒤지지 않을 정도로 '번영과 안정'을 구 가했던 홍콩 사회는 최근 동서 문명의 가치 충돌이 일어나는 최전선에 놓였습니다. 영국 식민지였기 때문에 누려온 자유와 민주주의, 그러나 해마다 강화되는 중국의 뒤흔듦과 간섭. 오 늘날 격변의 소용돌이 속에 있는 저는 새삼스레 이 책[『오닌의 난』]을 읽을 필요가 없었습니다. 그러나 반대로 고자의 전작인 『잇키의 원리一揆の原理』에는 공명하는 바가 있었습니다.[2] '혁명 이 아니라 강소強訴[무리를 지어 호소함]였다'는 에도의 잇키一揆에서 2014년에 일어난 홍콩의 반정부 시위, 우산운동을 강하게 연상

---

1   吳座勇一, 『応仁の乱』(中公新書), 中央公論新社, 2016.

2   吳座勇一, 『一揆の原理』(ちくま学芸文庫), 筑摩書房, 2015.

한 것입니다.[3]

　자세한 사정은 천천히 논하고 싶습니다만, 이러한 혼란스러운 현상은 비단 홍콩에만 국한된 게 아닙니다. 앞으로 세계로 나아갈 방향을 읽어내려면 개별 사건에 국한되지 않고, 그 배경에 있는 전 세계적인 사회 불안정성에 주목해야 할 것입니다. 만인이 인정하는 모델과 해답이 더는 존재하지 않기 때문에 자신이 믿는 가치만이 절대적이라는 이데올로기 전쟁이 세계 곳곳에서 일어나는 것이 아닐까 생각합니다.

　예를 들어, 미국 대통령 선거는 버락 오바마 대통령 당선 이래 그 어느 때보다 전 세계의 이목을 끌었습니다. 그것은 아마도 막강한 제국 권력이나 금융자본의 막대한 영향력을 넘어, 미국이 하나의 도덕 체계로 여겨졌음을 보여주는 증거일 터입니다. 그렇기에 트럼프 당선은 영국의 EU 탈퇴(브렉시트)보다도 대학의 지식인이나 미디어, 논단에 큰 충격을 주었습니다. 평등과 민주주의, 문화적 다양성, 나아가 이민 난민 등 문화적 타자 수용, 소수자에 대한 배려와 융화 등 미국이 주도해 온 자유주의 가치관이 실추되는 사태가 벌어진 것입니다.

　아무리 숭고하고 듣기 좋은 가치관이라 할지라도, 엘리트

3　　[옮긴이] 『잇키의 원리』에서 고자 유이치는 그간 주로 전후 역사학계에서 민중 혁명 또는 계급투쟁의 맥락에서 해석된 전근대(중세~에도 시대) 일본의 잇키를 정의와 평등을 지향하는 사람의 연대라는 보편적 맥락으로 재해석을 시도한다. 이를 위해 SNS, 아랍의 봄, 탈원전 시위의 연장선에서 중세적 '계약 사회'의 민중 봉기를 현대적 데모와 교직하는 등 다방면으로 잇키의 역사적 의의를 논한다.

계층이 아무리 그 목소리를 대변하려 해도, 사회 저변층이나 '일반인'의 입장에서 그런 것들은 위선이고 기만일 뿐입니다. 유동하는 세상에서 저변의 생활 기반은 갈수록 불안정해져 갑니다. 숭고한 가치관 아래 그들의 자존심은 상처받고, 하루하루의 비참함이 커져만 갔습니다. 그러한 현실을 엘리트들이 간과해 온 게 드러난 셈입니다.

'일반인'이 누구인지 명확한 건 아니지만, 사회학자 오구마 에이지小熊英二는 일본의 경우 '쇼와 체제'를 고집하는 정규직 계층이 아닐까라고 말합니다. 주로 그들이 넷우익적인 언론을 지지하고 있다는 것입니다.[4] 마치 몰락해 가는 백인 노동자계급이 트럼프를 지지하는 것같이 말이죠.

그것들 역시 사회구조의 불안정화가 가져오는 현상 중 하나일 테지만, 문제는 '체제의 위선과 기만'이 선이냐 악이냐가 아니라, 계층이나 세대가 다르면 사회구조도 다르게 보이는 계층 사이의 괴리감일 것입니다. 홍콩에서도 세대 간 분열을 많이 볼 수 있는데, 세계의 불안정화가 나타나는 양상이 사회 사정에 따라 또 다른 양상을 보인다는 점에 주목해야 합니다. 그런 의미에서, 트럼프 현상에서 제가 가장 우려하는 것은 그의 주장이나 정책을 둘러싼 찬반이 아니라, 트럼프 지지층과 비지지층으로 양분되어 서로 대화가 없는 상황입니다.

4 『아사히신문』, 「논단시평」, 2016년 11~12월.

우리 둘의 친구이기도 한 역사학자 요나하 준與那覇潤 씨가 『중국화하는 일본』에서 일본의 현황을 '중국화'라는 말로 날카롭게 표현했습니다.[5] 여기서 '중국화'란, '정치의 재도덕화', '도덕화되는 세계'와 같은 의미입니다. 즉, 세상에는 유일하고 올바른 보편적인 도덕·가치 체계가 있고, 정치도 도덕의 재현이라고 믿는 중화 문명이나 전근대 서양 문명 중심의 발상입니다.

본래 일본이나 홍콩에서 이러한 발상은 좀처럼 찾기가 어려운데, 그 이유로는 우리가 변경에 자리한다는 지리적 요인을 들 수 있습니다. 변경이기 때문에 변화가 계속되는 외부 상황에 항상 유연하게 대처해야 하는 것이지요. 그 결과, 유일한 절대적 가치 체계, 즉 '지금-여기'에 있는 것 너머, 전혀 다른 가능성을 발상해 낼 필요에 직면합니다. 그것이 독자적인 상상력을 키워왔던 것입니다. 그리하여 '이 가치관만이 선'이라는 독단적인 발상에 위화감을 갖게 되었죠.

그러나 중심에 비해 좀 더 유연한 발상을 가져야 할 우리 같은 문명의 변경인조차, 이제는 선악이라는 무익한 도덕적 이원론에 사로잡혀 있으니, 역시 중심부의 모럴이 약해지고 있다고 추측할 수 있습니다. 두말하면 잔소리일 터이지요.

---

5   與那覇洞, 『中国化する日本(増補版)-日中「文明の衝突」一千年史』(文春文庫), 文藝春秋, 2014: [국역본] 요나하 준, 최종길 역, 『중국화 하는 일본』, 페이퍼로드, 2013.

'오류'가 현실이 되다

중심 모델의 약화는 냉전 후인 90년대부터 이미 시작되었습니다. 그렇다면 왜 그동안 주목받지 못한 채 지금에 이르고 만 것일까요? 예를 들어 트럼프의 당선으로 힐러리 클린턴의 승리를 예측했던 사전 여론조사에 배반당했다고 하는 것은 부자연스럽습니다. 사실 저는 아연실색했습니다. 통계학의 목적이 결과를 정확하게 예측하는 것보다 오류(오차)를 줄이는 데 있다지만, '에러'가 실제로 현실이 될 줄은 몰랐기 때문이죠. 아마도 '트럼프가 이길 리 없다'는 생각이 여론조사 질문의 설계에서 샘플링에 이르는 과정까지 무의식적으로 스며들었던 것 같습니다. 연구자, 언론인, 지식인의 안일한 인식이 반영된 것이지요.

그렇다면 이런 실수는 왜 일어나는 걸까요? 비슷한 오류를 1948년 미국 대통령 선거에서도 볼 수 있다고 인터넷 기사에서 읽었습니다. 당시 매스컴은 해리 S. 트루먼의 연임이 불가능하다고 예상했고, 전화 여론조사 결과도 그랬습니다. 다른 대선 후보자였던 토머스 E. 듀이Thomas E. Dewey는 부자여서 라디오를 이용해 대대적으로 선거전을 펼쳤습니다. 반면에 트루먼은 철도를 타고 미국 내륙 마을을 꾸준히 돌며 현지인 한 명 한 명과 직접 교류하는 전술을 벌였습니다.[6]

우아한 듀이에 비해 트루먼은 매우 풀뿌리적이고 서민적인

---

6   呂秋遠, 「1948年的美國總統大選 歷史上最有名的一次選舉」, 『立場新聞』, 2016. 11. 10.

스타일이었습니다. 결과는 트루먼의 승리였는데, 다음날 『시카고 데일리 트리뷴Chicago daily tribune』에 "듀이가 트루먼을 이겼다"라는 잘못된 헤드라인이 게재됐습니다. 완전한 오판이지요. 승리를 거둔 트루먼이 그 지면을 매스컴에 자랑스럽게 내미는 역사적인 한 장의 사진이 남아 있습니다.

여론조사가 잘못된 이유는 당시 샘플링 방법으로 전화를 썼기 때문입니다. 전화나 라디오를 소유한 유권자층은 도시에 사는 중산층, 상류층에 국한되어 있기에 조사 결과도 왜곡되어 버린 것입니다. "이 대통령은 내륙의 작은 역에서 바보 같은 연설을 할 뿐"이라는 비판도 있었는데, 이 또한 역효과를 불러왔겠죠. 꽤나 단순 명쾌한 이야기이지만, 이 교훈을 살리지 못하는 게 지금의 세계입니다. 인터넷이 발달해도 여전히 같은 패턴의 오류가 반복되는 것은, 미디어 내부 구조(아키텍처)의 결함이 아니라, 언론과 말을 관장하는 지식인, 정치인 혹은 언론계 주변 엘리트의 질적인 문제입니다.

교착된 상상력과 괴리된 말

애초에 민주주의에는 '대중 대 엘리트'라는 대립 구조가 내재되어 있다고 생각합니다. 양자의 이런 권력 균형이 무너지면 사회 병폐가 나타나죠. 포퓰리즘은 대개 '현실을 보지 못하는 고매한 이념이나 세계관에 갇힌 엘리트'의 실패로 발생합니다. 아돌프 히틀러 같은 파시스트와 서양이나 일본에서 '살인마'로 과소

평가된 마오쩌둥 같은 코뮤니스트가 좋은 예지요. 일단 포퓰리즘이 나타나면 현실이 악화일로를 걷는 건 명백합니다. 새로 탄생한 독재자는 민중의 지지를 등에 업고 더욱 '공허한 헛소리'를 쏟아내며 보다 불건전한 세상을 만들어갈 것입니다. 그 끝에는 대참극이 일어날 테죠.

생각해 보면 포퓰리즘이란 자신의 존엄성을 침해당했다고 느끼는 대중이 엘리트에 대한 적대심을 드러냄과 동시에, 그동안 '언론인'이 만들어온 말과 세계관이 현실 적응에 실패하면서 생기는 상황입니다. 엘리트들이 설파하는 '피플(인민)'에 '우리가 속해 있지 않다'는 소외감이 사회에 널리 퍼지는 것이죠.

본래 엘리트 문화란 단순히 '문자가 사용되는 문화'라는 의미로 대중문화와 대비해 사용되었습니다. 대중문화, 즉 '문자에 의존하지 않는 문화'는 구전되는 신화나 민요에서 팝송이나 애니메이션에 이르기까지 사회 구석구석까지 퍼져나가는 문화를 말합니다. 지식인, 문학자, 정치가 등 문자를 관장하는 엘리트들은 사회의 근대화와 함께 대중매체나 교육을 통해 그 세계관을 전달하고 어떤 의미에서는 일반 시민층을 계몽해 왔습니다. 그러나 포퓰리즘의 어원인 [중세 영어] '포퓰라popula(보급되다)'는 본래 '모두'를 의미합니다. 민주주의 사회에서 입에 발린 그럴 듯한 말만 늘어나고, '모두'에 포함되지 않는다고 느끼는 사람이 많아질 때 포퓰리즘이 표면화됩니다.[7]

7   カール・ベッカー, 小林章夫 訳, 『一八世紀哲学者の楽園』, 上智大学, 2006; ユルゲン・ハ

이건 말하자면 근대의 비극이지요. '허언 시리즈虚言シリーズ', '이야기 시리즈物語シリーズ'로 알려진 인기 라이트노벨 작가 니시오 이신西尾維新은 홍콩을 비롯한 동아시아에서 큰 인기를 얻었는데, 그는 '말의 포화가 가져오는 무의미함과 비극'을 인위적으로 만들어내 이 현실을 아이러니하게 꼬집었다고 생각합니다. 말의 포화로 초래되는 사태란 말하자면 끝없는 불안입니다. 서양 문학(모던 텍스트)을 일본의 문맥(컨텍스트)에 대입한 무라카미 하루키村上春樹의 『1Q84』도 겉보기에는 포스트모던하지만, 그 문제의식은 '아이덴티티를 둘러싼 불안과의 대치'라는 근대의 문제 그 자체라고 할 수 있습니다.

사회라는 거시 수준에서도, 인간관계라는 미시 수준에서도, 말과 정치성을 둘러싼 문제는 점점 더 커져만 갑니다. 말이 다르면 대립이 생기고 부당하게 배제당하고 있다는 느낌이 커집니다. 엘리트의 정치 언어가 더는 유효하지 않다는 것, 말의 포화가 무의미한 사회를 낳는다는 것을 니시오의 작품을 비롯한 문예 작품은 파악해 왔습니다. 그렇게 보면 민중의 경고 신호를 이토록 무시해 온 엘리트의 죄가 크네요.

一バーマス, 細谷貞雄他 訳, 『公共性の構造転換 市民社会の一カテゴリーについての探究』, 未来社, 1994: [국역본] 위르겐 하버마스, 한승완 역, 『공론장의 구조변동―부르주아 사회의 한 범주에 관한 연구』, 나남출판, 2004]; ジグムント・バウマン, 向山恭一他 訳, 『立法者と解釈者 モダニテイ・ボストモダニティ・知識人』, 昭和堂, 1995.

엘리트의 몽상적인 이야기

엘리트와 대중문화. 이 두 문화가 병존하는 상황이 나쁜 건 아닙니다. 냉전 후 공업화 사회에서 모두가 평등해 보여도 근대의 이성을 관장하는 건 일부 엘리트에 국한됩니다. 오직 엘리트만이 사회 시스템을 설계하고 이를 바탕으로 합리적으로 판단하며, 대중은 엘리트가 설정한 생애주기로 안정된 생활을 영위한다는 도식이 성립되어 왔습니다.[8] 그러나 냉전을 거쳐 탈산업화 사회를 맞이한 현재, 광범위한 의무교육으로 활자 문화는 더 이상 엘리트의 전유물이 아닙니다. 그러나 그 자체로는 자명할지 모를 이러한 구조 변화가 현실적으로 폐해를 낳고 있는 것도 사실입니다. 여기서는 대학에서 저의 일상과 관련된 예를 소개하겠습니다.

최근 홍콩에서는 리버럴 스터디즈Liberal studies라는 대학 과목이 필수입니다. 일본에서 일컫는 '공민公民'과 비슷하지만, 기본 자료나 데이터를 분석한 후에, 다양한 관점으로 자신의 의견을 개진하는 개방적인 서술 방식의 수업입니다. 이것은 말하자면 정치적이고 자립적인 근대적 개인을 육성하려는 시도의 일환입니다.

그러나 일본 문화 평론을 전문으로 하는 홍콩인 선배는

---

8   小熊英二, 『社会を変えるには』(講談社現代新書), 講談社, 2012; ウルリッヒ・ベック, 鳥村賢一 訳, 『世界リスク社会論』(ちくま学芸文庫), 筑摩書房, 2010.

이 리버럴 스터디즈가 사회과학적인 말을 억지로 퍼뜨리는 것일 뿐이라며 부정적입니다. 시험제도 때문에 교사나 학생이 어설픈 사회과학적 지식밖에 갖고 있지 못하는데, [사회과학적] 전문 용어를 제대로 습득하지 않은 상태에서 부화뇌동하는 격으로 자신의 의견을 말하게 한다면, 말이 악용되고 잘못된 지식이 확산되는 일이 일어날 뿐이라고요.

그의 의견이 엘리트적이며 보수적으로 들릴지도 모릅니다. 다만 대학에서 가르치는 저의 교육적 입장에서 이렇게 말하는 것이 '정치적으로 옳지 않을' 수도 있겠으나, 본래 학문이나 정치는 모든 사람에게 열려 있는 것이 아니라고 생각합니다. 각자의 능력 문제도 있고, 일률적으로 모든 사람에게 동일한 지식과 기술을 습득하게 하는 것은 적절하지 않습니다.

예를 들어, 저는 수학이나 공간 인지 방면에 서툴러 수리 학문에 힘을 쏟는 것이 비효율적임을 자각합니다. '적재적소', '능력 분배'라는 사회분업론에 기대어 오로지 "빈민을 없애고 평등 사회를 실현하자!"라는 엘리트들의 꿈같은 이야기는 사람의 능력이 불평등하다는 현실에서 눈을 감는 이념에 불과합니다. 그것은 그저 '현실을 배회하는 마르크스의 유령'일 뿐입니다. 평등 사회라는 게 있더라도 그것은 사회 분업이 실현된 후 해결될 결과이지 애초의 목적일 수는 없다고 생각합니다. 더 나아가 평등을 실현하고자 하는 엘리트 자신은 기꺼이 가난한 사람이 되려고 하지도 않지요.

원래 민주주의는 개인의 이성이 확립되고, 개개인이 정치적 언어를 습득한 후에야 비로소 실현될 수 있습니다. 즉 근대적 개인의 육성 없이는 성립할 수 없는 것입니다. 냉전 이후 서구 엘리트(특히 교양 있는 언론인)는 주로 대학이라는 시스템을 통해 자유와 평등, 타자에 대한 관용과 같은 이데올로기의 글로벌한 보급을 목표로 삼아왔습니다. 그것이 바로 근대적 세계관의 실현이라는 듯이. 다만 제가 보기에 엘리트층이 할 수 있는 일이란 일반인을 근대 정치인으로 교육시키는 것이 아니라 기껏해야 새로운 이데올로기를 보급하는 것뿐이지 않을까요. 대중은 자신이 좋다고 믿는 것에만 귀를 기울입니다. 하지만 그러다가 머리가 교착상태에 빠지면 더는 상상력의 날개를 펴지 못합니다.

바꿔 말하면, 이 교착된 상상력이나 현실과 괴리된 언어 자체가 서양 근대의 쇠퇴나 파탄을 시사한다고 할 수 있습니다. 서구 여러 나라의 지식인이나 정치인은 서양 문명의 근본 취지를 잃어버린 걸까요. 저는 평등·관용·책임과 같은 낭만주의 이념보다 개인·자유·인권 같은 자유주의야말로 서구 근대의 동력원이라 생각하는데, 사태가 낭만주의로 흐르고 있습니다. 아마도 문명의 변경에 있는 일본이나 홍콩의 우리야말로 이 문제를 더 분명하게 볼 것입니다. 이 점은 나중에 자세히 살펴보도록 하겠습니다.

요동치는 홍콩에서의 '말의 창조'

변경에 있어야만 오늘날 서양 근대가 얼마나 실추되고 있는지 잘 알 수 있습니다. 일본보다 홍콩의 상황을 따라가야 그 사태가 선명해질 터이기에 최근 홍콩의 두드러진 변화를 소개하고자 합니다. 먼저 '말'을 둘러싼 변화입니다.

지난 몇 년 동안 홍콩에서는 새로운 단어가 비교적 많이 생겨나 쓰이고 있습니다. 예를 들어 '엘리트에게는 현실이 보이지 않는다. 자신이 옳다고 맹신하는 미래와 선한 세계를 추구할 뿐'인 현상을 '레이데이離地'라 합니다. 바꿔 말하면 '땅에서 멀어진다'고 비아냥대는 것이지요. 최근 기성 민주파 리더나 언론인을 종종 '레이데이'라 칭합니다. 교양 있고 서구 경험이 풍부한 이들은 교수, 교사, 변호사, 의사, [입법부] 의원 등 전문직에 종사하는 홍콩 중산층으로, 서양을 도덕적 모델로 여기면서 홍콩 민주화의 깃발을 흔들고 있습니다.

반면에 최근 몇 년 사이에 나타난 '본토파'는 친중파도 아니면서 이들 민주파를 불신하는 존재들입니다. 일반적으로 본토파란 '자신의 문화적 뿌리가 홍콩에 있다고 생각하는 정치 집단'을 가리키는데, 저는 한 걸음 더 나아가 그들을 '정치 상황과 사회 변화를 몸으로, 정서적으로 감지할 수 있는 사람들'로 정의하고 싶습니다. 이들의 지지자는 주로 반중反中 젊은이들로, 그들은 중국 이상으로 홍콩 민주파를 싫어합니다. 홍콩 민주파는 수년간 민주화 실현을 외치면서 실질적으로 아무런 성과도 내지 못했으며 시위나 집회도 그저 자기만족에 그치기 때문입니다. "민주파가 중국공산당과 타협하고 손을 잡았다가 결국 속은 것이 아니냐"라거나 "민주파는 중국에서 온 이민자들을 불쌍한 가난뱅이라 하지만 사실 힘든 건 우리 홍콩 젊은이들이다", "의회에 눌러앉은 월급 도둑 아니냐" 등등으로 (저를 포함한) 젊은 세대에게서 비판받고 있습니다.

2014년의 우산운동을 거친 지금, 순수하게 '중국인'을 자인하는 젊은이(18~29세)의 비율이 1% 미만이라고 홍콩대학 조사에서 밝혀졌습니다.[9] 대다수 사람의 정체성이 '홍콩인'입니다. 언뜻 보면 본토파도 민주파도 일률적으로 홍콩인이라는 정체성을 지닌 것으로 보일 수 있습니다. 그러나 우산운동은 양측의 분열을 가시화하고 민주파의 문제를 더욱더 잘 드러냈습니다. '필사적으로 민주주의를 위해 싸우고 있다'는 민주파가 우산운동 중에 민중을 이끌지 못하고 재빨리 점령구에서 철수하기로 결정했습니다. 그 모습은 사상자가 날 것을 두려워하는 겁쟁이로밖에 보이지 않았습니다. 선거 기반이 있는 민주파가 의회 노선을 취하는 건데, 그야말로 보신주의적 '온건 반대파'에 지나지 않습니다. 말만 앞세우고 진정으로 싸우는 자세를 보이지 않죠. 그들을 일컬어 민중은 안중에도 없는 태만한 중산층이라고 하여 '레이데이'라 부르는 것입니다.

9 「홍콩대학 민의연구계획」이 2017년 2월에 실시한 「시민 정체성 의식조사」 결과에 따른다.

새로 생긴 말에 '조까우左膠'라는 것도 있습니다. 일본의 '겁쟁이 좌파ㅅㅌㄻ사ㅋㄱ'와 비슷한 것으로, 말 그대로 머리가 플라스틱처럼 교착되어 변화에 대응하지 못하는 운동가나 언론인을 가리키는 말입니다. 이 조어를 만든 람게이林忌 씨는 제가 아는 사람인데, '신이민新移民' 문제를 둘러싸고 민주당과 좌파 언론인을 비판하기 위해 이 말을 만들었습니다(2009년). 일부 사회운동가 혹은 자유주의파가 신이민 정책에 힘을 쏟고 있는데, 이들은 중국에서 오는 '불쌍한 존재'인 신이민족이 가족과 재회할 수 있도록 하루에 150명 한도로 수용하는 정책을 지지합니다. 반면 이를 지지하지 않고 반중으로 내달리는 본토파를 그들은 인종차별주의자라 매도합니다.

그러나 본토파 입장에서 보면 홍콩의 젊은 세대가 더 힘든 상황입니다. 약자 구제를 호소하는 이들이 발등의 문제는 외면하고 고착된 언동에 사로잡혀 있기에 민주파에 플라스틱이라는 명찰이 달렸습니다. 이후에는 반反중국공산당이면서 민주파이기도 한 중화 민족주의자를 비판하기 위해 '다이쫑와까우大中華膠'라는 말도 생겨났는데, 신조어의 발상에서 '까우膠[아교, 플라스틱]'가 유행어가 되다니 홍콩 정치와 광둥어의 밀접성이 엿보입니다.[10]

---

10   홍콩의 인터넷 용어에 대해서는 '香港網絡大典'이라는 재미난 사이트가 있다. 홍콩에서의 한자 조어 운동은 마치 후쿠자와 유키치(福澤諭吉)의 시대를 떠올릴 만큼 활발한 느낌이다. '조까우' 항목 참조 http://evchk.wikia.com/wiki/ 左曜

이처럼 '말의 창조'는 홍콩 인터넷에서 유행처럼 번지고 있습니다. 그 트렌드를 주도하는 사람 중 하나가 민속학자이자 문학가인 친완간陣雲根—필명은 친완陣雲—인데, 기인입니다. 작년(2016년)까지 대학교수로 재직하면서 선거에 출마하기도 했습니다. 안타깝게도 우산운동으로 대학에서 해고되고 당선되지도 못했지만, 지난 10년간 그의 행보는 두드러집니다. 인터넷 공간에서 음모론적 국제관계론을 벌이는가 하면 게임 용어를 보급하기도 하며 힘을 발휘하는데, 광기마저 느껴지는 그 모습이 대학 지식인답지 않습니다. 본토파의 '국사國師'를 자처하는 한편, 최근 홍콩에서 탄생한 정치 용어 대부분을 창작했습니다.

　민주파를 지지하는 중산층을 '레이데이쫑찬離地中産[땅과 떨어져 있는 중산층]'이라 명명하거나 정적을 욕할 때 사용하는 '록데이육落地獄(지옥으로 떨어져라)'이나 '웡틴긕삿皇天擊殺(천벌)'과 같은 신조어는 그만의 독특한 것으로, 중국 고전을 떠올리게 하죠. 무거운 현실 앞에서 엄중하게 느껴지는 말을 굳이 경박하게 사용해 세계를 가볍게 보게 하는 경향이 친완의 인터넷 발언에서도 보입니다. 홍콩 정치의 현실이 무거워질수록 말이 용감하고 씩씩해지고 기분 또한 유쾌해지는 현상이 최근 몇 년 사이 두드러지고 있습니다.

　그런데 그는 민속적인 세계, 즉 민중의 꿈틀거리는 '카오스', 그리고 항상 변동하는 사회 현실을 중요시하면서도 '코먼 센스common sense'라는 사회과학적인 언어도 중시하는데, 그는 '코먼 센스'라는 단어를 '상식'이 아니라 '정리情理[인정과 도리]'로 번역해야 한다고 말합니다. '센스'는 지식의 식識이 아니라 오히려 '정情'이나 '이理'에 가까운 감각, 즉 감정이라 말하면서요. 낙선한 탓인지, 아니면 단순한 퍼포먼스인지 그의 최근 언행은 전보다 더 광기로 가득 차 있습니다.

인기가 시들해졌다고는 하나, 인터넷 광대와 '반지성주의'적인 겉모습과는 달리 일류 비평가인 그는, 『홍콩 도시국가론香港城邦論』(2011)이라는 고도의 정치사상서를 내놓은 바 있습니다. 이 책을 '변경 문화론'이라는 측면에서 함께 자세히 검토해도 좋을 것 같은데, 무엇보다 "홍콩이란 서양과 중화 문명 사이에 낀 대도시(=도시국가)"라고 그 위치를 정확히 정의하고 있다는 점이 중요합니다. 확실히 홍콩은 잊힌 시간의 틈새에 동서양 문명의 잔재를 간직한 장소입니다. 다양한 문화의 전통이 살아 있되 서로 다른 사회의 역사(=문화)의 시차조차 무시되기도 하는 문명 사이의 특이점인 것이죠.

민속학과 문학을 전공한 친완 씨는 종종 중국보다 더한 전통주의자로, '우익'이나 '인종차별주의자'로 매도당하기도 하지만 실상은 이와 다릅니다. 그가 보기에 요즘 공산당 통치하의 중국 대륙은 중국 문명의 계승자가 아니라 문인 계층을 없애 문화 전통을 잃은 '유령 국가鬼國'일 뿐입니다. 게다가 서양 문명에 의한 민주화 도입은 중국의 내셔널리즘을 폭주시켜 그 파급력으로 홍콩을 더욱 위험에 빠뜨릴 수 있다면서 '쫑꽁각레이中港隔離(중국과 홍콩의 격리)'를 제창합니다. 제국(중국이나 미국)에게 홍콩은 여전히 금융 도시로 이용 가치가 남아 있으니 일국양제를 최대한 유지하는 게 도시국가 홍콩을 지키는 데 도움이 될 것이라는 '도시주의都會主義' 정치사상을 주장하는 것입니다.

이 생생한 땅에 발을 딛고 있는 민속적 시각 없이는 홍콩에 밝은 미래도 없을 것입니다. 홍콩 민주파가 서구 중산층다운 엘리트적 연출을 선호한다면, 홍콩 본토파의 정신에는 "땅을 떠나지 않고 자신의 '로컬'을 소중히 한다"[11]고 하는 수맥이 흐르고 있습니다.

'존엄 자본'을 구하다

친완이라는 이 인물은 어딘지 모르게 트럼프를 연상시킵니다. 우선 무엇보다 글로벌 지식인들에게 미움을 받는다는 게 그렇죠. 트럼프는 트위터를 이용해서 세계의 지식인과 양심적 자유주의자를 뒤흔들기에, 홍콩 인터넷에서는 그를 '키보드 전사'로 표현합니다.

이 용어는 원래 우산운동 같은 정치적 움직임이 새롭게 전개되는 가운데, '인터넷 안에서만 잘난 척하는 치'를 '시위에 갈 용기가 없는 비행동파'로 비꼬는 맥락에서 생겨난 유행어였습니다. 그러나 사실 트위터만으로 세계 정치를 움직일 수 있는 트럼프야말로 진정한 키보드 전사입니다. 그가 부추길수록 본래 그 정책의 혜택을 누릴 수 없는 노동자계급과 이민자들이 트럼

---

11   '香港網絡大典' 사이트의 '친완' 항목 참조 http://evchk.wikia.com/wiki/ 陳雲

프 편에 섭니다. 어째서일까요?

제가 볼 때 '자존감을 채우고 사회적 지위를 얻는 것이야말로 인생의 지상 명제'라는 가치관이 SNS를 통해 사회 구석구석까지 퍼져나간 한편, 인정 욕구가 좀처럼 충족되지 않는 조급함이 상징적으로 나타나기 때문인 것 같습니다. 예를 들어 일본의 [아이돌] AKB48 현상은 인정 욕구를 저렴하게 제공하는 구조로 확산된 측면이 강한 듯합니다. 아이돌이 더는 하늘에 있는 신과 같은 존재가 아니라 내 표가 그 존재를 지탱하고, '여신(=권위)'의 운명조차 내가 통제할 수 있다는 망상으로 팬은 자존감을 채울 수 있습니다. 이런 구조로 문화산업이 형성되고 있는 것입니다.

'누구나 엘리트가 될 수 있는' 사회는 그동안 엘리트만의 특권이었던 존엄과 명예 같은 개념을 사회 밑바닥까지 퍼뜨렸고, 손만 뻗으면 누구나 누릴 수 있는 듯 착각하게 만들었습니다. 그 결과 사람들은 그것을 충족하려다가 농락당하고 진정으로 미쳐가고, 이렇게 해서 사회가 모종의 정신병리로 덮여간다는 것이 오늘날 대표적 내셔널리즘 연구자인 구소련 태생의 미국인 사회학자 리아 그린펠드Liah Greenfeld의 가설입니다.

트럼프 지지자들이 그의 말에 강렬하게 끌려 지지하는 것도 이런 흐름에서 이해할 수 있을 듯합니다. 자신의 손에도 닿을 수 있는 꿈이라고 생각했는데 전혀 그 혜택을 받지 못해서 오히려 배신감을 느끼는 거죠. 그래서 실현되지 못한 '존엄 자본'을 구하러 그를 지지하는 것입니다. 이는 미국과 같은 개인

[주의] 사회에 나타난 대단히 상징적인 병리입니다.

그렇더라도 인터넷으로 민의가 가시화되는 것은 역시 가공할 만한 사태입니다. 별다른 능력도 없고, 노력도 하지 않으면서 인정받고 싶은 사람들의 욕망이 드러나고 있습니다. 스마트폰 앱을 조금만 만지작거리면 그럴듯한 셀카를 찍을 수 있는 오늘날, 반쯤 공적 영역이라고 볼 수 있는 페이스북에 그런 것을 올리는 게 일상다반사가 되었습니다. 그런 욕망을 드러내는 광경이 눈앞에 펼쳐진다는 것은 꽤나 두렵죠. 하지만 더 두려운 일은 엘리트층이 이념적 명분과 환상에 사로잡혀 정작 자신들이 손을 내밀어야 할 자들에게 배신당한 채 그 요인조차 제대로 알지 못한다는 것입니다. 이것이야말로 진정 우려해야 할 일이라고 생각합니다.

자유와 의사소통의 어려움

대학에서 학생들을 가르치면서 그것을 강하게 실감하는 일들이 있었습니다. 학생들의 의욕 부족에 대한 실망감 때문이었죠.

수업 내용을 가르치는 선생이 같아도 사람마다 느끼는 방식이 다르기에 평가에 차이가 생기는 건 당연합니다. 다만 수업의 자유도를 적극적으로 높이려 해도 여전히 부정적인 의견을 듣는 데 실망하게 됩니다. "이 도시사회학의 학문 정신은 자유란 무엇인가를 생각해 보는 것이다", "틀에 갇히지 말고 자신의 흥미를 파고들어 달라", "강의는 일단 나의 길을 보여주는 것일 뿐이다"라고 미리 방침을 알려줘도 학생들로부터 불만이 나옵니다. 수업이 자유선택제임에도 그렇게 되는 것입니다.

최대한 대화하기 쉬운 분위기를 조성해 자유의 여지를 남겨놓고 질의응답 시간에 언제든 하라고 해도 아무도 하지 않습니다. 오히려 수업 평가 시에 그 알 수 없는 생각들이 부당한 평가로 표현되어 나타나는 듯하죠. 뭐, 몇 년째 영어로 가르치고 있는 도시사회학 수업이나 '일본과 세계', '일본 사회, 만화, 애니메이션' 같은 담당 과목의 수업 평가는 좋으니 염려 마시길.

다만 과장일 수도 있지만, 이는 트럼프 현상과 같은 구조가 아닐까요. 말하지 않으면 알 수 없는 진의가 타자에게 전해지지 않았는데, 그것을 말할 기력조차 잃어버린 학생들이 무척 걱정됩니다. 홍콩 중문대라는 엘리트 대학에서 철저하게 민주적인 방식의 수업을 목표로 해도 여전히 '방향을 잃은(=아노미적인)' 학생이 속출하는 사태에 저는 상당히 낙담했습니다.

더 심각한 건 영어로 가르칠 수 있는 (엘리트를 위한) 홍콩 중문대 사회학 교육 현장에서조차 학생들에게 완전한 자유를 준다면 그 너머에 더욱 험난한 길이 기다린다는 걸 깨달았다는 데 있습니다. 학생들이 답을 내놓지 못하는 데다가 적절한 질문조차 던지지 못하기 때문입니다.

만약 교육을 통해서도 커뮤니케이션이 불가능하다면, 새로운 언어와 개념의 창출을 목표로 하는 연구는 더더욱 어려운 일일 것입니다. 대학 강사나 학자가 할 수 있는 것이란 적어도 그 빛이 번쩍이는 순간까지 다양한 학문 분야를 탐구하고 허

심탄회하게 재미를 찾는 정도입니다. 애니메이션 감독 미야자
키 하야오宮崎駿는 "정말 코피가 날 때까지 자신을 몰아붙이면
무엇이 나올까. 나오지 않는 것도 많이 있다. 나오지 않는 것이
더 많다"[12]라고 말한 바 있는데, 이건 정말 맞는 말이라고 생각
합니다.

　　저 자신이 그럴 능력이 있는지, 노력을 할 수 있을지는 모
르겠고 만인에게 그런 것을 기대하지도 않습니다. 다만 자신에
게 무엇이 적합한지 따져보지 않고 남의 기준을 따르기만 하는
학생들을 보면 실망스럽습니다. 홍콩의 철학자 탕쥔이唐君毅는
이런 사람들을 보고 "남의 기준을 자신의 기준으로 삼을 수밖
에 없는 사람은 곧 노예다"라고 말했는데, 정말 그렇습니다.

홍콩과 일본, 두 개의 변경에서 생각하다

자유는 가르칠 수 있는 것일까요? '자유란 카오스와 같은 뜻이
다.' 이것은 제가 문예비평을 배운 정치학 선생님의 말입니다(그
의 수업은 마술적이고 때로는 카오스적인 대화로 나아가기도 합
니다). 그리고 자유란 좀체 전달하기 어려운 이 어렴풋한 느낌입
니다.

　　교육도 이러한데, 다시 이야기를 되돌려 정치는 더 심각한

12　　DVD <NHK ふたり/コクリコ坂·父と子の300日戦争`宮崎駿×宮崎吾朗`>, ウォルト·ディズニ
　　ー·ジャパン, 2012.

상황이죠. 이 카오스적인 세계, 즉 중심축을 잃은 서구 근대, 그리고 서구를 기준으로 삼아 추종해 온 일본이나 홍콩 같은 후발 사회의, 수재들이 공존하는 세계에서 다음[단계]의 문화적 가능성은 과연 어디에 있을까요. 그야말로 답이 없는 아노미적 상황. 기준을 잃으면 잃을수록 이데올로기(고착된 교조)와 권위(광기에 휩싸인 구세주)에 의지하는 인터넷 양 떼는 점점 더 광야를 헤매겠죠.

서양 문명이 중심을 잃고 무너져버린 앞으로의 세계는 어떻게 될까요? 우리 개개인은 일과 생활에 불안을 느끼면서 삶 자체에서 더 많은 의미를 찾으려 할지도 모릅니다. 아니면 세상을 향해 기도를, 때로는 저주를 퍼부을지도 모릅니다. 저는 홍콩에서 태어났는데, 일본의 사정도 다소 알고 있습니다. 이 두 변경이 지닌 가능성을 후쿠시마 씨와 함께 논의해 보고 싶어요. 특히나 자유라는 가치를 최대한 구현해 온 홍콩이 최근 직면하는 '흔들림'과 그 가능성을 논하고 싶습니다.

편지라는 형태로 서양과 중국 문명에 낀 이 도시(혹은 아직 성장 중이며 언젠가 사라질 것 같은 홍콩이라는 네이션)를 실시간으로 추적해 일본의 여러분에게 전하고 싶습니다. 저는 문예비평이 전문은 아니지만, 애니메이션, 영화, 서양 연극 등 다양한 장르에 걸쳐 무엇이 흥미로웠는지 제 나름의 감상도 함께 말해보고 싶습니다. 이러한 팝 문화를 논하는 것 역시 세계의 조류를 관찰하는 데 중요하다고 생각합니다.

그 연장선상에서 마지막으로 영화 한 편을 소개하겠습니

다. 이번 겨울방학 동안 저는 〈너의 이름은.君の名は.〉을 비롯한 일본 애니메이션, 〈소림축구〉로 일본에서 주목받은 주성치周星馳 감독이 제작한 중국 영화 〈서유기2〉 등을 봤습니다. 그중에서 가장 인상 깊었던 것은 〈컨택트Arrival〉라는 미국 영화입니다.

외계인이 지구를 방문한다는 SF적인 스토리지만 우주전쟁 같은 화려함은 없고 관능을 자극하는 영화도 아닌 까닭에, 상영 전에는 홍콩 관객들에게 그 내용이 잘 전달되지 않았던 것 같은데, 생각해 보면 이 영화도 수업과 같은 구조적 상황에 처한 게 아닌지 모르겠네요. 감상 전 작품의 완성도는 아무도 모르고 기대에 어긋나는 경우도 많죠. 그런데 실제로 이 영화는 '인류는 과연 외계인과 소통할 수 있을까'라는 문제를 다룬 인류학 입문 격의 걸작입니다.

자세한 내용 설명은 피하겠지만, 그 핵심 주제는 '타자'와의 소통 불가능성에 있다고 생각합니다. 다른 문화와의 커뮤니케이션이 가능한지, 혹은 같은 문화권 내에서도 서로 다른 개개인의 소통이 과연 가능한지, SF적인 연출로 고찰하고 있습니다. 여기에는 매우 뛰어난 정치적 비유가 담겨 있었습니다. 작중에 묘사된 것은 외계인과 인간 사이 커뮤니케이션의 불가능성으로 보이는데, 같은 나라에 사는 사람들 사이 의사소통이 처한 곤란에 주안점을 뒀는지도 모릅니다. 외계인이 발화하는 언어 체계를 주인공 언어학자가 해독하려고 통역자로 분투하는 모습을 보고 문득 그런 생각이 들었습니다. '외계인(=타자)'이란 곧 현재 세계에 관한 비유일 수도 있다는 것을.

이 영화 저변에 깔린 언어관은 더더욱 시사적인데, '문자'가 어떤 의미에서 마법 같은 역할을 하기 때문이죠. 외계인이 쓰는 문자는 표음문자라기보다는 한자와 같은 표의문자와 가깝고 (먹을 뿌린 듯한 문자), 인간은 그들이 지구에 온 진짜 의도를 알아내기 위해 그 문자를 읽어내야만 합니다.

요즘 라인이나 페이스북 등의 커뮤니케이션에서는 캐릭터나 아이콘 스탬프를 사용하는 경우가 많지요. 우리는 채팅을 통해 자주 수다를 떨며 서로 커뮤니케이션하는 것처럼 보이지만 실제로는 상대방이 쓰는 말의 의미조차 정확히 알 수 없는 게 아닐까요? 캐릭터나 스탬프는 분명 커뮤니케이션에는 유효할지 모릅니다. 하지만 이러한 동물적 커뮤니케이션, 즉 깊은 사고를 포기하고 공허한 언어와 아이콘, 이데올로기로 이루어진 내밀하고 친숙한 커뮤니케이션이 다른 문화 간 커뮤니케이션을 더욱 어렵게 하는 건 아닐까요? 고립된 자기한테 틀어박힌 섬 우주 안에서 서로 접촉하고, 폐쇄적인 공간에서 아무런 마찰 없이 안전하게 서식하기에 엘리트와 일반인은 서로를 이해하지 못하는 상태가 됩니다.

이런 현상은 어제오늘의 일이 아닙니다. 90년대 이후 일본의 논단은 그런 변화에 예민했습니다. 일본은 섬 우주화 사회의 경향을 미국보다 앞서서 정확하게 파악했다고 생각합니다. 문학계에는 무라카미 하루키가, 서브컬처의 맥락에서는 안노 히데아키庵野秀明가 있었고, 사회학자 미야다이 신지宮台真司는 공허한 언어의 범람이나 타인과의 거리감 혹은 인정 욕구를 둘러싼 문제를 많이 논의했습니다. 그렇지만 우리가 사는 2017년 현재 야말로 서구적 근대성이 현저하게 쇠퇴해 가는 세계라고 저는 진지하게 생각합니다. 지금의 우리는 그런 지점에 서 있습니다.

마지막으로 인류의 언어에 대해서 한마디. 언어의 역할이 무엇이라 생각하느냐고 미국의 사회학자 리아 그린펠드 선생에게 물어본 적이 있었는데, 대답은 이랬습니다.

> 많은 사람들이 언어의 역할이 커뮤니케이션하는 것이라 생각하지만 그렇지 않습니다. 왜냐하면 우리는 상대방의 말을 자주 오해하잖아요? 커뮤니케이션은 그런 의미에서 동물이 더 잘하는 것 같아요. 동물의 커뮤니케이션은 100% 정확하게 전달됩니다. 만약 인류의 언어가 하는 역할이 본래 동물의 커뮤니케이션과 같은 정확성을 담보하는 것이라면, 지금 언어라는 문화는 오히려 쇠퇴하고 있는 거겠죠.[13]

평론가 아즈마 히로키東浩紀가 '모에萌え'적인 캐릭터와 그 속성을 매개로 원만한 커뮤니케이션을 하는 일본의 오타쿠를 가리켜 '동물적'이라고 평한 것을 떠올리게 하는 발언입니다.

인간이 쓰는 언어의 특성은 쉬이 의미를 달리하는 데 있습

---

13   Liah Greenfeld, *Advanced Introduction to Nationalism*, Edward Elgar, 2016, pp. 37-38.

니다. 의미는 자의적인 번역이 가능하니까요. 언어의 쓰임새가 조금만 달라져도 의미는 완전히 달라집니다. 그에 따라 문화도 달라집니다. 그렇기에 다른 문화 사이에서 서로를 이해하는 건 당사자들이 생각하는 것보다 훨씬 어렵죠. 그렇다면 인류가 쓰는 말의 역할은 무엇일까요?

그렇게 묻자 선생님은 웃으며 이렇게 말했습니다.

데카르트의 말처럼, 내가 생각하는 상태를 의식할 때 비로소 자의식이 생겨나죠. 생각할 때 비로소 자기는 태어납니다. 고로 인간이 쓰는 말의 역할이란 생각하기 위한 거죠.

2017년 2월 5일
홍콩에서 청육만

말과 민주주의

청욱만 씨,

일본에서의 홍콩

첫 회부터 자극이 되는 편지, 대단히 감사합니다. 우산운동 이후 홍콩의 정치적 정세가 어지럽게 변화하고 있는 만큼, 청 씨의 실시간 기록을 남겨두는 건 후세에 참고가 될 것입니다. 서양의 근대성이 점차 기능 부전 상태에 빠지고, 그 결과 언어의 분단과 교착이 일어나고 있다는 것, 저도 그 현상 분석에 동의합니다. 엘리트층의 이념이 막다른 곳에 이른 한편, 괴짜 우파이자 책략가—일본식으로 말하면 미시마 유키오三島由紀夫와 닮았다고 해야 할까요?—인 친완에게서 잇따라 새로운 조어가 탄생하고 있다는 이야기도 흥미롭습니다. 사회의 위기는 말의 환경을 바꾸어놓습니다.

　이번에 주로 이 '말'의 문제를 논하고 싶습니다만, 그 전에 일본한테 홍콩이 어떤 곳이었는지 독자들을 위해서라도 간단하게 복습해 보도록 하겠습니다. 아편전쟁 후 난징조약(1842년)으로 영국의 자유무역항이 된 홍콩은 태평양전쟁 개전 직후인 1941년 일본군에 점령당합니다. 그 후 일본군은 당시 150만 명에 달했던 홍콩의 인구를 줄이기 위해 2년간 홍콩에서 약 100만 명을 강제로 소산疏散시켰다고 합니다. 이 점령기에 홍콩 시민들은 큰 불편을 겪었고, 많은 재산이 손실되었습니다.[1] 전쟁기에 일본이 홍콩 사회에 큰 피해를 입혔음을 먼저 확인해야 합니다.

흥미롭게도 전쟁 중 홍콩대학 학생이었던 작가 장아이링張愛玲은 1941년 예기치 않게 전쟁에 휘말린 홍콩의 혼란상을 에세이 「신여록爐余錄」(1943)—일본식으로 말하면 '야케아토 암시장파燒跡闇市派'[2]적인 유머가 담긴 수작—에서 '쿨'한 감각으로 묘사하고 있습니다. 장아이링은 상하이나 홍콩 같은 일본 점령

---

[1]　吉川雅之 · 倉田徹編, 『香港を知るための60章』, 明石書店, 2016.

[2]　[옮긴이] 여기서 '야케아토(燒け跡)'란 직역하자면 '불에 타고 남은 흔적'이라는 의미인데, 이는 주로 제2차 세계대전(아시아태평양전쟁) 패전 이후 잿더미가 되어버린 일본의 도시 공간을 가리키는 표현으로 쓰인다. 이 폐허가 된 도시 공간 속 여기저기에 '암시장(闇市)'이 세워지며 민중들의 삶이 지탱되었는데, 이것이 일본의 전후문학 및 미디어 문화 속에서 '전후 일본의 원풍경'을 이루는 것으로 반복 재현되어 왔다. '야케아토 암시장파(燒跡闇市派)'는 작가인 노사카 아키유키(野坂昭如)가 처음 사용한 말로, 그 '전후 일본의 원풍경'에 대한 탐구를 통해 반전(反戰) 의식이나 휴머니즘을 그린 문학 작품 및 작가를 지칭한다. 대체로 유소년기를 제2차 세계대전 중에 보낸 세대(일명 아케야토 세대)의 작가들이 여기에 해당한다. 보다 상세한 내용은 사카사이 아키토, 박광현 외 역, 『'잿더미' 전후공간론』(이숲, 2020)을 참고하길 바란다.

하의 '도시'를 주제로 인기를 끌던 여성 작가입니다. 대표작은 종종 영화화되었고(최근에는 이안李安 감독의 〈색계〉[2007]가 유명합니다), 본인이 중국어와 영어로 여러 차례 다시 써 출간한 바도 있습니다.

중국 문학자 왕더웨이王德威는 그녀의 집필 활동이 복수 언어로 전개된 사실에 주목하면서, 장아이링 문학의 핵심을 '중복(반복)'으로 봅니다.[3] 실제로 장아이링 문학의 재미는 도시를 사실적으로 묘사하는 한편, 과거의 기억이라는 가상의 영역을 정밀하게 반복한 데 있습니다. 『홍루몽』 이래 중국 문학의 전통과도 통하는 이러한 '중복의 수사학'으로 장아이링이 그린 점령하 도시는 순간적으로 잠에 빠져버린 백일몽 같은 세계로 떠오릅니다.

전후가 되면 홍콩은 일본에게 세계로 향하는 창구가 됩니다. 오랫동안 세계여행을 쉽게 할 수 없었던 과거 일본인에게는 영국 식민지로 서양화된 홍콩이 손쉽게 유럽을 의사疑似 체험을 할 수 있는 도시였습니다. 메이지 이후 일본이 '서양을 따라잡고 추월한다'는 후발 근대국가 특유의 성장 서사를 열심히 추구한 반면, 홍콩은 강제적 식민지화 탓에 그러한 서사의 경험 없이 갑자기 '서양'으로의 물질적 복제 상태에 놓이게 되었다

---

3   王德威, 『落地的麦子不死』, 山東画報出版社, 2004. 「爐余録」의 일본어 번역은 다음을 보라. 張愛玲, 清水賢一郎 訳, 「香港—焼け跡の街」, 藤井省三 監修, 「浪漫都市物語」, JICC出版局, 1991.

는 것, 여기에 청 씨가 지적한 '네이션의 근대화'와 '도시적 근대화'의 차이가 가로놓여 있습니다. 다시 말해, 양자 모두 극동의 변경이라고 할지라도 홍콩은 일본이나 한국, 대만 같은 네이션 과는 분명히 다른 발달 단계를 거쳤습니다.

한편, 70년대 중반 이후 포스트모던한 일본인에게 홍콩은 유럽과 유사한 도시에서 서브컬처의 도시로 변해갔습니다. 특히 이소룡과 성룡의 쿵푸 영화는 일본에서 큰 붐을 일으켰고, 80년대 이후 『북두의 권北斗の拳』과 『드래곤 볼』 등 소년 만화에 나타난 '불사의 몸'에도 큰 영향을 미쳤습니다. 우노 쓰네히로宇野常寬가 자주 지적하듯, 일본의 전후 서브컬처 남성상에는 패 전국 콤플렉스가 짙게 반영되어 있는데, 그 유약함을 보완하는 '로봇'이라는 기계의 신체를 선호해 왔습니다. 로봇의 경우와 마찬가지로 초인적인 홍콩 무술가도 일본 만화의 신체를 '강화 수술'한 것입니다. 이는 '신체 번역'의 좋은 예라고 볼 수 있습니다.

80~90년대에는 홍콩의 쇼 브라더스가 출자한 리들리 스콧Ridley Scott 감독의 〈블레이드 러너〉(1998)나 오시이 마모루押井守 감독의 사이버펑크 애니메이션 〈공각기동대〉(1995)는 홍콩을 연상시키는 가상의 근미래 도시 이미지를 창조했습니다. 게다가 동성애자였던 장국영 주연의 영화도 세련된 작품으로 인정받아 세계적으로 유행한 적 있습니다. 홍콩 영화가 무술가에서 게이에 이르기까지 남성의 매력적 신체로 사람들을 매료시킨 점은, 남성성의 전파라는 역사를 사유하는 데도 흥미로운 현상인 듯합니다.

변경의 문화 전략

물론 일본인 대부분은 광둥어를 이해하지 못한 채(이렇게 말하는 저 또한 부끄럽게도 광둥어를 잘 알지 못합니다), 홍콩에 제멋대로 이미지를 투영해 왔을 뿐입니다. 일본에서 홍콩은 언어적이라기보다 이미지적으로 감각되는 도시였습니다. 그렇다고 해서 그 경박함을 일률적으로 부정해선 안 됩니다. 홍콩 영화의 강점은 표층적, 기호적 이미지를 전 세계에 퍼뜨려, 사람들에게 미메시스(흉내 내기)를 불러일으켰다는 데 있을 겁니다.

실제로 이소룡은 그가 급사한 이후에 공개된 〈용쟁호투〉(1973)로 세계적인 인기를 얻어, 미디어를 부유하는 기호적 신체로서 '사후의 삶'을 지속하고 있습니다. 최근에는 이소룡의 스승 엽문까지 쿵푸 영화의 불사신 아이콘으로 '재생'했습니다. CG의 등장으로 쿵푸 영화의 '홍콩적 신체'가 한물갔다고는 하나,[4] 결국 복제를 통해 계속 재생되고 있는 셈입니다. 현대의 대표적 철학자 슬라보이 지제크Slavoj Žižek처럼 말하자면, 쿵푸 영화는 코카콜라 광고와 마찬가지로 '향락하라(=즐기자Enjoy!)'라는 명령을 내립니다. 이 향락의 명령은 세세한 문맥이나 배경 이해가 불필요합니다. 코카콜라를 소재로 한 앤디 워홀Andy Warhol의 유명한 팝아트가 보여주듯, 소비주의는 죽음을 지연하며 대량의 복제품, 즉 흉내를 끝없이 낳습니다. 쿵푸의 신체

---

4   野崎歓, 『香港映画の街角』, 青土社, 2005.

는 코카콜라처럼 복제됩니다.

애초에 변경에서 문화를 발신하고자 해도 대부분의 문맥 정보는 잘 전달되지 않습니다. 하지만 이러한 '맥락의 빈곤화'는 종종 매력적인 수수께끼나 생산적인 오독을 낳을 수 있습니다. 예를 들어 저는 폴란드 안제이 바이다Andrzej Wajda 감독의 1956년작 〈지하수도Kanal〉—나치에 저항하는 레지스탕스가 좁고 불결한 지하수로에서 소모되는 모습을 다큐멘터리적인 느낌으로 찍은 특이한 영화—를 좋아하는데, 바이다 감독은 이 영화가 '폴란드적 맥락'이 통용되지 않는 지역에서는 '실존적인 것'으로 수용됐다고 말합니다.[5] 촘촘한 지역적 맥락을 읽을 수 없기에, 오히려 새로운 해석 가능성이 생긴 것입니다.

이는 쿵푸 영화의 확산을 생각하는 데도 시사적입니다. 쿵푸의 역사나 홍콩의 사정에 관해 아무것도 모를지라도, 이소룡을 기호적으로 모사할 수 있으니까요. 제작 시에는 지역적인 문맥에 흠뻑 젖어 있고, 판매할 때는 복제 가능한 기호의 향락적 힘으로 승부하는 것이야말로 문명의 표준을 만들 수 없는 변경에 유효한 문화 전략이 아닐까요?

더 나아가 말하자면, 일본에서 미국 팝아트에 대응하는 문화란 역시 만화나 애니메이션일 것입니다. 성공작이든 실패작이든 방대한 만화를 기계처럼 계속 생산한 데즈카 오사무手塚 治

---

5   DVD 〈地下水道〉(紀伊國屋書店, 2012)의 부클릿에 수록된 하야마 준세(遙山純生)의 해설을 참조.

虫는 자신의 스튜디오를 '팩토리'라고 부른 앤디 워홀과 마찬가지로 1928년생입니다. 데즈카 이후의 소년 만화나 소녀 만화에서도 이소룡이나 데이비드 보위David Bowie 등을 손쉽게 복제해 버리는 일종의 가벼움이 있었는데, 그거야말로 팝아트의 경박함과도 공명합니다. 하지만 안타깝게도 최근 일본 만화는 마구잡이로 대작화가 진행되고 있어 20세기의 경쾌한 '팝'이라기보다는 19세기의 중후한 '예술'에 가까워지고 있습니다. 즉, 스스로 무거운 문맥을 만들어내고 거기에 사로잡혀 있습니다. 그러나 그건 만화의 장점을 희생하는 것일지도 모릅니다.

우산운동과 '길'의 공공성

어쨌든 메이지 시대에 서양화되고 전후에 서브컬처화된 일본의 입장에서 볼 때, 서양화되고 대중화된 홍콩의 모습은 그야말로 거울 이미지 같습니다. 일본인은 한때 돈벌이에만 관심이 있는 '이코노믹 애니멀'이라는 야유를 받았는데, 이는 홍콩인도 그렇습니다. 반환[1997년] 이전 홍콩인들은 영국 통치하에서 정치 참여를 할 수 없었기에 정치 이외의 비즈니스에서 재능을 발휘했고 현재도 돈벌이에 매진합니다. 서문에서도 말했지만 잡종적인 서브컬처가 강하다는 점에서도 홍콩과 일본은 많이 비슷합니다. 이상한 표현이지만, 홍콩은 어찌 보면 일본 이상으로 일본적입니다.

그러나 2000년대 이후 홍콩에서는 중국에 대한 동화 압력

(=중국화)이 강해지는 가운데 젊은이들의 항의 시위가 빈발하고, 2014년 우산운동 이후에는 청 씨가 언급한 '본토파'를 포함해서 홍콩 독립파를 극우로 하는 새로운 정치적, 세대적 양극화가 발생하는 중입니다. 이전에는 대체로 탈정치적이었던 홍콩인들이 최근 몇 년 사이 급속히 정치화한 것입니다. 1997년 중국 반환 이후 홍콩에 대한 일본인의 관심은 대체로 저조한데, 만일 지금 홍콩에서 '이코노믹 애니멀의 정치화'가 일어나고 있다면, 일본은 거기서 무언가를 배울 수 있을지도 모릅니다. 우산운동은 행정장관의 보통선거를 요구한 민주화 시위입니다. 금융가의 중심부를 '점거'하는 당초 계획이 예상 밖으로 확산하며 장기적인 운동으로 발전해 갔습니다. 일본인인 저에게도 다양한 생각을 하게 만든 흥미로운 운동이었습니다.

'점거'라는 사회운동의 형태가 최근 유행입니다. 2011년 카이로 타흐리르 광장을 점거해 무바라크 정권을 붕괴시킨 이집트 혁명, '격분한 자들'이 마드리드 광장을 점령한 스페인의 M15 운동, 그리고 미국의 반자본주의적인 '월스트리트 점거'가 일어난 데 이어, 2013년 우크라이나[유로 마이단], 2014년 대만[해바라기 운동], 홍콩에서 점거가 일어났습니다. 저마다 정치적 주장은 다르지만(우산운동은 반자본주의적 이념 없이 거의 우발적으로 팽창한 민주화운동입니다), 공통적으로 인터넷에서 정보를 교환하면서 특정 장소를 장기적으로 점거하는 형태를 띱니다. 운동의 내용이 아니라 운동의 형태가 서로 참조되고 있는 것입니다.

오늘날에는 야외 페스티벌과 시위를 구분하기 어려운데,[6] 우산운동의 특색은 그 축제적 시위를 더욱 '일상화'한 데 있습니다. 우산운동 참가자들은 대부분의 시간을 텐트에서 보낼 뿐입니다. 그곳에는 느긋한 일상의 시간이 흐르고 있었습니다(가끔 경찰과의 치열한 투쟁도 발생했지만 말입니다. 일견 베이징 천안문 광장에 천막을 치고 민주화를 요구했던 1989년 중국 학생들과 비슷해 보입니다). 다만 천안문 광장에서의 생활이 황폐화되고 마침내 탄압(천안문 사건)에 이른 것과 달리, 우산운동에서는 평온한 분위기였다는 점이 주목할 만합니다. 외부인인 저에게도 우산운동 현장은 신기하게도 아늑한 집과 같은 공간으로 느껴졌습니다.

군중의 민주주의를 모색하는 사상가 안토니오 네그리 Antonio Negri와 마이클 하트Michael Hardt에 따르면, 2000년대 시위에서는 노마드형이 두드러진 반면, 2010년대 점거 운동의 형태는 '정주형'입니다.[7] '정주형' 사회운동의 특색은 당사자뿐 아니라 관객도 끌어들여 커뮤니케이션을 할 수 있는 데 있습니다. 특히 점거의 일대 거점이 된 몽콕의 네이잔 로드彌敦道는 거의 관광지가 되어 각국 관광객과 언론인으로 붐볐습니다. 청 씨와 저는 우연히 네이잔 로드에서 즉석으로 관제묘關帝廟[관우의

6   五野井郁夫,『「デモ」とは何か』, NHK出版, 2012.

7   アントニオ•ネグリ・マイケル•ハート, 水嶋一憲他 訳,『叛逆』, NHK出版, 2013; 福嶋亮大「香港のストリートから考える」『アステイオン』第82号, 2015; 福嶋亮大,「香港デモ見聞録」(http://realkyotojp/article/report.hongkong_demo_fukushima/).

영을 모시는 사당]가 만들어지는 현장을 목격했는데, 이는 민속학적으로도 재미있는 현상입니다. 시위 현장은 당사자들에게는 일종의 타운 미팅[8]을 위한 공간이었습니다. 이를 통해 시위에 대한 강력한 반발을 포함해 시민들의 '숙의熟議'가 촉구되었습니다.

이러한 운동 방식은 동아시아의 정치적 공공 공간을 구상하는 데도 시사적입니다. 과거 일본 건축가 구로카와 기쇼우黑川紀章는 '서양 도시에는 광장이 있지만 동양의 도시에는 길이 있다'고 보았고, 이소자키 아라타礒崎新는 "일본 도시에는 일대界隈라는 것이 있다"라고 말했는데,[9] 우산운동은 의도치 않게 바로 '길'을 '일대'로 바꾼 시위였습니다. 이 점 역시 1919년 5·4운동을 답습해 천안문 광장에 집결한 89년의 학생들과 큰 차이가 있습니다. 우산운동은 비서구형 도시 공간에서 어떻게 사회운동이 가능한가의 문제를 생각하는 데 힌트가 될 듯합니다.

그러나 보통선거를 요구하는 뜻이 정부에 받아들여지지 않은 이상 우산운동 자체는 실패로 끝났다고 볼 수 있습니다. 이후에도 다양한 민주파 세력이 난립하고는 있으나, 민주화의 전망은 열리지 않고 있습니다. 하지만 운동이 새로운 커뮤니케이션의 주제를 만들었기에, 결코 무의미하지 않습니다. 지금의

---

8   [옮긴이] 타운 미팅(town meeting)이란 마을 사람 전체가 한자리에 모여 마을의 법적 절차와 정책 결정을 내리는 미국 식민지 시대 뉴잉글랜드의 통치 시스템을 일컫는 말이다.

9   礒崎新, 『空間へ』(河出文庫), 河出書房新社, 2017.

관점에서 보면 우산운동은 말의 구성(배치)을 바꾸는 계기였다는 의미에서 일종의 문학운동이었던 것 같습니다. 어차피 민주화운동은 일격에 승부가 결정되는 일이 없기에 진득하게 기회를 엿볼 수밖에 없습니다. 제가 대학원생 시절에 연구했던 후스胡適—중국 자유주의의 원조이자 존 듀이John Dewey의 제자이기도 하다—에게도 이와 비슷한 사상이 있습니다. 그 역시 급진적 혁명에 관해서는 일관되게 부정적이었습니다.

시그널과 심볼

그렇다고 하더라도 길가를 노란 우산이나 텐트로 가득 메운 우산운동은 후한 말기 '황건의 난'을 재현한 것으로 비춰졌다는 점—물론 농담으로 하는 말이지만, 중국의 황색이 오행설과도 맞물려 상징적 가치를 부여받았다는 점은 분명합니다. 황하, 그 유역의 황토, 황제나 궁궐 등 중국 역사는 그야말로 노란색으로 채색되어 있습니다(참고로 오늘날 중국어의 '황색'에는 '에로'라는 뜻도 있습니다). 그것은 19세기 이후 유럽에서 황색 인종이 재앙을 가져온다는 황화론黃禍論과 좋은 한 쌍을 이룹니다.

지난번 청 씨의 이야기에 덧붙이자면, '노란 우산'이라는 기호는 최근 홍콩에서는 가장 중요한 '조어'일지도 모릅니다. 그것은 전수 방위와 비폭력의 상징이자 정치적 시급성을 알리는 경고이며, 집단의 정체성을 지키겠다는 결의의 표명입니다. 그리고 무엇보다 일상으로의 침투력이 높은 유연한 기호입니다. 오늘날 홍콩에서 노란색 위주의 포스터를 만들면 어쩔 수 없이 그 자체로 정치적 의미를 띨 것입니다. 마셜 매클루언Marshall McLuhan의 오래된 명언을 빌리면 '미디어는 메시지'인 셈입니다. 정치와 언어를 한 단계 더 깊이 생각해 봅시다.

지난번 리아 그린펠드의 코멘트를 바탕으로, 저는 여기서 '시그널'과 '심볼'을 구별하고자 합니다. 시그널이 꿀벌이나 큰가시고기의 춤처럼 즉각적으로, 오류 없이 정보를 전달하는 반면, 심볼, 즉 언어적 상징은 외계의 자극을 늦추고 때로는 전달의 오류를 일으키면서 신화, 예술, 종교와 같은 의미적 환경을 만들어냅니다.[10] 인간은 '느린' 심볼의 회로를 가지고 있다는 바로 그 이유로, 동물적인 민첩한 시그널과는 다른 문화적 환경을 만들어 '지금 여기'의 유한성을 넘어 '미래'와 '과거'를 이야기할 수 있습니다. 미래나 과거는 말(=심볼) 속에서만 존재합니다. 미시마 유키오가 어디선가 한 말입니다만, '말이 무력하다'라는 것은 '현재'의 이야기이며, 미래와 과거는 오히려 말로 통치됩니다.

다른 측면에서 말하자면, 말의 의미는 발신자도 수신자도 아닌, 양자 '사이'에 깃듭니다. 말의 사용이란 이 '사이'의 상징적 차원에 작용함을 뜻합니다. 부모나 교사라면 누구나 통감하겠지만, 발신자로부터 수신자에게 투명하게 메시지가 전달되는 일

---

10 エルンスト・カッシーラー, 宮城音弥 訳, 『人間』(岩波文庫), 岩波書店, 1997: [국역본] 에른스트 카시러, 최명관 역, 『인간이란 무엇인가』 창, 2008.

은 있을 수 없습니다. 발신자와 수신자 사이에는 불투명한 말(=심볼)의 차원이 자리합니다. 그렇기에 사람들은 그 차원을 조작해서 픽션을 만들 수도 있고, 때로는 프로파간다에 속아 넘어가기도 하는 것이지요.

언어의 다의성은 위험하다

여기서 주목하고 싶은 건 중국에서는 예로부터 '말의 정치'에 대한 예민함이 요구되었다는 사실입니다. 지식층인 사대부는 종종 동음이의어를 구사해 정치 풍자와 비판을 담은 암호적 시나 문장을 지었습니다. 이 관습은 무섭게도 위정자가 정적을 모함하는 구실이 되기도 합니다. 즉 '너의 시는 정권을 몰래 우롱하고 있다'라고 억지를 부리는 것입니다. 그 결과 대규모 언론 탄압인 '문자의 옥文字-獄'[11]이 종종 일어났습니다. 일반적으로 시는 말로 만들어지기에 작가의 주관을 초월한 다양한 읽기가 가능합니다. 시는 다의적입니다. 그러나 이런 종류의 다의성이나 개방성을 무턱대고 칭찬하는 건 안이한 태도입니다. 중국 사대부에게 말의 다의성이란 말 그대로 목숨이 달린 문제이기 때문입니다. 심볼(말)이 다양한 해석 가능성에 열려 있다는 건 본

---

11 [옮긴이] 본래 '문자의 옥(literary inquisition)'이란 청의 전성기인 강희·옹정·건륭 시대의 반청적인 중국 지식인들에 대한 대규모의 탄압을 총칭하는 말이다. 다만 이 책의 저자들은 이를 청나라 시기에 한정하지 않고, 오늘날에도 반복되는 '대규모 언론 탄압'을 가리키는 말로 사용하고 있다.

래 매우 위험한 성질이기도 합니다. 안타깝게도 일본의 많은 문학자와 연구자는 이에 몹시 둔감합니다.

저는 스스로를 문예평론가로 칭하고 있는데, 사실 동아시아 최초의 '문예평론가'는 노래를 읽고 해석하던 정치가였습니다. 고대 역사책 『춘추좌씨전』에는 오나라 정치가 계찰季札이 각국의 유행가를 듣고 거기에서 국가의 명운이나 백성의 성격을 읽어내는 흥미로운 장면이 있습니다[양공襄公 29년].

애초에 『춘추좌씨전』 자체가 자연의 사소한 징후(기호)를 읽어내려는 샤머니즘적인 역사책, 즉 '기호의 우주'에 관한 해독법을 보여주는 저작입니다.[12] 마찬가지로 유교의 성인 공자도 음악평론가로서 정나라鄭國 음악을 음탕하다며 경계했습니다(『논어』, 「위령공」편). 중국에서는 문예평론이나 음악평론이 정치와 불가분했다고 말할 수 있습니다.

현대에도 마찬가지입니다. 중국사의 트라우마인 문화대혁명도 어용 지식인이 희곡 『해서파관海瑞罷官』을 체제 비판 작품으로 '비평'한 것에서 비롯되었습니다. 원래 마오쩌둥 본인은 창사長沙의 서점 문화서사文化書社의 경영자로 민첩하고 수완 좋은 비즈니스맨의 재능을 발휘했습니다.[13] 동시에 그는 시인이기도

---

12 Wai-yee Li. *The Readability the of Past in Early Chinese Historiography*, Harvard University Asia Center, 2008. 許光昌, 『先秦史官的制度与文化』, 黑龍江人民出版社, 2006.

13 ジョナサン・スペンス, 小泉朝子 訳, 『毛沢東』, 岩波書店, 2002: [국역본] 조너선 스펜스, 남경태 역, 『무질서의 지배자 마오쩌둥』, 푸른숲, 2003.

했는데, 마오쩌둥 어록의 새빨간 표지는 전 세계에 강렬한 상징으로 유포된 바 있습니다. 권력을 잡고 나서는 북경의 낡은 성벽을 무너뜨린 '도시 파괴업'(이소자키 아라타)의 프로모터였는데, 그 과격함을 말(=심볼)의 차원에서도 찾아볼 수 있습니다. 마오쩌둥에게 심취한 홍위병이 쓴 선동 삐라의 문구가 "숨 막히는 화약 냄새"[14]를 느끼게 했듯이, 마오쩌둥의 말은 상징의 차원을 강인하게 바꿔버리는 대량 살상 무기와 같았다는 걸 알 수 있습니다.

최근에도 심볼의 의미작용이 활발히 일어나고 있습니다. 예전에 청 씨가 제게 개인적으로 말해준 것인데, 2008년 물의를 빚은 베이징올림픽 개회식 연출(소녀의 립싱크 가창과 CG 불꽃놀이)도 결과적으로는 올림픽 자체의 공허함을 상징하는 재치 있는 아이러니가 되었다고 할 수 있습니다. '역사의 발자취'라고 칭하며 가짜 불꽃놀이를 진짜와 똑같이 쏘아올린 설치미술가 차이궈창蔡國強은 본인의 의도가 무엇이었든 간에 결과적으로 상당히 비평적인 작업을 한 게 아닐까요?

반대로 오늘날 일본에서는 심볼을 해독하는 능력이 완전히 쇠퇴하고 있습니다. 리우올림픽 폐회식에서 아베 신조 총리의 슈퍼 마리오 분장을 보면 2020년 도쿄올림픽은 광고대행사 주도의 '쿨 재팬 학예회'가 될 걸 쉬이 예상할 수 있습니다. '언어 명료, 의미 불명'이라 평가됐던, 80년대의 수상 다케시타 노보

---

14   錢理群, 阿部幹雄他 訳, 『毛沢東と中国』, 青土社, 2012.

루竹下豋의 답변이 전형인데, 일본의 정치 풍토는 말(=심볼)의 의미작용을 경시합니다. 일본에서 코미디언의 정치 풍자가 부족한 것도 애초에 전도할 만한 정치 언어 자체가 없기 때문입니다.

민주주의의 나쁜 분신

이처럼 중국사에는 말(=심볼)을 둘러싼 투쟁이 새겨져 있습니다. 중국에서 심볼의 발명이나 조작은 정치 투쟁으로 직결됩니다. 상징의 환경을 갱신한 우산운동과 그 이후의 정치 상황에도 그런 전통이 미치고 있는 게 아닐까요? 일본인은 이러한 이웃 나라의 정치적 전통에 예민해야 합니다.

다만 외국인인 제 입장에서 보자면, 지금 홍콩의 민주화운동은 새로운 형태의 홍콩 내셔널리즘 혹은 로컬리즘(본토주의)과 결부되어 있어서 이해하기 어려운 측면도 있습니다. 예를 들면 아래와 같은 의문이 생깁니다.

① 홍콩 독립파들은 베이징 정부의 압력에 반발하며 중국화 흐름에 저항하고 있다. 애초에 '홍콩인'과 '중국인'은 무엇이 다른가? '홍콩인'으로서의 독립을 원하는 사람들은 얼마나 있는가?

② 홍콩은 고도 자본주의에 적응한 첨단의 글로벌 도시다. 이러한 홍콩이 '내셔널리즘'을 내세울 때 어떤 가치를 옹호하려는 것인가? 중국으로부터의 이민이나 관광객에

대해 홍콩 내셔널리스트는 어떻게 대응할 것인가?

③ 급진 본토파가 대두됐으나 베이징 성향의 보수 '건제파建制派'가 입법회에서는 여전히 다수를 차지하고 있다. 이 두 파벌의 세대나 계급은 어떻게 구성되어 있는가? 이 정치적 대립은 결국 큰 사회 분열을 초래하지 않을까?

④ 홍콩뿐 아니라 대만이나 티베트, 신장 위구르 자치구 등도 중국의 압력을 받고 있는데, 이들 '변경'끼리의 연대가 가능할까?

⑤ 과거 홍콩에도 좌익 지식인이 많았다. 하지만 오늘날 (청 씨를 포함해) 시위 참가자들은 반드시 좌익적이지는 않다. 홍콩의 정치 이데올로기는 어떠한 추이를 보이고 있는가?

나아가 홍콩에서는 민주주의 '외부'에 적(중국화)이 있기에 정치운동의 방향성은 비교적 명쾌하나, 오늘날 세계 지식인들 사이에서는 오히려 민주주의에 대한 불만과 환멸이 두드러지고 있습니다. 이제 민주주의는 숙명적인 음울함의 원천이 되어버린 것 같습니다.

얼마 전 사망한 불가리아 출신 망명 지식인 츠베탕 토도로프Tzvetan Todorov는 민주주의가 처한 곤경의 원인을 히틀러나 『1984』의 빅 브라더와 같은 알기 쉬운 외부의 적에게서 찾는 일을 경계했습니다.[15] 그것의 진정한 원인은 '민주주의 내부의 적'인 포퓰리즘에 있으며, 선동적인 파시스트를 탓하는 건 현실 도피에 불과하다고 토도로프는 말합니다. 포퓰리즘은 민주주의의 부산물이며, 그것을 전면적으로 몰아내고자 하면 민주주의 자체를 부정하게 됩니다. 홍콩은 아직 '민주주의 내부의 적'에게 본격적으로 시달린 바가 없는데, 어떻게 보면 이는 다행인지도 모릅니다.

요컨대 포퓰리즘이란 민주주의의 나쁜 분신입니다. 그리고 그 분신과의 싸움은 카타르시스가 없는 소모전에 빠지는 일과 같습니다. 오늘날 세계의 진보적인 민주주의자들은 이 그림자밟기와 같은 끝없는 투쟁에서 완전히 피폐해져 있는 듯합니다—참고로 저는 90년대 중반부터 8년 가까이 『주간 소년 점프』에 연재된 타카하시 카즈키高橋和希의 만화 『유☆희☆왕』을 좋아합니다. 이 작품이 '분신'이라는 테마를 카드 게임의 듀얼, 즉 결투적(=쌍대적duel) 관계 속에서 추구하고 있었기 때문입니다. 마치 라캉의 상상계 이론의 패러디처럼 보입니다. 그렇다고 해서 '다수파는 진리를 표현하지 않는다'라는 엘리트주의로 회귀해 봐야 그다지 실효성이 없습니다. 다수파가 잘못되었다고 해도 소수 엘리트가 옳다는 보장 또한 어디에도 없기 때문입니

15   ツヴェタン・トドロフ, 大谷尚文 訳, 『民主主義の内なる敵』, みすず書房, 2016: [국역본] 츠베탕 토도로프, 김지현 역, 『민주주의 내부의 적—자유와 민주주의의 위기를 근본적으로 성찰하다』, 반비, 2012.

다. 실제로 트럼프 대통령의 탄생으로 엘리트나 전문가의 지식 또한 전혀 의지할 게 못 된다는 게 폭로되었습니다.

이성이나 계몽으로 사회를 아름답게 만들기란 어려운 듯합니다. 그런 연유로 '지금 여기' 시점에서는 세계에 조화를 가져오는 게 불가능하니, 그 해결을 미래에 맡기자는 입장이 나옵니다. '이미 저질러 버린 현재의 손해를 미지의 미래로 되갚는다'는 시차에 대한 기대가 현대인의 지친 심리에서 쉬이 나타나는 것으로 보입니다. 포퓰리즘은 당분간 사라지지 않겠지만 포퓰리즘이 극에 달해 오히려 그 추악함이 드러나게 된다면 민주주의에 이성과 제정신이 돌아올 날도 오지 않을까 하는 변증법적 입장에서, 제 지인은 트럼프 대통령을 지지합니다. 이른바 '비 온 뒤에 땅이 굳는다'는 생각입니다.

그러나 만일 그게 맞더라도 다음과 같은 물음이 남습니다. 즉, 트럼프의 정책에 따라 '지금의 고통'을 겪게 될 마이너리티는 어떻게 되는가? 만약 트럼프가 역설적인 구세주라 해도, 구제에 이르기까지의 심각한 피해를 간과해도 될 것인가? 이 '장래의 구제를 위해 지금의 고통은 용서받을 수 있는가'라는 물음은, 아즈마 히로키가 말한 바처럼, 예전에는 도스토예프스키의 『카라마조프의 형제』에서,[16] 극히 최근에는 엔도 슈사쿠遠藤周作 원작을 영화화한 마틴 스코세이지Martin Scorsese 감독의

---

16 東浩紀, 『弱いつながり』, 幻冬舍, 2014: [국역본] 아즈마 히로키, 안천 역, 『약한 연결—검색어를 찾는 여행』, 북노마드, 2016.

〈사일런스〉(2016)에 이르기까지, 중요한 문학적 테마가 되어왔습니다.

'지금'과 '미래'의 대립은 모든 사회 변혁에 따라다니는 아포리아(난문)입니다. 이 성가신 아포리아는 홍콩 민주화운동에도 존재하는 듯합니다. 즉, 보신주의적인 베이비붐 세대는 되도록 '지금의 고통'을 피하고 싶어 합니다. 중국화를 기피하는 급진적인 젊은이들은 비록 '지금'의 행복이 상처받더라도 '미래의 구제'를 원할 터입니다. 양자의 화해는 어렵습니다. 지금까지의 정치이론은 계급, 이데올로기, 정체성 등을 주요 주제로 삼았습니다. 하지만 앞으로의 정치 문제는 현재 가치와 미래 가치의 대립에서, 즉 시차에서 발생하지 않을까요? 이러한 문제에 대처하기 위해서도 새로운 정치 언어의 발명이 시급합니다.

인터넷상의 '신뢰할 수 없는 화자'

청 씨가 지적한 것처럼 포퓰리즘의 융성은 인정 욕구가 충족되지 않는 것에 대한 초조함과 관련이 있습니다. 인터넷상의 '키보드 전사'들은 그 나이를 불문하고 사춘기 청년처럼 끝없는 인정 획득 게임에 휘말리고 있습니다. SNS는 사람을 청년으로 바꾸는 장치라고 말할 수 있겠죠. 팔로워가 수 명이든 만 명이든 간에 트위터는 자기 허상의 광고 매체임에는 변함없습니다. 누구나 발신할 수 있는 사회란 작은 선전가들로 가득한 사회를 말합니다.

여기서 제가 떠올린 건, 영국 작가 가즈오 이시구로Kazuo Ishiguro의 『남아 있는 나날』(1989)에 나오는 말입니다. 이 작품에는 자신의 존엄성을 유지하기 위해 '신뢰할 수 없는 화자'가 되는 집사가 등장합니다. 이시구로는 사이코패스와 같은 비정상적 인간이 아니라, 지극히 평범한 인간이 가짜 스토리텔링을 필요로 하는 현실을 그리고자 했습니다.[17] 이시구로적인 의미에서 SNS는 보통의 인간을 신뢰할 수 없는 화자로 바꿉니다. 그 스토리텔링 기술은 자신을 성공한 사람으로 보이게 할 수도 있고 부당하게 대우받은 피해자로 바꿀 수도 있습니다.

당연한 이야기입니다만, 지식 또는 지성과 인품은 별개입니다. 일본의 문단이나 논단에서 이런저런 일을 하다 보면, 업계의 적지 않은 사람들이 '나는 손해를 보고 있다, 정당하게 인정받지 못한다'는 식의, 마치 청년과도 같은 인정 부족이나 원한 감정을 품고 있는 게 아닌지 다소 나쁜 추측을 하게 됩니다. 물론 청년은 불우하고 쉬이 인정받지 못하지만, 그것이야말로 청년의 모습이기도 한 것입니다. 그러나 모두가 현실을 제멋대로의 스토리로 조작하기 시작하면 매우 곤란해집니다.

트위터의 체재를 본떠 문학을 하려는 사람들이 종종 있습니다만, 그것은 어차피 대수로운 일이 될 수 없습니다. 존엄이나 자존감을 유지하기 위해 자기 자신도 모르는 사이에 인터넷상

17   Brian w. Shaffer and Cynthia F. Wong ed., *Conversations with Kazuo Ishiguro*, University Press Mississippi, 2008.

의 '신뢰할 수 없는 화자'가 되어 버린다는 이시구로적 문제야말로 문학에 깊이 관여된 문제입니다. 인터넷뿐만 아니라 편지에서도 마찬가지겠지요. 예를 들어, 러브레터를 보내는 사람은 '신뢰할 수 없는 화자' 그 자체입니다. 그렇다면 우리는 어떨까요. 아, 이 위험한 문제에 깊이 빠져들지는 맙시다!

인식의 각성을 위하여

청 씨는 작년 말 바이러스성 난청이라는 안타까운 일을 겪으셨더군요. 쾌유를 축하(?)하는 차원에서 음악에 관한 이야기를 하나 덧붙이고자 합니다.

2017년 연초에 앰비언트 뮤직 개척자 브라이언 이노Brian Eno는 신보 〈Reflection〉을 발매했습니다. 스마트폰용 앱으로도 송신되는데, 거기에서는 시간대나 날짜에 따라 재생할 때마다 매번 미묘하게 다른 음악이 생성되는 것 같습니다(이것은 '우연성'의 도입이라는 문제에 천착해 온 20세기 후반 현대음악에 대한 캐주얼한 응답이기도 합니다). 이노는 최근 인터뷰에서 포퓰리즘적 편견 때문에 유린당하고 기계적 소비 행동으로 충만한 세계와 "몸을 떼어 거리를 두는 것"[18]에 자기 음악의 가치가 있다고 말했습니다.

18　「いまこそ『ゆだねる力』を: ブライアン•イーノが語るAI、ポピュリズム、アート、そして『川の流れ』」(https//wired.jp/2017/01/06/reflection_app_interview/)

이노에게 음악이란 단순히 애매모호한 편안함이 아닌, 일상에서의 냉철한 성찰과 각성을 촉진하는 것입니다. 인문적 지식 또한 환각이나 도취가 아닌, 어디까지나 인식의 각성을 위해 존재합니다. 2017년은 홍콩 반환 20년이 되는 해이기 때문에 다양한 홍콩론으로 언론이 떠들썩하겠지만, 저와 청 씨의 왕복 편지는 유행과는 다른 차원에서 이노적인 성찰의 도구가 되면 좋겠습니다. 그러고 보니 앰비언트 뮤직의 사상적 원류에 해당하는 에릭 사티Erik Satie는 우산 수집가였습니다. 그가 우산운동을 보았다면 뭐라고 말했을까요?

2017년 2월 22일
후쿠시마 료타

간절히 기원하면 마음을 울린다
— 도시의 축제 등불

후쿠시마 씨,

홍콩의 역사적 전환점

오늘은 어쩌면 '좋았던 옛 홍콩'이 최후를 맞이하는 날이 될지 모릅니다. '국제도시(코스모폴리스)'라는 명칭이 이제 옛말이 될지도 모른다는 생각이 머리를 떠나지 않습니다. 오늘은 홍콩 행정관 선거일이며, 이제 4분 후면 개표가 시작될 예정입니다. 당초 예상과는 다르게 이번 선거에 대한 일반 시민의 관심이 높은데, 홍콩이 전에 없던 깊은 감상으로 뒤덮여 있는 듯합니다. 제 착각일 수도 있지만, 외국에서 보기에는 그 변화가 눈에 띄지 않을지라도 홍콩의 역사적 전환점이 될 수도 있습니다.

염려해 주신 난청 질환은 많이 좋아졌습니다. 아직 완전히 회복된 것은 아니지만, 어느 정도 들을 수 있게는 되었습니다.

다만 '귀가 들리지 않는다'는 게 반드시 '무음'을 뜻하지는 않습니다. 이명이 지금도 계속 남아 있습니다. 조용한 방에 있으면 도리어 울리는 듯합니다. 다양한 환경 소음이 가득한 거리로 나가면 이명은 울리지 않습니다. 침묵이 무성無聲은 아닌 것과 같은 이치인 셈입니다.

이 홍콩 행정장관 선거라는 게 일본 분들에게는 어떤 의미인지 알기 어렵다고 생각해서 조금 설명하겠습니다. 간단하게 말하면 홍콩 정부를 통솔할 수장을 뽑는 선거인데, 선거라고는 하지만 중국의 승인을 받은 후보만 선출되고 선거권도 일부 시민에게만 주어지는 간접 제한선거입니다. 저를 포함한 대부분의 홍콩인은 행정장관 선거에 투표할 수 없습니다. 실제로 투표소에 갈 수 있는 사람은 간접선거로 선출된 선거위원 1,200명뿐입니다. 게다가 선거관리위원이 직종별로 구분되어 있는데 그 직종의 구분 기준도 모호하고 불투명합니다.

예를 들어 저는 '고등교육계'라는 카테고리에 속해 있어 30명의 선거위원을 뽑을 수 있는데, 선출할 수 있는 이는 대학 교수뿐입니다. 대학 교직원은 물론 학생들도 이 틀에 포함되지 않습니다. 고등학교 교사인 제 친구는 '교육계' 선관위원으로 뽑혔는데, "투표소에 맛있는 딤섬과 쿠키가 있다"라고 선거 소감을 밝혔습니다. 여기에 뽑히는 건 일종의 특권계급이에요. 홍콩인들은 음식에 불만이 많기에 이 사실을 적은 것만으로 인터넷에서 큰 반향이 일었습니다.

이번 선거는 정치 개혁을 목표로 했지만 사실상 실패로 끝난 우산운동 이후 처음 치러지는 행정장관 선거로, 중국 대륙의 간섭이 나날이 거세지고 있습니다. 베이징 중앙 당국의 의도에 따라 중국 정부가 통제하는 정치 시스템하 '선거'란 결국 '중앙정부에서 선출할 사람을 뽑기' 위한 명분상의 연출일 뿐입니다. 그래서 겉으로는 선거의 얼굴을 하고 있지만 시민이나 네티즌에게는 일종의 '장례식'으로 여겨지는 겁니다.

이런 불투명한 선거로 꽤나 막강한 권력을 가진 행정장관이 선출되다니 참으로 아이러니합니다. 어떻게 보면 시작하기 전부터 결과가 분명한 선거전으로, 시민이 실질적으로 관여할 수 없다는 건 무력한 일이 아닐 수 없네요. 너무 무력한 나머지 예술가인 제 친구는 그 불합리함을 내보일 수 있지 않을까 하여 페이스북에 아이디어 하나를 제안했습니다. 선거 당일 아침, 페이스북 라이브 비디오로 홍콩인 한 사람 한 사람이 자신의 생활을 생중계하지 않겠냐는 것입니다. 글로벌 미디어의 시선을 의식한 계획입니다. 선거 결과에 전혀 개의치 않은 채, 독서에 열중하는 사람이나 얌차飮茶[1]를 즐기는 사람도 있을 터입니다. 홍콩의 일상생활이 중국 주도의 정치에 의해 어떻게 비정치화되었는가 하는 메시지를 전달하자는 취지였습니다.

선거 며칠 전에는, 우산운동 와중에도 그랬지만, 홍콩섬 북쪽의 신계新界와 중부 카오룽을 가로지르는 사자산獅子山 정

---

1   [옮긴이] 아침과 점심 사이에 차와 딤섬을 먹는 광둥식 브런치 문화다. 2차 대전 이후 활성화됐다. 반밍(品茗)으로도 불린다.

세 번째 편지   93

상에서 카오룽 쪽으로 "보통선거를 요구한다"라는 큰 현수막이 내걸렸습니다. 그 충격은 우산운동 당시에 비하면 작은 것이었지만, 한나절 만에 철거되어 버렸습니다. 그럼에도 역시나 가슴이 뭉클하고 뜨거워집니다. 그래, 또다시 희망의 깃발이 내걸렸구나!

선거라는 이름으로 ― '좆까'를 외치는 도시의 장례식

그렇게 지난 나날들을 돌이키면서 TV 개표방송을 보고 있었는데, 그만 큰 폭소를 터트리고 말았습니다. 아무리 선거 시스템이 불투명하더라도 개표 과정은 '공개적이고 공정한' 연출이 꼭 필요한 법입니다. 문제가 있을 것 같은 투표지의 가부를 검증하는 장면에서 해당 투표지를 회장에 설치된 대형 스크린에 비춥니다. 입후보자와 공중에게 선거의 공정성을 보여주기 위해 투표지가 유효인지 무효인지에 대한 선거 주임의 판정 과정이 공개돼야 합니다. 그런데 그 작업 과정을 방영하던 중 갑자기 '屌[디우]'라는 한자―남성의 성기를 상스럽게 일컫는 단어―가 TV 화면에 비친 것입니다.

이 한자는 대체 무엇을 의미하는가. 지식인(?)인 저로서는 입에 담기가 꺼려지지만 이것은 '초우하우粗口'라 불리는 매우 상스러운 언어입니다. 말하자면 욕설이나 슬랭의 일종이지요. '屌'는 영어로 말하면 'fuck', 즉 성행위를 뜻합니다. 이후 행정장관으로 선출될 전 관료 출신 람쳉윗오林鄭月娥, Carrie Lam라는 여성이 무대 위에 설치된 검증 화면 앞에 앉습니다. 그런데 TV 화면에 송출되고 있는 건, '屌'라는 상스러운 글자와 마주하고 있는 람쳉윗오의 모습입니다!

실제로 TV 생방송으로 방영된 이 장면은 홍콩인들을 놀라게 했습니다. 아마 그 순간을 놓치지 않고 사람들은 TV 앞에서 그 말을 직접 입으로 내뱉었을 것입니다. 이 방송 사고는 인터넷에서도 크게 화제가 되었는데, 솔직히 제 마음을 대변하는 것 같아 먹먹했습니다. 그저 단 한 글자에 불과하지만 자유와 민주주의를 지지하는 홍콩인들이 품고 있는 '가짜 선거'에 대한 솔직한 심정을 정확하게 표현한 것입니다.

'초우하우'는 대학교수나 지식인 등 중상류층은 물론 여성들의 눈살을 찌푸리게 하는 표현 전반을 가리키는 말입니다. 일본에는 이와 비슷한 말이 없기에 독자분들은 이해하기 어려울지도 모르겠습니다. 일본에선 사람을 조롱할 때 알기 쉬운 욕설보다는 오히려 복잡한 경어를 써서 악의를 드러내는 것 같습니다. 저는 TV 드라마 〈후루하타 닌자부로古畑任三郞〉[2]를 좋아하는데, 후루하타의 말투 같은, 그야말로 사람을 곤란하게 만드는 경어 말이에요.

'초우하우'나 욕설 같은 언어는 타인과 거리를 두거나 좁히는 양쪽 경우 모두에 쓰입니다. 참고로 저는 대학에 몸담고

---

2   [옮긴이] 후지 텔레비전에서 방영된 일본의 추리, 수사 드라마. 해당 드라마의 주인공 이름이기도 하다. 1990년대의 가장 성공한 일본 드라마 중 하나다.

있기에 교실이나 일상생활에서 결코 사용하지 않습니다. '초우하우'의 범위를 어디까지라 정하기란 어렵습니다. 예를 들어 '頂 [뎅]'은 교양 있는 말은 아니지만 일상적으로 사용됩니다. 대답할 때 '뎅'이라고 하면 거기에는 [일본어 구어 표현인] '~그럴리가 없잖아ㅆんなわけれぇだろう'나 '바보냐ｱﾎｶ'보다 백배 이상 경멸의 감정이 담겨 있고, '뎅네이고빠이頂你個肺'—'내 머리가 네 폐에 부딪친다'(=짜증난다, 언어도단, 닥쳐 등)의 의미—라고 하면 [일본어 관용 표현인] '죽어^^死ぬよ(笑)'의 오십 배 친근한 표현 (모르는 사람에겐 악의)이 됩니다. 섹스를 비유한 말이기 때문에 증오도 친근함도 표현할 수 있습니다.

그런데 최근, "이 말도 '초우하우'다, 저 말도 '초우하우'다"라며 '초우하우'가 확산됐다고 느끼는 사람들이 늘어나는 듯합니다. 그러나 그건 오히려 중산층의 착각이며 그들의 가치관이 생각보다 사회에 깊게 침투했음을 보여주는 것이라고 생각합니다. 말하자면 이렇습니다. 최근 경제적 성공으로 계급 상승과 함께 신중산층이 된 부모 세대는 자신의 출신(주로 노동계급)을 기피한 채 자녀 세대를 대학의 교양인 못지않은 진짜배기 중산층으로 키우고 싶어 하는데, 노동 계층의 말을 상스럽게 여기면서도 실제로 어떤 말이 상스러운지조차 모르기에(판단할 만한 소양도 없기에) 제멋대로 '초우하우'의 범위를 확장합니다.

이런 식의 확장은 역사적으로 보면 윤곽이 더욱 뚜렷해집니다. 예를 들어 과거[2014년] 민주화운동에서는 '평화·이성·

비폭력' 외에 '페이초우하우非粗口('초우하우' 쓰지 않기)'라는 암묵적인 룰도 있었는데(!), 이 네 가지를 합친 '워리페이페이和理非非'라 불리는 '데모의 4원칙'이 있었습니다. 홍콩에서 민주화의 매력이 어디에 있는지 살펴보면 그 근원이 서양의 엘리트를 모델로 한 '친 중산층 감정'에 기인하는 바가 큽니다. 즉 선생, 의사가 민주화운동 선봉에 서고, 일반 시민이 이에 동참하는 그런 이미지죠. 그로 인해 자신의 아이도 언젠가 훌륭한 선생이 될 수 있을지도 모른다는 기분을 맛볼 수 있습니다. 그리하여 '페이초우하우'가 민주화운동 원칙의 하나가 된 셈입니다.

'데모의 4원칙'에는 중산층이 되고 싶다는 꿈이 결부되어 있었습니다. 그러나 우산운동 이후 민주파의 실패로 이 원칙은 오히려 느슨해졌습니다. 본토파 지지자 대부분을 차지하는 젊은 세대에게는 오히려 가식 없이 본심을 드러낼 수 있는 '초우하우'가 더 그럴듯해 보입니다. 즉 '초우하우'의 확대에서 홍콩 사회 중산층의 의식 변화를 볼 수 있습니다.

'초우하우'는 품행이라는 면에서는 확실히 좋지 않습니다. 하지만 홍콩 문화와 광둥어를 깊이 알고자 한다면 '초우하우'를 알아야 합니다. 입이 거칠다는 것, 다시 말해 상스럽게 말하는 게 좋지 않다고 생각하는 것 역시 엘리트 문화 특유의 의식입니다.

생각해 보면 일본 중세 역사학자 아미노 요시히코網野善彦가 피난소의 성격이 강하다고 말한 홍콩이라는 도시는 무역과 정보의 중계지로서 [어떤 연고도 없는 곳인] '무연소無緣所'라고 할 수 있습니다.[3] 홍콩에서는 말의 우아함보다는 오히려 정보 전달의 속도, 그리고 가능한 한 다른 문화 체계에도 대응할 수 있는 말의 다양성이 요구됩니다.『돈의 철학』을 저술한 사회학자 짐멜은 돈이 가장 유효한 정보 전달의 도구라고 말한 바 있습니다.[4] 그와 같이 홍콩에서는 문자언어도 돈처럼 다른 배경의 사람들에게도 효과적이고 빠르게 전해지는 성질이 있습니다.

돈과 언어 모두 일종의 마술입니다.[5] 예의를 중시하는 유교에서 언어 사용에 주의를 기울이는 까닭이 그저 기품이나 교양을 위해서만은 아닐 터입니다. 말에 사람을 움직이는 힘이 있기 때문입니다. "부탁합니다"라는 한 마디에 다른 사람이 힘을 보탭니다. 그것은 정확히 경제학에서 말하는 시장 가격과 같은 것이죠. 변동하는 시장 가격은 사람들의 행동을 좌우하는 힘이 있습니다. 그 본질은 결국 마술 그 자체입니다.

제가 애독하는 일본 서브컬처 작가인 나스 키노코奈須きのこ는 주로 공상의 마술 세계를 그린 작품을 만드는데,[6] 결국 마

---

3 網野善彦,『網野善彦著作集〈第12卷〉無緣・公界・樂』, 岩波書店, 2007.

4 ゲオルク・ジンメル, 居安正 訳,『貨幣の哲学(新訳版)』, 白水社, 2016: [국역본] 게오르그 짐멜, 김덕영 역,『돈의 철학』, 길, 2013; 菅野仁,『ジンメル・つながりの哲学』, NHKブックス, 2003.

5 ハーバート・フィンガレット, 山本和人 訳,『孔子─聖としての世俗者』(平凡社ライブラリー), 平凡社, 1994.

6 テックジャイアン編集部,『Fate/complete material Ⅲ World material. (TECHGIAN STYLE)』, エンターブレイン, 2010; 奈須きのこ,『(シナリオ) 魔法使いの夜』, コンピュータノベルズゲーム TYPE-MOON, 2012.

술이란 말로 하는 일종의 암시이며, (이건 제 해석이지만) 그 마
력의 원천은 역시 사람들의 마음(즉 문화와 전승)에서 발산되
는 말에서 비롯되죠. 사람들의 마음속에 쌓인 불만을 단 한 글
자의 '초우하우'로 펼쳐내는 건 훌륭한 마술이라고 생각합니다.
말에서 가시화된 최근 홍콩의 집단의식은 생각보다 큰 감정의
발로이죠.[7]

고상한 것雅와 속된 것俗의 경계가 없는 홍콩 팝

사물과 현상의 본질을 간단히 짚어내는 여러 형태의 '초우하우'
는 저를 포함한 시민의 마음을 정확하게 포착하고 대변해 줍니
다. 선거 당일 아침 사자산에 걸린 현수막도 그렇고, 단 한 글자
의 한자가 때로는 정치 비판이 되거나 사람의 마음을 위로하기
도 합니다. 후쿠시마 씨의 말대로, 한자의 마력과 그 정치적 의
미의 확산은 예상보다 큰 힘을 발휘하는 것 같습니다. 그렇게 생
각하면 이 광둥어 '초우하우'의 발달은 동서양의 식문화가 뒤섞
인 홍콩의 식탁과 마찬가지로 문화의 발달(=체계의 복잡화)을
의미하기도 합니다.

　　홍콩 팝송의 전설적인 작사가이자 카피라이터인 웡짐黃霑

7　　エミール・デュルケーム, 宮島喬 訳, 『社会学的方法の規準』(岩波文庫), 岩波書店, 1978:
　　[국역본] 에밀 뒤르켐, 윤병철·박창호 역, 『사회학적 방법의 규칙들』, 새물결,
　　2019.

박사는 홍콩대학 재학 시절 50개 이상의 '초우하우' 한자를 사용해 의미 있는 구절을 만든 전설적인 인물입니다(홍콩 영화 〈유리의 성〉에서도 언급됨). 그는 홍콩 최초의 카피라이터입니다. 서양인이 점령한 70년대 광고업계에서 그는 중국인들로만 구성된 팀을 이끌면서 광둥어로 많은 광고 카피와 가사를 썼습니다. 작사 작곡뿐 아니라 배우 활동도 했고 에로 문화 연구자라는 면모를 갖춘 멀티미디어 교양인입니다. 학부와 석사 논문에서는 월곡粤曲(광둥어로 부르는 고전극곡)을 연구하고, 정년 후에는 홍콩대학에서 홍콩 팝송의 역사를 총괄하는 사회학 박사 논문을 썼습니다(웡짐 사후의 아카이브를 사회학자들이 정리 중입니다). 아속雅俗 문화에 정통한 보기 드문 문화인이었습니다.

후쿠시마 씨는 중국 문학, 특히 연극과 극곡劇曲에 관심이 많을 텐데, 웡짐의 작사(때로는 곡까지)는 반드시 봐야 합니다. 모두 아와 속의 문화 간 경계를 허물고 중국과 서양의 고금 문화를 융합한 현대 홍콩 광둥어 노래의 틀 그 자체입니다. 추천할 만한 곡이라면 〈푸른 파도에 한바탕 웃는다네滄海一聲笑〉, 〈상해탄上海灘〉, 〈그때의 감정當年情〉, 그리고 홍콩을 대표하는 노래 〈사자산 아래서獅子山下〉 정도일까요—모두 유튜브에서 쉽게 찾아 들을 수 있습니다. 그의 전성기인 80년대는 바로 홍콩 팝 문화가 가장 번창하던 시기였습니다. 제 전문 분야는 아니지만, 저 역시 자신도 모르게 이 풍부한 팝 문화 속에서 자랐는지도 모르겠습니다. 홍콩의 사회운동에는 반드시 노래가 불리는데, 이것도 아마 홍콩 문화를 특징짓는 현상일 것입니다. 친구가 말한 것처럼 "홍콩 사람들은 정치 이념을 말하는 데 서툴기 때문에 노래를 부른다"라는 설도 일리가 있는데, 극곡과 팝송의 토양 또한 큰 영향을 미친 것 같습니다.

그건 그렇다 치더라도 욕설이나 모욕에 쓰이는 풍부한 단어를 끊임없이 낳는 신진대사를 생각하면, 광둥어는 영어나 일본어보다 뛰어난 말이라 할 수 있을 것도 같네요. 뭐, 저속함을 형용하는 단어가 풍부하다고 해서 특별히 문화적으로 자만할 수는 없겠지만…… (웃음). 그런데 선거 당일 TV 화면에 비친 투표지의 '초우하우'는, 확실히 펜으로 쓰인 게 아니라 미리 준비된 인감도장으로 찍은 것처럼 써 있었습니다. 필체가 정말 빼어나, 다시 말해 붓으로 쓴 서예나 산수화를 닮은 예술작품에 가까웠습니다. 저는 이를 '꽁낑야우릭鋼勁有力(붓으로 쓴 글씨 등이 강력하고 굳세다)'이라 형용하고 싶습니다.

이야기를 '초우하우'에서 선거전으로 다시 되돌려볼게요. 여론조사에서 람 씨는 30% 미만의 낮은 지지율임에도 승리를 거두었습니다. 주목해야 할 건 777표라는 그 투표수인데, 이게 앞서 말한 영상과 함께 화제가 되었습니다. 이 숫자는 말하자면 짓궂은 농담 같기도 하고 어딘가 모르게 천명天命을 떠올리게 하는 부분이 있습니다. 왜냐하면 7[찻]이라는 숫자의 발음은 광둥어에서 저속한 의미를 갖기 때문입니다(글자로 쓰자면 '柒'). 게다가 윙짐의 설명에 따르면, "남성의 생식기가 기능 부전에 빠진 상태"를 가리키는 은어이기도 합니다. 민중의 지지를 받지 못하고 당선된 이 여성 행정장관은 아마 앞으로도 이 별명으로 계속 불릴 테지요. 그렇게 생각하면 조금 동정이 가기도 하나 이런 우연에는 하늘의 뜻이 서려 있다고 생각할 수밖에 없습니다.

우산운동 이후로 저는 신비를 믿습니다. 결코 안이하게 미신을 믿는다는 뜻이 아닙니다. 역사의 전환점에서는 과거의 제도나 이성에 기반한 예측은 그 어느 것도 도움이 되지 않는데, 거기에 의지하면 사태가 혼미해질 뿐이기 때문입니다. 미지의 상황이기에 선택과 결단이 필요합니다. 사전에 올바른 선택은 있을 수 없습니다. 잘 되든 못 되든 거기에는 결과론밖엔 없습니다. 평론가 우노 츠네히로字野常寬는 서브컬처를 논하면서 2000년대 이후 일본을 뒤덮은 동일한 폐색감과 문제를 서술했는데,[8] 홍콩은 조금 다른 존재 양상을 보일 겁니다.

홍콩이라는 도시는 처음부터 경제적으로 생존해야 하는 운명을 타고 났고, 최근의 사회 불안은 오히려 생존의 영역이 정치 영역으로까지 확대된 데 따른 것이라 생각합니다. 우산운동 당시 절감한 것은 한 사람의 의견이나 선택이 매우 무력하다는 것이었습니다. 상황이 시시각각 변하는 가운데 막대한 정보를 혼자 분석하는 것 자체가 무리입니다. 설령 옳은 판단을 내렸다고 생각해도 다음 국면에서 순식간에 오답이 될 수 있습니다.

현실에서 파국을 피하기 위해 사람들의 개별적인 선택을

---

8   字野常寬, 『ゼロ年代の想像力』(ハヤカワ文庫), 早川書房, 2011.

넘어선, 루소Jean-Jacques Rousseau가 말한 집합체로서의 '일반의지'가 나타났다고 느꼈습니다. 그 '일반의지'의 파도가 사람들을 집어삼킨 느낌이었습니다. 사회학자 뒤르켐의 조어를 따르자면 루소의 '일반의지'는 집합적인 심성에 해당하는데,[9] 애니메이션 〈신세기 에반게리온〉의 말을 인용하자면 일반의지가 나타난다는 것은 개인의 '마음의 벽'이 사라지는 상황을 가리킬 테죠.

최후의 축제일까 유언장일까

역사의 전환점이란 무엇인가. 사회학자 막스 베버Max Weber의 비유를 사용하자면, 그것은 기찻길의 전환점(스위치)과 같다고 할 수 있겠네요. 그는 역사의 전환점을 좌우하는 건 '이념(이데아)'이라고 말합니다. 제 방식대로 풀어 말하자면, 그것은 개개인이 지닌 마음의 표현이고, 바로 그 마음이 조금만 움직이면 '심기일전'하여 상황이 확 굴러가는 상태라고 생각합니다. 일본어로 '정념의 장正念場'이요. 이런 의미에서 엔도 슈사쿠遠藤周作의 『침묵沈黙』(1966)이 이러한 '마음의 역전轉念'을 아주 잘 포착했다고 생각합니다. 마음이 행동에 영향을 미치는 순간을 아름답게 그려냈잖아요. 언어가 행동으로 바뀌는 바로 그 순간 소리

---

9   エミール・デュルケーム, 山崎亮 訳, 『宗教生活の基本形態』 (ちくま学芸文庫), 筑摩書房, 2014: [국역본] 에밀 뒤르켐, 민혜숙·노치준 역, 『종교생활의 원초적 형태』, 한길사, 2020.

없는 침묵의 때가 도래합니다. 하나하나의 목소리가 사라지고 집합체로서의 예지가 나타날지도 모릅니다.

어째서 지금이 역사의 전환점인지 홍콩의 현 상황에 입각해 좀 더 자세히 설명해 볼게요. 먼저 선거전에서 베이징의 칙명을 받들어 승리한 람쳉윗오와 싸운 또 다른 후보자가 이번 주인공입니다. 입후보자 3인 중 하나인 재정 시장(일본의 재무대신, 한국의 기획재정부 장관)을 9년이나 지낸 창전와曾俊華입니다. 그는 공식 선거전 단 수십 일 만에 홍콩 시민들의 주목을 한 몸에 받아 압도적인 민의를 획득했습니다. '민주파' 지지자, 이른바 고학력 중산층뿐만 아니라 중도 시민계층의 지지를 받아 40~50%의 지지율을 유지하고 있었습니다.

민의가 어떻게 할당되었는지를 보면, 람 씨가 계속 3할 미만, 창 씨가 5할, 그리고 또 다른 전직 법관이 1할, 의견 없음과 지지 후보 없음이 1할입니다. 어떤 의미에서 이 데이터를 달리 읽어보면 70%의 민중이 람이라는 '적'에게 반대 의사를 표시했다고 볼 수도 있겠네요. 다시 말해, 자신과 무관한 선거전에서 '뚜렷한 적'을 만들어 '그 캐리 람만 아니면 된다', 즉 'ABCAnyone But Carrie' 전략이 (1200명의 선관위원회 중) 300명의 민주파 선거위원들의 방책이었던 것입니다.

민주파 측의 반영구적인 고민거리는 '가짜 선거'에서 어떤 의의를 찾을 것인가입니다. 베이징이 현 행정장관의 연임을 저지한 가운데, 중국 정부 산하 홍콩 주재 기관이 람 씨를 지지했습니다. 창 씨의 공약은 오히려 정치적으로나 경제적으로 매우 보수적이었습니다. 본토파와 독립파가 그를 지지하지 않은 건 말할 필요 없습니다. 그들은 이번 행정장관의 향방에는 특별한 관심이 없습니다. 하지만 민주파 지지자와 일반 시민은 그를 지지합니다. 그는 아무리 봐도 건제파建制派(베이징에 가까운 보수파)의 일원인데, 왜 민주파 시민뿐만 아니라 정치와 다소 거리를 둔 일반 시민에게서도 열광적인 지지를 받는 걸까요.

정답은 홍콩이라는 도시 정신 그리고 평소 억눌려 있던 시민들의 감정을 인터넷 미디어에서 최대한도로 끌어올린 그 힘에 있습니다. "나는 홍콩을 믿는다"라는 '소신 표명'으로 '단결, 희망, 신뢰'라는 세 가지 슬로건을 내걸어 시민들 마음속에 억눌려 있던 안정에 대한 기대감을 폭발시킨 겁니다.

후쿠시마 씨가 지난번 편지에서 홍콩 민주화운동의 의의와 그 성격을 질문했기에 이에 답하고 싶은데, 한꺼번에 답하면 지루한 정치 리포트가 될 것 같아, 이에 대해서는 여러 차례에 걸쳐 차분히 답하도록 할게요. 우선 '창暢 현상'으로 나타난 심정은 홍콩 사회의 '분열'을 저지하고자 하는 최후의 보루일지 모른다고 말할 수 있습니다.

'창 씨는 시민들의 말에 귀를 기울이는 사람'이라는 이미지가 선거 기간 내내 강조된 홍보 문구였습니다. 그는 젊은 홍보팀의 서포트를 받으며, '사회 분열을 억제하는 힘을 가진 주역'이라는 퍼포먼스를 철저히 수행했습니다. "딱 한 사람을 믿는 것보다는 한 사람 한 사람을 믿는 것이 중요하다"라는 슬로

건과 함께 소셜 미디어에서 하는 말에도 정중하게 응대하는 모습을 보였습니다. 그것은 정치에 냉담한 '침묵하는 대중'을 향한 어필이었습니다. 반면, 람 씨는 최고위 엘리트 관료로서 이러한 대중을 향한 어필에 서툴러 오히려 역효과가 나타나는 상황이었습니다. '단결', '이해', '민의' 등의 말은 정부와 정치인이 너무 많이 사용해 이제는 현실감 없는 공허한 말로 전락했습니다. 창씨는 이 말에 새로운 활기와 감정 그리고 의미를 불어넣었습니다. 말의 힘을 최대한 끌어내 시민층을 동원하는 데 성공한 것입니다.

이러한 시도는 아마 웡짐 이래로 홍콩 역사상 가장 성공한 광고 캠페인이 아닐까 해요. 람 씨는 창 씨에게 TV 선거 토론 방송에서 "선거 전략의 성공은 충聰 씨 덕분이죠. 저도 충 씨에게 부탁하고 싶다"라는 수수께끼 같은 발언을 던져 '충 씨가 누구지?'라는 궁금증을 남겼습니다. 실제로 창 씨의 서포터였던 이 충 씨도 하룻밤 사이에 유명인이 됐습니다.

하지만 아무리 우수한 카피라이터가 있더라도 선전과 말의 힘만으로는 이토록 큰 사회 효과를 내는 건 불가능합니다. 무엇보다 일단 '분열을 막아야 한다'는 그의 중립적인 자세가 컸을 터입니다. 자신의 신념과 언어를 가슴에 품은 이 옛 홍콩 신사가 평소 돈과 타산에 얽매여 있던 홍콩인들의 마음을 움직인 것입니다. 몇 년 전에 관료로 일하는 제 친구가 당시 재정국장인 창 씨와의 만남을 얘기해준 적 있었습니다. "창 씨를 한 번 만난 적이 있었다. 나 같은 일개 하급 관료에게도 아주 친절하게 말을 걸어주었다. 믿을 수 없는 일이다"라고요.

투표가 마감되고 투표함이 개표장으로 옮겨지는 선거 막바지에 창 씨의 페이스북에는 마지막 홍보 영상이 업로드되었습니다. 투표장 내 위원들이 이미 투표를 마쳤기 때문에 더는 어떠한 '선전'에도 도움이 되지 않은 것이었지만, 영상의 내용은 16년 동안이나 창 씨의 운전기사였던 부하 직원이 올린 것이었습니다. "정부 기관 맨 아래에서 일하는 나 같은 직원한테도 그는 상냥하게 대해주었다"는 미담을 말했는데, 이 '홍보 영상'은 대체 누구를 향해 발신된 걸까요.

결국 람 씨가 크게 승리해 창 씨가 졌습니다. 여론조사도 '어차피 람 씨가 이길 것'이라 예상됐습니다. 그는 선거 패배 후 연설에서 이렇게 말했습니다.

> 시민 여러분, 저는 한 사람 한 사람과의 만남, 그리고 말씀 한마디 한마디에 감사드립니다. (얼마 전 유세 현장에서) 한 남성분이 일부러 택시를 타고 오셔서 격려의 말씀을 해주셨습니다. …… (다른 곳에서) 만난 한 여성분은 그날 생일이셨는데 생일 소원을 제게 맡기셨습니다. 이기라고요. …… (유세 현장에) 모여주신 모든 분이 핸드폰 화면으로 빛의 바다를 엮어주셨습니다. 홍콩을 단결시키려고 모두 축복을 빌어주셨습니다. 감사드립니다, 이 모든 분께. 여러분들이 주신 소중한 추억을 곱씹는 데만 평생이 걸릴 것입니다.
> — 창전와 / 행정장관 선거 결과에 대한 연설 전문

평범한 연설로 들릴까요? 그는 말하면서 울고 있었습니다. 그 자세를 포함해 제가 느낀 바는 이게 선거 패배 선언이라기보다 죽어가는 홍콩이라는 도시에 대한 유언장은 아닐까 하는 거였습니다. 사회가 분열된 상황을 성심성의를 다해 개선하려 했던 그가 절대적인 민심을 획득했음에도 패전을 맛본 것입니다.

그렇게 등불은 전승되고

절망을 희망으로 바꿀 수는 없었습니다. 미래는 아주 어둡죠. 그래서 그는 시민들에게 등불을 전합니다. 창 씨는 연설에서 "팡얏하우헤이, 딤얏잔당憑—口氣, 點—殘燈(한 번의 호흡으로 등불을 켜다)"이라는 말을 인용했습니다. 이 말은 홍콩 영화감독 왕가위王家衛의 영화 〈일대종사〉(2013)에 나오는 명대사입니다. 중일전쟁 동란기를 배경으로 한 이 이야기는 사라져가는 중국 무술 전통을 어떻게 다음 세대로 전승할 것인가라는 주제를 대단히 세심하게 그려냅니다. 저는 왕가위의 포스트모던 영화 중에서 어째서인지 이것만 보게 되는데(전근대 이야기라서 어떨지 모르겠지만, 적극 추천합니다), 이 대사의 '등燈'은 문화 전승에 대한 비유입니다.

창 씨 혹은 그의 선거팀은 자신을 위해서가 아니라 응원해준 시민들을 위한 축복을 목표로 삼았던 것 같아요. 선거운동 기간에는 슬로건뿐만 아니라 사진과 비디오 등 모든 수단을 동원해 세상에 메시지를 보냈습니다. 어두움에 빛을, 절망에 희망을 주고 싶은 마음이었을 겁니다.

창전와 씨는 펜싱의 달인입니다. 보스턴의 명문 대학인 MIT 건축학과를 졸업하고 미국에서 일했다가 나중에 2대 행정장관이 된 (올해 부패 혐의로 투옥된) 창얌큔曾陰權의 권유로 홍콩 정부에 참여하게 된 인물입니다. "나는 해외에서 공부하고 일했기 때문에 중국인이라는 나의 신분을 자랑스럽게 생각한다"라고 말하기도 했으나, 아무래도 베이징 정부는 그렇게 생각하지 않았겠지요. 어디까지나 홍콩인일 뿐, 후보자로서는 적합하지 않다고 생각했던 것 같습니다. 혹은 "베이징의 민주화 제안을 받아들였다면, [선거위원들이] 그에게 투표할 수 있었을 거"라는 반론도 들리지만, 가짜 민주화 법안을 받아들였다고 해도 어차피 시민들은 베이징 정부가 미리 용인한 후보자에게만 투표할 수 있었기 때문에 창 씨처럼 승산 있는 인기 후보는 미리 배제되었을 거예요. 결국 이따위 선거는 어차피 연극에 불과할 뿐입니다.

선거와 함께 막을 내렸으나 '창전와'라는 사회 현상은 확실히 있었습니다. 일시적이었을지라도 그것은 무엇을 의미할까요. 중국 사정에도 정통한 홍콩의 문인 겸 독서인인 렁만도우梁文道 씨는 "쉬육징이풍부지樹欲靜而風不止(나무가 조용하고자 해도 바람이 그치지 않는다)"[10]라는 제목의 글에서 이렇게 이야기했습

---

10   [옮긴이] 전한 시대 연(燕) 지역의 학자인 한영(韓嬰)의 『시경(詩經)』 해설서 『한시외전(韓詩外傳)』 9권에 나오는 주나라 사람 고어(皐魚)에 대한 이야기 첫 소절.

니다. "온순한 홍콩인들은 정치적 분쟁을 좋아하지 않는다. 그들이 원하는 건 평화와 이해, 그리고 타협할 수 있는 지도자인데, 지난 몇 년 동안의 충돌, 모순, 분열을 피할 수 있기를 바라며 마지막 희망을 창 씨에게 맡긴 것이다"라고요. 하지만 베이징 측에서는 이를 받아들이지 않았습니다.

앞서 소개한 왕가위 영화는 후쿠시마 씨가 말한 중국 유민遺民의 내셔널리즘 정서도 담고 있습니다. 유민이란, 몰락한 기존 정권에 마음속으로는 충성을 맹세하면서도 새로운 정권의 통치 아래서 의리를 지키는 신臣과 민民을 말합니다. 이러한 유민 분위기mood가 오늘날 홍콩에 충만해 있는데, 그 충정의 대상은 더는 영국 식민지 정부가 아닙니다. '안정과 번영'을 지탱해 준 그 옛날 80~90년대의 도시주의를 향하고 있습니다.

저를 포함한 젊은 세대는 홍콩 베이비붐 세대의 향수를 다소 이해하기 어렵습니다. 그들은 과거의 홍콩으로 돌아가고 싶은 소망을 품지만 그건 어차피 무리입니다. 왜냐하면 2012년부터 계속되고 있는 정치 불안과 사회 분열 상황―2012년의 반反국민교육운동, 2014년의 우산운동, 2015년의 본토파 세력 확장, 2016년의 몽콕 소동, 그리고 독립운동의 기운―에서 이 낭만적인 귀향 현상(원상태로 돌아가기)이 나타났기 때문입니다. 지금은 그야말로 태풍의 눈 한가운데서의 일시적 평온 상태 같은 것이지요.

원문은 효(孝)에 관한 고사다.

아마 현재 홍콩을 뒤덮은 분위기는 모두 힘을 합쳐 시대를 거꾸로 돌려 '좋았던 옛 홍콩'이라는 도시 신화를 부활시키고 싶다는 향수일 겁니다. 제대로 들여다보면 지금 상황은 어두운 시대로 접어들기 직전의 고요함뿐입니다. 엔도 슈사쿠가 『침묵』에서 썼듯이, 암흑시대에는 신념을 진정으로 묻게 됩니다. 정치라는 압도적인 힘 앞에서 자신의 신념을 굽히고 희생할 것인가, 아니면 …….

왕가위 영화의 명대사인 "팡얏하우헤이, 담얏잔당"은 "야우당자우야우얀有燈就有人(등불이 있으면, 사람이 있다)"로 이어집니다. 그리고 이 말을 인용한 창전와는 패했습니다. 그는 "이번 선거로 나는 홍콩인 여러분과 함께 꿈을 꾸었고 오늘 그 꿈에서 깨어났습니다. …… (하지만) 언젠가 우리의 꿈은 현실이 될 것입니다"라고 말했다 합니다. 꽤나 종말적 분위기가 물씬 풍기는 구절인데, 그는 '옛 홍콩'의 죽음을 애도하기 위해 성대한 장례를 치러냈습니다. 하지만 아래와 같은 그의 말은 한 도시의 죽음과 함께 미래의, 무언가 새로운 홍콩의 탄생을 예언하는 듯합니다.

> 여러분은 모두 유심인有心人(생각이 있는 사람)입니다. 홍콩에 여러분과 같은 마음을 가진 이가 있다면 아직 희망은 있습니다. 한 번의 호흡으로 등불을 켠다. 정성을 다하면 필시 반향은 일어난다憑一口氣, 點一殘燈. 念念不忘, 必有迴響. 등불만 있으면, 우리는 홍콩의 미래를 밝힐 수 있습니다.

2017년 3월 26일

홍콩 프린스 에드워드 자택에서 청욱만

* * *

추기追記

지금 학회 발표를 위해 영국에서 원고를 수정하고 있습니다. 어제 학회에서 사회학자 울리히 벡Ulrich Beck의 신작이자 유작 『변신하는 세계Metamorphosis of the World』를 샀습니다. 그는 『위험사회』라는 유명한 책의 저자입니다. 그에 따르면 현대사회는 무한정으로 합리성을 추구하여 지식이 늘어난 탓에, 오히려 어떤 위험이라도 통계상 벌어질 수 있는 사회, 즉, 100%의 안전이 더는 존재할 수 없는 영원한 위험에 노출된 사회입니다. 하늘의 뜻天命에 얽매이고 싶지 않고 자신의 운명을 스스로 지배하고자 한 결과 영원한 불안이라는 저주에 빠진 겁니다.[11]

  벡은 원고를 출판사에 보내고 나서, 첫 번째 익명 리뷰를

---

11   ウルリヒ•ベック, 東廉他 訳, 『危險社会』, 法政大学出版局, 1998: [국역본] 울리히 벡, 홍성태 역, 『위험사회—새로운 근대성을 향하여』, 새물결, 2006; ウルリッヒ•ベック, 枝廣淳子他訳, 『変態する世界』, 岩波書店, 2017.

받고 길거리에서 아내와 이야기를 나누던 중 갑자기 심장마비로 세상을 떠났습니다. 이건 일종의 저주 같네요. 말은 역시 매우 위험합니다. 독자의 반응은 사람을 '쇼크사'시킬 힘이 있습니다. 이 책 뒤에는 또 다른 유명한 사회학자인 지그문트 바우만 Zygmunt Bauman의 추천사가 실려 있습니다. 그는 이렇게 썼습니다. "이 책은 미완성으로 출판되었는데, 오늘날처럼 영원히 변화를 추구하는 세계에 딱 맞는 책이다"라고요. 벡은 2015년에 사망했고, 바우만은 2017년에 이 세상을 떠났습니다.

그리고 어제 잠들기 전에 본 BBC 뉴스에서는 시리아 문제를 보도하고 있었습니다. 뉴스의 입장은 '시리아 문제에 대해 트럼프 대통령은 진심이다'라는 톤이었는데, 오늘 아침에 '미사일이 발사됐다'라는 보도를 접했습니다. 트럼프의 명언 "You're fired!"가 현실이 된 거죠. 동아시아의 미래가 매우 우려스럽습니다. 얼마 전 미국 정부는 북한에 "더는 할 말이 없다"라고 말했죠. 세계가 조만간 '말'에서 '행동'으로 이행할 거예요.

2017년 4월 7일
잉글랜드 맨체스터에서 청육만

변경의 두 얼굴

청육만 씨,

마음의 기록

지난 3월 26일 홍콩 행정장관 선거와 관련한 풍부한 내용의 보고서를 보내주셔서 감사합니다. 청 씨치고는 약간 감상적인, 그러면서도 부드러운 시적 감수성과 유머가 넘치는 미문美文이라고 느꼈습니다. 청 씨에게 이런 작가적 재능도 있었다니! 아미노 요시히코가 말한 피난소에서 "말은 품격보다 오히려 정보 전달의 속도"가 요구된다는 지적도 시사적입니다. 청 씨는 경박한 '초우하우粗口'를 화폐처럼 즉각적으로 통용되는 말로, 그리고 젊은 세대의 마음을 담은 말로 파악하고 있군요.

　　인터넷에는 전 세계 뉴스가 게재되어 있는데, 이 정보의 바다에 진실한 '마음의 기록'이 얼마나 될까요? 소셜 미디어의 투고를 집계하면 집합적인 감정도 재현할 수 있다고 말하는 사람도 있지만, 정치적 위기에 놓인 인간의 마음은 짧은 트윗에 담아낼 수 있을 정도로 단순하지 않습니다. 불합리한 운명 속에서 유효한 말을 더듬거리며 찾는 가운데 일어나는 '마음'이란 확실히 실재합니다. 케케묵은 휴머니스트로 보일지라도 저는 그런 감정의 가치를 믿습니다.

다소 결이 다른 이야기이지만, 최근 일본 애니메이션을 보고 있으면 아무래도 남자의 감정을 그리는 일이 어려워진 것은 아닐까 생각합니다. 오시이 마모루 감독의 〈스카이 크롤러〉(2008)든 미야자키 하야오 감독의 〈바람이 분다〉(2013)든 간에 여성 인물은 격정을 드러내는 데 반해, 남자 주인공은 대체로 감정 기복이 부족하고 때로는 거의 무감각apathy한 표정을 하고 있습니다. 남자의 파토스를 표현하는 문화적 코드는 오늘날 극히 빈약합니다. 만약 남자가 섣불리 강한 감정을 표출하면, 몇 년 전 일본에서 화제가 됐던 '오열하는 의원号泣議員'[1]의 경우처럼 최악의 만화가 되고 말 것입니다.

과거 야나기타 쿠니오柳田國男는 민속학자로서 웃음이나 울음 같은 감정의 변화에 주목했는데, 이런 종류의 '감정의 역사학'을 재건할 필요가 있어 보입니다. 반대로 청 씨가 편지에 쓴 내용만 놓고 보면 홍콩 남자들이 일본 남자들보다 더 감정이

---

1 [옮긴이] 효고현 의회 의원 노노무라 류타로(野々村竜太郎)를 지칭하는 말. 노노무라는 2014년 7월 정무 활동비 부정 사용 의혹으로 논란이 되자 기자회견을 열었는데, 회견장에서 울부짖는 모습이 보도되어 화제가 되었다. 이 통곡의 회견 장면은 영국 일간지 『더 타임스(The Times)』에서도 보도된 바 있다.

풍부한 세계를 살고 있을지도 모릅니다.

자, 그럼 이번 편지에서는 변경을 어느 정도 일반화하고 파악하기 위한 간단한 견적서를 내보도록 하겠습니다. 앞질러 결론을 말하자면, 저는 군사적 '전선frontier'과 문화적 '주변margin/periphery'이라는 변경의 두 얼굴을 말하고 싶습니다.

원래 '변경邊境' 혹은 '변강邊疆'이라는, 춘추전국시대부터 내려오는 옛 한자어에는 두 가지 의미가 있습니다. 즉 '변邊'은 'periphery'에 상응하고 '경境'이나 '강疆'은 'boundary'나 'territory'에 해당하는 말입니다. 이 단어들은 종종 강한 정치성을 발휘합니다. 예를 들어 청나라 시기 중국의 판도에 편입되어 지금은 독립운동이 일어나고 있는 '신장新疆'은 'new boundary' 혹은 'new territory'를 뜻하는 지명인데, 이런 명명 자체가 토지의 전통을 말소하는 것입니다. 섬나라인 일본에서는 쉬이 잊히곤 합니다만, 변경은 군사적, 정치적 성격과 뗄 수 없습니다.

미사일과 농담

우선 오늘날의 변경 이야기부터 시작하죠. 청 씨가 편지 마지막에 언급했다시피 시리아의 아사드 정권이 사린으로 보이는 독가스를 자국 반정부파의 거점 칸셰이쿤에서 사용한 혐의가 짙어져, 그 보복 조치로 미군은 4월 7일까지 50발 이상의 토마호크를 시리아 공군기지에 투입했습니다. 그러나 이 공격에 법적 근거가 있는지는 의문입니다. 2011년 오사마 빈 라덴을 재판에 넘기지 않고 미군 특전부대가 암살한 사건도 그렇고, 근대적 법의 이념은 형해화의 길을 걷고 있습니다. 정말 우울한 기분입니다.

아사드 정권의 화학무기 사용 의혹은 이전부터 있었는데, 아사드 측은 그것을 누명이라고 주장합니다. 반反아사드 미디어 캠페인은 확실히 존재하는 것으로 보입니다. 예를 들어 일본적군日本赤軍 시게노부 후사코重信房子[2]의 장녀로 아랍에서 오랫동안 살았던 시게노부 메이重信メイ는 2012년 시리아에서 일어난 민간인 학살이 근거가 부족했음에도, 미국, 유엔, 알자지라 때문에 일방적으로 아사드 정권 탓이 되었다고 주장합니다.[3] 저도 잔인하고 비인도적인 행위의 모든 책임을 아사드에게 떠넘겨도 좋다고 생각하지는 않습니다. 그렇다고는 해도 아사드 측의 화학무기 사용을 부정할 근거도 없습니다. 범인의 실상은 그야말로 화학무기처럼 대기 속에서 녹아버려, 이제는 오직 서로를 탄핵하려는 캠페인만 진행되고 있습니다. 20세기는 인간이 아닌 환경, 즉 생존의 조건을 표적으로 하는 전쟁과 테러를 만들어내 범죄의 주체 또한 모호하게 만들고 있습니다.

---

2   [옮긴이] 일본의 여성 테러리스트이자 신좌익 활동가. 전 적군파 중앙위원, 일본 적군(Japanese Red Army) 전 최고 간부. 네덜란드 헤이그 프랑스 대사관에서 인질극을 벌이다 시리아로 도망 도주. 이후 사건의 공동 정범으로서 유죄가 선고되어 징역 20년의 판결을 받아 복역. 2022년 5월 28일에 형기 만료로 출소했다.

3   重信メイ, 『アラブの春の正体』, 角川書店, 2012.

미국이든 북한이든 간에 오늘날 전투기나 전함 이상으로 군사적 선전을 위한 미디어 캠페인으로 즐겨 이용되는 것이 미사일 영상입니다. 생각해 보면 미사일에는 신기한 묘미가 있습니다. 과거 독일 극작가 하이너 뮐러Heiner Müller는 미사일이 욕구불만의 산물이며 그것이 보여주는 것은 사정射精에 대한 열망이라고 노골적으로 말했습니다.[4] 하이테크 무기인 미사일은 원시적인 '향락'을 일깨우고 욕구불만의 남성 정치인들은 노출광처럼 그것을 과시합니다. 어원을 무시하고 시시한 말장난을 해보자면, 'missile'의 어두에 'miss'가 붙어 있습니다. 실제로 미사일은 항상 오발의 가능성을 내포합니다. 미사일이 과녁을 벗어나는 일은 때로는 치명적인 파국을 초래하는데, 놀랍게도 이 '실패'의 가능성을 완전히 없앨 수는 없습니다. 북한 미사일도 예외는 아닙니다(참고로 4월 15일 대규모 행사 다음날 북한은 곧바로 미사일 발사에 실패했습니다). 단어 속에 이미 'miss'를 포함한 대량살상무기가 강대국의 '변경'에 배치되고, 정치인들은 아무도 승자가 될 수 없는 불모의 전쟁 위기를 부추깁니다. 이러고 보니 그야말로 불길한 농담을 듣고 있는 꼴입니다.

오늘날의 세계에서는 농담과 진실 사이의 구별이 점차 사라지고 있습니다. 트럼프와 김정은의 행동 양식은 불확실합니다. 게다가 그 둘의 행동은 '거추장스러움'을 탈피하고 있다는 점에서 매우 비슷합니다. 특히 트럼프는 부동산 왕답게 정치를

---

4   ハイナー•ミュラー, 照井日出喜 訳, 『人類の孤独』, 窓社, 1992.

마치 포커 같은 게임처럼 다루고, 비즈니스(거래)나 딜(협상)을 통해 상대보다 우위에 서기를 원합니다. 무엇이 농담이고 무엇이 진심인지는 아무래도 좋고, 그저 외교 게임을 지배할 수 있으면 됩니다. 그야말로 이성적인 '기초 다지기'를 비웃는 포스트 모던 정치인입니다.

일찍이 1944년생 건축가 렘 콜하스Rem Koolhaas는 1978년에 출간한 빼어난 도시론인 『착란의 뉴욕Delirious New York: A Retrospective Manifesto for Manhattan』에서 뉴욕의 '과밀'한 문화를 '맨해트니즘'이라고 명명했고,[5] 그곳에 난립하는 마천루는 무엇을 위한 기념물이 아니라 자기 자신을 기념물로 만드는 건축이라고 기술했습니다. 콜하스와 동세대인 트럼프는 때마침 70년대부터 본격적으로 부동산 사업에 착수해 수완 좋은 개발자로서 텔레비전 시티 계획을 추진하고, 1983년에는 맨해튼에 유명한 마천루 '트럼프 타워'를 건설했습니다. 이는 문자 그대로 자기기념물, 즉 자기 자신을 과시하는 건축입니다. 미국 내에서는 버라이어티 쇼 진행자처럼 거침없는 언변으로 자유주의적 다문화주의에 침을 뱉는 한편, 해외를 향해서는 강경한 부동산 비즈니스맨의 얼굴로 상대방을 위협하며 타협을 끌어내는 게임을 하는 등, 이 맨해트니즘의 귀재 트럼프가 오늘날 '착란의 미국'

5   [옮긴이] 렘 콜하스가 뉴욕 맨하탄 도시 공간을 설명하기 위해 창안한 개념. 높은 밀도, 고층성의 공간감과 속박과 충동, 도피와 중독이라는 정신착란적 양면성을 그 특징으로 한다. 이 장에서 간단하게 언급된 렘 콜하스의 맨해트니즘 개념은 10장에서 다시 다뤄진다.

의 중심에 자리하고 있습니다.

21세기라는 '오리엔트 특급열차'

애거사 크리스티Agatha Christie의 유명한 미스터리 『오리엔트 특급살인』은 오늘날 시리아의 상황을 생각할 때 지극히 암시적인 작품으로 보입니다. 크리스티는 고고학자 막스 말로완Max Mallowan과의 결혼을 계기로 중동으로 발굴 여행을 다녀온 적이 있습니다. 그리고 벨기에인 명탐정 에르퀼 푸아로를 주인공으로 하는 작품군에서도 종종 중동을 무대로 했습니다. '기마민족 국가설'로 알려진 일본 고고학자 에가미 나미오江上波夫도 시리아 발굴 현장에서 크리스티 부부를 만난 사실을 에세이에 남기기도 했습니다.

1934년에 발표된 『오리엔트 특급살인』은 혹한의 시리아 알레포에서 유혈 참사를 겪은 푸아로가 프랑스인 중위에게 배웅받아 타우루스 특급열차에 오르는 장면으로 시작됩니다. 그 후 환승해 올라탄 칼레행 오리엔트 특급열차는 유고슬라비아의 수도 베오그라드를 거쳐 크로아티아 빈코브치에 도달했으나, 폭설 때문에 오도 가도 못하게 됩니다. 그 밀실화된 차 안에서 미국인 부자가 몇 군데 상처를 입고 사망합니다. 이 부자의 정체는 사실 잔인한 범죄자였고, 영국, 프랑스 등의 출신 승객들은 그 복수를 위해 오리엔트 특급열차에 올라탄 것이지요.

뒤죽박죽인 구상에 기초한 미스터리입니다만, 이 소설은

신기한 방식으로 현대를 예고합니다. 크리스티는 나중에 변경의 전쟁터가 되는 시리아나 유고를 오리엔트 특급열차로 횡단하도록 해 엉뚱한 살인극의 무대로 만듭니다. 그리고 법의 손에서 벗어난 교활한 미국인을 국제사회가 일치단결해 죽음의 심판을 내린다는 구도는 마치 미국 주도의 세계에 대한 반역처럼 보입니다. 게다가 푸아로는 이 살인을 저지른 범인들을 두둔하며 재판에 넘기지 않겠다는 선택지를 보여줍니다. 미국을 문제의 중심으로 하면서 법을 철저히 무력화해 나가는 오리엔트 특급열차 살인사건을, 미국을 착란의 중심으로 하는 현대세계의 피비린내 나는 우화로 바꿔 읽어도 좋을 듯합니다.

원래 서양의 미스터리에는 시대가 짙게 투영되어 있습니다. 코난 도일Arthur Conan Doyle이 창시한 셜록 홈즈는 탐정을 은퇴한 뒤 양봉가가 되는데, 돌연 1차 대전 전날 밤에 독일과 싸우는 영국의 스파이가 되어 미국인 행세를 합니다. 자신의 언어를 희생하면서까지 말입니다. "탁하지 않고 말끔했던 내 영어도 완전히 더럽혀져, 원래대로 돌아갈 것 같지 않다."[6] 도시의 느긋한 '산책자'였을 탐정이 세계 전쟁이 요구하는 총력전 체제에 편입되어 치열한 정보전의 투사가 되어간다는 것이 바로 20세기의

---

6   アーサー•コナン•ドイル, 小林司他 訳, 『シャーロック•ホームズ全集8 シャーロック•ホームズ最後の挨拶』(河出文庫), 河出書房新社, 2014: [국역본] 아서 코난 도일, 백영미 옮김, 『셜록 홈즈 전집 8—홈즈의 마지막 인사』(셜록 홈즈 시리즈 8), 황금가지, 2002; 아서 코난 도일, 박상은 역, 『셜록 홈즈의 마지막 인사』(셜록 홈즈 전집 8), 문예춘추사, 2012 외.

초상입니다. 베네딕트 컴버배치가 주연을 맡은 영국의 인기 드라마 〈셜록〉은 스마트폰 시대 정보 탐정으로 홈즈를 재탄생시켰는데, 이러한 '정보전'은 원작에서도 어느 정도 예고되었다고 할 수 있습니다.

반면 크리스티가 창시한 푸아로는 홈즈와는 대조적인 방식으로 생의 마지막을 맞이합니다. 만년의 푸아로를 그린 『커튼』(1975)은 심장병을 앓아 손발도 불편해진 푸아로가 범인에 대해 사적인 방식으로, 즉 문자 그대로 '아웃로outlaw[위법자]'가 되어 벌을 내리는 묘한 여운을 남기는 작품입니다—최근에도 미셸 우엘벡Michel Houellebecq이 문명 비평적 소설 『어느 섬의 가능성』(2005)에서 애정을 담아 이를 언급한 바 있습니다. 이제 홈즈처럼 정보전을 헤쳐 나갈 힘도 남아 있지 않은 이 늙은 위법자 푸아로의 모습은, 혹한에 휩싸인 유럽의 '변경'에서 무법 참극의 무대가 되는 오리엔트 특급열차와 함께 21세기 서양 문명의 노쇠를 미리 예견하고 있던 게 아닐까요?

시리아의 미야자키 이치사다

다만 급히 덧붙이자면 시리아를 단순히 시골의 '변경'으로 간주하는 건 큰 잘못입니다. 오히려 지중해와 사막 사이에 낀 시리아는 유대 기독교라는 일신교의 모태가 되었고, 알파벳이라는 기호가 발명되었으며, 나중에는 고대 그리스 학문이 이슬람 세계로 들어가는 창구가 되기도 했습니다. 유럽과 아시아, 아프리카를 연결하면서 종교와 교역, 학문의 중계지 역할을 한 시리아가 없었다면 오늘날 인류 문명은 완전히 달라졌을 것입니다.

일찍이 동양사가 미야자키 이치사다宮崎市定는 시리아야말로 인류 근세의 선구였다는 대담한 가설을 주창했습니다. 미야자키의 스승 나이토 고난內藤湖南은 당唐에서 송宋에 이르는 변혁 가운데 중국에서 세계 최초로 근세가 성립되었다고 생각했지만, 미야자키는 그것을 유라시아의 범위까지 넓혀서 서아시아의 시리아를 세계사의 선진 지역으로 간주했습니다. 1890년생 크리스티와 동시대 사람이었던 1901년생 미야자키는 1937년 서아시아 여행 체험을 바탕으로 메소포타미아나 이집트와도 다른 시리아의 세계사적 특이성을 언급했습니다.

시리아 지역은 동남쪽의 메소포타미아, 서남쪽의 이집트라는 양대 중심에 끼어 있는 까닭으로, 그 명성에 눌려 그다지 눈에 띄지 못하는 지위에 갇혀 있다. 그런데 직접 가서 보면, 우선 메소포타미아는 모두 진흙으로 일군 지독한 시골 문화다. 한편 이집트는 석재를 듬뿍 사용한 호사스러운 문화이지만, 그 문화는 신과 왕의 전유물일 뿐, 서민이 거의 등장하지 않는다. 그에 반해 시리아 지방은 도처에 고대도시 유적이 존재하고, 그중 일부는 현재도 생명을 유지하고 있으며 상공업이 번성하고 있다. 아무래도 세계에서 가장 오래된 문명은 이 지방에서 일어난 것이 아닌가 하는 게 내가 여행 중 얻은 소감이며, 이 겉모습이 그렇게 틀린

건 아니었다고 현재까지도 믿고 있다.[7]

이런 구절을 보면 미야자키는 숨겨진 '아시아주의자'였다고 말하고 싶어집니다. 그러나 이 상업적인 교통 공간도 이제 화학무기와 토마호크가 난무하는 전쟁터가 되고 말았습니다. 미야자키가 지금 시리아를 보면 뭐라고 했을까요?

공간을 압축하는 군사 전선

오늘날 시리아든 북한이든 간에, 변경의 국가들은 빈약한 자의식을 완전히 날려버릴 정도로 강렬한 '정치'를 내포하곤 합니다. 중앙의 사람들에게는 별 탈 없을 일도 변경에서는 그렇지 않습니다. 변경은 중앙에서 감추고 있는 모순과 정치적 적대성이 드러나는 자리입니다. 일본의 변경인 오키나와든 중국의 변경인 홍콩, 신장, 티베트든 각각의 배경은 완전히 다르지만 비슷한 구조를 안고 있습니다.

　인터넷이 보급되더라도 인간은 공간적 존재이기 때문에 타자와 물리적으로 조우하는 조건은 바뀌지 않습니다. 특히 변경은 평소에 멀리 떨어진 존재들이 이따금 서로에게 접근하는 '압축된 공간'이 됩니다. 시리아에서는 미국과 러시아가 물리적으로 접근하고, 한반도에서는 미국과 중국, 러시아가 물리적으로

7　宮崎市定, 『四アジア遊記』(中公文庫), 中央公論新社, 1986.

접근하듯이, 애거사 크리스티가 그린 '오리엔트 특급열차'처럼 폭력적 충동을 갖춘 존재들이 같은 공간에 있습니다. 그 결과 법이나 이성으로는 통제할 수 없는 돌발적인 충돌 위험 또한 증대합니다. 앞으로 만약 '세계 전쟁'이 일어난다면 아마도 발단은 변경이 될 것입니다.

게다가 군사 전선(프런티어)인 변경에는 때때로 타자에 대한 벽壁이라는 역할도 주어졌습니다. 예를 들어 폴란드나 우크라이나(일설에 따르면 '변경'을 뜻하는 나라 이름)는 동방 아시아의 야만적인 이교도로부터 유럽 문명과 기독교를 지키는 '방어벽'을 자처해 왔습니다.[8] 미국에 종속된 전후 일본도 사정은 크게 다르지 않습니다. 사실 냉전기 미국에서 보면 극동의 일본은 유라시아 대륙 공산권에 대한 '방어벽' 그 자체입니다. 그리고 그 미국의 전선인 일본한테서 군사 전선을 강요받은 지역이 오키나와입니다.

적대적인 타자들이 서로 접근하는 변경(=전선)은 '부수적인 피해Collateral Damage'를 입기 쉬운 지역이기도 합니다. 만약 미국과 북한의 전쟁이 발생하면 의도치 않은 막대한 희생이 초래될 위험성이 높기에, 이를 잘 알고 있는 북한은 인근 일본과 한국을 이를테면 인질로 삼아 협상을 유리하게 진행하려 하고 있습니다. 강대국과 접한 변경은 언제든 분쟁지로 변해 주위 국가들을 끌어들인다는 것, 대미 종속 때문에 외교적 자유를 잃

---

8   関口時正, 『ポーランドと他者』, みすず書房, 2014.

은 변경의 일본은 이런 수동적 상황에 또다시 끌려 들어가고 있습니다.

노마드의 기억

저는 지금까지 타자와 조우하는 오리엔트 특급열차처럼, 변경을 압축된 군사적 프런티어로 묘사했습니다. 반면 변방에는 또 다른 얼굴, 즉 문화적 주변의 면모도 있습니다. 여기서는 그 또 다른 얼굴을 이야기해 보고자 합니다.

이 '문화적' 변경이라는 주제는 동아시아에서는 유난히 명확합니다. 왜냐하면 중화 문명이라는 프로그램에서 중심(중화)과 변경(오랑캐)의 구별이 특히 중시되기 때문입니다. 이 프로그램에 따르면 중국 왕조야말로 세계의 중심이며, 일본은 변경의 오랑캐에 지나지 않습니다.

그런데 여기서 재미있는 건 중국의 중심 원리 속에 변경 유목민의 사상이 스며들어 있다는 점입니다. 중화 문명의 원천인 고대 주나라가 원래 서방 유목민의 국가였을 가능성이 높기 때문입니다―맹자孟子도 주나라 문왕을 '서이西夷 사람'이라고 말합니다. 그리고 이 주나라 사람들이 숭배한 게 바로 '천天'이라는 자못 유목민다운 개념입니다.

이 비인격적인 '천'은 그 이전 은나라의 신권정치를 지탱했던 주술 시스템과는 전혀 다릅니다. 지상의 왕이나 주술사보다 더 높은 지위에 '천'을 설정하는 것이 고대 중국의 중대한 '정신

혁명'이 되었습니다.[9] 그 후 공자와 장자를 비롯한 제자백가들도 각기 초월적인 '천'을 어떻게 자리매김할 것인가를 중요한 사상적 과제로 삼았습니다. 더 대담하게 말하면 중국 고대 사상의 풍요로움은 '천'이라는 유목민의 초월성 개념에 대한 응답으로 생겨난 것입니다. 그런 의미에서 서쪽 변경이란 중국 사상의 오래된 고향이기도 합니다.

　　그 외에도 중국의 기본적 개념에는 변경 유목 생활의 여러 흔적이 남아 있습니다. 일례로 '미美'는 '살찐 양'을 가리키는 한자이며, 청나라 고증학자 단옥재段玉裁에 따르면 그것은 '달다甘(=맛있다美味)'라는 뜻을 담고 있습니다. 지금의 일본어에도 '오이시이美味い(うまい; 맛있다)'라는 말이 있듯이, 중국 미의 원점은 '미각적 감동'에 있다 할 수 있습니다.[10] '미'는 원래 미각적 관능과 깊이 연결되어 있기에 단순히 시각적인 게 아니었습니다. 이렇게 큰 역사적 시야에서 인간에게 '미'란 무엇인가를 재고하는 예술가나 미술사가가 나오면 흥미로울 것입니다.

　아까 언급한 에가미 나미오의 기마민족설이 전형적인데, 일본의 논단에서는 비정주형 '노마드'(유목민)의 흔적을 일본사에서 찾고자 하는 욕망이 종종 나타났습니다. 그것은 농경민 중심의 역사관에서 벗어나려는 일종의 낭만주의입니다. 그러나

9　森三樹三郎, 『老荘と仏教』 (講談社学術文庫), 講談社, 2003; 平石直昭, 『一語の辞典 天』, 三省堂, 1996.

10　笠原仲二, 『中国人の自然観と美意識』, 創文社, 1982.

중국의 경우에는 그런 낭만을 품을 필요가 없습니다. 왜냐하면 중국에는 문명의 오래된 층위에 이미 변방 유목민들의 기억이 각인되어 있고, 그 이후에도 여러 차례 변경 민족에 지배당해 왔기 때문입니다. 당나라의 대표 시인 이백李白이 서방의 소그드인이거나 박트리아인이었을 것이라는 유력한 설(이백 호인설)이 있으며, 원래 수나라나 당나라 자체가 변경 민족(선비계)인 탁발부拓跋部 계통을 이은 국가입니다.[11] 변경의 노마드적 기억이 있냐 없냐의 차이가 곧 중국과 일본의 큰 차이라고도 할 수 있겠습니다.

문명의 유산을 보존하는 아카이브

중국 문명에는 변경의 문화와 제도가 어느 정도 포함되어 있습니다. 이와 동시에 변경에 진짜 중국이 있다는 기묘한 언설 또한 오래전부터 존재해 왔습니다. 때때로 중국의 변경은 문명의 오랜 유산을 보존하는 일종의 '아카이브'로 여겨졌습니다. 예를 들어 『춘추좌씨전』에 따르면 노나라 동남쪽에 있던 소국 담郯나라 군주가 새의 이름을 딴 고대 관제를 보존하고 있다는 걸 알고, 공자는 이렇게 말했다고 합니다.

---

11   金文京, 『李白』, 岩波書店, 2012; 森安孝夫, 『興亡の世界史 シルクロードと唐帝国』(講談社学術文庫), 講談社, 2016.

천자 밑에서 고대 관제가 사라지면, 관제 학문은 먼 소국에 보존된다고 들었는데, 역시 사실이었다[소공昭公 17년].

여기서 공자는 마치 민속학자와 같은 어투로 말하고 있는데, 변경에 고대 제도가 보존되어 있다는 이 이상한 생각은 당시에 꽤 유포되어 있었을 것입니다. 그러한 생각은 중원의 정치 상황에 대한 불만과 양면을 이루는 것이기도 합니다. 『논어』의 「공야장公冶長」편에서 공자는 "도道가 행해지지 않으면 뗏목을 타고 바다로 떠나리", 즉 만일 중국에서 예악禮樂의 '도'가 실현되지 못한다면 바다 건너 변경으로 나아갈 것이라고, 농담인지 진심인지 알 수 없는 어조로 말했습니다―덧붙이자면 이런 잡담 같은 측면을 엿볼 수 있는 게 『논어』의 수상록다운 재미입니다.

더군다나 이러한 생각은 나중에 동아시아의 변경이 공유합니다. 조선에서 볼 수 있었던 '소중화주의'가 그 대표적 사례입니다. 17세기에 한족 국가 명나라가 멸망하고 오랑캐 만주인의 왕조(청)가 중국을 통일했을 때, 조선의 양반 지식인들은 진정한 중화 문명을 그간 변경의 '동이東夷'로 폄훼되었던 조선이 보존한다고 생각했습니다. 조선이야말로 올바른 문명의 계승자라고 생각하는 소중화주의는 서양을 오랑캐라고 하여 배척한 19세기 보수적 위정척사 운동으로 이어집니다.

여기서 주목할 만한 건, 이 소중화주의에 가까운 것이 바로 지금 홍콩 언론에 나타나고 있다는 점입니다. 청 씨가 자주 언급하는 친완은 대담하게도 이렇게 말합니다.

일본은 자기 자신만의 중후한 토착 문화가 있어 이 자신의 문화를 이용해 중화와 서양을 흡수했다. 홍콩에는 자신만의 문화가 없고 대만에도 없다. 대만은 중국화할 수 없고 홍콩도 할 수 없다. 왜냐하면 이 두 땅에는 중화 문화가 들어오기 이전의 문화 주체가 없었기 때문이다. 홍콩의 토착 정치는 진정으로 중후한 역사 속에서 건설되어야 한다. 그것은 바로 홍콩인 유민이라는 신분이다.[12]

홍콩이라는 폴리스(도시국가)는 고유의 에스닉한 '토착 문화'를 갖고 있지 않는 대신, 공산당이라는 '이적(오랑캐)'에게 유린당한 유구하고 훌륭한 중화 문명을 '유민'으로서 보존하고 있다. 요컨대 진짜 중국인은 변방의 홍콩인이라는 것입니다. 친완은 이런 입장에서 좋은 보수주의가 기능했던 영국 식민지 시대는 왕도적이며, 20년 전 홍콩의 중국 반환은 오히려 야만의 시작이라고 봅니다. 그리고 독선적인 내셔널리즘이 아니라 고대 주周 왕조 시대와 같은 코즈모폴리턴한 '연방주의'(봉건주의)를 주장합니다.

이는 얼핏 보면 깜짝 놀랄 만한 주장이지만 실제로는 공자 이래의 유민론을 반복한 것이라고 볼 수 있습니다. 친완 자신도 '홍콩인은 전조前朝(이전 시대의 왕조)의 유민이고 유가 사상의 창시자 공자도 전조의 유민'이라는 입장에서, 공자의 문화적 감

12   陳雲, 『香港城邦論II−光復本土』, 天窓出版, 2014.

정이 멸망한 은나라 것임을 강조했습니다. 이와 더불어 그가 서양 국민국가nation는 17세기에 새로이 발명된 것이며, 그 이전에는 서양에서도 고대 그리스 아테네처럼 폴리스(=도시국가)가 문명의 중심이었다고 말하는 것도 상당히 흥미로운 문제 제기입니다.[13] 국민국가와는 다른 정치체제로서의 도시, 이 점은 차츰 논의해 가도록 합시다.

유령 작가로서의 유민

생각해 보면, 때로는 가짜가 진짜 이상으로 순수한 진짜가 되려고 합니다. 가장 진품다운 진품은 가짜라고 해도 좋을 것입니다—그러고 보니 사무라고우치 마모루佐村河内守를 주역으로 한 모리 타츠야森達也 감독의 『FAKE』는 바로 이런 진품의 허위성을 주제로 한 다큐멘터리 영화였습니다. 그렇게 보면 변경인이 오히려 더 문명인처럼 행동한다는 것이 의외로 흔한 일일지 모릅니다.

어쨌든 친완은 변경을 중화 문명의 저장소로 간주하고 홍콩인을 진짜 중국을 계승한 유민으로 정의했습니다. 이 유민이라는 존재는 중국 애국주의와 유토피아주의의 원천이며, 지금 중국어권, 영어권에서 유행하는 연구 주제입니다. 잠시 소개하기로 하죠. 청 씨도 지난번에 언급했듯이 유민이란 이미 멸망한

13 陳雲, 『香港遺民論』, 次文化堂, 2013; 陳雲, 『香港城邦論』, 天窓出版, 2011.

전 왕조에 정신적으로 귀속되어 새 왕조와는 거리를 둔 생존자를 말합니다. 특히 송대나 명대의 중국은 주위에 대등한 이민족 국가들이 북적이는 상황—영어권 연구자들은 'China among Equals'라고 평가합니다—때문에 그 긴장 관계에서 애국주의가 성장했고, 왕조 멸망 후에도 강한 정념을 가진 한족 유민 내셔널리스트가 나타났습니다. 남송 멸망 후 몽골을 섬기기를 거부하고, 애국적인 「정기가正氣歌」를 지은 문천상文天祥은 특히 유명합니다.

전 왕조의 '망령적 생존자'인 한족 유민은 애국심을 등에 업고 유토피아를 꿈꾸는 존재로, 문학, 회화, 사상 등에서 다대하고 독특한 업적을 남겼습니다. 과거 도연명陶淵明의 「도화원기桃花源記」(어부가 진나라 백성이 사는 유토피아로 빠져드는 이야기)나 근세 시기 진침陳忱의 『수호후전水滸後傳』(『수호전』의 2차 창작으로 원작의 생존자들이 시암siam에 유토피아적 독립 국가를 이루는 소설)처럼 유민을 다룬 문학은 중국 유토피아주의의 일각을 이룹니다. 친완도 이런 계보에서 홍콩을 신왕조, 즉 공산당으로부터 도망친 사람들의 유토피아로 간주한 것입니다.

여기서 재미있는 것은, 중국 유민들이 일본 사상사에도 영향을 미쳤다는 사실입니다. 명나라 유민 주순수朱舜水는 변경인 일본으로 망명한 뒤 도쿠가와 미쓰쿠니德川光圀의 존경을 받아 미토학(막부 말기 존왕양이를 지탱한 학문)의 한 원류가 되기도 했습니다. 특히 『태평기太平記』에서 중세적 마술사처럼 그려진 구스노키 마사시게楠木正成를 문천상과 같은 근세적 충군

애국지사로 재해석한 것은 주순수의 큰 업적입니다. 마사시게는 쇼와 전기에 황국사관皇国史観을 지탱하는 충군애국의 아이콘이 되었는데, 그 길을 닦은 건 중국 유민 망명자였던 것이지요—덧붙이자면 전후 아미노 요시히코의 중세 일본사 연구는 마사시게와 고다이고 천황을 재차 중세의 마술적 세계로 돌려보내는 것이었다고 할 수 있습니다.

망명자 주순수에게 변경 일본은 유민들의 꿈과 이상을 살릴 수 있는 공간이 되었습니다. 반대로 일본인에게는 중국이라는 망령에 정치사상을 탈취당했다는 이야기가 됩니다. 오랑캐淸에게 쫓긴 한족明의 망령이 일본의 내셔널리즘이나 황국사관의 대필 작가가 되는 것, 저는 이것으로 '내셔널리즘의 외부적 기원'을 말한 바 있습니다.[14] 현대사상의 용어로 말하면 주순수는 그야말로 '사라지는 매개자'나 다름없습니다.

변경의 '자유로운' 아카이브 이용

다소 복잡한 이야기가 되었지만, 요점은 홍콩, 일본, 조선과 같은 동아시아의 변경이 종종 중심(중국)에서 잃어버린 것을 축적하는 아카이브가 되었다는 것입니다. 그것이 소중화주의나 황

---

14   山本七平, 『現人神の創作者たち (上·下)』 (ちくま文庫), 筑摩書房, 2007; 福嶋亮大, 『夜與文化論』, 青土社, 2013; [국역본] 후쿠시마 료타, 안지영·차은정 역, 『부흥 문화론: 일본적 창조의 계보』, 리시올, 2020.

국사관, 홍콩 도시국가론과 같은 우익적 정치사상의 원류가 되었습니다.

게다가 아카이브의 '이용'에서도 변경이라는 위치가 때로는 전략적으로 유리하게 작용했습니다. 여기서는 번역의 문제를 예로 들겠습니다. 메이지 시대 일본인들은 낯선 서양어를 한자어로 정력적으로 번역했는데, 그때 'truth'의 번역어로 '진리'를, 'liberty'나 'freedom'의 번역어로 '자유'를 선택했습니다. 재미있게도 이 두 한자어는 모두 불교와 깊이 관련되어 있습니다. 중국에서 진리란 주로 불교에서 사용된 용어이며 종교적 깨달음에 가까운 심오한 개념이었습니다. 한편 '자유'는 원래 '마음 내키는 대로 하다'라는 부정적 의미를 가진 말이었는데, 선불교가 그것을 반전시켜 '얽매임이 없는 마음의 상태'를 가리키는 개념으로 만든 것입니다.[15]

메이지 지식인에게 풍부한 한학적 교양이 있었으며 그것이 번역어를 만드는 데 도움이 되었다는 사실은 자주 지적됩니다. 다만 교양은 확실히 중요하나 그것만으로 실용적 번역어를 만들어낼 수 있는 건 아닙니다. 더 중요한 것은 중국 지식인에 비해 메이지 일본인이 한어 아카이브를 보다 수완 좋게, 그야말로 '자유롭게' 사용할 수 있었다는 점입니다. 일본인들은 서양의 개념을 번역하는 데 불교적 한자어를 대담하게 도입했습니다. 그 후 이 일본어의 한자들이 중국으로 역수출됩니다. 이것

---

15   鈴木修次, 『日本漢語と中国』(中公新書), 中央公論新社, 1981.

은 말 그대로 변경의 '자유'가 승리한 예입니다.

더군다나 메이지로부터 한 세기 이상이 지났음에도, 이들 일본어에서 원래의 종교적 뉘앙스가 완전히 사라진 것도 아닙니다. 실제로 지금도 '진리'라는 일본어에는 객관적인 진실과는 다른 어딘가 신비로운 분위기가 깃들어 있습니다. '진리'를 표방한 일본어 서적에는 묘하게 불교적 색채를 띤 것이 많습니다. '옴진리교'라는 기묘한 교단명은 바로 그 단어의 종교적 성격을 잘 보여줍니다. 가짜 뉴스(허위 정보)가 남발되는 오늘날의 세계 상황이 'post-truth'라고 평가되고 있는데, 엄밀히 말하자면 일본어의 '진리'는 'truth'와 완전히 대응하지 않는지도 모릅니다.

한편 '자유'의 경우도 일본에서는 권리나 제도의 문제가 아니라 마음가짐의 문제로 파악되기 쉽습니다. 메이지 시대의 번역어 선택이 일본 사회에 긍정적, 부정적 영향 모두를 계속 미치고 있는 듯합니다. 정리합시다. 중국의 변경은 중심에서 멸한 것을 살아남게 하거나, 중심과는 다른 방식으로 지식인에게 아카이브를 제공하는 등, '우회로'의 의미를 지녀왔습니다. 이는 변경의 시간축이 중심에서 어긋나고 있음을 시사합니다. 유민이란 바로 시차 속에서 살아가는 존재이고, 변경이란 역사의 발걸음을 사행蛇行시키는 자리입니다. 그렇다면 이 변경적 시간을 지구적 동시성이 순식간에 형성되는 현대에서 어떻게 이어갈 수 있을까요? 당장 결론이야 나지는 않겠지만, 지금은 우선 이런 물음을 제출해 놓기로 합시다.

저는 지금까지 변경의 두 얼굴로 공간적 분쟁지와 시간적 우회로, 즉 군사 전선과 문화적 주변을 언급했습니다. 물론 극히 대략적 도식에 불과하나 일단 임시 발판으로 제안해 두겠습니다.

그렇다 치더라도 오늘날 정치적 우울에서 벗어나는 건 매우 어려운 일입니다. 청 씨의 말마따나, 위험 사회의 인간들은 "영원히 불안이라는 저주를 받은 존재"인데, 이 저주는 미래에 대한 상상력도 위축시키는 것 같습니다. 적어도 저는 미래의 희망을 말하고자 할 때 스스로에게 커다란 거짓말을 해야 합니다. 그야말로 '믿을 수 없는 화자'가 되어버리는 것입니다.

그래도 세상의 문제와는 아무런 상관없이 계절은 바뀌고 봄은 찾아옵니다. 이 시기 특유의 짙은 공기에 휩싸여 밤 늦은 시간 작업실에 앉아 창밖 빗소리를 무심코 듣고 있다 보면, 저는 신기하게도 거대한 시간을 느낄 수 있습니다. 모든 생명의 음악이 시작되기 전에 이미 빗소리가 지구를 채우고 있었습니다. 그리고 언젠가 지구가 멸망하고 모든 생명이 티끌이 된 후에도 비는 분명 어느 행성의 지표면을 계속 두드릴 것입니다. 이 우주에 빗소리가 끊이지 않는다는 것, 그것은 유한성을 숙명으로 하는 인류에게 소소한 위안이 아닐까요?

그러고 보니 북한의 명명 방식은 변경에서 천공을 향해 기지개를 켜는 듯한 코스몰로지(우주론)에 근거하고 있습니다. 국기의 '붉은 별'은 공산주의의 상징입니다. 김일성의 4월 15일 생일은 성대한 퍼레이드를 거행하는 '태양절'이 되고(김정은이라는 이름에서는 이미 '해日'가 없어진 셈입니다만) 미사일에는 북극성이나 은하라는 이름이 새겨져 있습니다. 평양에서는 아름다운 밤하늘이 보이겠지만 그것은 지상의 내셔널리즘으로 군사화된 밤하늘입니다.

북한의 호들갑스러운 퍼포먼스는 과거의 일본과 깊이 관련되어 있는데도 정작 일본인들은 그에 무관심합니다. 테사 모리스 스즈키Tessa Morris-Suzuki가 말한 것처럼, 일본인들은 한국의 식민지 역사를 생각하는 경우는 있다 할지라도, 북한의 식민지 역사에 대해서는 '불안한 망각'에 빠져 있습니다. 그러나 역사는 아직도 그 흔적을 간직하고 있습니다. 예를 들어 식민지 시기에 일본인이 부설한 평양의 바둑판 모양 거리는 북한 특유의 '주체사상'에 기초한 도시 설계에 적합한 기반이 되었습니다. 한편 평양에 우뚝 솟은 거대한 주체사상탑과 일본에 대한 저항을 기리는 개선문은 식민지 시기의 굴욕을 불식시키려는 숭고한 건축물입니다.[16] 70여 년 전의 전쟁이 현대에도 영향을 미치고 있는 것입니다. 이러한 역사적 인과를 무시하고 북한을 과도하게 괴물화하는 건 이상한 일입니다.

그건 그렇고, 김 씨 왕조의 내셔널리즘에 오염된 코스몰로지보다 우주 자체가 훨씬 느긋한 기분을 주는 것은 확실하겠죠. 별도 보이지 않는 깊은 밤, 일본의 지표면을 두드리는 빗소

---

16   テッサ・モーリス=スズキ, 田代泰子 訳, 『北朝鮮で考えたこと』 (集英社新書), 集英社, 2012: [국역본] 테사 모리스 스즈키, 서미석 옮김,『길 위에서 만난 북한 근현대사』, 현실문화, 2019.

리는 아득한 과거와 미래로 메아리칩니다. 이 우주적 시간 속에서 저는 미립자처럼 작은 낱말들을 잠시 디스플레이에 명멸시키고 있을 뿐입니다. 하지만 그런 시간을 생각하는 일이 그 어떤 종교적 교리보다도 깊은 안식을 줍니다.

2017년 4월 22일

후쿠시마 료타

과거의 변경, 미래의 중심

후쿠시마 씨,

2주 정도 보스턴에 머물렀습니다. 그리고 홍콩으로 돌아가기 전에 들른 도쿄에서 후쿠시마 씨와 편집자 선생님도 만났었죠. 오랜만에 지적인 대화, 푸른 하늘과 상쾌한 공기를 만끽하고, 다시금 북풍을 타고 오염된 공기가 감도는 홍콩으로 돌아왔습니다.

그나저나 지난번 편지에서 후쿠시마 씨의 『오리엔트 특급 살인』에 관한 해석은 놀라웠습니다. 원작의 탐정 푸아르 형사는 벨기에인으로, 문화적으로 변경인이죠. 이번 편지에서 '변경'이라는 그러한 연결고리를 느끼며 보스턴에서의 경험과 홍콩 본토파와 관련된 사건을 이야기하려 합니다. 그리고 마지막으로는 '변경'을 이론화해 보고자 합니다.

저는 이번에 처음으로 미국을 여행했습니다. 내셔널리즘론 전문가인 보스턴 대학의 리아 그린펠드 교수의 초대로 2주 동안 미국 독립전쟁의 발상지인 보스턴에 머물렀습니다. 보스턴과 홍콩 두 지역의 역사는 대영제국과 깊은 관련이 있는데, 두 지역 역사 모두 차茶에서 시작됐다고 할 수 있죠. 보스턴 관광지에서 실제로 차를 바다에 던지는 체험을 할 수 있는데, 이는 아시다시피 '보스턴 차 사건'에서 유래했습니다.

본국인 영국의 식민지 과세에 반대하는 현지인들이 보스턴에 정박 중인 영국 동인도회사 화물선에 침입해 선적된 홍차 상자를 바다에 버린 게 미국 독립혁명의 계기가 된 상징적인 사건입니다. 한편, 중화민국이나 중화인민공화국보다 더 오랜 역사를 가진 홍콩이라는 무역항은 개항의 계기가 1840년부터 1842년에 걸친 아편전쟁(정확히는 아편전쟁이 아니라 '차 전쟁'이지요)입니다[1]—최근 연구에 따르면 청나라는 아편보다 백은白銀의 유출이 훨씬 문제였다고 합니다.

애초에 대영제국은 영국 도시에 거주하는 중산층이 귀족 취미에 몰두해(몰락한 프랑스 귀족 취미를 모방한 겁니다) 차와 설탕을 해외에서 구한 결과로 만들어졌다고 할 수 있습니다. 동쪽으로는 청 제국, 서쪽으로는 아메리카 식민지가 입수처였습니다. 차나 설탕 같은 기호식품을 얻기 위해 대영제국은 밖에서는 다른 제국과, 안으로는 자신의 식민지와 충돌했습니다. 각각의 충돌이 바로 아편전쟁과 미국 독립전쟁입니다. 아편과 차 모두 기호식품입니다. 최근 송이버섯 연구로 일본의 기호식품이 어떻게 자본주의와 결탁해 세계 생태계를 파멸시켰는

1   ヴィクター・H・メア · アーリン・ホー, 忠平美幸 訳, 『お茶の歴史』, 河出書房新社, 2010.

지 조사한 미국 인류학자도 있는데, 인간의 나약한 정신을 먹이로 삼는 기호품은 때때로 세계를 움직이는 힘을 발휘하기도 하죠.[2]

결국 대영제국은 자신보다 약한 존재였던 미국 식민지에는 패했고, 더 강한 존재였던 청나라에는 승리를 거두었습니다. 이 대조되는 사실만으로도 흥미로운데, 이 충돌의 결과로 대영제국은 미국의 보스턴과 홍콩이라는 두 개의 역사를 엮어냈습니다. 또한 이 두 변경이 동양과 서양의 역사를 강하게 뒤흔들어 세계를 전근대와 근대로 나누었습니다. '차'의 힘도 역사적으로 가공할 만한데, 그런 연유로 변경이 어째서 제국의 존재와 역사를 움직일 정도의 힘을 가질 수 있는가를 이 편지에서 규명해보고자 합니다.

내셔널리즘은 변경의 말장난에서부터

제가 거닐던 보스턴 도심부는 완전히 관광지화되어 관광객들로 넘쳐나고 있었습니다. 그 땅에서 독립전쟁에 목숨 걸었던 당시 미국 건국 아버지들의 무모함과 성공을 생각하며 감탄한 건 과연 저뿐이었을까요? 실제 지명이나 건축물을 보면 알 수 있겠

---

2   Anna Lowenhaupt Tsing, *The Mushroom at the End of the World: On the Possibility of Lif in Capitalist Ruins*, Princeton University Press, 2017: [국역본] 애나 로웬하웁트 칭, 노고운 역, 『세계 끝의 버섯: 자본주의의 폐허에서 삶의 가능성에 대하여』, 현실문화, 2023.

지만 당시 미국의 건국자들, 특히 식민지 사회의 상층계급은 모두 영국인을 자인하며 영국이라는 네이션의 대변자를 자처했다는 게 그린펠드의 저서 『내셔널리즘』의 분석입니다.[3]

그녀의 말에 따르면, 16세기 영국이야말로 최초의 '네이션'을 만들어냈습니다. 네이션이란 사회적 계급이나 지위 고하 관계없이 평등한 소속감으로 이루어진 공동체를 말하죠. 그 성립을 둘러싼 역사는 변경이 지닌 힘의 한 단면을 보여주는 증거이기에 소개하고자 합니다. 어째서 영국이 첫 번째 네이션이 되었을까요? 백년전쟁이 끝나고 발발한 장미전쟁 이후, 옛 귀족계급이 몰락해 평민에게도 엘리트가 되는 길이 열린 데서 비롯됩니다. 이전까지 귀족들이 독점하던 정치적, 사회적 지위가 평민들의 손에도 닿을 수 있게 되면서요. 원래 귀족에게만 혈연을 통해 독점적으로 계승되던 정치적 정통성이 장미전쟁 종결 이후 변화의 압력으로, 시민들에게도 통치 계층이 될 수 있는 길이 열렸기 때문입니다. 또한 국내의 교회가 소유했던 토지(재산)가 정부에 몰수되어(!) 사회 유동화가 일어났고, 이에 만민의 계급 상승이 가능해진 탓이기도 합니다. 상하관계가 고정된 봉건사회의 신분(계급)제에서 벗어나 일개 평민도 귀족이 될 수 있는 길이 열리자 그들은 당혹했습니다. 어제까지만 해도 평민에 불과했던 자신과 같은 '쓰레기'가 어떻게 '엘리트'가 될 수 있

3   Liah Greenfeld, *Nationalism: Five Roads to Modernity*, Harvard University Press, 1992.

지? 이러한 변화에 의미 부여가 필요했던 그들은 스스로 '네이션'의 라틴어 단어 'natio'에 새로운 의미를 부여했습니다. 이것이야말로 오늘날 '네이션'의 기원이라고 그린펠드는 말합니다.

원래 라틴어 'natio'는 로마제국에서 도시의 신이민新移民 계층을 차별하는 말로서, '쓰레기' 혹은 새끼를 많이 낳는 작은 동물을 의미했습니다. 그러나 중세 유럽의 대학에서 그것은 '외국인'이라는 의미였다가, 신학을 공부하기 위해 각지에서 모여든 유학생들의 출신지별 기숙사(의 집단)를 의미하는 말이 되었습니다. 나아가 공동생활을 하면서 공부하는 'natio'에는 '의견 공동체', 말하자면 당파라는 의미도 있습니다. 그리고 교회가 각 대학의 '대표'를 소집할 때 엄선된 우수한 이들을 가리키면서 'natio'는 자연스럽게 정치적, 문화적 '엘리트'라는 의미 또한 지니게 되었습니다.

이처럼 시대마다 변화한 'natio'라는 말은 16세기 영국에서 대전환기를 맞습니다. 즉, 사회 변화를 눈앞에 두고 우리 '쓰레기', 즉 자랑스럽지 않은 '인민people'에게도 고귀한 '엘리트(=네이션)'가 될 소질이 있다는 것, 고로 영국 평민도 엘리트가 될 수 있다는 의미로 바뀌었다고 할 수 있죠. 사회에서 가장 낮은 계급의 '피플'이 '엘리트(=네이션)'와 동등하게 연결되면서, '쓰레기'가 '엘리트'로 밀어 올려졌습니다. 상하 계층이 사라지면서 말의 의미가 단번에 비약했습니다.

이런 발상의 도약은 급변하는 사회 현실에 따른 요구였을 터입니다. "내가 세계 대통령이다", "나는 해적왕이 될 거야!" 등의 당돌한 외침은 미친 소리로 들릴 게 틀림없습니다(그건 너무 과격한 도약이죠). 하지만 영국의 '피플'이라면 누구라도 '엘리트'가 될 수 있다는 비정상적 상황(아노미)에 대해 '그건 우리 영국이 네이션이기 때문에 가능하다'는 해석이 분명 새로운 현실에 부합하는 발상이었을 터입니다. 그렇게 주권을 지닌 한 사람 한 사람이 평등한 구성원이 되는 새로운 공동체가 탄생합니다. "사회 현실의 표현이 완전히 쇄신되었다. 여기서부터 내셔널리즘이 탄생했다. 네이션이라는 이념의 저류에 새로운 현실감과 의식이 태어나게 된 것이다."[4]

그린펠드의 주장이 옳다면, 내셔널리즘은 산업주의(겔너)[5]나 인쇄 자본주의(앤더슨)[6]가 만들어낸 환상이나 허구가 아닙니다. 특정한 변경이 격동적인 시대 상황에 적응하기 위해 창조해 낸 새로운 문화적 현실입니다. 그런 의미에서 네이션은 인류 역사에 큰 변화를 가져온 고급스러운 말장난이라 할 수 있습니다. 놀이에 가까운 감각으로 말을 만들어내는 '엉뚱함.' 단 한 마디, 말의 의미를 갱신해 근대라는 완전히 새로운 시대를 개척했으니까요.

---

4   Liah Greenfeld, *An Advanced Introduction to Nationalism*, Elgar, 2017.

5   アーネスト・ゲルナー, 加藤節監 訳, 『民族とナショナリズム』, 岩波書店, 2000: [국역본] 어네스트 겔너, 최한우 역, 『민족과 민족주의』, 한반도국제대학원대학교, 2009.

6   ベネディクト・アンダーソン, 白石隆他 訳, 『定本 想像の共同体』, 書籍工房早山, 2007: [국역본] 베네딕트 앤더슨, 서지원 역, 『상상된 공동체―민족주의의 기원과 보급에 대한 고찰』, 길, 2018.

변경의 저력과 가능성

그렇다면 '변경'과 이러한 언어유희의 역사, 그 둘 사이의 접점은 어디에 있을까요? 그건 '변경의 힘은 어디서 기원하는가'라는 물음과 관련 있습니다.

후쿠시마 씨는 지난 편지에서 '변경'을 수동적인 존재로 제시했습니다. 자신의 운명조차 파악할 수 없는, 오로지 무력하고 부수적인 피해를 입기 쉬운 존재로요. 만약 인접 범위 내에 거대한 패권이 있다면, 조금만 변동이 생겨도 '변경'은 순식간에 군사적 '전선'이 되어 그 존재가 무너질 터입니다. 권력자가 진심으로 덤벼들면 우리 변경인은 순식간에 산산조각이 나고 맙니다. 하물며 일본이나 홍콩처럼 두 제국이나 문명에 낀 경계의 주민들은 항상 주위의 낌새나 변화에 세심한 주의를 기울여 아무 일도 일어나지 않기를 기도하는 수밖에 없습니다.

존재 기반이 취약하여 그 역사적 기억조차 지워진 변경 문화는 무수히 많습니다. 다만 수는 적어도 지금까지도 빛나는 변경 문화가 있습니다. 영미의 경우도 그랬지만, 일본과 홍콩도 말하자면 성공한 변경 문화입니다. 그리고 성공의 비밀은 아마도 그 '연약함'에 있는 것 같습니다.

생명은 소중합니다. 누구나 이 메시지에 동의할 듯합니다. 적어도 저는 제 생명을 소중히 여기지만, 변경 주민들의 생명은 특히 연약합니다. 이런저런 조건 속에서 간신히 생존을 이어가는 덧없는 존재입니다. 그러나 바로 그렇기에 변경 문화의 상상력은 특화된 생존 전략으로, 즉 항상 주위의 변화에 최대한 적응하는 형태로 문화를 꽃피웁니다. 변경 문화는 그 유연한 상상력을 살려, 말하자면 마음의 형태를 자유자재로 바꿀 수 있다는 데 강점이 있습니다. 세계가 자신을 중심으로 돌아간다고 생각하는 문명사회는, 변하지 않는 고정관념에 집착하다가 오히려 변경에 휘둘리게 됩니다. 반면에 변경 문화는 마음과 머리가 유연합니다.

다르게 말하면, 변경에서는 해답이 다양하다는 말입니다. 생명의 소중함이나 보편적인 도덕을 외쳐도 좋고, 일본이나 홍콩처럼 절대적 평화주의를 수호해도 좋습니다. 변경에서 고정된 관념만큼 위험한 건 없습니다. 오히려 어차피 멸망할 거라면 주변을 끌어들여도 좋다는 생각도 가능합니다. 테러리즘을 용인하는 위험한 발언으로 들릴 수도 있겠지만, 죽음을 장려하는 게 결코 아닙니다. 제 말의 요지는, 살아남을 수 있느냐 없느냐가 변경의 큰 테제이고, 이를 위한 방책을 생각하는 게 변경 문화의 특성이라는 겁니다. 주위에 도덕을 설파해도 좋고, 평화주의로 일관해도 좋다. 하지만 군이 극단적인 입장을 취한다면, 잔혹한 생존 전략을 선택할 수도 있습니다.

변경 문화가 지닌 힘의 원천을 알아보기 위해 그것이 형성되는 과정과 동태를 구체적인 사례로 살펴보고자 합니다. 우선 영국과 미국의 사례를 살펴보고 싶은데, 여기서 확인하고 싶은 건 근현대 문명의 중심인 영국과 미국도 원래는 세계의 변경에 지나지 않았다는 사실입니다. 아니, 변경은커녕, 가라타니 고진柄谷行人의 식견을 빌리자면, 여러 가지 의미에서 시골이었습니다. 전근대 세계 문명의 중심은 중국과 중동이었습니다.[7] 우리 두 사람의 친구인 역사학자 요나하 준 씨의 진단에 따르면, 유럽 대륙은 문명의 변경이었습니다.[8] 그리고 잉글랜드라는 섬은 바로 그 변경 가운데서도 변경인, 아무것도 없는 유럽의 한 지방에 불과했습니다.

최근 미국 TV 드라마 〈왕좌의 게임〉(2011~2019)이 전 세계적으로 인기를 끌고 있는데, 이는 전근대 잉글랜드 섬을 형상화한 작품입니다. 곰곰이 생각해 보면 영국과 같은 고립된 섬에서 벌어지는 전근대적 인의 없는 봉건 전쟁은 매우 촌스럽습니다. 권력의 추이가 주제라는데, 차라리 중국 왕조의 성쇠를 그리는 홍콩 역사극이 더 재밌습니다. 천년의 규모로 계속된 중국 독재정치의 단위를 기준으로 보면, 서양의 권력 '게임' 같은 건 유치원 수준 이하의 놀이입니다.

한편 성과 폭력을 주제로 미래 세계를 그리는 미국 SF 드라마 〈웨스트 월드〉에도 전 세계인이 매료되고 있습니다. 미 서부 개척지를 형상화한 미래 테마파크 안에서, 생기를 잃은 인간들이 안드로이드를 성과 폭력 놀이 도구로 혹사한다는 내용

7   柄谷行人, 『世界史の構造』(岩波現代文庫), 岩波書店, 2015: [국역본] 가라타니 고진,
      조영일 역, 『세계사의 구조』, 도서출판b, 2012; 柄谷行人, 『哲学の起源』, 岩波書店,
      2012: [국역본] 가라타니 고진, 조영일 역, 『철학의 기원』, 도서출판b, 2015.
8   與那覇潤, 『中国化する日本』(文春文庫), 文藝春秋, 2014.

입니다. 하지만 안드로이드들은 이윽고 '마음'과 '자유'를 획득해 셰익스피어 구절을 외치며 자신들의 존엄 회복을 요구하는 반란을 일으킵니다. 이것도 어찌 보면 진흙탕 싸움 같은 전근대상을 그린 작품이네요.

이 두 작품은 말 그대로 '서양 세계'의 기원—잉글랜드라는 촌구석 섬과 미 서부의 프론티어 전선前線—을 그린, 과거로의 회귀를 통한 '희화화'입니다. 혹은 서양 문명이라는 중심이 쇠퇴해 가는 것을 경고하고 있다고 읽을 수도 있죠. 오늘날에 근대의 '전'과 '후'를 그리는 것은 근대 서양 문명이 '지금' 이대로는 안 되겠다는 이면의 메시지일지도 모릅니다. 서양 문명이라는 '중심'이 부패했기에, 굳이 '외부'나 '전선'과 같은 '변경'에 희망을 거는 겁니다.

〈왕좌의 게임〉에서 왕권을 둘러싼 권력투쟁에 실패한 인물들은 인간이 아닌 좀비와 싸우는 북방 최전선으로 쫓겨나 용과 오랑캐가 득실거리는 '화외化外의 땅'(문화가 없는 유목지)으로 추방당합니다. 결국에는 용, 오랑캐 등에게서 새로운 힘을 얻어 복수극을 펼칩니다. 한편, 〈웨스트 월드〉에서는 원래는 동물과 같이 취급되어 인간에게 성과 폭력의 대상으로 사용되던 안드로이드들이 말소된 기억을 되찾아 비참한 영겁회귀를 피하려고 혁명을 일으킵니다.

저는 영국과 미국이라는 두 국가의 기원, 서양 근대성의 본질을 정확하게 파악한 이 두 작품에서 변경적 상상력이 유감없이 발휘되고 있다고 생각했습니다. 그건 왜일까요?

서양 문명에서 변경의 기원과 이산離散

서양 근대가 탄생하기 이전, 문명의 중심은 중동(시리아), 인도, 중국이었습니다. 서양 문명은 시간이 경과하면서 점점 새로운 문화가 생겨나고 멸망을 거듭한 결과입니다. 미국의 문명비평가인 토머스 케이힐Thomas Cahill은 서양 문명의 기원이 결코 단일하지 않다고 주장합니다. 무수한 문화가 일어났다 멸망했다를 반복하면서 그 파편들이 여기저기 흩어졌는데, 세계 각지에 편재하는 변경에도 그 조각들이 박혀 있습니다. 오늘날의 서구 문명은 우연이 겹쳐 오늘날의 형태로 이어져 보존된 것에 불과하다는 것입니다.

이는 후쿠시마 씨가 『부흥 문화론』에서 묘사한 중국 문명의 논리와는 조금 다른 입장입니다.[9] 중국의 왕조는 여러 번 멸망의 경험을 겪었습니다. 그럼에도 시간적으로도 공간적으로도 중국 문명을 연속적으로 파악하는 건 가능합니다. 본질이 어떻든 중국 문명은 지금도 중국 문명이라는 자부심을 가지고 당당히 하나의 중심적인 문명으로 자리를 지키고 있습니다. 그렇다면 그 문명을 형성하고 문명을 문명답게 하는 본질은 무엇일까요? 이를테면 문자와 언어 속에 잠재된 어떤 보편적인 원리로 '문화의 DNA'를 엮어내는 역사의 편집 능력이 아닐까요. 그렇다고 한다면 그 역동성은 무엇일지 규명하지 않을 수 없는데, 서

---

9 福嶋亮大, 『復興文化論』, 青土社, 2013.

양 문명과의 차이를 보면, 더욱 경이롭습니다.

　서양 문명에서 멸망 체험은 중국 문명의 경우보다 더 자주 일어났습니다. 그 양상은 선적線的이라기보다는 망網입니다. 중국 문명과 서양 문명의 권력 구조가 다른 건 그 차이 때문이죠. 중국은 진나라 이래 중앙집권제도를 견지했습니다. 아마도 춘추전국시대의 혹독한 전쟁 체험을 계기로 '중앙집권이야말로 절대 평화의 보장'이라는 발상이 문명의 도그마로 자리 잡은 듯합니다. 어떤 의미에서는 2천 년을 거치면서 형성된 궁극의 '평화헌법'입니다. 물론 중국의 '중앙집권제도'는 인권을 희생해야만 개인이 생명의 보증을 얻는 생존 전략 체제이기에 결코 평화적이지는 않습니다.[10] 생각해 보면 홉스를 비롯한 서양 근대철학이 꿈꾸는 독재적인 왕권제도는 서양(그리고 일본)에서는 절대 불가능합니다. 전근대 유럽의 정치 환경이 열악했기에 절대왕권 같은 사상이 생겨났다고 할 수 있습니다. 중국의 황제들은 서양의 근대 정치사상을 접하고 '뭘 새삼스럽게'라는 감회를 가졌을 겁니다. 오히려 거기에서 서양의 변경성을 보지 않았을까요?

　중앙집권적 권력 체계를 유지한 중국에 비해 서양은 오히려 분권적인 권력 제도를 지향했습니다. 그러한 변경성은 아마도 서양 문명의 DNA에 기록되어 있을 것입니다. 토머스 케이힐의 일련의 저작에 따르면, 서양 문명의 기원인 유대 문화나 그

10　Yuri Pines, *The Everlasting Empire: The Political Culture of an Ancient China and Its Imperial Legacy*, Princeton University Press, 2012.

리스 문화는 어디까지나 하나의 부락 혹은 도시군에 불과합니다.[11] 제국 앞에서는 모두 무력한 탓에 순식간에 역사에서 사라졌으나, 문화유산은 로마제국에 계승되었습니다. 그러나 이윽고 로마제국 또한 붕괴하자 기록 문자의 전통 또한 통일성을 상실하고 흩어지게 됩니다.

그러나 거기서 맥이 끊기지는 않습니다. 이게 중국 문명과 결정적으로 다른 점인데, 케이힐은 『성자와 학자의 섬How the Irish Saved Civilization』 같은 저서에서 로마제국의 유산이 아일랜드에 기적적으로 계승되었다고 쓰고 있습니다.[12] 아일랜드라니, 놀랍지 않나요? 유럽이 변경이라면 영국은 변경 중의 변경. 더군다나 아일랜드라면 그보다 변경, 말하자면 삼중적 의미의 변경입니다. 미국 역시 당시에는 변경의 변경의 변경이었습니다. 문명의 틀이 제국의 붕괴와 함께 무너져도 이처럼 삼중적 의미를 지닌 변경의 땅에서 문명의 유산이 기적적으로 보존되어, 마침내 재부흥의 기회를 얻게 됩니다.

영혼의 불꽃

그린펠드에 따르면, 서양 문명은 원래 변경 각지에 흩어져 보존

---

11   トマス•ケイヒル, 『ギリシア人が来た道』, 青土社, 2005; トマス•ケイヒル, 『ユダヤ人の贈り物』, 青土社, 1997.

12   トマス•ケイヒル, 森夏樹 訳, 『聖者と学僧の島』, 青土社, 1997; トマス•ケイヒル, 『中世の秘蹟―科学•女性•都市の興隆』, 青土社, 2007.

되던 과거 문명의 흔적이 '존엄'이라는 내셔널리즘의 도움으로 비로소 근대성을 획득한 결과입니다. 그리고 이러한 서양 근대의 대역전극은 영국에서 미국과 프랑스로 전파되고 곧 러시아, 일본, 중국에도 전해집니다.

과거 변경이었던 영국이야말로 네이션의 원조입니다. 당초 유럽에서는 웃음거리였을지 몰랐을, '스스로 자신의 운명을 만든다', '존엄하게 목숨을 걸고', '출신에 영향 받지 않고 누구나 재능과 노력으로 출세할 수 있다'는 영국이 내세운 근대관은 그들 스스로 이후 역사에서 체현해 나갑니다.

유럽 대륙의 엘리트들이 고전과 신학의 습득으로 그 존재 가치를 자랑한다면, 자신[영국]은 과거와 피안에 연연하지 않고 과학과 자본으로 경쟁한다는 것입니다. 말하자면 '미래'와 '세상'을 제패하면 된다는 생각인데, 당시 가치관에 비추어보면 무모했을 겁니다. 그러나 영국은 스페인 무적함대를 물리치고 네덜란드 자본시장에도 도전해 유럽의 패권을 잡는 데 성공했습니다. 영국 문화는 근대 정치제도뿐만 아니라 자본주의 경제의 발명과 과학 창출에도 성공했고, 나아가 문학과 공업도 만들어 냈습니다. 전근대의 변경이 단숨에 근대 문명의 중심으로 도약한 것입니다. 이는 미국의 예에서도 볼 수 있습니다. 한때는 삼중의 변경이었던 땅이 오늘날 세계 문명의 중심이 되었다는 것 자체가 아직도 믿기지 않습니다. 작년 처음으로 영국에 갔을 때 확인한 거지만(참고로 영국 여권을 가진 제가 영국 국적으로 '본국'에 처음 입국했다는 것 자체가 반전입니다), 산업혁명 발상지인 잉글랜드에는 소와 양이 뛰노는 목가적 초원 풍경이 지금도 펼쳐져 있습니다. 근대성을 창출하고 세계 패권을 장악했음에도, 본토는 여전히 그 변경성을 유지하고 있습니다. 물론 대내적으로는 '네이션', 대외적으로는 '제국'이라는 두 가지 논리가 작용했기에 기적 같은 현재가 있다는 걸 알지만, 중국 문명 중심의 관점으로 보면 영미 등은 모던은커녕 변경에 불과했을 터입니다.

현재의 보스턴에서는 풍요로운 생활 풍경을 볼 수 있는데, 그 주변에는 야생 토끼와 칠면조가 서식하고, 독립전쟁 당시의 건축물과 전장이 당시 모습 그대로 존재하는 걸 보면, 그 변경성이 여전히 유지되고 있다는 생각이 듭니다.

당시 변경의 왕이었던 미국은 존엄을 걸고, '네이션'이라는 말과 마음의 힘만으로 영국을 이기고, 무기 거래로 돈을 벌어 전후 세계의 패권자가 되었습니다. 그럼에도 원주민들의 도움 없이는 살기 힘든 상태였습니다. 관세 문제 등으로 본국의 불평등한 대우를 받자 현지의 엘리트들은 자존심에 상처를 입었고 분노가 쌓였습니다. 결국 보스턴 도심에서 노동 계층과 영국군의 난투극이 벌어지고, 영국군은 민중을 총으로 쏴 죽였습니다 (보스턴 차 사건).[13] 나아가 이 사건을 대대적으로 선전한 독립

---

13   [옮긴이] 영국의 지나친 세금 징수에 반발한 북아메리카의 식민지 주민들이 인디언으로 위장한 후보스턴 항에 정박한 배에 실려 있던 홍차 상자를 바다에 버려 저항한 사건이다. 미국 독립전쟁의 도화선이 되었으며 1773년 12월 16일 발생했다.

군은 본국에서 파견된 왕실 군대와 충돌하여 보스턴 교외에서 독립전쟁을 일으킵니다.

영국인보다 더 우아했으면 하는 생각. 존엄이라는 감정. 그리고 부당한 대우에 대한 저항심. 근대 문명의 성립 요건을 생각하면, 그 힘의 원천이 무력이나 자본에 있다고 생각하기 쉬우나, 사실은 다릅니다. 결국 황야에 가까운 외진 땅 잉글랜드섬, 본국의 권력과 원주민들로 둘러싸인 미국 식민지. 이 두 변경은 언어와 상상력이라는 무기를 바탕으로 새로운 문화를 개척하여 새로운 세계관을 세웠습니다. 성공의 열쇠는 언어와 상상력이었습니다. 이러한 근대의 불꽃은 세계 전체를 휩쓸고 나아가며 비서양 문명권에 있는 일본이라는 섬도 물들였습니다.

보스턴에서 기차를 타고 뉴욕으로 가는 도중의 미 동부 해안선 풍경은 홍콩, 중국, 그리고 일본과 달리 전혀 '모던'하지 않다고 느껴집니다. 그래서 오히려 거기서 변경의 원풍경을 조금이나마 체감할 수 있습니다. 더 나아가 뉴욕과 같은 세계 도시에서도 더러운 거리나 생활 인프라의 불편함이 친근하게 느껴집니다. 현대미술도 그렇습니다. 그 메시지의 명쾌함과 심플한 디자인이 일반 시민의 생활에까지 스며들었는데, 그것은 유럽 근대예술의 패러디로 만들어졌습니다. 후발 국가에도 모던한 빌딩이 들어선 오늘날에는 과거 발전의 상징이었던 영미의 고전 건축이나 높은 빌딩이 더는 '근대'의 기준이 되지 못하는 게 사실이죠. 약간 우스꽝스러운 광경입니다. 어느 쪽이 중심이고 변경인지, 어떤 문화가 모던이고 전통인지, 대체 언제부터가 근대인지…… 말 자체에 뒤틀림과 전도가 느껴져, 사상의 혼돈을 초래합니다.

물론 서양 근대는 여전히 힘이 있고, 그 상상력과 역사에 깃든 가치는 건재하겠죠. 다만 변경의 시대를 거쳐 문명의 중심이 된 지금, 그들이 변경이었던 시대에 가졌던 유연성을 이제는 잃어버린 듯합니다. 우리와 같은 현재진행형의 변경 문화는 과연 어디에서 모델을 구하면 좋을까요?

보스턴 차 사건에서 홍콩의 몽콕 사건을 보다

역사와 관련된 이런저런 생각을 하면서, 한때 변경이었던 땅에서 자신이 스스로 변경에 살고 있다는 생각을 거듭하며 애수를 품는 인간은 보스턴에 저 한 사람뿐이라 생각했습니다. 하지만 홍콩의 독립을 지향하는 본토파 리더인 렁턴케이梁天琦 씨도 하버드대학에 있는 모양입니다. 그는 2016년 2월 8일의 '몽콕 소동'으로 일약 유명인이 되었습니다. 지난 회 홍콩 본토파에 대한 질문에 답할 겸 이 사건의 배경을 소개하고 싶습니다.

2016년 2월 8일에서 9일에 걸쳐, 음력으로 새해가 되려는 바로 그때 홍콩 도심 거리에는 '시우판小販'이 넘쳐나고 많은 사람이 모여 있었습니다. '시우판'은 포장마차나 노점상을 말해요. 나무로 만든 소형 리어카에 식품이나 물건을 싣고 그 자리에서 유동적으로 장사하는 형태입니다. 지금은 홍콩에서 거의 찾아볼 수 없습니다. 비위생적인 데다가 만약 단속을 피해 도망가는 일이 생기면 불씨가 그대로 거리를 누비는 격이라 매우 위험해서 그렇습니다.

그러나 전후 빈곤한 홍콩 사회에서 '시우판'은 필수적인 존재였습니다. 전후 홍콩은 난민 사회였습니다. 새로운 이민자들은 한 대의 포장마차에 의지해 자력으로 돈을 벌어 가족을 부양했습니다. 그렇게 빈곤에서 벗어나 계급상승에 성공하기도 했습니다. 옛날 영국 식민지 정부는 이런 불법을 적발하지 않고 관용적인 자세를 취했습니다. 홍콩 본토파의 창설자이자 중추 사상가인 친완은 "영국 식민지는 보수주의 아래 식민지 당시의 문화와 중국의 전통을 최대한 존중했다"라고 민속학자다운 평가를 내립니다. 어쨌든 홍콩의 역사가 된 포장마차는 최근 몇 년 사이 사라져 버렸습니다. 언제부턴가 홍콩 도시 전체가 쇼핑몰화되고, 관리주의라는 명목하에 '부동산 패권'이 확대되면서 포장마차는 공적인 공간에서 추방됐습니다.

평소에는 불법으로 규정되는 이 포장마차이지만 구정이라는 특별한 날(비일상적인 행사가 일어납니다)은 예외였습니다. 2015년까지만 해도 구정에 포장마차가 허용되었고, 시민들은 지난 시절을 회상하며 홍콩 현지 음식과 분위기를 맛볼 수 있었습니다. 하지만 작년에는 경찰 당국이 단속을 단행했고, 포장마차의 분위기를 즐기던 시민들을 무리하게 강제로 쫓아내는 폭력적인 모습을 보였습니다. 렁틴케이는 시민들과 함께 포장마차를 지키려 했으나 이윽고 순순히 체포됐는데, 그 직후 시민과 경찰이 충돌한 상황에서 경찰은 위협 발포를 했고, 성난 민중이 경찰을 공격했습니다. 그리하여 우산운동 이후 고조되었던 분노가 경찰을 향한 철저한 항쟁 태세로 표출됐습니다.

이후 홍콩 정부는 이 사건을 '몽콕 폭동'이라 명명했습니다. '보스턴 차 사건'의 전조였던 보스턴 대학살Boston Massacre 사건도 그렇지만, 역사적 사건이나 사물을 둘러싼 정의는 늘 정치적으로 승리를 거둔 자에 의해 이루어지기 마련인데, 돌이켜보면 그것은 역사 왜곡이나 다름없습니다(다섯 명이 총살당한 정도로는 '학살'이 되진 않는다 …… 라고 말하지 않겠지만, 천안문 사건에 비하면 사건의 규모와 자릿수가 다릅니다). '몽콕 폭동'이라는 명칭에 이의를 제기하고 싶습니다. 제가 보기에 그날 밤 홍콩 민중들의 습격 목표는 경찰이라는 게 명확했고, 일반인에 대한 습격이나 기물 파손도 별로 없었습니다. '폭동'이라고 하며 유럽이나 미국에서 벌어지는 폭동 등과 같은 폭력 분출 사건이 있었던 것처럼 연출하고 있습니다만, 목적 없는 파괴 행동과는 질적으로 완전히 달랐습니다.

일방적으로 '폭동'으로 불리는 이 사건 앞에서, 평화주의와 이성을 중시하는 홍콩 민주파는 거리를 둡니다. '본토파가 일으킨 소동'에는 관여치 않겠다는 태도를 보입니다. 그러나 그러한 민주파의 나약함에도 렁틴케이는 주눅 들지 않았습니다. 그는 오명을 두려워하지 않고, 소동에 참여한 지지자들을 '의사義士'라 칭하며 몸을 던져 그들을 감쌌습니다. 그는 그 용맹함과 의기義氣를 인정받아 단숨에 본토파의 리더로 급부상했습니다.

소동에서 탄생한 본토파 정치 스타

그는 몽콕 소동이 있은 지 20여 일 후인 2016년 2월 28일에 입법회 보궐선거에 출마해, 시대의 풍운아로 떠오릅니다. 본래 홍콩의 정치 지형에는 그다지 변화가 없습니다. 친베이징파 40%, 민주파 60%의 지지율 추이는 1989년 이래 거의 변하지 않은 채 유지되고 있습니다. 이 보궐선거 의석은 단 한 석으로, 민주파가 이길 것으로 예상됐습니다. 자칫 민주파와 공멸할 우려가 있음에도 렁틴케이는 본토파 대표로 출마를 결심했습니다.

민주파 입장에서 보면, 이러한 '폭거'는 민주파가 주도하는 대국을 무시하고 결국 의석을 친베이징파에 넘김을 뜻합니다. 또한 소동은 '절대평화·이성·비폭력'이라는 원칙마저 뒤흔듭니다. 그러나 렁틴케이는 양보하지 않았고 선거 출마 연설에서 당당히 가능성으로서의 '무용武勇'을 논하며 홍콩인 정체성을 전면적인 의제로 내세웠습니다. 그는 공산당보다 민주파가 더 싫다고 했습니다. 민주화의 필요성을 장장 2, 30년 가까이 설파하고 있지만 그건 개념으로서의 민주주의일 뿐, 실현되지 않을 허구에 불과하기 때문입니다.

민주파는 기대만 부풀려놓았을 뿐 결과적으로 시민도 배신했습니다. 게다가 고령자층으로 구성된 민주파는 '평화'라는 간판을 내걸고 홍콩을 위해 자신을 희생한 젊은 '의사'들을 못 본 체했습니다. 렁 씨가 보기에 이들 자칭 민주파 엘리트들이 '위군자僞君子'로 보이는 건 당연하죠. '몽콕 소동' 이후 홍콩 정부는 베이징의 지시를 받은 듯 온갖 방법으로 렁틴케이를 필두로 한 본토파와 독립파의 움직임을 봉쇄하고 있습니다. 2016년 하반기 입법회 선거에서 그와 독립파 인사들의 입후보 자격을 박탈했습니다. 이어서 당선된 두 명의 본토파 의원은 선서 때 항의했다는 이유로 의원 자격을 박탈당합니다. 한 젊은 여성 의원은 중화인민공화국의 영문명인 People's Republic of China를 'people's re-fucking of Chee-na'라고 고의로 잘못 읽어 홍콩 정계에 풍파를 일으켰는데, 아마 이 발언은 중난하이中南海(중국공산당 본부 소재지)도 뒤흔들었겠죠. 결국 '지나'라는 발언이 중화 민족주의에 대항하는 것이라는 핑계를 들어 의원 자격을 박탈했습니다.

소동이 난 지 1년도 지나지 않아 일어난 홍콩 본토파의 봉기는 홍콩 정치의 축마저 뒤흔들었습니다. 렁틴케이 같은 젊은 슈퍼스타가 급속히 구심력을 모았다가 마치 유성처럼 추락했습니다. 홍콩대학을 졸업한 엘리트로 우산운동 때부터 대의원을 노려 성공의 열매를 따내는가 했더니, 이내 그 길이 영원히 막혀버렸습니다. 세 번째 편지에서 언급한 2017년의 '창전와 현상'은 우산운동이 발발한 2014년부터 2016년에 이르는 본토파의 자포자기와 쇠퇴를 계승한 것이기에, 체념적인 반응에 불과합니다.

본토파의 불꽃도 이제 많이 사그라든 느낌입니다. 하지만 '존엄'이라는 감정이 한 번의 각성을 경험한 후에는, 사회 저류로 스며들어 흐르기 때문에 그 불이 쉬이 꺼지지는 않을 것입니다. 앞으로 홍콩은 어떻게 될까요.

후쿠시마 씨는 얼마 전 〈사일런스〉라는 영화를 소개해 주었습니다. 오늘날 홍콩은 그야말로 침묵을 강요당하는 상태에 돌입했는지도 모르겠습니다. 렁틴케이가 선거에 출마할 당시, 홍콩 정부는 '기본법과 일국양제를 존중한다'는 의향서의 제출을 그에게 요구했습니다. 홍콩 독립을 원하는 이로서는 일종의 후미에踏み絵[14]라 할 수 있죠. 그는 알고서도 굳이 그걸 밟고 올라섰으나 출마가 성사되지는 않았습니다. 더는 홍콩에서 목소리를 낼 수 없으니 보스턴으로 온 것입니다. 이렇게 숨는 것 또한 변경의 지혜입니다(후기: 2018년 4월 현재, 렁 씨는 법정에서 재판을 받고 있습니다).

변경의 존재 양태

오늘날의 보스턴 시민들은 독립전쟁 때와 달리 완전히 평화롭고 풍요로운 교외 생활을 누리고 있습니다. 그렇지만 2013년에는 보스턴 마라톤 테러 사건이 있었습니다―마침 이 사건을 다룬 영화 〈패트리어트 데이〉가 일본에서 개봉했습니다. 일본이나 홍콩이라는 변경, 그리고 중동이라는 테러의 최전선에서 멀

---

[14] [옮긴이] 에도 막부 시대 일본의 가톨릭 신자들을 색출해 탄압하려고 사용한 목판 혹은 금속판. '밟기 그림'이라는 뜻으로, 그림을 밟고 지나가지 못하면 기독교인(키리시탄)으로 간주되어 처벌받았다.

리 떨어진 이 미국 땅에서도 테러의 위험은 사라지지 않습니다. 평화의 땅에도 '위험분자'가 숨어 있기 마련입니다.

어쨌든 우리는 영국과 미국의 사례에서 변경이 중심이 되는 순간을 재확인했습니다. 이들 사례에서 문화적 발상의 전환으로 일대 역전이 가능하다는 것을 배울 수 있습니다. 그 가능성은 우리 인간의 '마음(=문화=말)' 속에 내포되어 있습니다. 인간이 물리 법칙과 유전 법칙을 거스를 수는 없지만, 그것을 다른 방식으로 극복할 수 있다는 점에서 동물과 다릅니다. 우리가 처해 있는 현재의 사회나 관습도 유일한 게 아니라 우리 자신의 손으로 다시 만들 수 있습니다. 물론 쉽지 않은 일이겠지만.

영국과 미국은 '네이션'이라는 새로운 개념으로 사람들의 마음을 뒤흔들어, 사회 현실을 해체하고 세계지도를 다시 그려냈습니다. 후쿠시마 씨는 『부흥 문화론』에서 문화에 '부흥'의 효능이 있다고 주장했는데, 제가 보기에 인간은 문화라는 기적의 애플리케이션을 얻어 모든 것을 손에 넣을 수 있었습니다. 물론 그 대가는 적지 않습니다. 예를 들어 '존엄'이나 '개인'이라는 개념을 손에 넣은 대신 '생명'이나 '질서'는 희생되었습니다. 문화는 약인 동시에 독이기도 합니다. '자유'를 소환한 까닭으로 '광기'가 현대인을 저주 속으로 몰아넣기 시작했습니다. 이에 대해서는 다음 기회에 말하는 것으로 할게요.

애초에 변경과 중심은 고정적인 게 아니며 서로 뒤바뀔 수도 있습니다. 어디가 변경이고 어디가 중심인지, 그 위치는 시간적으로나 공간적으로 상대적입니다. 동양사학의 거두인 나이토 고난內藤湖南의 '문명의 중심 이동설'이 떠오르네요.

변경과 중심은 누가 새로운 가치를 창출할 수 있느냐에 따라 결정됩니다. 문명의 중심에서 발상이 고정되고 유연성을 잃으면, 문화에 대한 '중독' 현상이 일어나고, 외부 세력이나 새로운 사상에 의해 케케묵은 태세가 타파되기까지(문화의 '해독') 문명은 쇠약해져 천천히 괴사합니다. 전전戰前 일본에서 이러한 문화와 학문의 '중독·해독'론은 어떤 의미에서 일본 제국주의를 지탱하는 이데올로기이자 침략을 정당화하는 논리로 기능했습니다[15]—일본은 중화를 대신해 대동아 공영권이라는 새로운 문화의 중심으로 행세하려 했습니다. 그러나 [이는] 오늘날 우리에게 꽤 유용한 이론이 될 수 있을 겁니다. 중심과 변경 사이에 가로놓인 공백은 역사적인 역동성과 문화적 상상력으로 채워질 것입니다.

변경 문화는 관객론이기도 하다

변경의 저력과 관련해서 마지막으로 한 가지만 더 말하고 싶습니다. '변경 문화'의 마음가짐(존재 양식)은 결국 '관객의 논리'가 아닐까 생각해요. 반대로 말하면 '중심 문명'의 존재 양식은 '행위자/연기자 논리'가 됩니다. 이것은 매우 흥미로운 단상으로

---

15   内藤湖南, 『支那論』(文春学藝ライブラリー), 文藝春秋, 2013; 内藤湖南, 『内藤湖南全集第10卷』, 筑摩書房, 1997.

후쿠시마 씨가 이전부터 제시했었죠.[16] '보는 것'과 '보이는 것'의 관계로, 어쩌면 이 관점 자체는 새로운 게 아닐지도 모릅니다.

변경에 대한 논의라고 하면 우치다 타츠루內田樹의 베스트셀러 『일본변경론』이 있습니다. 우치다는 마루야마 마사오丸山眞男의 말을 인용하면서, 변경 문화는 수시로 주위를 계속 '두리번두리번' 보는 게 특징이라고 말합니다. 문명의 중심을 곁눈질하면서 그걸 모범으로 삼아 열심히 공부하고 잘 따라하는 우수한 학생이라고. 그 태도가 조금 무절제할 수도 있지만, 과거 일본도 홍콩도 문화적으로 정제되지 않은 상태였기에 재빨리 근대화에 성공했습니다.

생각해 보면 일본이나 홍콩과 같은 변경 문화는 '관객의 논리'를 철저하게 추구한 문화라고 할 수 있어요. 물론 '관객'이라는 말 자체에 그다지 좋은 의미는 없습니다. '관객'이란 항상 상황 밖에 놓여 있으며 자신의 의지로 자유롭게 움직일 수 없는, 권력자의 의도에 좌우되기 쉬운 존재입니다.

그러나 이것은 근대성의 '행위자/연기자 논리'가 적용됨에 따라 발생하는 사태입니다. 경제학이나 정치학을 비롯한 사회과학은 개인을 항상 행위자actor로 상정하며, 근대사회 질서의 원리 또한 개인은 타인 앞에서 배우처럼 행동한다는 전제에 입각해 있습니다. 어디까지나 사회를 셰익스피어가 말한 '무대'로 제시하는 것입니다. 과연 근대 문명 중심의 발상이네요. 근대성

16   福嶋亮大, 『厄介な遺産』, 青土社, 2016.

의 프레임은 역시나 '스스로 내 운명을 파악하고 자기와 사회를 새로이 만들어간다'는 발상에 기초한 이론입니다.

하지만 좀 더 생각해 보면 알겠지만, 근대사회라는 무대에서 화려하게 뛰어노는 '행위자/연기자'는 사실 극소수에 불과합니다. 오히려 관객(혹은 조연이나 스태프)이 배우보다 압도적으로 많은 게 현실이죠. 그렇다면 사회를 이해하기 위해서는 오히려 '관찰자', 즉 '관객의 논리'를 이해할 필요가 있습니다. '변경 문화론'이라는 사례에는 그 논리가 숨어 있습니다. 그래서 우리는 그것을 알아야 '관객'의 상상력을 관측할 수 있으며, 근대사회라는 건축물 이면에 숨겨진 문화의 실상을 파악할 수 있습니다. 변경 문화를 둘러싼 여정은 아직 멀었지요. 일본과 홍콩뿐만 아니라 구미권의 문예 작품이나 사상을 아직 전혀 논하지 못했는데, 후쿠시마 씨와 같이 경험이 풍부한 가이드와 함께 보물섬을 탐험할 수 있는 것 또한 제겐 행복한 일입니다.

2017년 5월 18일
홍콩에서 청육만

홍콩
― 소용돌이의 교통로

청육만 씨,

잠든 세계의 기계들

맨체스터에서 보스턴, 도쿄를 횡단하는 바쁜 여행 중에도 변경의 내셔널리즘과 존엄성 문제에 대해 많은 아이디어를 제시해 주신 데 우선 감사드립니다. 맨체스터에서는 5월 22일에 인기 가수 아리아나 그란데Ariana Grande의 콘서트장을 겨냥한 자살 폭탄 테러가 일어나기도 했습니다. 이제 테러는 주기적으로 일어나며 전 세계 사람들의 관심을 집중시킵니다. 오늘날 세계시민이라는 정체성을 간접적으로나마 체험하게 만드는 것, 즉 세계의 세계성을 순간적으로 생성하는 건 테러에 대한 두려움과 불안 때문이 아닐까요? 아이러니하게도, 파괴자인 테러리스트가 도리어 세계의 제작자가 되어버린 듯합니다.

다만 그러한 세계성은 일시적입니다. 우리는 테러 소식을 접하고 깜짝 놀라며 개탄하다가 망각해 버리는 자동 반응을 반복할 뿐입니다. 세계의 관객들은 감정이 프로그램화된 기계처럼 말하고 있는 꼴입니다. 일찍이 철학자 하이데거Martin Heidegger는 일상성의 구조를 '호기심Neugier'과 '잡담Gerede'으로 대표해 설명했는데(『존재와 시간』), 비일상적 테러 또한 호기심과 잡담으로 이뤄진 인터넷 일상성의 구조에 녹아들어 갑니다. 이는 셰익스피어의 『템페스트』속 오묘한 구절을 떠올리게 합니다.

> 들리오. 그런데 확실히 그것은 졸면서 하는 말이오. 당신은
> 지금 잠꼬대를 하고 있소. 당신이 아까 한 말은 무슨 뜻이
> 오? 이건 참 이상야릇한 잠이오. 눈을 뜨고 자는 잠 말이
> 오. 서서, 말하면서, 움직이면서도 깊은 잠에 빠져 있소.[1]

잠이 든 세계는 반자동화된 반응으로 가득 차 있습니다. 이를테면 이슬람교 무함마드 풍자화를 게재해 촉발된 프랑스 신문 『샤를리 에브도Charlie Hebdo』 충격 테러 사건에 대한 '내가 곧 샤를리다' 시위를 예로 들어봅시다. 이는 테러로부터의 자유, 특히 종교 비판의 자유를 지키려는 유럽의 계몽주의나 세속주의

---

1   エメ・セゼール他, 本橋哲也 編訳, 『テンペスト』, インスクリプト, 2007: [국역본] 윌리엄 셰익스피어, 이경식 역, 『템페스트』, 문학동네, 2009, 53쪽.

전통에 속하는 운동입니다. 『샤를리 에브도』의 풍자는 추악 그 자체이지만 그렇다고는 해도 그 표현의 자유는 지켜져야 한다는 주장입니다. 물론 문학의 조너선 스위프트Jonathan Swift든 미술의 오노레 도미에Honoré Daumier든 간에 풍자가 근대 리얼리즘의 출발점임은 간과할 수 없습니다. 그러나 이렇게 자유를 강조하는 것이 충분한 내적 성찰을 갖추고 있을까요? 과거 프랑스 정신분석가 페티 벤슬라마Fethi Benslama는 무함마드 신화에 딴지를 건 장편소설 『악마의 시』(1988)의 저자 살만 루슈디Salman Rushdie에게 이란의 호메이니가 사형선고를 내렸을 때, 소설의 경우에만 과격한 침범이 용인되어야 할 이유는 없다고 말했습니다.[2] 물론 폭력과 공포로 문학자를 협박하고 그 발언과 행동의 자유를 빼앗아선 안 됩니다. 그러나 일부 무슬림 시민 입장에서는 세속화된 유럽인이나 미국인이 주장하는 '문학의 자유'야말로 쇼킹한 '원리주의', 즉 도덕을 초월한 도덕으로 보이는 것도 확실하겠죠.

이 충돌은 해소되기는커녕 더 악화된 형태, '샤를리 에브도' 사건으로 회귀하는 중입니다. 프랑스 시민들은 '표현의 자유'를 지키기 위해 경박한 샤를리와 자기를 동일시합니다. 그러나 엠마누엘 토드Emmanuel Todd는 이를 기만으로 간주합니다. 18세기 계몽사상가 볼테르Voltaire가 강자의 종교인 가톨릭에 내재적 비판을 가했던 것과 달리, 샤를리의 시위는 오히려 '좀

---

2   フェティ・ベンスラマ, 西谷修 訳, 『物騒なフィクション』, 筑摩書房, 1994.

비 가톨리시즘Zombie Catholicism'의 입장에서 약자인 이슬람교를 타깃으로 이슬라모포비아(이슬람 공포증)를 가속화하는 것에 불과하며, 정교 분리(세속주의)의 이념도 이를 저지할 수 없다고 말합니다.[3] 이슬람 내부에서 이슬람 신화에 도전한 루슈디는 이른바 이슬람판 볼테르라고 말할 수 있을지도 모릅니다. 그러나 '내가 곧 샤를리다'식의 동일시는 결과적으로 다수의 전횡(약자에 대한 괴롭힘)에 빠질 수 있습니다.

일본의 일부 문학자들은 언론 탄압으로 소설을 자유롭게 쓸 수 없게 될 것을 우려합니다. 홍콩 작가가 그렇게 말한다면 이해할 수 있습니다만, 일본 작가가 그러는 건 어처구니없습니다. 지금의 일본 문학에는 정치가를 위협할 만한 힘이 애초에 없으며 정치가도 문학에 흥미가 없기 때문입니다. 게다가 문학의 본질적인 문제는 국가에 자유를 빼앗기는 것 이상으로 사회 내에서 지나치게 자유로운 것, 즉 '치외법권'에 있습니다. 일본의 출판사나 미디어가 최근 과도한 '자율 규제'로 치닫는 것은 바로 그 치외법권에 대한 불안감의 표현입니다.

요컨대 이슬람 근본주의라는 종교적인 기계가 있고, '내가 곧 샤를리다'라는 계몽주의적 좀비 같은 기계가 있고, 문학의 방종을 염려해 자율 규제에 나서는 일본 출판사라는 기계가 있

---

3   エマニュエル・トッド, 堀茂樹 訳, 『シャルリとは誰か?』 (文春新書), 文藝春秋, 2016: [국역본] 엠마뉘엘 토드, 박아르마 역, 『샤를리는 누구인가?─자유 표현의 상징인가? vs 불평등이 낳은 괴물인가?』, 희담, 2016.

습니다. 그리고 이러한 기계적인 자동 반응은 대체로 사디스트적이라는 공통점이 있습니다. 즉, 남의 호소에 귀를 기울이지 않고 오히려 상대가 싫은 만큼 맹렬히 불타오르는 사디스트가 오늘날의 세계를 활보하고 있습니다.

반면 청 씨는 지난 편지에서 "변경 문화는 관객론이기도 하다"는 자극적인 주제를 내놓았습니다. 이방인이자 '관객'으로 '근대사회의 이면'에 잠입하여 세계와 교통하는 길을 열겠다는 것이지요. 다만 이와 반대로 관찰과 내성을 게을리할 경우 변경 문화는 기계적 자동반응의 편협함(시골 근성)에 빠질 것입니다. 지금의 일본은 '중심 없는 세계' 가운데서 무엇을 관찰하면 좋을지 모르고 있습니다. 그렇기에 인식의 좌표를 재편할 필요가 있다는 것이 저의 원래 제안이었습니다. 그것은 '변경의 좋은 관객'이 되고자 하는 것입니다.

대륙적 피난처, 도시적 피난처

청 씨는 영국이나 미국을 예로 들어 서구 근대의 중심에 잠재된 변경성 및 내셔널리즘의 원점을 잘 밝혀주었습니다. 최초의 내셔널리즘은 15세기 후반 영국의 장미전쟁과 그에 따른 16세기 평민의 위상 향상과 연결되어 있다는 것이었지요. 네이션이 신분제를 무너뜨리고 '평민'을 이루게 하는 '일대 역전'의 장치였다는 것입니다.

그러고 보면 16세기 후반 장미전쟁 시대를 그린 셰익스피어의 사극 『헨리 6세』 이래로, 희극과 비극에서 줄곧 '선망'과 '모방'이라는 테마가 다뤄진 이유도 짐작 가능합니다. 셰익스피어의 등장인물들은 무언가를 동경하고 또 질투하며, 때로는 무언가로 변신하려 합니다. 그것이 바로 네이션(갑자기 등장한 인간들)의 축도가 아닐런지요. 게다가 만년의 『템페스트』에 이르면 괴물 캘리반이 모방적 욕망을 획득하는 것도 흥미롭습니다.[4] 셰익스피어는 네이션의 탄생부터 괴물화까지 미리 내다보고 있었을지도 모릅니다.

한편, 20세기에 세계의 중심이었던 미국은 원래는 유럽의 변경이었습니다. 여기서 중요한 것은 이 변경이 자기를 '피난처 asylum(성역)'로 인식했다는 것입니다. 예를 들어 독립선언문에 큰 영향을 준 팸플릿 『코먼 센스Common Sense』(1776)에서 토머스 페인Thomas Paine은 미국의 모국이 영국이 아니라 유럽이라고 지적하며 이렇게 말합니다.

> 이제껏 이 신세계(아메리카)는 유럽의 각 지방에서 시민적, 종교적 자유를 지키며 박해당한 사람들을 위한 피난처였다. 영국, 네덜란드, 독일, 스웨덴 등은 큰 시야에서 볼 때 거리나 마을, 주의 구획과 같고, 다른 것이 있다면 규모의 차이일 뿐이다. 나라를 구분하는 것은 편협하며 대륙의 정신에는 적합하지 않다. 이 지방[펜실베니아]조차도 주민의 3분

---

4   ルネ•ジラール, 小林昌夫他 訳, 『羨望の炎』, 法政大学出版局, 1999.

의 1은 영국계가 아니다.

페인에게 미국은 각국의 이민자나 망명자를 세계시민으로 바꾸는 '대륙적 피난처'였습니다. 미국만큼 이민의 힘으로 이뤄진 나라는 없을 것입니다. 일례로 뉴욕은 20세기 후반 예술계의 중심이었는데, 그 핵심 인물에 많은 유대계 화가와 비평가가 포함되어 있습니다.[5] 현대미술의 역사는 미국이라는 '피난처'에 모인 유대 이민자와 분리해 생각할 수 없습니다. 『코먼 센스』에는 그런 미래가 이미 예고되어 있는 셈이지요.

이민과 자유무역을 출발점으로 종주국으로부터의 독립을 정당화하는 『코먼 센스』은 오늘날 홍콩 독립파에게서 나왔다고 해도 전혀 이상할 게 없는 책입니다. 실제로 아미노 요시히코나 아베 긴야의 피난처론을 애독한 청 씨에게는 이민이 집중되는 홍콩을 '도시적 피난처'로 간주하는 훌륭한 시각이 있습니다.

만약 아미노가 그린 중세 일본의 '무연소無緣所', 즉 정치권력을 차단하는 성스러운 피난처가 홍콩의 현대적 가치로 대체된다면 그것은 매우 흥미로울 일입니다―최근 미국 국가안보국을 고발한 에드워드 스노든Edward J. Snowden도 한동안 홍콩에 숨어 있었습니다. 이렇듯 일본에서나 읽히는 옛날이야기 중 하나에 불과한 아미노의 사학을 동아시아까지 그 적용 범위를

---

5   圀府寺司, 『ユダヤ人と近代美術』(光文社新書), 光文社, 2016.

넓혀 보면 보다 생생한 읽기가 가능합니다.

　사상을 재생하려면 때때로 환경을 바꾸는 대담한 '이식 수
술'이 필요합니다. 이를 위해서라도 일본과 닮았으면서도 다른
변경 문화의 환경에 대한 깊이 있는 이해가 필요합니다. 저는
전문적인 홍콩 연구자는 아닙니다만 이번 편지에서는 아마추
어 관점에서 나름대로 홍콩을 이야기하려 합니다.

뒤집힌 중국

청 씨도 지적했듯, 지금의 홍콩 정치에는 '중국화'에 저항하는
여러 민주화 세력이 있습니다. 청 씨는 기존 '민주파'는 겉만 번
지르르한 엘리트주의에 불과하기에, 렁틴케이와 같은 행동적인
본토파가 그 불만의 수용자로 대두되는 한편, 이 그룹을 위험
분자로 여기며 선거에서 몰아내려는 친중 정부의 움직임도 활
발해졌다고 지적했습니다. 출판계에서도 홍콩론이 큰 붐을 일
으키고 있습니다. '홍콩 의식'의 맹아 자체는 크로퍼드 머리 맥
리호스Crawford Murray MacLehose 총독 시절(1897~82년)까지 거
슬러 올라가는 것으로 보입니다만, 오늘날처럼 홍콩의 정체성
이 열렬히 이야기되었던 시대는 없었습니다.

　이렇게 말하면 실례일지 모르겠으나, 영화든 무협소설이든
광둥 팝이든 '홍콩 문화'가 존재한다는 것 자체가 거의 기적 같
은 일입니다. 약 730만 명(대만의 3분의 1 정도)의 인구를 보유
하고 있다고는 하지만, 도쿄도의 절반 정도 면적밖에 되지 않는

이 도시가 자신만의 문화를 유지하기란 결코 쉽지 않았을 터입니다. 홍콩이 싱가포르처럼 고유의 문화적 색채가 짙지 않은 글로벌 시티가 되었다 하더라도 전혀 이상한 일은 아닙니다.

실제로 저의 은사 가운데 한 분인 중국 문학 연구자 김문경 선생은 1991년 한 논고에서 "종래의 홍콩은 자타가 공인하는 문화 사막文化沙漠"이며 "자유무역항으로서의 경제적 가치가 인정되기는 해도, 거기에 뭔가 가치 있는 문화예술 또는 문학이 있으리라고는 다른 지역의 중국인들은 물론이고, 홍콩인조차도 그다지 생각해 본 적이 없으리라"라고 적었습니다. 문화 사막의 이코노믹 애니멀, 그것이 홍콩인의 일면이었던 건 확실해 보입니다.

그렇다고 해도 이러한 궁색함은 어디까지나 고급문화에 한정된 이야기입니다. 중국의 기준으로 보자면 홍콩의 특징은 종잡을 수 없을 정도로 기이한 서브컬처를 성장시킨 데 있습니다. 실제로 홍콩 문학의 핵심인 무협소설이나 환상소설SF은 '괴력난신怪力亂神을 말하지 말라'는 유교적 원칙에서 볼 때 '이단' 그 자체입니다. 이단적 대중문화의 융성은 김문경 선생에 따르면 홍콩이 '중국의 반전된 자화상'인 데서 기인합니다.[6] 홍콩은 중국의 문화적인 네거티브, 말하자면 거꾸로 뒤집힌 중국입니다.

6   金文京, 「香港文学瞥見」, 可児弘明 編, 『香港および香港問題の研究』, 東方書店, 1991.

홍콩의 선조들

게다가 김문경 선생의 주장에서 흥미로운 점은 홍콩을 당나라 시대의 둔황敦煌에 빗대는 데 있습니다. 실크로드의 현관인 둔황은 다민족, 다언어의 변방 도시로, 외래 불교와 중국 전통이 융합되는 하이브리드한 환경을 바탕으로 통속적인 '둔황변문敦煌變文'[7]을 만들어냈습니다. 혼종적이면서도 에너지 넘치는 변방 상업도시인 홍콩과 둔황은 모두 중국 사대부의 기준으로 보면 이단적인 서브컬처를 활발하게 만들었습니다. 저는 네 번째 편지에서 중국의 변경을 '우회로'라고 불렀는데, 이는 열등한 문화를 우위의 문화로 바꾸는 장, 즉 '가치 전도의 장'이라고도 할 수 있습니다.

둔황을 포함해 중국에는 고대부터 도시의 역사가 있었고 홍콩은 그 후예입니다. 춘추시대 중국은 도시국가邑制國家 시대로 독립성이 높은 도시들이 곳곳에 '섬'처럼 흩어져 있었습니다. 그러나 이 군도群島적 공간도 결국 영토 국가라는 '바다'에 휩쓸려 전국시대에 이르러 많은 도시가 소멸합니다. 많은 도시가 생성되고 또 많은 도시가 멸망하는 것, 중국 고대사에는 도시의 다산다사多産多死가 새겨져 있습니다.

---

7   [옮긴이] 북송 이후에는 형식이 크게 변모해 잊힌 변문(중국에서 성립한 통속문학, 설창문학 형식)의 일종으로서, 20세기 초에 둔황에서 발견되었다. 형식적으로는 운문과 산문의 조합, 내용적으로는 인도 설화문학의 영향이 특징이다.

고대 제자백가 사상은 바로 이 군도적 도시를 배경으로 합니다. 공자는 도시를 떠돌면서 자신의 사상을 상인처럼 팔았습니다.[8] 한편 도시와 도시 사이에 펼쳐진 농촌도 사상의 입각점이 되었습니다. 예를 들어 노자는 지극히 추상적인 사상가로, 그가 제시한 '소국과민小國寡民(백성의 수가 적은 작은 나라)'이란 그저 공리공론이 아니라, 당시의 촌락공동체에서 얻은 이미지였다고 생각됩니다.[9] 공자가 도시적이라면 노자는 공동체적입니다. 이 양자는 도시국가 시대에 파생된 양극의 사상이라고 할 수 있습니다.

이후 진나라의 중국 통일과 함께 군현제 국가로 이행한 중국은 상업을 적대시하며 징세 대상이 되는 농업을 중시했지만, 근세 송나라 이후 상업도시가 부활했습니다. 19세기에는 각지의 이주자가 모여든 운하의 거리 한커우漢口가 메트로폴리스로 발전하는데, 이 또한 마찬가지로 이민이나 난민이 모이는 상업도시 홍콩에 앞섭니다.[10] 중국에는 하천 교통의 결절점에 도시가 만들어지는 경향이 있어 저지대나 분지에 도시가 구축되는 경우가 많았는데, 홍콩은 그 교통의 공간을 바다로까지 전개한 도시입니다.

요컨대 첨단 글로벌 시티 홍콩에 직접적인 '부모'는 없지만,

8   大室幹雄, 『劇場都市』(ちくま学芸文庫), 筑摩書房, 1994.

9   森三樹三郎, 『老荘と仏教』(講談社学術文庫), 講談社, 2003.

10   斯波義信, 『中国都市史』, 東京大学出版会, 2002.

둔황이나 한커우 같은 먼 '선조'가 있는 셈입니다. 중국은 영토 국가를 표준으로 하면서 때로는 둔황이나 홍콩 같은 하이브리드한 도시를 잉태했습니다. 중국에서 그것은 사실 인정하기 어려운 사생아 같은 것일지도 모릅니다. 홍콩에 대한 중국화 압력에는 도시에 대한 증오가 숨어 있습니다. 중국에 영토 국가와는 다른 도시의 수맥이 있었다는 것에는 실제적인 정치적 의미가 있습니다.

반대로 일본의 도쿄는 과거의 모델이 없는 고아 같은 도시입니다. 도쿄의 본질은 다른 어느 것과도 비슷하지 않습니다. 일본에는 예로부터 분지에 위치해 독자적인 소小우주를 형성한 도시(나라, 교토, 가마쿠라, 히라이즈미 등)의 계보가 있었으나, 도쿄(혹은 에도)는 그와는 이질적이며 도시의 윤곽도 예로부터 모호했습니다. 예를 들어 에도의 상업화를 비판한 사상가 오규 소라이荻生徂徠는 에도의 시가가 제멋대로 확대되어 "어느샌가 북쪽은 센주, 남쪽은 시나가와까지 마을이 이어진다"라는 것에 곤혹스러움을 표합니다(『정담政談』). 도쿄는 스스로를 참조하면서 끊임없이 새로운 도쿄를 연출하고 있습니다. 오토모 카츠히로大友克洋 감독의 〈AKIRA〉부터 안노 히데아키庵野秀明 감독의 〈신세기 에반게리온〉에 이르기까지, 일본 애니메이션에서 현실의 진짜 도쿄가 아닌 가상의 신도쿄가 선호되어 온 것은 매우 상징적입니다. 도쿄는 확실한 규범 없이 가짜(새로운 시가지)가 '어느새' 진짜가 되고 마는 도시가 아닐까요?

김용의 하이퍼콜로니얼 무협소설

이야기를 되돌리자면 '문화 사막'과 같은 상황에서 이단적 서브컬처를 성장시킨 홍콩은 중국 문명의 게임 룰을 뒤바꿔버린 솜씨 좋은 해커와도 같은 도시입니다. 이러한 가치 전도가 가장 돋보이는 사례는 역시 김용金庸의 무협소설입니다. 김용은 일본에서는 잘 읽히지 않습니다만, 동아시아 전체로 보면 거대한 시장을 거느린 대중작가이자 직접 창설한 신문인 『명보明報』에서 건필을 휘두른 언론인이었습니다. 기쿠치 간菊池寬을 더 거대하게 만든 것 같은 작가라고 하면 일본인도 이해하기 쉬울 것입니다. 김용의 독자는 연령, 계층, 직업, 국적을 불문하고 폭넓게 분포하며, 특히 중국의 최고지도자 덩샤오핑鄧小平과 대만 총통 장징궈蔣經國가 모두 그의 팬이었다는 건 김용 본인이 자랑스레 이야기하던 사실입니다.[11]

　김용의 무협소설은 무술을 그린 엔터테인먼트이자 중국 문명의 '아카이브'입니다. '협俠'이라는 오래된 윤리—이성적인 '유儒'와는 달리 정동적인 행위에 뿌리를 둔 위법자outlaw의 정신—가 있고, 동양의학의 상징주의, 정치적 음모와 서스펜스, 한자의 조어력과 상징성을 살린 무술 명칭, 서구화 이전 풍요로운 중국 문학에 대한 관심, 다양한 민간 전설 등이 있습니다. 김용은 문명의 유산을 무협소설에 투영해 혼종적 엔터테인먼

11　戴錦華 編, 『書写文化英雄』, 江蘇人民出版社, 2000.

트로 살아남게 했습니다.

홍미롭게도 김용의 작품은 오로지 이민족 왕조 시기의 중국만 무대화합니다. 영국 식민지 홍콩에서 유독 이민족에게 지배당한 중국을 그리는 것, 이런 면에서 김용은 이중, 삼중으로 식민지 의식에 홀린 글쓴이, 즉 하이퍼콜로니얼 작가라고 할 수 있습니다(연구자들을 위해 덧붙이자면, 그의 무협소설은 홍콩의 포스트콜로니얼 문학으로 다시 읽을 수 있습니다). 일본의 서브컬처론도 김용과 같은 동아시아의 혼종적 대중작가를 포함해서 재편성하는 것이 좋다고 생각합니다.

본래 중국 태생으로, 저널리즘 관계의 일로 홍콩으로 건너온 김용의 상상력을 뒷받침한 것은 고향에서 분리된 망명자 의식입니다. 미국 연구자들은 김용 문학의 전기 주제를 망명exile, 후기 주제를 이산diaspora으로 정리합니다. 즉, 전자에서는 고향과 떨어져 고독이나 상실감이 상승하는 반면, 후자에는 동포 네트워크에 기초한 집단적 행동이 부상합니다.[12] 근세 『수호전水滸傳』의 계보를 잇는 중국 무협소설은 '강호江湖(위법자의 네트워크)'를 무대로 하는 결사結社 문학입니다만, 김용의 작품은 거기에 망명자가 만드는 커뮤니티라는 일면이 더해져 있습니다.

김용의 하이퍼콜로니얼한 상상력은 이 결사와 망명의 주제로 한족의 '네이션'과 '다문화적 음조'를 교차시켰습니다. 앞서

---

12   John Christopher Hamm, *Paper Swordsmen: Jin Yong and the Modern Chinese Martial Arts Novel*, University of Hawaii Press, 2005.

언급한 '유민遺民'도 그렇겠지만, 망명자는 강한 민족적 정체성 의식을 동반합니다. '오랑캐夷狄'인 지배자와 대결하는 김용의 망명자적 주인공도 분명 한족 민족주의를 담당합니다. 하지만 이 주인공은 단순한 배외적인 내셔널리스트가 아닙니다. 예를 들어 1950년대 중반에 연재된 그의 첫 작품 『서검은구록書劍恩仇錄』은 청나라 건륭제 때 반청결사의 리더 진가락陳家洛을 일종의 한족 민족주의자로 묘사합니다. 그런데 한편으로 이 인물은 반역을 주도하는 동안 위구르 족장의 딸과 노래를 나누며 사랑하는 사이가 됩니다. 여기에는 혼종적이고 다문화적인 '제국'의 이미지가 있습니다.

이후에도 김용의 무협소설에는 문화적 혼종성이 곳곳에서 드러납니다. 그는 중심과 변경, 한족과 이민족을 뒤섞어 텍스트의 제국을 연출하는 '브리콜라주'에 능통한 작가입니다.

망령과의 공생

다시 말하면 홍콩에서 성장한 무협소설은 어디까지나 반유교적 이단의 서브컬처입니다. 김용은 이단을 용인하는 홍콩 같은 도시가 아니면 대성할 수 없었을 것입니다. 다만 여기서 흥미로운 것은, 홍콩이 중국에서 몰락해 버린 유교도 함께 받아들인다는 점입니다. 이어질 내용은 조금 전문적인 이야기라서 독자에게 부담을 줄 수도 있으나, 일본의 논단에서는 잘 알려지지 않은 주제이기에 여기에 소개해 두겠습니다.

원래 20세기 전반 홍콩에서는 문화적 보수주의가 두드러졌습니다. 예를 들어 1927년 홍콩을 방문한 루쉰魯迅은 중국 고전문학의 보존을 호소하는 강연을 한 당시 세실 클레멘티 총독(중국명 캄만타이金文泰)—옥스퍼드대학에서 고전문학을 공부했고, 고전 라틴어 시집을 번역하기도 한 교양인—을 야유합니다[「약담홍콩略談香港」, 『수이집而已集』 수록]. 홍콩의 찬란한 풍경을 키플링식 제국주의적 영시로 조감한 클레멘티는 중국 문학의 근대화를 이끈 루쉰의 입장에서 보면 시대착오적 문화관의 소유자였습니다.[13] 그리고 루쉰은 홍콩의 중국인에 대해서도 건장한 서양인에 비해 노예처럼 보인다고 말합니다. 루쉰에게 홍콩은 정신적으로나 신체적으로 근대로 성장할 수 없는 불행한 식민지 도시였던 듯합니다.

이후 제2차 세계대전과 국공내전이 끝나자 머우쭝싼牟宗三, 탕쥔이, 쉬푸관徐復觀, 첸무錢穆 등의 중국 유학자가 공산화된 대륙을 떠나 홍콩이나 대만으로 건너갑니다—탕쥔이는 이미 첫 번째 편지에 청 씨가 언급한 적이 있지요. 이 망명자들은 1950년대부터 60년대에 걸쳐 유교 부흥을 꾀했습니다. 그들의 활동은 공산주의의 확산을 방지하려는 미국의 전략과도 관련이 있는데, 실제로 이들의 거점이 된 홍콩 중문대의 신아서원新亞書院은 예일중국협회(아례협회雅禮協會)에서 고액의 지원을 받고 있었습니다. 이처럼 '반공'의 사상적 보루로서 원조를 받은

13   陳国球, 『香港的抒情史』, 香港中文大学出版社, 2016.

20세기의 '신유가新儒家'는 단순히 보수적 사상운동이라기보다는 냉전기 반공 이데올로기의 산물이었다고 볼 수 있습니다.[14]

이 신유가를 대표하는 머우쫑싼은 칸트를 비판적으로 흡수하면서 유교를 사변적, 도덕적 형이상학으로 개창한 사상가입니다. 그것은 근세 주자학의 전통을 잇는 것입니다. 불교의 영향을 받은 주자학은 고대의 『논어』와 같은 잡다한 언행록에 만족하지 않고, 보다 체계적이고 추상적인 세계 인식을 구축하고자 했습니다. 머우쫑싼은 이 우주의 이치를 규명하려는 '사변철학'과 칸트의 '비판철학'을 교배시켰습니다.

또한 『역경』에 심혈을 기울인 머우쫑싼은 우주론에 경도된 바가 있는데, 위진 남북조 시대 현학玄學이나 수당 시대 불교학의 성과를 자기 학문에 왕성하게 도입하기도 했습니다. 유교를 바탕으로 하면서 거기에 유교 이외의 형이상학을 교차하는 것, 이러한 이종교배야말로 머우쫑싼 사변철학의 특징이라고 할 수 있습니다. 탕쥔이도 칸트와 헤겔을 참고하면서 실증주의적 문헌학을 비판하고 인생철학이나 도덕철학으로 나아갔습니다. 동서 철학의 통합을 꿈꾸었다는 점에서 홍콩의 신유가는 니시다 기타로西田幾多郎 이래의 일본 교토학파와도 가깝다고 볼 수 있습니다.[15] 홍콩 유교는 홍콩 그 자체처럼 잡종적입니다.

그리하여 홍콩은 구시대 사상의 망령을 감춰둔 채 '반공'

---

14   周愛靈, 『花果飄零―冷戰時期殖民地的新亞書院』, 商務印書館, 2010.

15   朝倉友海, 『「東アジアに哲学はない」のか』, 岩波書店, 2014.

의 이데올로기를 내재화하며, 유교 디아스포라의 새로운 거점이 되었습니다. 문화대혁명으로 '비림비공批林批孔'과 같은 대대적인 유교 비판 캠페인이 전개되기 전에, 홍콩과 대만의 신유가들은 대륙과는 다른 시간성, 다른 가치관 아래 독자적인 사상을 만들고자 했습니다. 홍콩이 싱가포르 같은 도시가 되지 않은 까닭은 바로 이 '망령과의 공생'에서 찾을 수 있지 않을까요? 반대로 홍콩이 중국 대륙과 본격적으로 동기화된다면 이러한 변경의 망령은 상실되고 말 것입니다.

물론 변경이 문명의 '피난처'가 되는 것은 결코 예외적인 일이 아닙니다. 예를 들어 청 씨가 소개한 토머스 케이힐은 5세기경에 성 패트릭의 전도로 개종한 변경의 아일랜드 수도사가 로마제국 붕괴 이후 기독교 문헌을 사본으로 전승해 기독교 문명을 보존(=구제)했다고 말합니다. 게다가 그 아일랜드의 유명한 사본『더로우의 서The Book of Durrow』는 켈트적인 소용돌이 무늬로 화려하게 장식되어 있어, 언뜻 보면 도저히 성경으로 보이지 않을 정도입니다.[16] 변경 홍콩에 흘러 들어가 부분적으로 서양화된 유교는 아일랜드에 남겨진 켈트화된 기독교와 어딘가 닮아 있지 않을까요.

---

16   鶴岡真弓, 『ケルト/装飾的思考』(ちくま学芸文庫), 筑摩書房, 1993.

홍콩의 유교와 대륙의 유교

일본의 인문학계는 토마스 만Thomas Mann, 한나 아렌트Hannah Arendt, 테오도어 아도르노Theodor Adorno, 베르톨트 브레히트 Bertolt Brecht처럼 나치로부터 망명한 사상가를 중시해 온 한편, 주순수, 강유위康有爲, 양계초梁啓超, 김용, 머우쭝싼, 탕쥔이 등 이향에서 살아간 중국의 지식인에는 무관심합니다―참고로 탕쥔이와 아렌트는 동세대입니다. 그러나 변경에서 타자적 존재와 만난 중국의 유민이나 이주민이 실증주의적 문헌학을 넘어선 사상을 개창한 것은 역시 주목할 만한 일입니다. 이주지에서 그들은 주어진 현실을 순진하게 받아들일 처지가 아니었습니다. "이주는 변증법의 가장 좋은 학교다"라는 브레히트의 말은 동 아시아 지성사에도 어느 정도 적용될 것 같습니다.[17]

그런데 사상적 이주자인 홍콩의 신유가들은 사회적으로는 큰 영향력을 갖지 못했습니다. 산둥 사투리가 심했던 머우쭝싼 의 강의는 홍콩에서는 알아듣기 어려웠다고 합니다.[18] 타향의 교단에서 일방통행으로 이야기할 수밖에 없던 유생들의 모습 을 상상하면 좀 서글픈 기분이 듭니다. 청 씨는 줄곧 머우쭝싼, 탕쥔이 등을 반쯤 농담으로 '세카이계セカイ系'[19]라고 칭하는데,

---

17   マーティン・ジェイ, 今村仁司他 訳, 『永遠の亡命者たち』, 新曜社, 1989.

18   方旭東, 『香港新儒家』, 上海文芸出版社, 2017.

19   [옮긴이] 세카이계(セカイ系)란 일본 서브컬처 담론에서 주로 쓰이는 용어로, 젊은 남녀(소년·소녀)의 연애라는 협소한 인간관계가 세계의 위기나 종말을 좌우

확실히 그런 면이 있습니다.

실제로 머우쭝싼 등의 한계를 뛰어넘기라도 하듯 지금 대륙에서는 정치적인 '유교 회귀'가 일어나고 있습니다. 시진핑도 "중국공산당은 역사 허무주의도 문화 허무주의도 아니다"라는 입장에서 마르크스주의와 유교의 접합을 용인하고 있습니다. 이 현상은 저널리즘적인 관심도 모으고 있으며, 얼마 전 대만에서도 『유교화하는 공산당?儒化共産党?』이라는 제목의 저작이 나왔습니다.

게다가 경제적인 대국화를 배경으로 사상적인 우경화도 두드러집니다. 그 필두는 '정치 유가'의 제창자 장칭蔣慶일 것입니다. 칸트와 유교라는 혼종적인 조합을 시도하던 홍콩의 머우쭝싼과 달리, 대륙의 장칭은 오히려 유교를 순수화하고 정치화하려고 합니다. 그것은 구체적인 정치에 관여하지 않았던 세카이계적인 신유가에 대한 비판을 담고 있습니다.

범박하게 말하자면 유교는 정치(=사회를 어떻게 통치할 것인가)와 윤리(=삶을 어떻게 살 것인가)를 두 기둥으로 하는 사상이라고 할 수 있습니다(『논어』에도 통치론과 인생론이 혼재되어 있습니다). 장칭은 전자를 '정치유학'(공자에서 시작해 자하子夏, 순자荀子, 동중서董仲舒, 하휴何休, 사마천司馬遷, 장존여莊

한다는 극단적인 판타지에 기초한 서사 구조를 가리킨다. 다만 여기서는 당시 홍콩 사회에서 큰 영향력을 지니지 못한 채 한정된 학문 공동체 내에서만 통용된 신유가의 사상을 비유적으로 표현한 것이다.

存與, 공자진龔自珍, 위원魏源, 강유위康有為 등으로 이어지는 계보), 후자를 '심성유학'(공자에서 시작해 맹자, 주자朱子, 왕양명王陽明, 양수명梁漱溟, 슝스리熊十力, 탕쥔이, 머우쭝싼, 뚜웨이밍杜維明 등에 이르는 계보)이라고 이름을 붙였습니다.[20] 20세기 후반 홍콩 유교가 심성유학을 부흥시킨 반면 21세기 초 대륙 유학은 정치유학을 부흥시키려는 것입니다.

이들 모두가 유교라고 불리긴 하나, 그것은 수없이 '리마스터'되어 온 사상입니다. 기존의 다양한 이념을 그때그때 정리하고 집대성한 사상가들이 유교의 역사를 형성해 왔습니다. 고대의 공자, 한대의 동중서, 송나라의 주자는 각 시대의 가장 거대한 사상 편집자라고 할 수 있습니다. 특히 사서(『대학』, 『중용』, 『맹자』, 『논어』)를 중심으로 텍스트에 새로이 가치를 부여한 주자는 공자와 맹자의 가르침을 중시하면서 불교와 도교도 포함하는 사변철학으로 유교를 재정립했습니다.

그러나 주자학이 융성한 이후, 18세기 강남江南을 중심으로 반사변적 문헌학인 고증학이 유행하면서, 텍스트의 실증주의적 분석으로 대세가 기울게 됩니다. 이는 명나라의 쇠퇴를 막지 못한 주자학(=사변철학)에 대한 반성에 뿌리를 두고 있습니다. 이처럼 '철학에서 문헌학으로'[21]의 큰 변화는, 동시대 일본인 문헌학자였던 게이쥬契沖, 가모노 마부치賀茂真淵, 모토오리 노

---

20   蔣慶, 『広論政治儒学』, 東方出版社, 2014.

21   ベンジャミン・エルマン, 馬淵昌也他 訳, 『哲学から文献学へ』, 知泉書館, 2014.

리나가本居宣長 등의 활약과도 공명합니다.

그 후 20세기 후반 홍콩 유교는 다시 사변철학과 인생철학의 계통을 부활시켰고, 21세기 초 대륙 유교는 이를 비판하며 고전적인 정치학을 되살렸습니다. 즉, 오늘날의 유교 회귀도 역사상 반복되었던 리마스터링 작업의 하나입니다. 정치학, 윤리학, 문헌학의 삼각 구도를 상정하면 유교의 역사를 파악하기 쉬울 듯합니다.

21세기 정치유가의 사관에서 공자의 학문을 신학화한 청나라 말 강유위와 더불어, 한나라 무제 때 유교 국교화의 초석을 다진 동중서가 재평가되고 있다는 점은 시사적입니다. 동중서의 정치이론을 거치며 유교는 국가에 우주론적 기초를 부여하는 이데올로기로 발전했습니다. 지금 대륙의 유가들은 동중서와 마찬가지로 정치를 이끌 이데올로기로서 유교를 재정립하려 합니다. 생각해 보건대 '공산당 왕조'의 5대 지도자인 시진핑은 한나라의 5대 황제인 무제와 비슷한 존재일지도 모릅니다. 한나라 무제는 '정치적, 문화적 주재자'라는 황제상을 중국 역사상 처음으로 명확히 제시한 인물이기에[22] 동중서 등이 그것을 지원한 것입니다. 오늘날 대륙의 유교 회귀도 세계를 문화적으로 주재하고 싶은 욕망을 동반하고 있습니다.

실제로 정치유가의 대두에는 서양(오랑캐)의 민주주의에 대한 반발이 있습니다. 장칭은 서양적인 민주 헌정도 엘리트주

---

22   吉川幸次郎, 『漢の武帝』, 岩波新書, 1949.

의도 진정한 '현능賢能 정치'를 실현할 수 없다며, '천지인'으로 통하는 우주론적인 '왕도'의 정치로서 '유교헌정儒教憲政'을 주창합니다. 서양 민주주의보다 유교적 현인 정치가 중국에 더 적합하다는 것입니다.

이와 통하는 논의로는 민족이나 국가의 특수성에 머무르는 내셔널리즘을 비판하면서 중국 고대의 '천하' 개념을 통해 새로운 보편적 세계질서를 확립할 수 있다고 보는 철학자 자오팅양趙汀陽의 '천하 시스템'을 들 수 있습니다. 서양의 '제국' 시스템이 '패도霸道'의 산물이라면 중국의 '천하' 시스템은 보다 포섭적인 '왕도'에 기초한다는 것입니다.[23] 물론 지금의 중국이 서양의 민주주의를 뛰어넘는 '왕도정치'를 하고 있다고는 생각되지 않습니다.

저는 현대의 유교 회귀를 사상사의 획기적인 사건이라기보다는 저널리즘적인 현상으로 이해합니다. 중국을 세계질서의 정신적 지도자로 내세우려는 대륙의 유가들, 그들의 묘하게 자신감 넘치는 복고사상은 서양 민주주의가 포퓰리즘이라는 '내부의 적'에 의해 안에서 붕괴되는 한편, 시진핑이 '일대일로一帶一路'의 구호를 높이 치세우는 현대 세계의 정세를 반영한 것이기 때문입니다.

---

23   趙汀陽, 『天下体系』, 中国人民大学出版社, 2011; 貝茨寧(Daniel A. Bell), 吳万偉 訳, 『賢能政治』, 中信出版集団, 2016.

소용돌이의 교차로

이처럼 오늘날 대륙의 사상적 상황을 살펴보면 과거의 변경 문화가 오히려 '인문적' 음영이 풍부했던 게 아닌가 싶습니다. 중국의 반전된 자화상인 홍콩은 반유교적 서브컬처를 성장시키는 한편, 이미 시대착오적 존재였던 유학자들도 관대하게 받아들였습니다. 머우쭝싼이 동서 철학의 교차로를 자처한 것, 혹은 김용이 중국의 잡다한 유산을 서브컬처적인 오락으로 통합한 것은 재평가돼야 하지 않을까요?

다시 말하면, 저는 변경을 중심과의 '시차'를 낳는 우회로로 파악하고자 합니다. 이 우회로라는 모델의 연장선상에서 저는 홍콩을 일종의 교차로, 즉 '로터리round-about'로 재검토하려고 합니다—좀 오래된 모델이지만, 여러 종교가 융성한 시리아에 대해 일찍이 역사가 아널드 토인비Arnold Toynbee가 '로터리'라고 평한 것을 염두에 둔 것입니다. 홍콩은 문명을 빙글빙글 돌게 하거나 잡종화해 다른 시간을 살도록 하는 중계지 같은 것이 아니었을까요? 켈트 무늬 같은, 혹은 영국 화가 터너William Turner가 그린 구름 같은 소용돌이 모양의 교차로, 그것이 변경의 상징이라고 해도 좋을 것 같습니다.

물론 이것이 모든 변경에 해당하는 '공리'는 아닙니다. 제가 말하고자 하는 건 어디까지나 변경이 취하는 하나의 '기능'입니다. 즉, 문화를 순환시키고 경로를 바꾸고 그 가치를 고쳐 쓰는 기능을 변경적인 것으로 간주하고 싶습니다. 그러면 어디서든 '변경적인' 기능을 발견하는 것이 가능합니다. 현기증을 일으키는 켈트 그림처럼 소용돌이 모양의 교차로가 글로벌 세계 곳곳에서 증식해 나가기를 저는 바랍니다.

인간의 변경화?

무엇보다 인공지능이나 딥러닝으로 들끓는 요즘 세상에서는 변경의 인간이나 문화보다 '인간의 변경화'라는 테마가 더 적합할지도 모릅니다. 실제로 오늘날의 정보산업은 무생물에 불과한 정보의 자율성을 높이 평가해, 인간을 마치 정보 기계의 도구gadget에 지나지 않는 것처럼 간주하는 경향이 있습니다. 이 '사이버네틱 전체주의'―VR이라는 개념의 창시자 재런 러니어Jaron Lanier의 비판적 조어―의 입장에서 말하면, 인류 자체가 이제는 변경적인 존재, 즉 구글이나 아마존이 만들어내는 정보의 제국 안에서 기계의 꼬리 정도 의미밖에 갖지 않는 존재입니다. 이 사이버네틱 전체주의도 절반은 IT 업계의 세일즈 토크에 불과하겠지만, 인간이 격하되고 있는 경향을 상징한다는 것은 분명합니다.

그걸 비판하는 러니어가 오늘날 부가 집중된 인터넷 거대 기업을 '세이렌 서버'라고 부르는 것은 꽤 재미있는 비유입니다.[24] 오늘날의 정보 환경은 바로 그리스 신화의 세이렌 노랫소

---

24   Jaron Lanier, *Who Owns the Future?*, Penguin Books, 2014: [국역본] 재론

리처럼 유혹적입니다. 표제만으로 시시하다는 것을 알면서도 그만 호기심에 이끌려 링크를 클릭해 버릴 때 네티즌은 세이렌의 유혹에 배를 난파시킨 선원과 큰 차이가 없습니다.

그리고 이러한 유혹에 대한 약점을 파고드는 IT 기업은 자유경제를 표방하면서 큰 부를 손에 쥐고 있습니다. 근대는 자기를 관리하면서 금욕적으로 생산/노동하는 주체를 이상으로 삼았습니다. 하지만 지금은 오히려 자기 관리에 실패한 약한 주체들이 경제적으로 더 환영받습니다. 아이러니하게도 유혹적인 server(서버/사용인)가 주인의 지위를 찬탈하고 있습니다. 2000년대 일본의 인기 게임 〈Fate/stay night〉의 팬인 청 씨의 취향을 고려해 말하자면, servant(하인)가 인간보다 우위에 있다고 해도 좋을 것입니다.

그렇지만 현실적으로는 단순히 인간이 정보에 의존하는 게 아니라 정보도 인간에 의존합니다. 인간의 의지나 욕망과 결부되지 않는 정보는 이른바 '숙주 없는 바이러스'와 같은 것이라 자가 복제가 불가하지요. 반대로 가짜뉴스는 인간의 욕망에 기생하기에, 폭발적으로 증식할 수 있습니다. 인간이 '정보 환경'을 필요로 하는 것처럼 정보도 '인간 환경'을 필요로 합니다.

그런 의미에서 의지나 욕망은 '인간'의 마지막 보증서일지도 모릅니다. 오늘날의 민주주의라는 게임에서도 인민의 의지는 근원적인 규칙으로 설정되어 있습니다. 단, 그 실체는 애매

러니어, 노승영 역, 『미래는 누구의 것인가』, 열린책들, 2016.

합니다. 청 씨가 세 번째 편지에서 시위의 '의지'를 설명할 때 '신비'라는 강한 표현을 사용한 것이 인상적이었습니다. 보통 인민의 의지는 선거나 여론조사로 계산되지만, 그렇다고 의지를 과부족 없이 표현할 수는 없습니다. 의지를 완벽하게 표현하는 시스템은 있을 수 없지요. 우리가 '다수결'에 어딘가 아쉬움을 느끼는 것도, 의지라는 불가사의한 신비를 '숫자'로 부정하는 것처럼 보이기 때문입니다.

이 의지의 모호성 때문에 사람들은 종종 그 집약 장치로서 '네이션'을 필요로 합니다. 우산운동으로 부푼 정치적 의지의 일부도 내셔널리즘이라는 거푸집에 흘러 들어간 게 아닐까요? 논점을 앞질러 말하면, 청 씨는 리아 그린펠드의 이론에 입각해 시민civic 내셔널리즘과 민족ethnic 내셔널리즘을 구별하고, 홍콩 내셔널리즘의 가능성을 전자에서 찾고자 합니다. 홍콩의 존엄을 지키려는 정치운동이 경직된 배외주의가 되면 곤란하기에 시민사회의 개방성을 유지한 내셔널리즘으로 나아가자는 것입니다.

물론 거기에도 어려운 문제는 있습니다. 첫째, 에스닉한 요소가 없는 순수한 시민 내셔널리즘이 과연 지속 가능하냐는 문제입니다. 특정 민족성ethnicity에 오염되지 않은 '말끔한' 내셔널리즘이 있을 수 있는가? 사회학자 오사와 마사치大澤真幸도 바로 이러한 의문을 제기합니다.[25] 둘째, 글로벌 시티 홍콩이 네이션을

---

25   大澤真幸, 『ナショナリズムの由来』, 講談社, 2007.

지향하는 것이 정말 바람직한가 하는 문제가 있습니다. 어쨌든 이러한 난제는 차차 생각해 가면 좋을 것입니다.

이야기는 끝이 없습니다만, 어느새 지면이 가득 찼습니다. '변경'이라는 틀 안에서 사고하는 것은 꽤 힘든 작업인데, 그렇다 해도 우리의 왕복 편지는 나름대로 독특한 실질을 갖춰가고 있는 것이 아닐런지요. 생각건대 사회학자로서 보편적인 언어를 구사하는 글로벌 엘리트이면서, 이와 동시에 토착 서브컬처로 얼룩져 있는 청 씨는 변방의 유연성을 몸소 보여주는 존재입니다. 청 씨처럼 서양적 맥락에 들어맞지 않는 지식인들이 앞으로 여기저기에서 등장하면 분명 세계는 더 재미있어질 것입니다. 지식인의 이미지에도 가치 전도가 필요한 것이지요.

2017년 5월 29일
후쿠시마 료타

시시각각 변화하는 문화의 속도

후쿠시마 씨,

우리가 사는 세계가 어려운 시대로 접어든 게 틀림없습니다. 근대 서양 문명이 하루가 다르게 쇠약해지는 모습이 날로 뚜렷합니다. 현실 정치에서 무슨 일이 일어나고 있는지 그 본질을 꿰뚫어 볼 힘을 이미 잃어버린 채 그저 인권이나 소수자의 입장 존중 같은 이데올로기에 교착한 듯합니다. 서양이 자랑하는 개인주의나 자유주의의 진정한 의의를 잃어버린 채 정치적 올바름이라는 전체주의적인 공기가 뒤덮고 있는 듯합니다.

한편 중국 문명은 '민족 부흥'이라는 이름 아래 그 이전의 근대적 독재정치와 제국주의를 부활시키고 있습니다. 근대 민족주의의 원한 감정과 문화대혁명이라는 정신적 광란이 다시 살아나 주변을 위협할지도 모를 상황입니다. 사회변혁을 가져온 근대 서양 문명이라는 중심이 침묵하는 가운데, 향후 세계에 도래할지도 모르는 건 봉건사회 시대로의 회귀처럼 안일한 쉬운 평화 상황이 아닙니다. 세계적으로 빈번하게 발생하는 테러뿐 아니라 더 커다란 광란이 발생할 가능성도 충분히 있다고 생각합니다.

축소되는 서양 문명, 팽창하는 중국 문명

중국 문명의 본질을 이해하지 못하면 앞으로 생존을 위협받을 위험에 처할 거예요. 중국의 전체주의와 군국주의적 경향, 나아가 인권 경시 풍조와 민족주의는 과거 일본제국보다 더 무섭습니다. 조지 오웰의 『1984』에 그려진 세계가 현실화하는 건 아닐까요? '방화벽'으로 둘러싸인 거대한 인터넷 환경은 당국의 감시를 받고 있기에 사람들의 원한이 축적되고 부풀어 오를 뿐, 인터넷 공간을 통해 세계로 퍼지지 못하고 바깥 세계와 격리된 채 남아 있습니다.

그러나 그렇게 쌓이고 쌓인 이름 모를 원한도 대외적인 수요가 있다고 판단되면, 정세 판단에 따라 밖으로 누출하는 일이 얼마든지 가능합니다. 즉, 어떤 외부 사정을 빌미로 삼아 그 분노를 밖으로 분출시키는 일이 언제든 일어날 수 있기에, 우리와 같은 문명의 변경지가 위협받고 있는 것입니다.

얼마 전 뉴스에서는 곧 베이징에서 열리는 중국공산당 제19차 전국대회에서 시진핑 주석이 정치국 상무위원 제도를 폐지할 거라 예측했습니다. 그렇다면 역시 그 앞을 기다리고 있는 건 황제 체제의 부활인 듯합니다. 오늘날 중국과 국경을 맞대고 있는 지역으로 눈을 돌려보면 북쪽에는 북한 문제, 동쪽에는 일본과 대만, 남쪽으로는 남중국해 주권 문제, 서쪽으로는 인도와 티베트, 몽골 문제 등 여러 개의 불씨가 있습니다. 어느 쪽이든 전쟁으로 이어질 수 있는 시한폭탄 같은 상황이라고 할 수 있죠.

무엇보다 문제가 되는 건 '도덕화'라는 이름으로 개인의 권리와 사상의 자유가 권력에 의해 침해당하는 사태인데, 이것이야말로 '중국화'하는 정치의 본성입니다. 오늘날 일본이나 홍콩의 정치를 보면 그 리스크와 위협감이 바로 여기에 존재하는 듯 느껴집니다.

언뜻 보기에 평범한 생활에도 불안이 도사리고 있는 듯합니다. 얼마 전 역사사회학자 오구마 에이지 씨와 이야기를 나눴는데, 그는 냉전 이후 사회 상황의 변화를 다음과 같이 냉정하게 분석했습니다. 말하자면 냉전 이후 산업구조의 전환 등이 원인이 되어 사회와 경제구조의 불안정성이 전 세계적으로 나타났는데, 지난 20여 년간의 세계사를 총괄하면 '리스크의 글로벌화'가 진행되는 과정이라는 겁니다. 오구마 씨는 최근 여러 나라를 돌아다니면서 세계 각지의 사회운동을 지켜봤지만 어딜 가도 같은 이야기를 들었다고 합니다. "안정적인 일자리가 없고 부동산이 폭등해 주거지를 구하기도 힘들다. 전망 없는 미래가 불안하지만 자신의 목소리를 대변해 줄 정당이 없다"라고요. 이럴 경우 취할 수 있는 건 예전의 안정된 사회제도로 돌아가거나, 자기 정체성을 안정시켜 주는 역사 이야기를 찾거나, 아니면 사회운동에 몰두하는 것이겠죠.

자유를 선택한 대가로 불안이 생겼다는 게 오구마 씨의 분석입니다. 내셔널리즘이나 지역주의에 기댈 것인지, 아니면 더욱더 글로벌화와 시장으로 나아갈 것인지, 오늘날 세계의 모든 정부가 사회 불안에 흔들리고 있습니다. 그저 예상되는 하나의 시나리오는 앞으로 대의제 민주주의가 불신에 빠져 기능 부전이 되거나 독재적인 권위주의 정치가 나타나서 금세기가 그 양극으로 흔들려 서양의 민주주의가 세계적인 위기에 빠질 수 있다는 것입니다.

세상의 끝에서 운에 의지하다

만약 이곳저곳의 변경이 살아남을 수 있다면, 그걸 단지 개인의 운으로 설명할 수는 없겠죠. 하지만 운은 이 세상에 확실히 존재합니다. 이런 말을 하면 약간 신비주의적으로 느껴지겠으나 저 자신도 경험한 적이 있습니다.

현재 홍콩에서 사회운동 혹은 정치운동 쪽에서 활약하는 여성운동가 중에 초우팅周庭, Agnes Chow이라는 사람이 있습니다. 초우 씨는 전前 학생운동 단체 '혹만시시우學民思潮'의 대변인이자 자결주의 정당 '홍콩종지香港衆志'의 핵심 멤버입니다. 그녀는 체력과 정신력, 지성이 무궁무진합니다. 어떤 선택을 할 땐 직관적으로 강한 사명감에 이끌리듯 주저함이 없습니다. 뿐만 아니라, 제비뽑기를 하면 원하는 걸 반드시 손에 쥐는 행운의 여신이기도 합니다. '아, 틀린 것 같다'라고 여겨지는 제비뽑기에서도 그녀는 예외인데, 이게 그저 우연일까요? 적어도 저는 운이 없는 사람이라는 걸 자각하는데, 그녀는 자신의 운명을 헤아리는 능력이 있는 듯합니다.

낡은 세계 질서가 무너진 후 다가올 대격변의 시대에서는 실력뿐만 아니라 운도 우리의 미래를 크게 좌우할 거예요. 운은 개인 차원은 물론 사회에도 작용합니다. '국운'이라 불리는 거 말이죠. 다른 문명에 끼인 두 개의 변경인 우리의 문화는 멸망과 재생을 모두 경험할지도 모를 시대에 직면해 있습니다. 전후 일본의 평화도 홍콩의 번영도 단순한 우연에 지나지 않습니다. 그걸 행운이라 해야 할지 말아야 할지 모르겠네요. 서양 근대라는 시스템이 잘 작동하고 있었기에 거기에 순응하면 됐고, 중화 세계가 폐쇄적이었기에 냉전적 공기가 지배하는 세계의 한 구석에서 평온하게 지낼 수 있었습니다.

그러나 지금 변경의 땅에 역풍이 불기 시작했습니다. 서양은 자폐화되었고, 중국은 팽창하고 있습니다. 이런 변화의 시기에 에도 시대의 촌락村 혹은 중세의 무연사無緣寺[1]나 교회 같은 은신처로서의 '무연소無緣所'가 존재하던 조용한 시절로 돌아가는 건 이제 불가능하겠죠. 이는 젊은 세대에게 더 심각한 사태를 초래할 것입니다. 되돌릴 수 없는 이 상황이 과연 저주가 될 것인가, 아니면 축복으로 전환될 것인가. 오늘날 홍콩에 살면

---

[1] [옮긴이] '무연사'는 조문이나 제사를 지낼 연고자가 없는 죽은 사람 또는 그 영혼을 추모하기 위한 사찰을 말한다.

이러한 불안감이 사라지지 않습니다.

홍콩이 처한 상황의 엄중함을 이야기하자 오구마 씨는 이렇게 말했습니다. 역사책을 많이 읽으면 확실히 과거의 교훈을 배울 수는 있으나 미래를 예측할 수는 없다고요. 실제로 1970년대 소련에서는 역사책을 많이 읽었어도 당시 누구도 80년대 경제와 정치적 파란을 예측할 수 없었다는 겁니다. 현실적으로 도움이 되는 얘기는 아니었지만 위로가 되기는 했습니다. 문제는 우리가 이 험난한 서바이벌 게임을 헤쳐 나갈 수 있는 지혜를 어떻게 획득하느냐겠죠.

그나저나 후쿠시마 씨는 『부흥 문화론』에서 공자에 대해 썼는데, 공자야말로 틀림없는 변경 문화론자가 아닐까요. 공자는 사회적 차원과 개인적 차원 모두에서 문화의 모범을 상실(아노미)한 경험을 했습니다. 애초에 비천한 출신이라 조국을 버리고 망명을 거듭했습니다. 그리고 잃어버린 정체성을 모색하기 위해 주변과 변경을 주유했습니다. 공자는 세상을 바꾸고자 여러 나라를 편력했으나 어떤 나라도 그의 말을 채택하지 않았습니다. 정치에서도, 교육에서도 성공하지 못했습니다. 그리하여 결국에는 역사를 기록하여 자신과 시대의 존재 의미를 도출하고자 했던 것입니다.

공자는 주나라의 정치를 본받아 옛 질서를 당대의 꿈[이상]으로 추구하려 했기에 겉으로는 오늘날의 내셔널리스트처럼 보일 수도 있습니다. 시대를 되돌리고 싶은 마음이 있었겠지만, 말년에 선택한 건 역사 편집을 통해 후세에 그 지혜를 전승하는 길이었습니다. 저는 세계 질서의 부흥이라는 뒤늦은 꿈을 전승해 실현하는 길이 유효하다고 생각하지는 않지만, 시대를 넘어 전해지는 지혜를 쥐어 짜내는 건 가능하다고 생각합니다.

자신의 정체성과 문화를 부흥시키고자 했던 사람이었기에 '오십에 천명을 안다'는 경지에 이른 거겠죠. 저 자신 또한 (인정하고 싶지 않지만) 마흔이 되었습니다. 공자가 말한 '불혹'의 의미를, 이 책을 쓰는 동안, 후쿠시마라는 친구와 조금이나마 나눠볼 수 있다면 이보다 더 즐거운 일은 없을 것입니다.

홍콩의 문화 풍속은 책으로 써질 수 없다.

벌써 예정된 분량의 절반에 이르렀네요. 지난 6개월 동안 쓴 내용을 다시 읽으면서 구체적인 이론 체계를 세우려고 다양한 사상과 사례를 찾아보았습니다. 그러다가 문득 지금까지 썼던 일들이 과거지사가 됐음을 깨달았습니다. 불과 몇 달 전에 쓴 것인데 돌이켜보니 어느새 격세지감이 느껴집니다. 편지에 썼던 당시 홍콩의 정치도, 문화 상황도 현재의 세상과 무관해졌습니다. 구라다 도루 씨와의 공저 『홍콩의 정치와 민주주의』도 다시 읽어봤는데 2015년에 제 자신이 쓴 것임에도 마치 다른 사람이 쓴 것 같았습니다. 글의 내용이 다른 나라에서 일어난 먼 과거의 일인 듯 느껴졌습니다. 신선한 그 감회는 어쩌면 시간의 흐름이 가져다주는 착각일지도 모르겠습니다.

중국어에는 '명일황화明日黃花[내일이면 누렇게 색이 바래는

꽃'라는 속담이 있습니다. 오늘의 유행이 내일이면 이미 색이 바랜다는 뜻입니다. 바로 이 속담대로 지금 저의 생각과 홍콩의 상황을 설명하려면 지금까지와는 다른 사상과 사례가 필요합니다. 마치 홍콩만 다른 시간축에 있는 것 같습니다. 아니, 문화가 다르면 살아가는 시간도 달라지는 건 당연한 사실입니다. 어쩌면 이 기간 동안 일본에서만 시간이 느리게 흘렀던 걸지도 모르겠습니다.

네 번째 편지에서 후쿠시마 씨는 홍콩의 민속학자 친완을 열심히 설명해 주었습니다. 하지만 놀랍게도 '본토파' 사상의 창시자인 그조차 이미 과거의 인물이 되어버렸습니다! 물론 그는 여전히 살아있으나 그가 관여했던 본토파의 한 세력인 '짓홋궁만熱血公民'은 이제 더는 본토파가 아니고, '인터넷 언론인'을 의미하는 '야우릭싸이유제有力世論者', 이른바 Key Opinion Leader 때문에 그의 존재가 본토파 여론 지형에서 말살됐습니다.

당파 투쟁 이야기는 설명하는 것도 귀찮으니 생략하겠습니다. 요즘 정치는 인터넷 언론의 논조와 동기화되어 있어 시시각각 변화합니다. 이제는 문화 풍조의 변화를 세심하게 좇아갈 여유도 없어졌습니다. 정치에 관심 없는 자는 순식간에 시대에 뒤처지죠. 이 속도가 정치와 사회를 분열시키는 커다란 요인이기도 한 데다, 더욱이 정치적 입장이 다르면 더는 서로 의미를 공유하지 않습니다. 시간의 어긋남이 문화의 분열을 초래하고 있습니다.

홍콩에서 시간이 흐르는 속도는 2009년경부터 급속도로 빨라졌습니다. 사회운동이 활성화되면서 문화가 변화하는 속도가 점점 빨라졌는데, 거기에는 개인의 마음이 변화하는 속도도 반영되었을 터입니다. 개인의 의식을 지금은 마인드mind, 예전에는 소울soul이라고 불렀는데, 일본어나 중국어라면 '마음心'으로 번역하는 게 정확하겠죠? 개개인이 뭉쳐서 사회를 이루면 그 집합적 무의식은 집합체의 마음collective mind, 즉 문화culture라는 의미가 됩니다. 즉 한 사람의 마음이 변화할 때 사회의 마음도 시시각각 변화합니다.

최근에는 특히 '홍콩의 마음'이 크게 요동쳐서 우산운동과 몽콕 소동에서 최대 순간 풍속을 기록했습니다. 그 후 2017년 행정장관 선거를 거치고 정확히 한 달 전인 7월 정권 교체와 반환 20주년을 기점으로 시간의 속도가 이제야 조금 느슨해진 듯합니다. 시간의 변화는 주관적인 느낌이라 객관적인 파악은 어렵습니다. 그러나 여론을 통해 사회의 '마음'이 변화하는 데서 시간의 변화를 짙게 느끼게 되죠.

"서로가 다른 역사를 살고 있다니"

홍콩의 변화 속도가 너무 빨라서, 지금 홍콩 사회나 정치 변화 상황을 추적해 연대기적으로 기록하는 것과 제가 느끼는 기분이나 저의 존재 자체를 글로 남기는 건 근본적으로 다른 행위가 된 듯합니다. 제 주변에서 일어난 문화적 사건의 변화를 봐도 그렇고, 일본에 있는 후쿠시마 씨에게 이렇게 글을 써서 전할 때마다, 시간의 흐름이 또 다르게 느껴집니다. 서로 다른 문화 사이의 의사소통이 일종의 시간 역행이 돼버렸습니다. 딱히 신비로운 말을 하려는 건 아닙니다. 다른 문화에서 다른 경험을 한다면 우리의 주관적인 시간 흐름도 달라지는 게 당연하겠죠.

> 우리는 단 하나의 동일한 시간을 살고 있다고 생각했다
> 모두가 동일한 시간과 시대를 살아가는 것이라고
> 지나간 시간은 두 번 반복되지 않는다고
> 서로가 다른 역사를 살고 있으리라곤 생각조차 할 수 없었다
> ─『기동전함 나데시코』 제16화, 「우리들의 전쟁이 시작된다」

일본의 유명한 애니메이션 작품(1996~97)에서 이 멋진 말을 인용했는데, 모두가 공유하는 똑같은 이야기, 즉 똑같은 역사(예를 들어 민족 신화)를 만들어낼 수 있다는 건 중심의 환상에 불과합니다. 이에 반해 수시로 변화하는 변경 문화는 똑같은 시간과 이야기를 고집하지 않습니다. 중심이 가능하다고 생각하는 건 '큰 이야기'이고, 변경에 있는 것은 '작은 이야기'입니다. 하지만 중심이 무너져 '큰 이야기'가 통하지 않는 세계에서는 시간을 둘러싼 투쟁이 벌어질 가능성이 높겠죠. 중심과 변경이 서로 역사를 파헤칠수록 '시간(이야기)'을 공유하지 못한다는 게 드러나 모순과 충돌이 생길 우려가 있습니다. 일종의 '시간 전쟁'입니다.

사실 어긋남 그 자체가 그리 놀라운 일은 아닙니다. 지난

달 도쿄에서 스위스 출신의 조각가 자코메티Alberto Giacometti 전시회에 갔는데, 그 역시 같은 고민을 품고 있었을지 모른다는 생각이 들었습니다. 눈으로 대상을 보고 뇌에서 정보를 처리한 뒤 붓이나 조각칼로 이미지를 다듬어간다, 그리고 손을 놓고 다시 대상을 본다 ……. 이런 작업의 순환 과정이 바로 창작 행위입니다. 하지만 그는 고민에 빠집니다. 같은 대상인데 눈을 돌릴 때마다 다르게 보인다면 대체 언제 완성할 수 있겠는가? 이제 완성은 영원히 불가할 것처럼 생각되겠죠. 그건 결코 대상을 적절하게 작품화하지 못하느냐 하는 실력의 문제가 아닙니다.

예민한 눈을 가진 예술가가 변화하는 대상을 서양 근대 미술의 객관적인 수법으로 그린다는 건 모순입니다. 눈과 손만으로 하는 창조 행위로는 결코 완성을 보지 못할 거예요. 문화(=mind心)를 창조해야 비로소 창작은 인간적인 문화 행위라 할 수 있습니다. 그리고 문화라는 현상이 유동적이라고 한다면, 그 동적인 과정을 움직이지 않는 정물에 떨어뜨리는 건 불가능한 일입니다. 전시회는 다음과 같은 그의 말로 끝납니다.

그런 것 모두가 대단치 못한 것들이다. 회화도, 조각도, 데생도, 문장도, 아니면 문학도 모두 각각 의미가 있으나 그 이상은 아니다. 시도하기, 그것이 전부다. 오, 이 무슨 기이한 일이란 말인가.

섬세한 눈으로 세상을 바라보면 매 순간 그 변화를 느낄 수 있습니다. 저는 꽤 둔감한 사람이라 그런 경지에 쉬이 공감할 수 없지만, 한두 달 전의 글을 다시 보면 홍콩 문화가 겪은 변화의 과정과 속도, 말하자면 시대의 퇴색이 눈에 띄게 느껴집니다. 아무래도 최근 홍콩 문화의 유통 기한이 극도로 짧아지고 있는 듯합니다. 자코메티도 홍콩처럼 다른 네이션 사이에 끼어 있는 변경의 땅인 스위스 출신입니다. 그 또한 변경 문화의 눈과 마음을 가지고 있었을 겁니다. 조각은 잘 모르나 저 자신도 독서를 할 때 이와 비슷한 경험을 할 때가 있습니다. 좋은 책을 읽으면 시간의 차이, 문화의 차이라는 것을 크게 느끼지 못합니다. 저는 일본사가 아미노 요시히코와 아베 긴야의 책을 애독합니다. 거기에는 전혀 다른 세계, 시간, 문화가 엄연히 존재합니다만, 지금도 생생히 그 생명력을 유지하고 있습니다. 중세의 일본이나 유럽은 인류사의 정적인 표본이 아니라, 언어를 초월하여 어떤 생명력을 북돋아 주고 있는 것처럼 느껴집니다.

자유와 문화, 그리고 어느 서점의 이야기

자, 이 왕복 편지의 운명은 어떻게 될까요? 후반부 전개에 달려 있겠죠. 저는 후쿠시마 씨 그리고 독자 여러분과 단 1초라도 감정을 공유하고, 한순간이라도 의사소통이 가로막힌 문화의 벽에 틈새를 낼 수 있다면 더할 나위 없이 행복할 것입니다.

지난 편지에서 후쿠시마 씨가 홍콩 문화의 특징을 말해주었는데, 저는 다소 위화감을 느꼈습니다. 일본에 비해 홍콩인의 평균적인 교양 수준(독서, 문학, 사상 등)은 초라해 보일 만큼 낮고 문화 인프라(대학, 서점, 출판) 또한 열악합니다. 특히 홍콩의 출판계는 더더욱 그러합니다. 유통과 판매망은 이미 중국 자본이 장악하고 독점해서 공산당의 검열하에 있는 것과 다름없는 상태입니다.

대학의 선생들도 세계화의 파도에 휩쓸려 논문을 읽거나 쓰는 데도 영어를 씁니다. 일반인의 경우는 일 년에 한 번 여름휴가 때 열리는 수십만 명 규모의 북페어 가는 것 정도가 '문화활동'일 뿐입니다. 지적인 재미라고는 전혀 없어 보이는 오락 서적이나 1년 동안 사용할 많은 공책을 사들이는 게 홍콩 여름의 '문화교양풍물시文化教養風物詩'입니다. 그러고 보면 확실히 '잠이든 세계'의 소비자(=동물)가 지성이라는 영양분이 부족한 '문화사막'에 서식하는 것처럼 보입니다.

저도 매년 북페어에 가고 있습니다만, 해가 갈수록 시시해집니다. 그래도 친구나 아는 작가를 만나기 위해 가긴 합니다. 매우 홍콩인다운 행동이죠. 문화의 내용이나 불변하는 교양보다 문화의 동태, 말하자면 문화의 조류와 변화를 중시하는 것. 사람과의 사회관계에 더 중점을 두는 건 홍콩이라는 변경 문화에서 볼 수 있는 가장 큰 특징이겠죠.

홍콩 문화사를 되짚어보면, 북쪽의 중국 문인들이 대단히 차별적인 시선으로 홍콩을 바라봤음을 알 수 있습니다. 중화민족 내셔널리즘이라고도 할 수 있겠지만, 그것은 정치의 중심에서 변방을 바라보는 권력자의 시선입니다. 물론 그들의 결론은 후쿠시마 씨와 정반대입니다. 후쿠시마 씨는 변경의 생명력과 유연성, 그리고 변경 문화의 해킹 능력에 주목해 변경을 긍정적으로 파악합니다. 반대로 중심적 발상을 지닌 자들은 자신의 관심사에만 눈길을 주기에 동일성밖에 보지 않습니다. 홍콩 곳곳에 존재하는 중국 문명의 흔적이나 기물 혹은 기술은 그렇다 치더라도 정치나 가치관을 둘러싼 서구 근대의 모습을 전혀 이해하지 못합니다. 그런 게 문인의 시선일까요? 아니 그보다는 이종異種은 추잡한 것이라 배제하고 싶은 걸까요.

'코즈웨이베이 서점 사건'으로 보는 홍콩의 출판 자유

홍콩에서 진정한 교양을 구하고자 한다면 경영이 어려운 독립 출판사와 독립 서점에 기댈 수밖에 없을 거예요. 여기서 2015년 후반에 일어난 '코즈웨이베이銅鑼灣 서점 사건'이 떠오르네요. 홍콩섬에 있는 서점과 관련 출판사 직원이 갑자기 자취를 감췄는데, 알고 보니 [중국 정부에] 납치된 사건입니다.

중국공산당 수뇌부를 욕하는 책을 출간한 탓인지, 2015년 10월부터 전 서점 주인과 출판 관계자 등이 잇따라 대륙과 외국에 구금되었습니다. 정체를 알 수 없는 중국 정치부대에 납치되어 그야말로 몸과 마음 모두가 구속당했습니다. 납치됐던 출판 관계자가 "나는 납치된 것이 아니다"라고 말하는 영상이 TV에 방영되었는데, 어떻게 봐도 정치 유력자가 벌인 자작극입니다. 홍콩인은 애초에 사건의 발단이 된 대륙 관광객을 위한 중국 정치 스캔들 책에는 전혀 관심이 없었습니다. 그러나 '출판의 자유'와 관련된 문제로 발전하자 가히 그 사태의 규모에 경악했습니다. 사건 이후 무력감에 체념하면서도 '출판 자유와 관계자 석방을 촉구'하는 시위가 일어났고 저를 포함해 6천 명 정도가 참여했습니다. 2016년 1월 11일의 일입니다.

영국 정치사상을 대표하는 저작인 J. S. 밀John Stuart Mill의 『자유론』(1859)에서나 홍콩기본법(1990)에서 '언론·출판·사상의 자유'를 강조한 이유는 무엇일까요. 너무 자명해서 몰랐는데, 이 사건을 계기로 '언론·출판·사상의 자유'가 권력 앞에서 너무나 취약하다는 생각을 깊이 새기게 되었습니다. 이후 당국에 납치됐던 홍콩인 람윙케이林榮基 씨는 반년 이상 구금되었다가 '출판사 고객 명부를 가져오라'는 조건으로 임시 석방 허가를 받았습니다. 2016년 6월 15일의 일입니다.

그렇게 홍콩에 돌아온 그는 인터넷 검색으로 연초의 시위 영상을 보고 상당히 동요했다고 합니다. 많은 시민이 자신의 안부를 걱정하고 출판의 자유를 위해 시위에 참여했다는 사실을 알게 된 것입니다. 그 후에 그는 기자회견에서 그때의 일을 이야기했습니다. 명단을 가지고 기차로 선전深圳으로 가는 도중 역에 내려서 담배를 피우며 깊이 생각했다고 합니다. 긴 시간 고민에 빠져 담배를 세 개비나 피운 뒤 '이제 난 그들의 노예가 아니다. 나는 자유의 땅, 홍콩에 있으니까'라는 생각에 이르자 자유라는 감정에 눈 뜨게 되었다고 합니다.

이 말을 듣고 저는 이 사건이 홍콩 역사상(혹은 동양 역사상) 가장 중요한 사건 중 하나로 기록될 수도 있겠다는 생각이 들었습니다. 왜냐하면 람 씨의 말이 상징하듯이 홍콩인들도 마침내 프랑스 혁명이나 미국 독립혁명을 겪은 서양인처럼 '자유'라는 '감정'의 소중함을 몸과 마음으로 실감했기 때문이죠.

'담배 세 개비' 이야기는 굉장히 영화 같은 에피소드죠. 일본인이 보는 홍콩인은 때로 쓸데없을 정도로 수다를 좋아한다는데, '말하고 있다'는 것으로 신체적 자유를 느끼는 게 홍콩인 특유의 심성이 아닐까요? 문화의 다양성과 역동성이야말로 홍콩의 자유와 문화의 본질이라는 걸 올해 61세가 된 전직 서점 경영자 람윙케이 씨(1955년생)가 비로소 깨달았다고 하니까요.[2]

두텁지 않은 도시문화란

그런데 살짝 곁길로 새보자면, 애초에 독립 서점의 전 점주가 어째서 중국공산당 비방을 전문으로 하는 출판사 직원이 된 걸까요. 그 이유는 그 가게의 경영 상황 악화에 있습니다. 서점에서 책을 사는 독자가 줄어들어 다른 출판사에 인수되고, 그곳 직원으로 일하다가 갑자기 체포되었다고 합니다. 이런 사실은 홍콩인들이 이제 아무도 책을 사지 않는다는 것을 상징합니다.

덧붙여, 중국 문예평론을 전문으로 하는 후쿠시마 씨에게

---

2 [옮긴이]: 현재 '코즈웨이베이 서점'은 대만 타이베이 중산역 근처로 이사하여 영업 중이다.

귀가 솔깃할 만한 정보가 있습니다. 류이창劉以鬯[3]의 『술꾼酒徒』 (1963)은 오랫동안 절판 상태였다가 1993년 재출판 기회를 얻게 되었는데, 그건 다름 아닌 바로 람윙케이 씨 덕분이었습니다. 독서가이기도 한 그는 서점의 매출 감소와 출판업계의 피폐화에 직면하여 "독자적 경영이 어려워지고 시장도 축소되었기" 때문에 자신의 서점을 지키려고 부득이하게 새로운 출판시장에 뛰어들었다고 합니다. 즉 돈을 위해, 대륙 관료들의 스캔들 전문 출판사에 몸을 담는 타협을 한 거지요.[4]

홍콩은 일본(그리고 중국과 서양)과 달리 두터운 교양도 사상도 문예 작품도 그다지 중시되지 않습니다. 대학 선생들도 '땅에서 멀어진 채' 글로벌화되고 있습니다. 서점도, 콘서트홀도, 미술관도 그 수준이 미묘해서 아무리 좋은 출판물을 내고 좋은 전시나 공연을 해도 손님이 잘 모이지 않습니다. 놀랍게도 저 자신 또한 발길을 향할 의욕이 생기지 않습니다. 소중한 문화를 전승할 기회는 어째서인지 언제나 은밀하게 찾아오는 모양입니다. 마치 비밀결사처럼.

후쿠시마 씨를 만나기 전, 저는 홍콩의 문화사에는 큰 관심이 없었습니다. 애초에 일본 연구를 전공하게 된 계기는 당시 일본의 서브컬처밖에 눈에 들어오지 않았기 때문입니다. 그만

---

3   [옮긴이] 劉以鬯(1918~2018), 본명 류통이(劉同繹). 상하이 태생의 홍콩 소설가. 소설 『교차(對倒)』와 『술꾼』이 왕가위 감독에 의해 각각 영화 〈화양연화〉, 〈2046〉으로 제작된 것으로 유명하다.

4   「林助劉以鬯(酒徒) 再版」, 『香港蘋果日報』 2016. 6. 12.

큼 매력적이었습니다. 따라서 홍콩의 문화사를 쓸 필요 또한 느끼지 못했습니다. 지나가는 건 그냥 지나가게 둬도 되지 않겠냐며 역사에 흥미를 두지 않았습니다. 기억에 남길 필요성이 있다면 다른 누군가가 기록하겠지라면서. 저(혹은 홍콩의 일반인)에게는 그것보다 우선순위가 높은 여러 가지가 있는 탓입니다(예를 들면 맛있는 음식 먹기, 잠자기, 일본 여행 가기 등등).

심원한 문화와 역사라는 건 홍콩 사회와 무관하나, 홍콩 문화는 반대로 신선하고 흥미로운 것을 바깥에서 계속 찾아내는 안목이 있습니다. 홍콩의 도시 정신은 미래지향적인 호기심에 있다고 생각합니다. 호기심, 상상력, 마음의 비약, 그리고 이를 보증하는 출판과 언론의 자유야말로 변경의 도시에서는 사활이 걸린 문제입니다.

서브컬처적인 홍콩 문학

물론 문화와 역사에 관심 있는 교양인과 지식인은 있습니다(글로벌화된 대학에는 별로 없지만). 예를 들어, 무명의 전 서점 주인 람 씨도 독서가였습니다. 그는 특히 중국의 역사와 정치 서적을 잘 알았고, 손님이던 민주파 의원 한 명도 오랫동안 그의 가게를 방문했다고 합니다. 자신의 목숨이 위기에 처했을 때 그는 이 의원을 떠올리고 전화했다고 합니다. 그리고 평소 서점 주인에 대한 신뢰와 우정으로 의원이 그를 폭정의 구렁텅이에서 구해냈다고 합니다.

홍콩이라는 변경 문화의 특징은 문화의 내용보다는 오히려 대도시의 인구와 다양성에 의해 보장되어 왔다고 생각합니다. 제가 사회학 이론을 배운 찬호이만陳海文은 홍콩 문화를 이렇게 얘기합니다.

> 홍콩에서는 고급문화, 국민문화, 전통문화, 나아가서는 '빌려온 문화' 등으로 의미화될 수 있는, 논의의 대상이 되어야할 기본적인 문화가 질서 있게 통일되어 있지 않다. 전체를 아우르는 일종의 문화 구조라는 개념에 가장 가까운 사회문화적 무대는 유일하게 통속문화의 무대일 것 …… 통속문화는 사회적, 문화적, 정치적 심성을 형성하고 체현하여, 핵심적이고 역동적인 대역代役을 하고 있는지 모른다.[5]

일본의 중국 문학 연구자인 후지이 쇼조藤井省三의 번역인데, 후지이도 중국 문학사의 정통에서 벗어나 소비주의와 도시문화를 구현하는 홍콩 문학에서 변경 문화의 가능성을 모색하고 있습니다. 이 구절은 「'홍콩 정체성'의 형성과 리빅와李碧華 문학」에서 인용했는데, 이 글은 도시 괴담, 애한愛恨 감정, 역사의 풍류를 깊이 있게 탐구하는 리빅와 씨의 통속소설을 열면 어조로

---

5   Chan Hoi man(陳海文), "Culture and Identity," in *The Other Hong Kong Report 1994*, edited by Donald H. MeMillen and Man Si-Wai, Chinese University Press, 1994; [일본어판] 藤井省三, 「香港アイデンテイテイの形成と李碧華文学」, 狹間直樹 編 『西洋近代文明と中華世界』, 京都大学学術出版会, 2001.

이야기합니다.

홍콩의 유행 문학 작가 리빅와(1959년생)는 도시생활과 소비사회, 그 안에서의 연애에 대한 단편소설을 쓰고 있습니다. 그녀는 항상 전근대적인 기괴한 이야기 혹은 중국적인 괴담을 현대 도시로 가져와 포스트모던한 홍콩 사회의 유동적이고 이질적인 인간관계를 묘사하면서 잊힌 역사와 기억을 환기합니다.

리빅와의 작품을 비롯한 홍콩 문학은 고상한 것이 아니라 역사에 기록되지 않은 도시 전설, 민담이나 괴이담에 가깝습니다. 그녀의 작품은 영화화되기도 했는데, 장국영 주연의 〈연지구胭脂扣〉(1987)와 〈패왕별희〉(1993)가 그것입니다.

두 영화 모두 이전 세상에 대한 집착과 역사에 휘둘리는 남녀의 치정담인데, 홍콩이라는 변경에서 벌어지는, 저승과 이승, 남과 여의 경계조차 모호한 몽롱한 이야기입니다. 방황하는 망령과 함께 미련과 집착 같은 감정을 도시로 소환해 저승과 이승의 경계를 모호하게 만드는 문예적 수법입니다. 이것은 그야말로 도회지에 어울릴 법한 것으로, 이런저런 변경(산 자와 죽은 자, 과거와 현재, 남과 여)을 둘러싼 문학이라 할 수 있습니다. 국가라는 틀 안에서 성립하는 이야기와는 다른, 변경이기에 비로소 가능한 이야기의 특성이 있습니다.

홍콩 문학의 가능성은 이렇듯 왕도에서 벗어난 민담, 괴이, 통속, 패러디, 말장난, 익살, 아이러니가 넘치는 서브컬처에 있습니다. 끊임없이 변동하는 가운데 확산되는 상상력의 힘이야말로 도시에 활력을 불어넣는 게 아닐까요.

동쪽의 태양은 따뜻하게

문명의 중심인 중국의 입장에서 보면, 홍콩이라는 도시의 심성에 제 아무리 가까이 다가가 보더라도, 홍콩을 수놓은 자유로운 분위기가 그저 알 수 없는 것으로 비춰지는 모양입니다. 홍콩의 장점을 대륙은 도무지 이해할 수 없나 봅니다. 반대로 일본의 젊은 여성들은 홍콩의 먹거리, 퇴폐와 모던이 섞인 도시 경관에 상당히 끌리는 것 같아요. 매력이란 게 원래 그런 거겠죠.

　홍콩에서 볼 때 가장 친근하게 느껴지는 건 애니메이션, 만화, 게임을 비롯한 일본 서브컬처입니다. 앞서 언급한 초우팅 씨도 일본 서브컬처를 상당히 잘 알고 있는데, 아마 대다수 일본인보다 일본 아이돌에 대해 더 많은 지식을 가졌을 겁니다. 평론가와 기업가를 겸업하는 제 친구 쩡랍鄭立 씨는 홍콩인에게 대륙 정치와 일본 서브컬처가 각각 어떤 의미인지 다음과 같이 분석합니다.

　　홍콩인이 정치 권위에 의한 이데올로기 문화를 일방적으로 수용하는 건 아무래도 무리인 듯하다. 중국 청년문화를 관통하는 이야기 구조를 보면 알겠지만, 거기서 벌어지는 건 '자신은 강자임에도 패배자로 전락했기에 복수를 위해 싸운다'는 식의 줄거리인데, 홍콩인 독자들은 이에 공감할 수 없다. 반대로 일본 만화나 애니메이션에는 공감을 표한다. 자기 자신은 약자이지만 우정과 노력으로 단결해 강한 권력자에 저항한다는 줄거리 말이다. 이런 이야기는 일본뿐만 아니라 대만이나 홍콩 같은 문화에서 받아들여지기 쉽다. 이치는 간단하다. 북풍과 태양의 이야기가 있지 않은가? 강한 권력으로 억지로 밀어붙이는 북풍은 실패하고, 따뜻하게 지켜봐주는 태양이 이긴다. 공교롭게도 홍콩의 북쪽(베이징)은 춥고, 찬바람이 불면 불수록 홍콩은 저항한다. 반대로 동쪽(도쿄)의 태양은 따뜻하고 모두가 기꺼이 받아들인다.

의지를 강하게 품은 북풍을 홍콩인은 거부합니다. 반대로 홍콩인은 일본이 만든 서브컬처의 이야기를 일본인도 모르는 사이에 받아들이고 있습니다. 이 대비는 변경 문화에 공통된 기반의 본질을 잘 짚어낸 날카로운 고찰이라 생각합니다. 변경 문화의 힘은 역사를 초월한 전승이나 문화의 심오함이 아니라, 중심을 관장하는 권력과 멀리 떨어진 상태에서의 자유, 그리고 다양성과 유연성이 가져다주는 상상력이니까요.

중국공산당 세력이 홍콩의 언론을 비롯한 문화산업에 간섭을 강화하기 시작한 건 홍콩의 중국 반환 이후부터입니다. 사실상의 미디어 매수뿐만 아니라, 학교 커리큘럼의 내용에도 간섭을 시작했습니다. 지면이 허락하면 중국 영화사도 이야기해 보고 싶은데, 중국공산당의 본질은 문화 단체를 은밀히 포섭해, 지하공작 행위를 실행할 때 발휘됩니다. 문화와 교양에 대한 의존도가 높아질수록, '붉은 자본'의 통제 위험도 커질 수밖에 없습니다. 문화산업을 장악하는 것이 중국의 특기이니 홍콩은 그 물줄기를 통해 '붉은 권력'과 이데올로기 중독 위기에 노출되어 있는 셈입니다.

뒤집어 말하면, 홍콩이라는 변경의 도시에서는 권위나 문화에 의존하지 않고 쾌락적이고 동물적인 삶을 살아야 이런 이데올로기와 절연할 수 있습니다. 홍콩의 TV, 신문, 서점 등 대중매체는 대부분 '붉은 자본'에 매수되었기 때문입니다. 그 결과 젊은 세대의 마음은 중국에서 점점 멀어지고 있습니다. 무엇보다 오락이나 문화가 이데올로기화되어 있으면 재미없으니까요. 이데올로기에 물든 책을 읽지 않고 TV 프로그램을 멀리 하는 건 당연한 귀결입니다. 차라리 친구들과 음식이나 디저트를 같이 먹거나, 가끔 정치를 비꼬면서 수다나 떠는 게 더 낫다는 겁니다. 마치 일본 애니메이션 〈은혼〉의 세계 같네요.

'신비한 낙관론神秘樂觀'[6]

문화는 끊임없이 변화하는 역동적인 과정이기에, 상상력의 날개를 펼칠 수 있는 변경(=도시)의 자유는 문화의 전승과 다양성을 보장합니다. 친구를 비롯해 사회자본과 인적 네트워크가 나름 갖춰지고, 그 문화를 지지하는 비판적 대중이 어느 정도

---

6   [옮긴이] 2010년대 홍콩 본토주의 운동과 정신을 표상하는 핵심 슬로건. 아무
     것도 보장되지 않는 상황에서 뜻을 일으켜 일대종사가 된 엽문 같은 홍콩의 전
     설적인 위인의 뒤를 따른다는 의미가 있다.

형성되어 있다면 누구나 문화의 수호자가 될 수 있습니다. 그리고 문화의 리얼리티는 자유로만 보장될 수 있습니다.

문화 전승이라는 행위는 보석함 같은 것이라고 생각합니다. 저는 과거의 역사나 다른 지역의 문화에 관심을 가지면 그것이 반드시 오늘날의 상황을 이해하고 변화시키는 데 도움이 된다고 생각합니다. 반대로, 과거나 다른 지역의 사정에서 배우는 게 미래에 아무 의미가 없다면 그것은 원래 버려도 되는 것이겠지요.

어째서 홍콩인들은 오늘을 즐겁게 살고 있을까요. 그것은 도시 정신의 독특한 호기심과 미래 지향성, 그리고 변경 문화의 원리인 상상력의 유연성과 관련 있다고 생각합니다.

'신비한 낙관론'은 살아가기 위해 필요합니다. 하지만 그것이 결코 게으른 낙관론이 되어서는 안 됩니다. 여하튼 거기에는 지성이 필요합니다. 그리고 지성의 생명력은 역시 호기심이라는 자극으로 유지된다고 생각합니다.

2017년 8월 8일
청육만

일본에서 서브컬처란 어떤 의미인가

청육만 씨,

거리로 나온 오타쿠

오래간만입니다. 지난 편지에서 청 씨는 일본 서브컬처와의 만남을 자세히 설명해 주었습니다. 애니메이션이나 게임, 만화가 동아시아의 공통 언어가 되고 있다는 현실은 저도 평론을 쓰고 난 이후 여러 차례 실감했습니다. 서문에서도 썼듯이 우리 둘의 만남 자체가 서브컬처로 매개됐지요.

돌이켜보면 우산운동 참가자들 사이에서 『진격의 거인』 낙서가 유행했고—중국은 '거인'이고 홍콩은 그에 침략당하는 '성城'과 같다는 것이지요—〈기동전사 건담〉을 본보기로 삼아 시위의 추이를 건담의 전쟁에 견주어보던 젊은이도 있었습니다. 운동의 리더가 된 대학생 웡즈펑黃之鋒, Joshua Wong은 건담 팬이며, '여신'으로 불리던 대변인 초우팅은 강골의 일본 아이돌

오타쿠입니다. 일본에서는 방에 틀어박힌 오타쿠와 관저 앞에서 항의하는 시위대는 서로에게 이질적인 존재이며, 흔히 서로를 바보 취급합니다. 반면 홍콩에는 거리로 나온 오타쿠가 많다는 것이 제겐 놀라운 일이었습니다.

물론 홍콩에서 젊은이들의 오타쿠적이고 정치적인 행동에 동조할 수 없는 장년 세대도 있을 겁니다. 이 경우 서브컬처는 동료와 그 이외의 존재를 변별하는 장치가 됩니다. 요점은 문화에는 '통합하는 힘'과 '분리하는 힘'이 있다는 것이죠. 일본의 서브컬처가 홍콩에서 그런 힘을 갖고 있다는 걸 일본인은 더 알아야만 합니다.

일본 정부가 2000년대부터 추진하고 있는 '쿨 재팬'과 관련된 이야기는 '재패니메이션(일본 애니메이션)이 세계에서 인기가 있고, 시장 규모가 얼마이며⋯⋯'라는 식의 하찮은 나라 자랑으로 빠지기 십상입니다. 정말 중요한 것은 일본의 서브컬처가 해외에서 어떻게 수용되고, 어떤 기능을 수행하고 있냐는 것이지요. 예를 들면 프랑스에는 방드 데시네Bande Dessinée라는 만화가 있는데, 유아용과 어른용으로 양극화되어 있어, 소년소녀 층을 타깃으로 한 만화는 빈약했습니다. 그 빈틈을 메우며 등장한 일본 애니메이션은 소년소녀 사이에 인종이나 계급을 초월한 커뮤니케이션을 만들어냈다고 합니다.[1] 문화는 다른 환경에 이식되었을 때, 즉 '2차 이용'의 과정에서 생각지도 못한

[1]　トリスタン・ブルネ, 『水曜日のアニメが待ち遠しい』, 誠文堂新光社, 2015.

공공적 기능을 행사할 수 있습니다. 일본 서브컬처 평론에서 유행하는 '2차 창작론'[2]도 보다 확장해 '2차 이용론'으로서 다시 파악해야 할지도 모릅니다.

서브컬처가 기능하는 방식은 문화권에 따라 다릅니다. 호기심 많은 청 씨가 말한 바대로, "다른 문화에서 다른 경험을 한다면 우리의 주관적인 시간 흐름도 달라"집니다. 같은 작품이 각각의 역사적 상황에 따라 다양한 방식으로 2차로 이용되는 현상은 앞으로도 발생할 겁니다. 향후 서브컬처 평론은 홍콩이나 프랑스도 포함해, 시차時差에 따른 '수용 환경의 차이'를 무시할 수 없을 것입니다(그런 의미에서 청 씨가 보내준 편지는 좋은 자료가 될 것 같습니다). 이번 편지에서는 청 씨의 문제 제기를 이어받아 중국과 일본을 왕복하며 변경 일본에서 서브컬처가 지녀온 역사적 맥락을 짚어보고, 그에 관한 제 생각을 말해보겠습니다.

공포의 결여

그 전에 시사적인 뉴스를 언급하지 않을 수 없네요. 홍콩 반환 20주년이 막 지난 7월 13일, 노벨 평화상 수상자인 류샤오보劉

---

2   [옮긴이] 원작(1차 창작 작품)의 설정이나 인물을 수용자가 임의대로 차용 및 변용하여 만든 창작물을 총칭한다. 대표적인 예로는 팬픽(팬 픽션)을 손꼽을 수 있다. 일본 서브컬처의 2차 창작에 관한 비평적 논의는 아즈마 히로키, 이은미 역, 『동물화하는 포스트모던』, 민음사, 2007에 상세하다.

曉波가 옥사했습니다. 그간 중국 정부의 방식은 철저했습니다. 말기 암에 걸린 그에게 치료를 위한 출국을 용인하지 않아 결국 죽음에 이르게 했을 뿐만 아니라, 유골을 바다에 흘려보내고는 그의 친척들이 공산당에 감사의 말을 하도록 했습니다. 이것은 그야말로 류샤오보라는 존재의 의미를 제멋대로 개찬하는 것입니다.

이러한 '고쳐 쓰기'는 1966년에 시작된 문화대혁명에서 빈번하게 일어났습니다. 예를 들어 마오쩌둥에 버금가는 실력자였던 류샤오치劉少奇는 문화대혁명 초기에 '주자파走資派(자본주의 영합자)'라는 오명을 쓰고 심한 정신적, 육체적 학대 끝에 죽었는데, 흰머리가 무성한 시신에는 하얀 천이 한 장 씌워졌을 뿐이고 시신 보관기록서 직업란에는 '무직'이라고 적혀 있었다고 합니다. 여기서도 신체적 차원과 더불어 상징적 차원(존엄이나 명예)이 훼손됐습니다. 류샤오보나 류샤오치에게 부여된 '의미'를 깨부수는 것, 이 독특한 잔혹함이 중국 정치를 특징짓는 것이겠지요.

이런 상징적 변조의 대표적 사례가 말에 대한 압력입니다. 최근 근미래(2025년)의 홍콩을 그린 옴니버스 영화 〈십년〉이 일본에서도 개봉했는데, 그 주제 중 하나는 북경어 교육의 침투와 광둥어의 가치 저하가 홍콩인의 존엄성을 잃게 한다는 것입니다. 이는 홍콩만의 문제가 아닙니다. 티베트인 거주 지역에서도 애국주의 교육이라 칭하며 한어 사용을 강제하고 있습니다. 티베트인 체링 우이세르Tsering Woeser처럼 티베트어와 한어 사

이에서 작품 활동을 하는 시인도 있으나 대체로 중국 소수민족의 언어 환경은 위협받고 있습니다.[3]

　물론 국제사회는 류샤오보나 티베트에 대한 중국의 인권 침해를 비판하고 있지만, 중국은 아무것도 두려워하지 않는 것으로 보입니다. 이 '공포의 결여'는 역사적인 시각에서 생각해야 합니다. 그동안 중국의 많은 왕조는 '오랑캐'의 공격으로 쇠퇴했습니다. 하지만 지금은 그런 강력한 경쟁자가 없습니다. 부탄을 두고 중국과의 긴장이 고조되고 있는 인도 역시 '중인전쟁'에서 승리하기는 어려워 보이고, 중·러 관계 또한 일단은 안정적으로 보입니다. 변경의 이민족—옛날 말로는 '북로남왜北虜南倭'—을 괘념치 않아도 되는 21세기가 중국에게는 행운의 시대이며, 이로부터 육지와 바다의 실크로드를 경제권으로 부활시키려는 시진핑의 '일대일로' 같은 제국적 구상도 생겨납니다. 네 번째 편지에서 살펴보았듯이, 근세 'China among Equals' 시대에는 변경 이민족이 제국의 확대를 가로막는 장애물이었고, 한족 왕조 멸망 후에는 유민 민족주의자도 생겨났습니다. 그러나 그 '공포'가 사라지면 제국적 확장주의 또한 가능해집니다.

　원래 중국의 영토 의식은 시대에 따라 달라집니다. 지금 중국의 영토 의식에는 청나라 제국이라는 '상상의 공동체'에 대한 기억이 영향을 미치고 있습니다. 청의 특징은 이민족이 사는 지역을 종속적인 '변경'으로 확정시킨 데 있습니다. 18세기 중반

3　ツェリン・オーセル・王力雄, 劉燕子 駅, 『チベットの秘密』, 集広舎, 2012.

까지는 유목국가 준가르가 중앙유라시아에서 강한 세력을 유지하였으나, 청나라가 이를 평정해 그 땅을 중국에 종속된 '변경'으로 편입시켰습니다.[4] 그것이 오늘날 '신장新疆' 지배로 이어집니다. 저는 이전에 시진핑과 한나라 무제를 비교한 적이 있는데, 일대일로 구상 또한 한나라나 청나라 같은 제국 시대를 암암리에 참조하고 있습니다. 실제로 시진핑은 최근 카자흐스탄에서 행한 강연에서도 무제 시대에 실크로드를 여행한 장건張騫[5]을 언급한 바 있습니다.

국가의 단일성 지향

중국은 고대부터 몇 번이나 분열되었음에도, 결국에는 '하나'의 대국으로 회귀했습니다. 왜 중국이 유럽과 같은 복수 국가가 되지 않았는지의 물음은 역사상의 난제입니다. 물론 모든 정치인이 '하나의 중국'을 지향한 건 아닙니다. 예를 들어 일본에서도 인기가 있는 삼국지 시대로 치면, 장강 유역 오나라(호족 주체의 지방정권)의 손권은 위나라 조조나 촉나라 유비가 이념상 '하나의 황제'만 인정한 것과는 달리, 여러 황제의 병존을 받아

---

4   小沼孝博, 『清と中央アジア草原』, 東京大学出版会, 2014.

5   [옮긴이] 장건(張騫, 미상-기원전 114년). 중국 한나라 시대의 여행가이자 외교관. 자는 자문(子文). 실크로드의 개척에 중대한 공헌을 하였다. 한나라 때 서역으로 가는 남북의 도로를 발견하였다. 서역 포도, 석류, 복숭아 등의 물품을 중국으로 가져왔다는 전설의 주인공이기도 하다.

들였습니다. 오나라는 남쪽의 '변경'을 개척하고 해양 국가로서 해외 경영에도 나선 특이한 국가입니다. '하나의 올바른 중국'에 연연하지 않고, 중국 밖과도 관계하려는 개방적인 성격에 기초해서 오나라는 이후 강남 지방 번영의 초석을 닦습니다. 반대로 촉나라는 위나라의 '옳지 않은 황제'를 쓰러뜨리고자 제갈량의 지휘 아래 여러 차례 '북벌'을 반복합니다.[6]

3세기 삼국시대의 상황은 21세기 정치를 생각하는 데도 도움이 됩니다. 대륙(중화인민공화국)과 대만(중화민국)은 이른바 위나라와 촉나라처럼 정통성을 다투어왔습니다. 즉, 중국의 올바른 지배자는 어느 쪽인지가 재차 중요한 문제가 된 것입니다. 비유하자면 홍콩은 변경 국가 오나라에 가깝다고 할 수 있습니다. 정치적, 경제적 독립성만 유지할 수 있다면 누가 '진짜' 황제일지라도 큰 문제는 없다는 다원론적 입장이 홍콩과 궁합이 좋습니다.

만약 손권(혹은 그의 책사 노숙)과 같은 다원론적 정치가 우세했다면 중국도 유럽처럼 되었을지 모릅니다. 그러나 어째서인지 중국에서는 사정이 그렇지 않았습니다. 예를 들어 1920년대에는 중국식 연방주의인 '연성자치聯省自治', 즉 각 성省의 자치권을 인정하는 지방 분권이 구상된 적이 있습니다. 젊은 마오쩌둥도 '후난湖南공화국' 자치의 열성적인 추진자였습니다. 만약 이 구상이 실현되었다면 중국도 미국이나 캐나다 같은 연방국

6   金文京, 『中国の歴史04 三国志の世界』, 講談社, 2005.

이 되었을지도 모릅니다. 하지만 결국엔 좌절되었습니다—쑨원孫文도 이 다원화에는 강력하게 저항했습니다. 중국은 '하나'여야 한다는 강박관념이 중국의 정치사상에는 깊이 뿌리 내리고 있는 듯합니다. 실제로 중국의 역대 지방정권은 어느 것도 오래가지 못했고, 중앙정권에 병합되고 말았습니다.

반대로 근대 유럽의 정치사상이나 경제사상은 국가(네이션)의 복수성을 전제로 합니다. 예를 들어 18세기 애덤 스미스Adam Smith는 '국민들nations' 사이의 교역을 바탕으로 그 유명한 『국부론』을 썼습니다. 여러 국가 사이의 통행 가능성이 데카르트René Descartes, 라이프니츠Gottfried Wilhelm Leibniz, 볼테르, 루소 등 근대 유럽 철학자의 지적 활동을 뒷받침했습니다. 예카테리나 2세Yekaterina II의 마음에 든 프랑스의 디드로Denis Diderot는 러시아의 문명화를 구상하기도 했습니다. 마르크스Karl Marx의 『자본론』이 영국 망명 중에 집필된 건 말할 것도 없습니다. 사회주의는 이처럼 '인터내셔널'한 운동이었고, 그렇기에 중국, 북한이나 쿠바 등의 정치 체제에도 작용했습니다.

그렇게 생각하면 중국의 단일국가 지향이 얼마나 중요한 문제인지 알 수 있습니다. 그것은 오늘날까지 중국의 정치와 사상을 깊이 규정하고 있습니다. 여섯 번째 편지에서 소개한 장칭도 포함해 '대일통大一統', 즉 통일을 중시하는 유교적 이념은 최근에도 중국 언론에서 자주 화제가 됩니다. 홍콩이나 티베트 등에 대한 '중국화' 압력도 이 '하나의 중국'에 대한 지향과 깊은 관련이 있을 것입니다.

가치의 공황 상태

현재 중국은 인근에 강력한 경쟁자가 없을 뿐만 아니라, 국내에도 공산당에 대항할 만한 정치 세력이 없습니다. 공산당은 자국민의 '마음' 통치에 어느 정도 성공한 듯 보입니다. 그것은 홍콩 시위에 대한 중국인들의 냉담함에도 나타나 있습니다.

돌이켜보면 1989년 천안문 사건에서 베이징 학생들—참고로 1955년생 류샤오보는 그들의 스승이자 형과 같은 존재였으나, 카르마 힌턴Carma Hinton 감독의 다큐멘터리 영화 〈태평천국의 문〉(1995)에서는 학생들의 유치한 언행에 실망감을 감추지 않았습니다—이 탄압받았을 때, 그들을 지원하던 홍콩인들은 큰 충격을 받았습니다. 지금도 홍콩에서는 천안문 사태가 일어난 6월 4일 빅토리아 파크Victoria Park, 維多利亞公園에서 기념집회가 열리고 있습니다(참가자는 점점 줄고 있습니다만). 그에 비해 지금 홍콩의 젊은 독립파에 공감하는 중국인 대학생은 얼마나 될까요? 홍콩의 우산운동이든 대만의 해바라기 학생운동이든, 수많은 중국 젊은이에게는 그저 변경의 '민폐 행위'에 지나지 않는 건 아닐지요? 중심과 변경을 잇는 마음의 통로는 89년에 비해 매우 가늘어진 것으로 보입니다.

그런데 중국 대륙의 '마음'도 이미 한결같지 않습니다. 1960년생 저명한 작가 위화余華는 유년 시절에는 '마오 주석'과 함께 신화적인 빛을 띠던 '인민'이라는 말이 바야흐로 행정 용어로 전락해 버렸다고 지적합니다. '인민'은 이미 '망민網民(네티즌)', '고민股民(개인 투자자)', '농민공農民工(농촌 출신 노동자)' 등 다양한 '민'으로 분열되어 버렸습니다.[7] 원래는 '중화인민공화국'이나 '조선민주주의인민공화국'과 같은 국명에서 알 수 있듯이, 인민people은 공산주의 국가 정통성의 원천입니다. 그러나 인민의 신화는 완전히 마모되어 사회에는 그저 다양한 '민分衆(분중)'이 널려 있을 뿐입니다. 전통적인 '거대 서사'인 유교를 다시 부활시키려는 대륙의 정치유가는 이런 상황을 배경으로 합니다.

이 '인민 없는 공화국'은 70년대 말 '개혁개방' 이후 자본주의화가 가져온 결과로 볼 수도 있습니다. 위화가 잘 정리하고 있듯이, 마오쩌둥의 문화대혁명이 '정치권력의 재분배'라면, 덩샤오핑의 개혁개방은 '경제권력의 재분배'라고 평가할 수 있을 것입니다. 위화는 이 두 사건이 깊은 곳에서 연결되어 있다고 간주했습니다.

마오쩌둥에 대한 개인숭배를 강화한 문화대혁명은 정치 구조를 크게 뒤집은 사건입니다. 악동의 무리와 같은 홍위병이 난무하는 한편, 도시 엘리트들은 '하방下放'[8]되어 농민의 삶을 강요당했습니다(시진핑도 하방을 경험한 청년 중 한 명입니다). 만약 반혁명 분자로 지목된다면 그 인간의 가치는 갑자기 폭락

---

7   余華, 飯塚谷 駅, 『ほんとうの中国の話をしよう』, 河出書房新社, 2012.
8   [옮긴이] 중국의 문화대혁명 시기 중앙의 당원이나 공무원을 일정 기간 지방의 농촌이나 공장에 내려 보내 노동을 하게 한 정치운동.

하고 명예도 존엄도 산산조각이 납니다. 문화대혁명은 자본주의를 비판하는 운동이었지만, 그것 자체는 자본주의의 '공황'과 많이 유사합니다. 그리고 그 뒤를 이은 개혁개방은 모든 것을 상품화하고 기존 가치체계를 무너뜨리고 벼락부자들이 날뛰게 했습니다. 그러나 그 사전 작업은 이미 문화대혁명이라는 '정치적 공황'에서 이루어졌다고 볼 수 있습니다.

정치권력과 경제권력이 함께 송두리째 '재배분'된 것, 여기에 지난 반세기 중국사의 핵심이 있습니다. 위화 자신도 논쟁적인 장편소설 『형제』(2005)에서 이 두 재분배 시대를 그렸는데, 흥미롭게도 이 소설은 주인공의 아버지가 화장실을 들여다보다가 분뇨에 빠져 죽는 에피소드로 시작합니다. 현대 중국은 사물의 가치를 엉망으로 만드는 '오물'과 같은 리비도(충동)로 가득 찬 시대, 즉 긴 '공황의 시대'입니다. 반체제 미술가 아이웨이웨이艾未未의 작품 중에 한나라 시대의 귀중한 항아리에 코카콜라 로고를 입힌 것이 있는데, 그것도 이 가치의 공황 상태를 시니컬하게 요약하고 있습니다. 사회의 착란을 응시하고 이를 작품의 소재로 바꿔버리는 대담한 블랙 유머는 중국 예술의 표현에 강력한 힘을 실었습니다.

공산주의 시대가 길었던 탓에 자본주의화된 중국이라고 하면 마치 새로운 것처럼 느껴집니다. 하지만 그건 착각일 뿐입니다. 여섯 번째 편지에서도 썼듯이, 중국에는 오히려 상업적인 도시의 역사가 있었기 때문이죠. 예를 들면 『삼국지』와 함께 유명한 소설 『수호전』에는 근세 도시의 다양한 직업인(의사, 무기 제

작자, 서예가, 정육점 주인, 씨름꾼, 약장수 등)이 등장합니다. 그
들은 하나같이 달변가이며 잘 먹기도 합니다. 더불어 거기에는
많은 술과 음식—악취미적인 '인육人肉만두'도 포함해서!—이 화
려한 축제 감각과 함께 나옵니다. 지식인의 겉치레를 비웃어 넘
기고 물질주의와 상업주의가 판치는『수호전』의 요지경 세계는
개혁개방 이후의 중국이 결코 역사의 예외가 아님을 잘 보여줍
니다. 오히려 중국의 공산화야말로 의외의 사건일지도 모릅니다.

서브컬처로서의 일본 문학

중국처럼 혁명을 바탕으로 건국된 국가에서 언어의 변질은 특
히 중요한 의미를 갖습니다. 위화는 말의 사회적 의미 변화를
날카롭게 분석했고, 그것이야말로 소설가다운 일입니다. 반대
로 지금의 일본 문예는 언어의 사회적 용법에 대한 통찰이 부
족합니다. 원래 작가나 비평가는 '말의 측량사'여야 합니다. 즉,
언어가 어떻게 사회적으로 쓰이고 어떻게 역사적으로 변화하고
있는지 누구보다 예리하게 알아차려야 하는 존재입니다.

그래서 저는 또 하나의 중요한 포인트를 덧붙이려고 합니
다. 언어의 용법을 음미하고 경우에 따라서는 새로운 글쓰기를
발명하는 것, 그것이 변경인에게 필요한 능력인 거죠. 여기서 일
본의 서브컬처 문제로 들어가 보겠습니다. 제가 강조하고자 하
는 것은 일본의 서브컬처가 만화, 애니메이션, 게임에만 국한되
지 않는다는 것, 오히려 일본의 고전 문화 자체가 서브컬처적이

라는 것입니다.

그것은 중국과의 간단한 비교로도 알 수 있습니다. 예를 들어 중국의 고전은『논어』와 같은 성인의 언행을 바탕으로 한 사상서, 혹은『사기』와 같은 중후한 역사서입니다. 반면 일본에는, 18세기 국학자 모토오리 노리나가가 말했듯이, 애초에 '성인'이 없습니다. 물론 '신'은 있으나 일본의 신은 중국의 성인군자와 달리 아무렇지도 않게 나쁜 짓도 합니다(『다마가쓰마玉勝間』). 일본의 신에게는 통상적 의미의 사상도 윤리도 없는 것 같습니다. 역사책 분야도 몹시 빈약합니다. 율령국가가 추진해 편찬한 공식 역사서로『일본서기』를 비롯한 '육국사六国史'가 있었으나, 그 제작 사업도 결국 흐지부지되고 말았습니다.

요컨대『논어』(사상서)나『사기』(역사서)처럼 중국의 고급 문화와 동등한 문화가 일본에서는 생산되지 않았습니다. 그렇다고 일본에 역사서나 사상서가 없는 건 아닙니다. 문제는 그 형태가 중국과는 크게 다르다는 것입니다.

중국에서는 사마천司馬遷처럼 가업을 이어받은 전문 역사가가 역사서를 썼습니다. 반면 일본은 역사를 전달하는 데 아마추어의 '이야기物語, 모노가타리'를 적극적으로 이용했다고 볼 수 있습니다.『헤이케 이야기平家物語』,『태평기太平記』, 에도 시대의 라이 산요賴山陽의『일본외사日本外史』, 쇼와 시대에는 시바 료타로司馬遼太郎의 소설이 역사책 대용품이었습니다. 이것들은 사마천 같은 전문가가 쓴 책이 아닙니다. 즉, 중국 기준으로 말하면 제대로 된 문화가 아니라 서브컬처라고 할 수밖에 없는 대리물입니다. 그럼에도 일본인은 역사의 이야기화(=서브컬처화)에 그다지 강한 경계심을 품지 않았습니다. 그것은 아마추어리즘의 긍정과 같습니다.

게다가 이야기는 지적, 윤리적인 문제도 맡았습니다. 흥미롭게도 일본의 서사 문학은 '위키피디아' 같은 기능을 갖추고 있었습니다. 『태평기』든 에도 시대 후기 쿄쿠테이 바킨曲亭馬琴의 『난소사토미핫겐덴南総里見八犬伝』이든 『유미하리즈키椿説弓張月』든지 간에 잡다한 지식이 담긴 정보 소설의 양상을 띱니다. 여기에서 우리는 중심 줄거리를 벗어난 지리, 역사, 문예 등 여러 잡학에 대한 글을 자주 발견할 수 있습니다. 그것은 고대 그리스 호메로스의 서사시가 폴리스의 지식과 기술을 전승하려는 위키피디아적 문학이었던 것과 매우 흡사합니다.[9] 『태평기』나 『핫겐덴』의 경우도 호메로스의 서사시처럼 독자들에게 지식을 '교육'하는 공동체 교사였다고 볼 수 있겠죠.

일본의 이야기는 역사도 정보도 폭력도 성도 포괄할 수 있는 관용적인 매개체였습니다. 『겐지 이야기源氏物語』의 주인공 히카루 겐지光源氏의 경우만 보아도, 『일본서기』 같은 역사책의 기술은 일면적이며, 이야기야말로 '구석구석 상세한 것'이 있다고 말합니다. 즉, 이야기는 비공식적인 서브컬처 문학이기에 공식적인 역사책으로는 쓸 수 없는 인간세계의 도리도 자세히 쓸 수 있다는 점을 히카루 겐지―혹은 그 복화술사인 무라사키

---

9   エリック•A•ハヴロック, 村岡晋一訳, 『プラトン序説』, 新書館, 1997.

시키부紫式部—는 강조합니다. 이때 이야기에는 '사상서'의 성격
도 깃들게 됩니다.

지식의 서브컬처화

이야기라는 픽션이 '역사서' 같기도 하고 '사상서' 같기도 하다
는 것, 이는 사실 꽤 놀라운 일이죠. 궁녀가 쓴 『겐지 이야기』
든 작자 이름이 확실치 않은 『헤이케 이야기』나 『태평기』든 간
에, 중국의 남성 사대부 입장에서 보자면 수상한 서브컬처에
지나지 않습니다—예컨대 『헤이케 이야기』 속 비파법사란 누
구를 가리키는 것일까요?[10] 일본인들은 이 출처도 잘 알 수 없
는 재야의 픽션들을 '고전'으로 추앙했을 뿐 아니라 거기에 '역
사'의 진실이 있다고 인정했습니다. 픽션(이야기)이야말로 진실
을 전한다는 『겐지 이야기』의 입장은 오늘날 말하는 포스트트
루스(탈진실) 같은 상황마저 떠오르게 합니다.

이처럼 중국과 일본은 문화적 고전의 기준이 크게 다릅니
다. 제대로 된 역사책이 아니라, 역사책과 비슷한 무언가로 지식
이나 감정을 기르는 것, 그것이 변경국가 일본의 전략이었습니
다. 비유하자면, 일본의 환경에서는 중국식 역사나 사상이 그대

---

10   [옮긴이] 비파 법사는 '비파(琵琶)'라는 악기를 연주하며 여러 이야기를 늘어놓
     았던 헤이안·가마쿠라 시대의 예능인이자 승려를 뜻한다. 비파 법사는 『헤이케
     이야기』의 화자(이야기꾼)로 설정되어 있으며, 『헤이케 이야기』가 일본인들 사이
     에 퍼진 것도 그들의 영향이 컸다고 알려져 있다.

로 잘 작동하지 않기 때문에 이야기라고 하는 '애플리케이션'이 새롭게 개발된 것입니다. 보통 상상하는 것 이상으로 서브컬처(=이야기)에 많은 일이 떠맡겨졌다고 할 수 있습니다. 참고로 지금 홍콩에서도 의사 처이싱얀徐承恩이나 대학에서 잘린 친완 같은 재야 학자가 홍콩의 역사와 정체성을 웅변적으로 말하고 있습니다. 이런 아마추어리즘의 강세는 일본과 매우 비슷합니다.

여기서 간과할 수 없는 사실은 일본에서는 학문 영역에서도 종종 서브컬처화(세속화)가 일어난다는 것입니다. 17세기 교토에서 활약한 반反주자학 유생인 이토 진사이伊藤仁斎는 주저 『동자문童子問』에서 흥미로운 말을 합니다. 그는 맹자의 "도道는 가까이에 있다"(『맹자』, 「이루離婁」·上)라는 유명한 말을 문자 그대로 받아들이면서 다음과 같이 말합니다.

도가 낮다면 저절로 찬實 것이요, 높다면 반드시 빈虛 것이다. 그러므로 학문은 비근한 것을 싫어하지 않는 법이다. 비근함을 소홀히 하는 사람은 도를 아는 사람이 아니지. 도는 대지와 같은 것이다. 천하에 땅보다 낮은 게 없지. 하지만 사람이 밟는 것은 땅이 아닌 게 없으니 땅을 떠나서는 설 수가 없다(第二四章).[11]

11   [옮긴이] 이토 진사이, 최경열 역, 『동자문 : 주자학 아닌 유학을 묻는다』, 그린비, 2013, 73쪽을 옮긴이가 부분적으로 수정. 원서에 실린 일본어 문장은 다음과 같다. "卑しきときは則ち自ずから実なり。高きときは則ち必ず虛なり。故に学問は卑近を厭うことなし。卑近をゆるがせにする者は、道を識る者にあらず。道はそれ大地のごときか。天下地より卑

문하생이 "선생님이 말하는 '도'란 대단히 비근한 것이지 않습니까?"라고 묻자, 진사이는 비근한 것이야말로 현실이며, 학문은 그 리얼리티를 소홀히 해서는 안 된다고 타이릅니다. 사상이란 일상에서 동떨어진 것이어선 안 된다는 담론은 일본에서는 적어도 17세기 진사이까지 거슬러 올라갑니다. 진사이는 중국의 '진짜' 유생 이상의 우직한 방식으로 『맹자』를 읽었는데, 여기서 앞서 말한 '가짜의 진짜다움'이라는 주제를 맛볼 수 있습니다.

이러한 진사이의 주장은 이후 일본의 지적 풍토를 잘 예고합니다. 예를 들어 근대 일본에서는 야나기타 쿠니오柳田國男, 오리구치 시노부折口信夫, 미나카타 쿠마구스南方熊楠 같은 민속학자들이 독창적인 학문 체계를 구축해 큰 영향력을 가졌습니다. 그들은 바로 이름 없는 백성의 '비근'한 일상생활에서 '도'를 인정하고 그것을 이해하려는 지적인 틀을 만들었습니다. 그러나 중국 기준으로 말하면 이것 역시 약간 기이한 열정이라고 할 수밖에 없습니다. 물론 중국에도 민속학자는 있지만 '야나기타학'이나 '오리구치학'에 필적하는 지적 체계는 없습니다. 일본 민속학자들은 말하자면 자기 자신을 적극적으로 '하방'한 것과 같습니다.

아시다시피 지금 일본에서는 오츠카 에이지大塚英志, 아즈마 히로키, 우노 츠네히로 같은 서브컬처 평론가들이 각 세대를

しきはなし。然れども人の踏む所地にあらずということなし。地を離れて能く立つことなし。" 이토 진사이의 원문은 위의 한국어 번역본 455쪽을 참조.

대표하는 지식인이 되고 있습니다. 중국이나 구미의 기준으로는 이상한 일이겠으나, 진사이나 야나기타를 염두에 두면, 비근한 서브컬처가 지적인 세계 인식의 모델이 되는 일이 일본에서는 이례적이지 않음을 알 수 있습니다. 자랑처럼 들릴 수도 있지만, 저도 이 왕복 편지에 병행해서 〈울트라맨〉에 관한 평론을 연재하고 있습니다. 거기에서 일본 특촬特撮[12] 담당자들이 '의미나 상징을 만드는 인간(호모 사피엔스)'과 '사물을 조작하는 인간(호모 파베르)'의 중간 지점에 있다고 비평했습니다. 이런 평론도 저에게는 취미가 아니라 충분히 지적인 일이라고 생각합니다.

물론 저는 일본의 특수성을 지나치게 강조할 생각은 없습니다. 김용의 무협소설이 그렇듯 역사나 지식의 서브컬처화는 홍콩에서도 볼 수 있기 때문입니다. 다만 홍콩과의 차이는 일본의 사상이 이 '자발적 하방'을 꽤 오랜 세월에 걸쳐 해왔다는 점입니다. 가라타니 고진의 도식을 빌리면, 그것은 일본이 조선과 같은 중화제국의 '주변'이 아니라, 그것보다 조금 더 멀리 떨어진 '아亞주변'에 위치한 것과 관련 있을 것입니다.[13] 적당한 거리를 두고 있기 때문에, 일본은 중국의 원리에 완전히 동화되지 않았

---

12 [옮긴이] 특수 촬영 기술(特殊撮影技術, Special Effects)의 약칭으로, 전후 일본에서는 특촬 작품이라고 불리는 영화나 텔레비전 프로그램 등이 큰 장르를 형성할 정도로 발전한 바 있다. '특촬 히어로물', '특촬 괴수물' 등이 대표적이며, 이러한 일부 작품군을 가리키는 통칭으로도 '특촬'이라는 말이 사용되고 있다.

13 柄谷行人, 『帝国の構造』, 青土社, 2014: [국역본] 가라타니 고진, 조영일 역, 『제국의 구조』, 도서출판b, 2016.

고, 비근한 서브컬처에서 '도'를 구할 수 있었던 것입니다.

일본사의 예외적 상황

이러한 역사는 지금의 일본을 이해하는 데도 도움이 됩니다. 현대 일본은 확실히 애니메이션, 만화, 게임과 같은 대중적인 서브컬처가 번성한 나라입니다(이 번영도 언제까지 계속될지는 모르겠습니다만). 그러나 그것 또한 결코 갑작스럽게 시작된 게 아닙니다. 그 전제에는 오랫동안 수상한 서브컬처(=이야기)에 공동체의 문화나 교육을 맡겨 온 일본의 변경적 특성이 있습니다. 제 나름대로 정의하자면, 변경인이란 중앙의 지식을 자국의 문화 환경에서 적용하고자 애플리케이션을 개발하는 기술자라고 말할 수 있습니다.

다만 여기서 한 가지 매우 큰 문제가 있습니다. 그것은 서문에서도 언급했듯이, 지금 세계는 강한 '중심'이 사라지고 있다는 것입니다. 그러면 '변경'의 입장도 어쩔 수 없이 바뀌게 되죠.

일본은 메이지 이전에는 중국을, 메이지에서 전쟁 전까지는 유럽을, 전후에는 미국을 이정표로 삼았습니다. 이러한 초월적 타자가 변경 일본을 상위의 '세계'로 이끈 것입니다. 예를 들면, 우치다 타츠루는 『일본변경론』에서 이렇게 말합니다.

일본인은 여기가 아닌 어딘가 저 바깥 어딘가에 세계의 중심인 '절대적 가치체'가 있다. 그것에 어떻게 하면 가깝게

갈 수 있을까, 어떻게 하면 멀어지는가—오로지 그 거리에 대한 의식에 기초하여 사고와 행동을 결정하고 있습니다. 그러한 인간을 나는 이 책에서 '변경인'이라고 부르고자 하는 것입니다.[14]

그러나 지금 일어나고 있는 일은 세계의 중심인 '절대적 가치체'의 상실입니다. 유럽은 쇠락하고, 트럼프 대통령 밑에서 '착란의 중심'으로 변해가는 미국의 초월성도 이제 믿을 수 없다는 것이지요. 원래 아메리카니즘은 대중화와 연동된 것으로, 이념적 가치라기보다 라이프스타일에 강하게 작용합니다. 그리고 문화대혁명과 개혁개방이라는 가치의 공황을 거친 중국은 이제 일본의 초월적 모델이 될 수 없습니다. 문명의 첨단을 목표로 하면서, 스스로를 발전시킨다는 일본의 오랜 방식이 막다른 골목에 다다른 것이지요. 초월적인 모델이 없는 시대, 이는 일본사에서 예외적인 일입니다.

이것은 문화의 위기이기도 합니다. 반복하자면 일본의 이야기(=서브컬처)는 중국의 역사서나 사상서의 기능을 대체하는 애플리케이션이었습니다. 예를 들어 무라사키 시키부는 『사기』 같은 역사서를 참조했기에 『겐지 이야기』를 만들 수 있었습니다. 이는 '중심과의 거리 의식'이 없어지면 지금까지와 같은 변경 문화의 창의성도 발휘할 수 없음을 뜻합니다. 우치다 본인

---

14   [옮긴이] 우치다 타츠루, 김경원 역, 『일본변경론』, 갈라파고스, 2012, 55쪽.

도 인정하듯 지금까지의 일본론이 답습되고 있는데, 일본론의 정해진 패턴에 한계가 있다는 현실 인식이 이제 일본 논단에는 필요합니다.

도시를 기준으로 하는 변경론

외부의 초월성이 상실된 상태에서 보편적인 '세계'로 이어지는 통로를 어떻게 확보할 것인가? 그것이 일본이 안고 있는 새로운 문제입니다. 저의 이번 편지를 포함해 지금까지 많은 일본론은 중심(중국이나 서양)과의 비교에 열중했습니다. 그러나 앞으로는 홍콩과 같은 변경끼리의 비교가 더 중요해질 것입니다.

좀 더 자세히 말하면 이런 겁니다. 절대적 가치의 모델을 믿을 수 없다면, 수평적 유사성에 주목하고 그것을 참조하면 되지 않을까? 바꿔 말하면 초월적 중심이 없다고 해도, 어느 정도 조건이 비슷한 변경의 영역을 비교 검토해, 세계상을 조금씩 갱신해 나갈 수 있지 않을까? 서구 근대가 절대적 기준의 지위를 상실한 지금, 우리의 세계 인식은 횡으로 확장해 나갈 수밖에 없습니다. 서문에서 말했듯이, 이것은 '나무'가 아니라 '리좀' 모델입니다. 그런 의미에서 이 편지의 서두에서 말한 '서브컬처 수용 환경의 차이'를 조사하는 일은 한층 더 중요해집니다.

이렇듯 횡으로의 리좀적 확장을 고려할 때 홍콩이라는 '도시'의 근대를 참조하는 것은 큰 도움이 됩니다. 근대란 사람들이 촌락 공동체에서 이탈해 외지인들끼리의 상생을 택하는 시대입니다. 일본은 메이지 이후 종래의 촌락 공동체를 뛰어넘는 인공적인 국민 공동체(네이션)에 사람, 사물, 정보를 집중시켜 부국강병에 나섰습니다. 원전(원자력발전소)이야말로 그 국책의 상징입니다. 그에 비해 홍콩은 그런 근대화를 '도시' 단위로 했다고 할 수 있습니다. 홍콩이라는 글로벌 시티는 외지인이 모이는 자유주의적 '근대'라는 조건에 철저히 부합합니다. 청 씨가 말한 것처럼 홍콩은 비즈니스맨과 난민이 모이는 자유주의적 '피난처'의 양상을 띠고 있습니다—물론 그 자유는 하층계급의 노동으로 뒷받침되고, 게다가 그것이 비가시화되고 있다는 거대한 문제도 강조해 두겠습니다. 도시는 생명의 가격을 노골적으로 차등화하고 워킹푸어와 이민자의 존엄성을 박탈하는 극히 잔혹한 장소이기도 합니다.

돌이켜보면 20세기 미국과 일본에는 '도시에서 교외로'라는 트렌드가 있었습니다. 그러나 일시적인 탈선일 뿐, 결국 창의적인 계층이 모이는 '도시의 집적성'이야말로 혁신의 원천이라는 말이 최근 자주 나오고 있습니다.[15] 이런 담론 자체가 도시의 과대광고라고도 할 수 있지만, 21세기가 더는 교외의 시대가 아니라 글로벌 도시 간 경쟁의 시대임을 부인할 순 없을 것입니다.

따라서 일본도 홍콩과 같은 글로벌 시티를 참조하면서, 도

---

15   エドワート•クレイザー, 山形活生 訳, 『都市は人類最高の発明である』, NTT出版 2012: [국역본] 에드워드 글레이저, 이진원 역, 『도시의 승리—도시는 어떻게 인간을 더 풍요롭고 더 행복하게 만들었나』, 해냄출판사, 2011.

240   변경의 사상

시로부터 적극적인 가치를 창출해 나갈 필요가 있습니다. 확실히 국가 단위의 초월적인 모델은 사라지고 있으나, 도시 단위의 본받을 만한 존재는 전 세계 어디에나 있습니다. 뿐만 아니라 국내 커뮤니티 환경의 정상화를 위해서도 도시는 좋은 표준이 될 수 있습니다. 예를 들어 일본에서 '한국이나 중국을 본받으라'라고 하면 반드시 감정적 반발이 나오겠지만, '서울이나 상하이를 본받으라'라고 말하면 그 히스테리는 다소 완화될 것입니다. 국민국가가 아닌 도시를 단위로 하면 외부와의 무의미한 갈등을 줄일 수 있지 않을까요?

그리고 여기가 중요한 지점인데, 현대 도시는 애초에 '초월적 중심'을 필요로 하지 않습니다. 미술평론가 보리스 그로이스 Boris Groys의 말처럼, 지금은 지역적 맥락을 짊어진 기호가 각국의 도시 공간에 그대로 복제되고 있습니다.[16] 예를 들면 뉴욕의 랩 음악이 다른 도시로 복사되고, 싱가포르나 레바논의 에스닉한 요리가 세계의 도시에 복사되어 파리나 도쿄에서도 먹을 수 있게 되는 것이지요. 도시끼리 상품을 수평적으로 서로 복제하는 상황이 도래한 것입니다.

과거 20세기 전반의 도시나 건축은 지역 고유의 특성을 탈색해 어느 지역에나 적용되도록 합리적, 기능적인 공통 양식을 목표로 했습니다. 모더니즘 건축의 인터내셔널 스타일이 바로

---

16   Boris Groys, *Art Power*, MIT Press, 2013: [일본어판] ボリス·グロイス, 石田圭子 他 訳, 『アート·パワー』, 現代企画室, 2017.

그 좋은 예입니다. 그러나 오늘날의 도시는 그러한 통일적인 양식을 요구하지 않습니다. 즉, 뉴욕과 홍콩, 도쿄는 그보다 상위에 있는 초월적인 이야기나 미의식을 요구하지 않는다는 말이지요. 그 대신에 현대 도시는 다른 도시를 복제하고, 다른 도시로 복제되기를 원합니다. 이러한 도시 간 횡적인 커뮤니케이션을 전제로 해, 초월적 모델이 없는 시대의 변경론을 구상할 수없을까. 이것이 저의 현재 생각입니다.

물론 다행인지 불행인지는 모르겠으나, 일본은 홍콩과 같은 순수한 '도시'가 될 수 없고, 당분간은 국민국가라는 시스템을 벗어날 순 없을 겁니다. 특히 동일본 대지진은 그러한 조건을 일본인들에게 다시 한번 들이댔습니다. 다음과 그다음 편지에서는 지진 재해의 체험에서 일본(=네이션)의 공과를 재고하면서, 도시의 가능성을 탐구해 나가고 싶습니다.

예리한 감각을 되찾기

그건 그렇고, 이 편지 교류가 한발 한발 진행되는 동안, 세계적인 사건들이 폭풍처럼 지나갔습니다. 청 씨는 지난번에 홍콩의 정치 정세가 순식간에 변화하는 것에 대한 당혹감을 적었습니다. 테러든 지진 재해든 원자력발전 사고든, 예사롭지 않은 사건들이 순식간에 '풍경'이 되고 마는 것, 이 세계는 그런 감정적 풍화가 가속화되는 시대에 접어드는 듯합니다. 제가 무엇을 해도, 모래사장에 글을 쓰는 것 같은 허무한 기분을 금할 수 없습니다.

하지만 무감각이나 무감동은 함정입니다. 애초 변경론은 관객론이라는 청 씨의 주장을 전제로 말하면, 일본인 같은 변경인은 예리한 감각이 없으면 살아남을 수 없습니다. 사실 그것도 일본 사상에서 하나의 큰 주제였습니다. 아까 말했듯이 진사이는 '비근한 것'을 학문의 대상으로 삼으려 했고, 마찬가지로 모토오리 노리나가도 중국적인 것이자 이데올로기적인 '가라고코로漢意[중국식 사고방식]'가 아닌, 세심한 심성에 뿌리를 둔 '야마토다마시大和魂[일본 정신]'를 높이 평가한 것으로 알려져 있습니다.

보통 '야마토다마시'라고 하면 특공대원이 적진을 파고드는 듯한 용감한 행위와 결부되곤 합니다. 하지만 노리나가의 생각은 다릅니다. 흥미롭게도 노리나가는 "죽음이 언젠가 올 줄은 알았건만 설마 어제오늘이라고는 생각하지 못했다"라는 아리와라노 나리히라在原業平의 당황하는 기색을 드러낸 사세구辭世句[17]에서 '야마토다마시'를 발견합니다(『다마가쓰마』). 그에게 일본적인 정신이란 내셔널리즘을 내세우는 것이 아니라, 죽음 직전의 낭패스러움, 섬세하고 솔직한 감각과 함께하는 것을 뜻합니다.

저는 노리나가와 같은 일본주의자는 아니지만, 이 '야마토다마시'를 포착하는 방법에는 공감합니다. 확고한 마음으로 순순히 죽음에 이르는 것이 꼭 바람직하다고는 할 수 없습니다.

17 　[옮긴이] 사세구 또는 절명시(絶命詩)는 세상을 떠날 때 읊는 한시, 단가, 하이쿠 등의 문구를 말한다.

후회 없는 인생이란 실상 하찮은 것에 불과합니다. 당황하고 뉘우치면서, 그럼에도 감각을 연마하면서 조금씩 진보하고자 하는 것, 그것이 저의 작은 소망입니다.

2017년 8월 17일
후쿠시마 료타

아홉 번째 편지

하고 싶은 말이 무수히 많은 듯한데,
안타깝지만 난 못 알아듣겠다

후쿠시마 씨,

인간이 서로 진정한 이해해 도달하는 건 쉽지 않습니다. 본심은 가슴에 품은 채 겉치레로 커뮤니케이션을 하지 않는다면, 인간관계는 성립하지 않습니다. 연애 관계 같은 친밀한 사이에서도 커뮤니케이션의 대부분은 겉치레가 아닐까요. 같은 문화 속에 살고 있어도 서로 이해하기는 여러 면에서 어려운데, 다른 문화끼리 이해하기는 더더욱 어렵겠지요.

　그렇지만 홍콩의 젊은 세대는 일본 문화, 특히 서브컬처를 비교적 많이 알고 있습니다. 반면 일본인은 홍콩뿐 아니라 동아시아 문화와 동떨어져 있는 게 아닐까요. 중국 문화가 얼마나 정치적 인력引力에 사로잡혀 있는지 중국의 가장 가까운 곳에 있는 홍콩인조차 그 본성을 알지 못하는데 일본은 더더욱 그럴 거예요. 일본도 홍콩도 반감을 느끼면서도, 중국 문명의 무서움에 무지한 거나 다름없습니다. 최근까지 그 긴박성을 그다지 느끼지 못했으니까요.

　일본에서는 중국을 경제나 정치의 관점에서만 논의하는 경향이 있으며, 동중국해를 둘러싼 권력투쟁 등 골치 아픈 국면을 중심 화제로 삼는 경우가 많습니다. 그러나 권력투쟁이나 외교관계라는 건 언뜻 '리얼하게' 보이나 결국 인간의 소행에 불과합니다. 진정한 관계성을 이야기하려면 역시 문화를 접해야만 합니다. 이문화에 관심 갖는 건 단순히 교양도 아니고 취미에 그치는 것도 아닙니다. 그건 우리 인간 존재에 관한 중요한 문제라고 생각합니다.

변경 문화론이란 시차의 관찰이다

'인간'을 인간답게 만드는 결정적인 요인이 무엇이냐 하면, 그것은 이성知도 동정심仁도 아닙니다. 그런 건 동물에게도 있습니다. 인간과 동물의 차이는 인간이 언어와 기호를 관장하는 동물이라는 것이죠. 즉 인간은 '문화적 동물'로만 정의될 수 있습니다.

　우리는 생물학적 DNA 인자뿐 아니라 문화의 DNA도 계승해 사회를 이룹니다. 그렇기 때문에 사회는 각기 다른 양식, 다른 사회구조로 되어 있죠. 그 다양성과 가변성 탓에 사회구조의 변혁이나 역사의 변화도 가능합니다.

　"문화는 인간 생활양식의 상징적 전달 과정이다"라는 그린 펠드의 정확하고 과학적인 정의에 따르면, 우리는 공간적으로 존재하는 사물物(=동물)이면서, 한편으로는 상징적 문화 현실도 체험할 수 있는 존재입니다. 인간 문화의 특징에 따르면 우리는 시간적 존재이기도 합니다. 인간 문화는 시간적인 '과정'에 의해서만 정의할 수 있습니다. 즉, 문화는 '물物'이 아니라, '사事'입니다.[1]

다른 문화 속에 살고 있다면, 이전과는 다른 시간을 체험하는 것이 가능합니다. 새로운 언어를 공부하면 다른 문화의 심층을 접하게 되고, 같은 사회에 살고 있어도 세대가 다르면 생경한 역사적 시간을 보내는 셈이죠. 다른 문화권에 머무는 건 일종의 시간 여행입니다.

또한 변경 문화론이란 문화를 동적인 과정으로 파악해, 다른 문명 및 문화 체계와의 상대적 위치를 측정하면서 그 문화 간 역동성 속에서 변화를 추적해 분석하는 것입니다. 중심

---

[1] [옮긴이] 여기서 청육만은 유학 경전 『대학(大學)』의 '격물치지(格物致知)'에 대한 양명학적 해석을 자신의 문화론에 빗대 말하고 있다. 주자학이 우주만물의 이치인 리(理)를 객관적으로 탐구할 것을 주장한 데 비해, 양명학은 리가 이미 마음(心)에 갖추어져 있다고 보고 외부 세계를 지각하고 판단하는 마음의 역할에 주목했다. 주희가 '외부'에 대한 끊임없는 학습(경학經學)으로 리를 알아야 행할 수 있다고 주장한 반면(先知後行), 양명학은 마음 속에 이미 리를 품고 있기에 일단 실천할 수 있는 가운데서의 지행합일(知行合一)을 주장했다. 이에 따라 '격물치지'에 대한 상이한 해석이 나타난다. 주자학은 이를 '외부의 사물에 이르러 앎에 닿는다'고 해석한다. 반면에 양명학은 그것을 현상에 대한 마음의 사념(思念)을 포함하는 것이라 보는데, 이는 '포착된 물(物)은 마음의 상태에 따라 바로잡혀야 하는 사(事)와 같다'라는 양명학의 핵심 학설(心卽理)의 근거가 된다. 이 장에서 이루어지는 창육만의 논리와 글쓰기는 리아 그린펠드의 내셔널리즘론을 양명학 레토릭과 결부하여 홍콩 본토주의적 사고체계로 전환하는 지적 실험의 성격이 짙다.

과 변경의 문화론이란 '시간차에서 생기는 문화 간 관계를 관찰'하는 것입니다. 문화의 전달은 중심에서 변경으로, 그리고 변경에서 중심으로 흐르는 두 방향의 기류가 있는데, 그때그때 '중심', '변경'에 나타나는 문화의 제반 현상을 관찰하면, 상대적인 문화 전달의 속도도 드러납니다. 네이션이 한때 변경에서 태어나 어느덧 중심적 개념이 된 걸 떠올려보면 알 수 있죠.

변경 문화는 '문화적 상상력이 비교적 유연하다'는 특징이 있어요. 환경의 변화에 항상 민감하게 반응해 '마음'의 탄력성을 최대한 크게 하는 것. 변경에서는 생각의 전환 속도가 무엇보다도 생존 가능성에 직접적인 영향을 미칩니다.

변경에 산다는 건 항상 멸망의 저주와 함께하는 것입니다. 물론 테러리즘의 위협으로 위험 사회가 된 지금은 문명의 중심도 위기에서 벗어나 있지는 않습니다. 어디까지나 정도의 문제입니다. 중심이나 변경 모두 운명 공동체입니다. 하지만 중심이 더 취약합니다. 변경은 끈질기게 살아남을 것입니다.

역사상으로 그 존재가 묻혀버린 변경 문화는 무수히 많지만 변경의 미래에 절망할 필요는 없습니다. 일본이나 홍콩에 살고 있는 우리가 이대로 가만히 죽을 수는 없습니다. 변경은 주변에 휘말려 죽을 수도 있지만, 반대로 말장난과 은유를 구사해 이기는 길도 있습니다. 상이한 기호들을 연결하거나 재조합하면서 전혀 다른 차원을 제시하는 것도 좋을 것입니다. 과거와 미래의 무수한 사례에서 배우면 반드시 새로운 발상이 나올 겁니다.

변경 문화의 자유

애초에 그린펠드의 내셔널리즘 연구는 일본을 제외하고는 국제적으로 인용되고 있는데, 그렇다고 문화(=마음)에 대한 그녀의 천착이 현대 서양 학계에서 순순히 받아들여지는 건 아닙니다. 오히려 이단시되고 있습니다. 과학혁명 이래 서양 사상은 신학에서 이탈해 물질주의적 사고 과정을 거쳤기 때문입니다. 또한 이제는 물리적, 사회적 구조를 파악하는 게 기본적인 학문 태도이며, 문화나 마음이라는 것은 그저 환상으로 간주되기 때문입니다. 전자에 따르면 세계 인식은 기본적으로 이원론입니다. 하지만 그린펠드는 이원론을 취하지 않습니다. "문화(=마음)란 돌발적인, 인간적인 현상이다"라며, 물리적, 생물학적 현실 위에 새로운 문화적 현실을 설정해 사회(동물적)와 문화(인간적)를 파악하는 새로운 이론적 입장을 취합니다.[2]

그러나 문화가 반드시 긍정적으로 작용한다고는 볼 수 없습니다. 확실히 우리 인간은 기호를 마음대로 정의할 수 있습니다. 말을 자유롭게 조작해 사회를 만들어낼 수 있고, 그에 따라 사회구조를 바꿀 수도 있습니다. 동물 사회보다 훨씬 높은 차원의 무언가를 형성할 수도 있습니다. 물리 법칙과 유전 법칙으로 정해진 운명조차도 이성으로 어느 정도는 초월할 수 있

---

2   Liah Greenfeld. *Mind, Modernity, Madness: The Impact of Culture on Human Experience*, Harvard University Press, 2013.

을 것입니다.

하지만 한번 만들어진 문화가 새로운 현실이 되면, 그것은 점차 우리 마음을 속박하고 언동에 제약을 가하기 시작합니다. 또한 문화를 전승하는 데는 때때로 큰 어려움이 뒤따릅니다. 예를 들어 교육은 어떤 고정된 형태를 전승하는데, 그 자체로 상당히 억압적인 행위죠. 그 과정에서 종종 새로운 개념이나 말(이른바 '기호')을 창조할 필요성이 사라지는데, 그러면 문화는 유동성을 잃게 됩니다.

사회가 유연성을 잃으면 거기에는 미동조차 없는 확고한 하나의 현실이 형성될 거예요. 그것은 언뜻 안정되어 보이지만, 실제는 더는 변혁이 불가능한 경직된 사회이며, 사회구조뿐 아니라 역사를 둘러싼 이해마저 교착화된 이른바 자유를 빼앗긴 상태가 될 겁니다. 다섯 번째 편지에서도 썼듯이, 이런 상태를 가리켜 나이토 고난은 문화 '중독'이라 말했습니다.

고전 철학자들은 동서양을 가리지 않고 이성이 아니라 로고스(말과 의미를 논리적으로 말하는 것), 도덕이 아닌 정명正名(말을 바르게 사용하는 것)[3] 등 말을 통해 인간성을 정의했습니다. 그것은 인간만이 말을 사용하는 동물이기 때문이지요. 후스胡適 또한 언어철학을 통해 인간 커뮤니케이션의 본질, 특히 현실을 정확하게 담아내는 문화의 기능에 주목했습니다. 무엇

---

3 [옮긴이] 명분에 상응해 실질을 바르게 한다는 뜻의 철학 용어다. 이를테면 군신, 부자에게는 그에 어울리는 윤리와 질서가 존재한다고 보는 것이다.

보다도 말의 적절한 사용이 적절한 사회의 성립 기반이라며 중시했습니다. 말을 올바르게 사용하면, 정치가 잘 기능해 사회가 혼란에 빠지지 않습니다. 반대로 말(기호)이 권력에 의해 왜곡되면 현실이 더는 제대로 묘사되지 않고, 문화는 교착됩니다. 그뿐 아니라 다음 사회로 변화할 가능성도 사라집니다. 문제는 결국 마음이 폐색된다는 거죠. 변화의 싹이 뽑히면 사람들은 인간성을 잃고 동물로 돌아가게 됩니다.

문화 지진 ─ 세계질서 재편의 전조

후쿠시마 씨 같은 문예비평가가 '말의 측량사'라면, 저 같은 사회과학자는 '문화의 풍수사風水師'라고 할 수 있을까요. 일본의 지진 속보 같은 정도는 기대할 수는 없지만, 거대한 사회변동의 전조인 '문화의 지진파'를 1년이라도, 한 달이라도 빨리 감지할 수 있다면, 2차 재해를 예방할 수 있겠죠. 사회구조는 잘 보이지 않지만 문화, 사상, 언어의 변화는 사회의 기류 같은 것이라 나름대로 감지할 수 있습니다. 우산운동 전에 후쿠시마 씨를 현장으로 안내할 수 있던 것도 사전에 홍콩 인터넷에서 말과 사상이 혼미해짐을 나름 느꼈기 때문이죠.

오구마 에이지에 따르면, 사회운동의 발생은 사회구조와 문화 인식의 어긋남으로 생기는데, 마치 단층의 어긋남 때문에 발생하는 지진과 같습니다. 2010년대에 세계에서 동시다발적으로 발발한 사회운동은 다가올 세계질서 재편성의 전조라고 할 수 있습니다. 경제 구조의 개변, 불안정한 일자리 또는 선택과 경쟁의 증대 등 다양한 요인으로 인간의 생활이 불안정해졌습니다. '인간의 변경화'에 반발하는 사회운동을 초래하고 있는 것입니다. 저는 말이 놓인 환경을 관측하고, 말을 사용해 사회와 역사에 어떤 영향을 미치는지에 주의를 기울입니다. 사회의 풍조란 어떤 형태의 사물物이 아니라, 바람이나 물처럼 시시각각 모습이 변하는 현상과 같습니다. 그렇다면 언행을 관측하는 행위란 일종의 문화생태학이자 유체역학과도 같죠.

사회학자 막스 베버는 인간관계란 도저히 예측 불가능하다고 주장했습니다. 그러기에 사람들은 말과 제도를 만들어 일상 세계와 질서를 지키고 서로의 행동을 예측 가능한 범위 내에서 받아들이려 한다고 합니다. 그리고 만약 그 상태가 보다 지속적이면 제도가 형성됩니다. 시간의 시련을 넘어 보다 장기적으로 제도를 유지하게 되면, 사회구조는 지속적인 것으로 정착해, 역사나 문명 같은 긴 시간축으로 편입되죠. 가히 움직일 수 없는 산처럼 말입니다.

원래 제도란 라틴어 statuere(고정된 구조)에 in(유지하려는 노력)이 합쳐진 말인데, 베버는 이 제도의 성립 과정을 평생에 걸쳐 탐구했습니다. 같은 사회학자인 뒤르켐도 사상과 행동이 유지되는 문화 과정의 탐구를 사회학자의 주된 임무라 생각했습니다. 사회학자가 미래를 정확히 예측할 순 없지만, 적어도 어떤 제도(기호의 우주)의 내진耐震 성능을 측정할 수는 있다고 생각합니다. 약간의 예측 정도는 할 수 있는 겁니다.

'중심/주변'에 대한 사회학 이론

편지 교환이 반환점을 돌았음에도 아직 '중심'과 '변경 혹은 주변'에 대한 명확한 정의를 내리지 못했네요. 양자에 대한 명확한 정의를 내리지 않으면, 논의의 중심이 잡히지 않아 전체 논의에 먹구름이 드리우게 됩니다. 그러니 여기서 '변경 혹은 주변', '중심'이라는 정의를 다시 내려보고자 합니다. 지금까지의 편지를 다시 보면, 각자 사용하는 '중심', 그에 대한 '변경, 변방, 주변'이라는 말은 어느 정도 공간적 혹은 지리적인 개념인 것 같습니다. 이 대립하는 개념은 맥락에 따라 이런저런 뉘앙스를 띠는데, 우선 도시사회학에서 '중심'과 '변경(주변)'이라는 개념을 각각 어떻게 정의하는지를 단초로 생각해 보겠습니다.

중심/주변이라는 대립 개념은 20세기 초반 시카고에서 시작된 도시사회학에서 가장 두드러지게 공간적인 의미를 띠었습니다. 여기서 말하는 '중심'은 고층 상업용 빌딩이 즐비한 도시를 의미하며, '주변'은 황폐한 빈민굴로 이루어진 공간을 가리킵니다. 이 정의를 전 지구적 규모로 적용하면, 예를 들어 '중심'인 뉴욕은 번영을 누리고, 전쟁의 소용돌이 속에 있는 시리아 같은 '변경'이나 '주변'은 빈곤에 허덕인, 대조적인 이미지로 파악되지요.

이 대비 자체가 틀린 건 아니지만, '중심', '변경 혹은 주변'이라는 대립 개념을 내세우면 왠지 하나의 축에 갇힌 스테레오타입한 비교 문제가 되기 쉽습니다. 더군다나 역사의 변화를 변수로 고려한다면, 시간의 경과에 따라 공간의 성격이 변해가는 측면도 있습니다. 그러니까 일률적으로 '중심', '변경 혹은 주변'이라는 개념만으로는 이야기할 수 없는 것이 있습니다. 거기에는 항상 정도의 차이가 있기 때문이죠.

이 정의에 따르면 도시의 중심 공간은 풍요로우며 그것을 둘러싼 교외는 빈곤하다는 이미지가 고정되겠죠. 그러나 이런 인식 자체가 꼭 옳은 건 아닙니다. 예를 들어 도심부에 있는 '중심 비즈니스 거리' 바로 옆에는 빈곤층이나 신이민자 커뮤니티가 자리 잡은 경우가 많습니다. 반대로 도시 주변부에 펼쳐진 교외에 부유한 중산층이 거주하는 모습도 흔히 볼 수 있습니다. 도시사회학에서는 지금도 여전히 복잡한 사회관계를 단순한 공간론으로 환원하려는 경향이 강합니다.[4]

그러므로 중심/변경을 이렇게 고정된 공간적 성격으로 간주하는 건 매우 잘못된 발상입니다. 물론 계급, 에스니시티, 성별, 교육 수준 등에 따른 거주 분포(거주지 분화) 경향은 통계 자료나 실제 일상 풍경에서도 분명히 공간적으로 드러납니다. 다만 그것은 공간 자체의 특성에서 비롯된 게 아니라, 오히려 인간관계를 어떤 공간에 고정시키는 문화 구조 때문입니다. 문화란 어디까지나 변화를 계속해 가는 과정으로, 말하자면 시간적인 개념에 불과합니다. 공간의 속성을 띠지 않는 것이죠.

4   Robert J. Sampson, *Great American City: Chicago and the Enduring Neighborhood Effect*, The University of Chicago Press, 2013.

그러나 우리는 사회관계를 보다 영속적인 것으로 만드려는 욕망이 있습니다. 공간에 디자인을 입히거나 건축물을 세우는 것 또한 그런 욕망의 실현을 위한 것입니다. 즉, 우리는 시대를 뛰어넘는 계승 가능한 문화를 만들고자 시간적인 문화 활동을 공간화하려 합니다. 문자를 사용해 책이라는 형태로 사상을 각인하는 행위도 같은 이유겠죠.

공간에서 가치로의 전향

전후 미국을 대표하는 사회학자 에드워드 실즈Edward Searles는 문화적 관점에서 '중심/주변'을 파악한 뒤, '중심'이란 '사회를 통합하는 이념의 핵심'이라고 정의합니다. 그는 대단히 신실한 인물이었다고 하는데, 연구자로서는 근대 학문의 신이라 불릴 만한 사회학에 자신의 신념을 바쳤습니다. 고전 사회학자 베버와 뒤르켐의 길을 따라가면서 인간 사회가 어떻게 가능한지, 그 영속적인 성립 요건―이는 영원히 실현 불가능한 기적을 이루려는 시도입니다―을 죽을 때까지 계속 생각했다고 합니다. 사회는 시간이 경과함에 따라 변하고, 인간끼리도 끊임없이 경쟁합니다. 이런 가변적인 세계에서 만약 신이라는 존재가 없다면 도대체 무엇으로 사회를 통합하고 전통을 만들어내는 게 가능할까요.[5]

5   Edward Shils, *Tradition*, The University of Chicago Press, 2006; 山口昌男,

이 학자는 '중심'을 '중심적인 가치 체계', 즉 어떤 공동체의 핵심을 이루는 이념의 묶음이라고 정의합니다. 하지만 이것만 으로는 너무 추상적이라 사회학 이론이 전문인 제 은사님의 비유를 빌려서 '중심'을 어떻게 파악할 수 있는지 좀 더 구체적으로 생각해 보겠습니다.

만약 일본이나 중국 사회의 특징을 두 글자로 표현하라면, 사람들은 구체적으로 어떤 단어를 꼽을런지요? 전형적인 예로 인의仁義가 있겠네요. 그런데 두 글자가 아닌 한 글자라면? 일본 이 '의'라면 중국은 '인'이 되겠죠. 좀 더 문학적인 비유를 들어 볼까요? 미국의 인류학자 루스 베네딕트Ruth Benedict의 표현을 빌리자면, 일본 문화는 국화와 칼(우아함과 무용)일까요? 아니 면 서브컬처적인 맥락에서 현재를 파악하자면 '포켓몬과 마리 오(영혼과 노동자에 대한 비유?)' 같은 것일까요.

말할 것도 없이 이런 중국 문화론, 일본 문화론은 너무 거 칠고 현실적이지 못하죠. 사회는 다양한 분열 상황과 다양성을 포함하기에 그렇게 간단히 하나의 단어로 표현할 수 있는 게 아닙니다. 아카데미즘 진영에서는 인의나 국화와 칼 모두 너무 단선적인 이해라고 일도양단하겠죠. 하지만 일본에 대한 지식 이 전혀 없는 사람에게 일본 사회의 본질을 단숨에 이해시키려 고 하면 이런 단순함이 좀 더 현실적일 수 있습니다. 아마도 닌

『文化と両義性』(岩波現代文庫), 岩波書店, 2000: [국역본] 야마구치 마사오, 김무 곤 역, 『문화와 양의성—문화의 두 얼굴, 역동성을 찾아서』, 마음산책, 2014.

자와 게이샤보다는 '국화와 칼'이 더 나은 방법이라고 생각합니다. 만약 듣는 사람에게 흥미와 참을성이 있다면, 일본 사회의 특성은 '인의'라는 말로 설명이 가능하다······ 로 시작해, 보다 풍부하고 깊은 이야기를 계속할 수 있겠지요. 여기서 요구되는 것은 '인의'의 내실을 보충하는 구체적인 사례나 관례의 소개입니다. 문화를 직접 경험하지 않고서는 그 본질을 체득할 수 없으니까요.

매번 제 작업을 소개해서 민망하지만, 『홍콩의 정치와 민주주의』[6]를 쓰면서, 홍콩의 진정한 가치는 역시 '자유'라는 두 글자에 있다는 생각이 강하게 들었습니다. 홍콩 문화를 더 깊이 이해하고 싶은 이가 있다면 그 손님을 홍콩에 초대해 맛있는 밥을 함께 먹고 시위에 참여하게 하는 방법이 제일 좋으니까요. 아니면 광둥어를 가르쳐 왕복 편지를 주고받던가. 생각해 보니, 문화의 핵심을 파악하려면 어느 정도의 시간과 수련이 필요한 듯합니다.

'중심적인 가치 체계'란 문화라는 단면을 통해서만 파악 가능한 이념입니다. 즉 사회의 중핵을 이루는 가치죠. 그것을 한자 한두 글자로 간결하게 표현할 수 있다면, '그래 맞아'라고 무릎을 치게 만드는 무엇인가 있다면, 사람의 마음을 움직이는 힘을 가질 겁니다. 그것은 추상적인, 무언가 신성한 가치 같은 겁니다. 다른 문화권에 사는 사람은 쉽게 경험하기 힘들고, 표층

---

6   倉田徹·張彧暋, 『香港』(岩波新書), 岩波書店, 2015.

에서 보이지 않지만, 동일한 문화권 안의 사람들이 무의식적으로 공유하고 있는 어떤 승화된 이념으로 사회 통합이 가능하다고 실즈는 말합니다.

자기 자신이 보이지 않는 '중심'

그렇다면 그러한 '중심' 가치를 어떻게 이해할 수 있을까요? 여기서 연상되는 건 루소가 말한 '일반의지', 혹은 중국 사상에서 자주 쓰이는 '천명'이라는 개념입니다.

　'일반의지'는 사회를 구성하는 구성원 각각의 의지의 결실이 아니라, 개개인의 이해관계를 떠나 공공의 이익을 위해 공유되는 의지를 뜻합니다. 그것은 투표를 통해서도 가시화되지 않습니다. 오히려 일반의지는 모든 개인의 의지를 넘어 돌발적으로 나타나는 일종의 '거대한 권력 현상'에 가까운 이미지에요. 루소는 일반의지가 타자에 의해서만 관측될 수 있다고 주장했습니다.[7] 여기서 말하는 문화적 타자란 지금이라면 교양 있는 지식인이라기보다 오히려 관광객 같은 존재가 아닐까요. 문화 밖에서 관광객 시선으로 바라볼 때 비로소 자신이 속한 문화의 본질을 이해할 수 있다는 겁니다.[8]

7　東浩紀, 『一般意志 2.0』, 講談社, 2011: [국역본] 아즈마 히로키, 안천 역, 『일반의지 2.0』, 현실문화, 2012.

8　東浩紀, 『ゲンロン0—観光客の哲学』, ゲンロン, 2017: [국역본] 아즈마 히로키, 안천 역, 『관광객의 철학』, 리시올, 2020.

반면 중국의 '천명'이란 궁극의 관객이며 인류 역사조차도 좌우할 수 있는 도덕의 최후 심판자입니다. 이 '중국의 거대한 권력'은 의지를 갖지 않고 인지를 뛰어넘은 존재입니다. 천명 자체는 아무것도 결정할 수 없습니다. 또한 '신의 의지'처럼 관측할 수도 없습니다. 새로운 왕조의 탄생이나 천하의 향방과도 무관하며, 벌어진 일을 사후에 승인할 뿐입니다. 중국 왕조에서 천명을 인지할 수 있는 건 법왕을 겸직하는 황제뿐입니다. 황제가 아닌 자가 마음대로 자국의 천명을 말하는 건 언어도단입니다. 황제는 하늘을 섬기고 문인은 그 도덕의 내용을 이야기로 덧붙입니다.

'일반의지'가 타자의 시선에 의해 가시화되는 사회의 집단 무의식이라면, '천명'은 역사에 대한 도덕적 관측자라고 할 수 있습니다.

'중심'을 관측할 수 있는 건, 바로 그 사회의 지식인(근대의 신관)이라고 실즈는 상정합니다. 사회학자는 문화를 관장하는 제사장이며 중심 가치의 포교자 내지는 체현자입니다. 이런 의미에서는 중국 문인 유학자들과 큰 차이가 없네요. 지식인은 자신이 정치가에게 도움을 주는 존재라는 국사國師로서의 의식을 갖고 있습니다. 인텔리라는 존재가 '중심'의 핵심 가치를 주변으로 침투시켜 사회 통합을 이뤄냅니다. 또한 실즈가 말하는 '중심'은 '권위 체계'라는 의미도 있습니다. 중심은 권력을 이용해 그 가치를 변경에 침투시키고 제도를 정립합니다.

쉴즈는 '중심과 변경'은 공간적 개념이 아니라 한 사회 문화(의식과 가치)의 핵심이라고 주장합니다. 꽤나 깔끔한 정의인데, 문제는 사회변혁의 힘의 원천이 어디에 있느냐입니다. 그는 베버가 말하는 카리스마에 주목하여 진보와 변화의 근원을 정치적 매력에서 찾습니다. 매력적인 정치인의 정치력이 문화와 사회를 혁신으로 이끈다는 겁니다.

그의 제자 그린펠드의 출세작은 바로 스승의 이론을 논파하는 것이었습니다. 베버를 정독한 그녀는 카리스마란 새로운 가치의 체현자가 아니라 추종자를 모을 수 있는 동물적인 사회 능력을 가진 자라고 해석했습니다. 반대로 제도의 출현에는 문화에 의한 '합법화'가 반드시 필요합니다. 문화는 사후적으로 정치 행위를 해석하고 정당화합니다. 붓은 칼을, 문필가는 권력자를 이길 수 없지만, 글의 힘으로 정치인을 깎아내릴 수도 있고 상찬할 수도 있습니다.

개인적으로 실즈의 설명은 타당하지 않은 해석이라고 생각합니다. 상상력이 고정되고 숙련된 가치에 권위성까지 더해지면, 귀에 거슬리는 소음은 사회에서 배제되고 문화는 새로운 창조력을 잃은 상태가 되기 때문입니다. 게다가 여기에 따르면 변경은 일방적으로 가치를 떠넘겨 받는 수동적인 존재일 뿐입니다. 변경은 대체 어떤 이유로 그 중심적 가치를 받아들이는 걸까요? 그리고 문화 창조는 어떻게 가능한가요? 실즈는 이 두 가지 문제에 아무런 해결책을 제시하지 않습니다.

대학, 문화와 정치의 도덕 경쟁

그렇다면 그 실마리를 어디서 찾아야 할까요? 이 질문을 풀기 위해 서로의 지혜를 모아 다양한 사례를 검토하면서 개념의 핵심에 다가가고 싶군요. 우선 최근 홍콩의 사례를 들어보겠습니다.

최근 홍콩은 언론의 자유와 학문의 자유를 둘러싼 문제로 시끄럽습니다. 아직 진행 중인 상황이지만, 그 전말을 조금 이야기하겠습니다. 저를 포함한 많은 논객이 문화대혁명이 반복되나라고 생각하고 있으니까요.

일련의 소동은 두 사건으로 시작합니다. 첫 번째 사건은 대학에서 발생했습니다. 홍콩의 대학은 9월 초에 새 학기가 시작되는데, 올해 개강 첫날인 9월 4일, 갑자기 여러 대학의 교내 곳곳에 "홍콩 독립"이라는 현수막이 내걸렸습니다. 특히 제가 소속된 홍콩 중문대학교는 깃발을 든 기수 같았습니다. 학생회가 관리하는 학생 광장에도 현수막이 내걸리고 교내 게시판 '민주벽民主壁'에는 "홍콩 독립"라는 익명의 많은 전단지가 붙었습니다.

'민주벽'(또는 '민주장民主牆')이란 중국의 독특한 정치적 산물입니다. 각자 자신의 의견을 대자보에 써서 지정된 벽에 붙이는 일은 중국 민주화운동의 상징으로, 그중 가장 유명한 것이 1978~79년 베이징의 시단민주장西單民主牆입니다. 민주벽은 시대의 정치 분위기에 따라 허용되기도 하고 때로는 금지되기도 했습니다. 서양 사회와는 달리 '민주'가 당연하지 않은 사회이기에 '민주벽'을 일부러 만들 필요가 있었습니다. 그리고 홍콩대학의 '민주벽'은 원래 익명이 아니었는데, 최근에는 인터넷의 영향을 받아 익명으로 바뀌고 있습니다.

대륙에서 홍콩 중문대로 유학 온 학생들은 이의를 제기하며 광장으로 몰려와 민주벽에 붙은 '독립' 전단을 뜯거나 반격하는 전단을 붙였습니다. 말다툼과 몸싸움이 벌어졌고 학교 바깥의 친공산당 단체도 시위를 위해 대학 구내로 쇄도했습니다. 대륙 애국 사이트의 요청에 따라 중국의 네티즌들은 중문대 학생회의 인터넷 방화벽을 뚫고 들어와 욕설을 퍼붓고 있습니다. 새 학기 벽두부터 아주 떠들썩하네요.

그리고 방아쇠를 당긴 더 큰 사건이 일어났습니다. 9월 7일 아침, 홍콩 교육국 부국장 초이엑린蔡若蓮의 25세 아들이 아파트 자택에서 투신자살했다는 뉴스에 홍콩의 네티즌들이 일제히 '축하한다'며 축사를 보내며, 인터넷은 갑자기 축제 분위기로 바뀌었습니다.

사람이 죽었는데 축하하는 분위기라니. 꽤 무서운 광경이라 생각하겠지만, 여기에는 이유가 있습니다. 이 부국장은 장기간 공산당에 편승한 사람으로, 애국 교육을 추진한 장본인입니다. 중국 국기 게양 의무화를 시작으로 베이징어를 통한 중국어 수업(원래는 광둥어), 중국사 필수, 중공 칭송이 가득한 교과서 선정……. 어떤 의미에서는 역사수정주의 신봉자 같네요. 최근 홍콩에서는 학생 자살(아동 포함)이 해마다 늘고 있어 홍콩 정부나 엘리트의 정책에 매서운 비판이 쏟아지고 있습니다. 오랫동안 쌓이고 쌓인 '엿이나 먹어라'라는 복수심이 인터넷에서 증폭해 폭발한 것입니다. 당일 저녁에는 홍콩교육대학의 민주벽에 까무러칠 만한 익명 전단이 붙었습니다. "비적 초이옉린 씨 아들의 혼령이 저승에 간 걸 축하한다!恭喜蔡匪若連之子魂歸西天."

박정과 모욕의 극치

후쿠시마 씨는 이런 냉혈하기 짝이 없는 소동과 축하 분위기를 어떻게 생각하시나요? 홍콩 학생들을 불손한 쓰레기로 여기시나요? 부끄럽게도 이 사건에 대한 제 생각은 네티즌이나 홍콩 젊은이와 같습니다. 직업과 신분이 있기에 광둥어로 크게 말할 수 없지만 굳이 일본어로 지금의 심정을 적는다면 한마디로 "진짜 기분좋다大変気持ちがよい"라고 요약할 수 있습니다. 여하튼 당일의 축하 분위기는 한껏 고조되어, 오후가 되자 인터넷에서 엄청난 속도로 퍼졌고, '축하' 전단이 홍콩교육대학에 뿌려지기도 했습니다.

아마도 저 같은 악한은 천벌을 받겠죠. 실제로 권력자들이 곧바로 움직였습니다. 홍콩교육대학 학장은 하필 교대에서 학생들이 이런 부도덕한 행위를 하다니 대단히 괘씸하다며 자체 기자회견을 열었습니다. 엄격한 어조로 "인성과 도덕의 선을 완전히 넘었다"며 찬동한 범인을 찾는 대로 엄벌(퇴학)하겠다는 취지의 발언을 했습니다.

우연히도 같은 시기에 범인이 찍힌 CCTV 영상이 신문사

측에 넘어갔는데, 원래 이건 홍콩정보공개법상 금지된 행위입니다. 다음날 8일 저녁, 행정장관(777표를 얻은 그 여성분)도 직접 기자회견을 열어 '축하' 전단은 "박정과 모욕의 극치極之凉薄和侮辱"라며 비난했습니다. 한 중학교 교장은 "이 대학 졸업생을 교사로 채용하지 않겠다"라는 성명을 발표하기도 합니다.

권력자들의 이런 과민반응에 인터넷은 더욱 뜨겁게 달아올랐고, 사태는 점점 더 악화 일로로 치달았습니다. "홍콩 독립" 현수막을 둘러싼 공방, 그리고 친중파 관료 아들의 자살을 둘러싼 축하 분위기와 엄벌. 두 사건이 비슷한 시기에 발생했기에 정부와 권력에 편승한 사람들은 이 둘을 싸잡아서 거론하기 시작했습니다. 처음에는 베이비 붐 세대(1949~60년경 출생)를 중심으로 '대학생들이 괘씸하다', '대학 당국은 뭐하냐'라며 단순한 비판이 이어졌는데, 학생회와 젊은이, 네티즌이 여기에 반격을 가했습니다. 11일에는, 이 또한 신기한 타이밍인데, 중문대학교 의과대학 부교수가 자신의 처자식을 죽여 살인 혐의로 체포되는 사건이 벌어졌습니다—드라마 〈후루하타 난자부로〉에 나올 법한 이야기입니다. 위정자들은 아무도 그에게 도덕적 비판을 하지 않았습니다. 네티즌들은 그러한 모순에 더욱 비판의 화살을 겨눴습니다.

이러한 여론의 바람을 탔는지, 사태는 변화를 보입니다. 평소 정부를 비판하던 민주파 지지자들, 이성과 도덕의 수호자를 자처하는 '지식인', '평론가'는 처음에는 학생들을 비판하거나 방관 또는 침묵으로 일관하더니 금주 들어 일련의 사건은 언론의 자유, 사상의 자유, 학문의 자유에 대한 모독이라며 정부를 비판했습니다. 조금 냉정하게, '문화대혁명'이 다시 시작될 수도 있다는 위기의식을 품기 시작한 거죠.

이후 신문, 라디오, 인터넷 등 각 미디어에서 이런저런 언론 공방전이 연일 치열하게 펼쳐지고 있습니다. 사건 초기에는 강경하게 나오던 학장이나 교장과 정부는 태세를 바꿔 말을 아끼기 시작했습니다. 행정장관도 "나는 더는 아무 말도 않겠다"라고 했고, "학생을 엄벌에 처하겠다"라던 대학 이사도 "(대학과 학생을 추궁하려는 의원들에게) 제발 그만 용서해 주세요"라며 약한 소리를 내뱉었습니다. 대학 측도 "학생과 연구자가 차분히 공부하고 연구할 수 있는 환경을 되찾고 싶다. 정치 개입을 거부한다"라는 입장을 표명했습니다. 불과 며칠 전까지의 문화대혁명 분위기에 왜 갑자기 브레이크가 걸렸을까요? (후일담인데 범인들은 '취업에 지장이 있을 정도'의 징계를 받았다고 합니다.)

중심과 변방, '계란과 벽', 자유와 권력의 틈바구니에 끼인 문화

중심과 변경. 정치와 문화. 최근 중심(베이징)이 어떤 정치 대회를 개최할 때마다 변경(홍콩)에서는 격심한 지진이 일어납니다. 이 역학은 앞서 말한 이론대로입니다. 정치에 의한 '문자의 옥' 운동(문화에 대한 정치 검열), 문예를 정치에 복종시키려는 듯한 기운, 인텔리 추방과 자기검열, 언론 활동의 봉쇄, 자유의 부재. 중심의 관점에서 볼 때 홍콩과 같은 변경은 그저 퇴폐적인 일개 도시일 뿐입니다. 서양인이 부르짖는 자유주의적 가치, 독립을 꾀하는 배신자, 권위에 대한 불경한 태도, 도덕적으로 타락한 학생과 네티즌. 중국의 도덕화된 정치에서 보면, 홍콩을 채색하는 그 어떤 것도 도저히 용납할 수 없습니다.

하지만 실제로는 일이 잘 풀리지 않습니다. 중심의 가치는 생각만큼 변경에 침투하지 못하고 오히려 변경의 가치에 반격을 당하는 것처럼 보입니다. 그 차이는 권력의 간섭이 있느냐 없느냐입니다. 중심은 중심의 가치를 응집시키고자 권력이라는 발톱을 변경에 뻗지만, 그 권력이 (생각만큼) 변경에 제멋대로 드나들 수 있는 건 아닙니다. 만약 홍콩의 독립 언론을 대학에서 모조리 없애려 한다면, 언론의 자유가 위협받아 서양인 학자들은 해외로 도망갈 것입니다. 안심하고 연구할 수 있는 환경이 사라질 테고, 학생운동이 일어나면 다시 수습하기 힘듭니다.

문화가 그 생명력을 발휘하려면 반드시 도시의 자유가 필요합니다. 그리고 앞에서 언급한 학생들의 '인성과 도덕의 선을 넘는' 사상과 언론의 용납도 자유를 위해 반드시 필요합니다. 가치관의 혼란이 생긴 지금, 홍콩이라는 도시의 자유가 시험받고 있습니다.

위기는 곧 기회입니다. 도시는 무엇으로 문화의 자유와 생명력을 보장받을 수 있을까요? 권력 앞에서 개인이나 문화는 아주 무력합니다. 홍콩에서는 무라카미 하루키의 예루살렘상 수상 연설에서의 "계란과 벽"이라는 표현이 자주 인용됩니다. "높고 견고한 벽과 벽에 부딪혀 깨지는 달걀이 있을 때, 나는 언제나 달걀 편에 서겠다"라는 연설이요. "벽이 아무리 옳더라도, 달걀이 아무리 잘못된 것일지라도, 내 입장은 항상 달걀 편"이라는 말이요. 이 내용을 다시 곱씹어보면 달걀, 즉 개인의 영혼이라는 건 바로 문화의 기본 단위로 기능하는 개인의 마음입니다. 한편 벽은 시스템, 이른바 제도에 해당합니다. '변경과 중심'의 다른 표현인 거죠. 어째서 홍콩 사람들이 최근에 "나도 계란이다"라고 말하는지 이제 이해할 수 있을 것입니다.

저의 관심은 중심의 가치와 도덕이 권력에 의해 변경으로 확장될 때, 주변부에 있는 사람들이 과연 그 혼란을 견뎌낼 수 있을까 하는 겁니다. 그렇게 되면 아마도 이런저런 사적인 감정이 뒤섞일 것이고, 서로 다른 가치관 사이에서 충돌도 일어날 것입니다. 그리고 약해진 마음은 권력의 좋은 먹잇감이 될 수밖에 없습니다.

이상을 품은 채 익사하라고?

솔직히 저는 이 일련의 사태에 대한 분노와 앞날을 둘러싼 불안한 마음이 뒤섞여 좀처럼 펜을 놓지 못하고 있습니다. 과연 이 감정의 격랑을 정확하고 논리적으로 기록할 수 있을지 모르겠습니다. 서툰 일본어로 쓴다는 게 어쩌면 다행인지도 모릅니다. 저의 추한 면모를 같은 홍콩 문화권에 사는 사람들에게 보이지 않아도 되고, 권력과 거리를 두고 마음속 생각과 사고를 자유로이 전개할 수 있으니까요. 만약 이 책을 읽은 독자나 편집자가 악평을 해도 '어차피 타문화의 이방인이니 신경 끄자'라며 도망칠 수도 있습니다. 이런 자유야말로 변경인의 특권입니다.

제가 우려하는 건 중심을 대변하는 사람의 위선과 기만입니다. 예를 들어, '계란으로 바위 치기'를 주장하는 지식인, 언론인 또는 교육자는 어려운 상황에 처한 학생이나 젊은이, 네티즌을 동정한답시고 그들에게 설교합니다. 거기에 질려버렸습니다. 이성, 문화 다양성, 타자에 대한 관용 등 소위 서구 중심적 가치를 방패 삼아 도덕이라는 고고한 꽃으로 엮은 화관을 쓰고 신문 칼럼란 등에서 "당신들은 인간성을 잊었느냐? 도덕적인 사람이 되라!"라고 설교합니다. 공산당이라는 존재를 앞에 두고, 이 선생님 놀이를 영원히 계속할 수 있다고 착각하고 있어요. 사실 오늘날 중심의 핵심 가치가 더는 서양적인 이성이나 자유가 아니라 중국 당국이 말하는 '당에 대한 협조'인데도 말입니다.

일본에서는 욕설이 난무하는 인터넷 세계를 '화장실 낙서'라 비꼬기도 하죠. 홍콩의 인터넷 공간은 완벽한 언론 공간이라고는 할 수 없지만, 감성과 이성의 균형이 비교적 잘 잡혀 있고, 때로는 지성이 넘쳐나는데, 저는 이게 신기합니다.

일본에서 인기 있는 게임인 나스 키노코奈須 きのこ의 〈Fate/stay night〉에 "이상을 품은 채 익사하라"라는 유명한 대사가 있는데, 이게 홍콩의 상황을 잘 표현하고 있는 듯합니다. 이 대사를 홍콩의 맥락에 맞게 말하면 '엄청나게 무거운 이상

을 버리지 못하겠다면 그 무게에 짓눌려 죽으리라'는 뜻이 될 거예요. 변경에 산다는 건 중심의 고정적인 도덕에 더는 의존하지 않고, 가혹한 현실의 상황을 파악해 자신의 생존에 적합한 신념을 선택하여 그걸 철저히 지켜나감을 뜻합니다. 그건 아마 매우 어려운 길이겠죠.

몇 년 전 후쿠시마 씨가 "청 씨는 (우산운동) 이전에는 평화 지상주의자였는데 최근 들어 왜 달라졌느냐"라고 물었는데, 적어도 그때는 제 변화를 스스로 깨닫지 못했습니다. 지금은 '아, 그렇구나. 내가 변한 걸지도 모르겠는데. 사람은 자신이 변한 걸 깨닫지 못하는구나'라고 생각합니다. 저는 평화도, 이성도, 도덕도, 자유도, 문화 다양성도, 타자에 대한 관용도, 모두 다 아름다운 가치관이기에 좋아합니다. 최대한 그것들을 지키고 싶고, 일상생활에서 모두 실천할 수 있다면 좋겠다고 생각합니다. 하지만 '너무 무겁'거나 지금 처한 상황에 적합하지 않은 이상과 함께 시대에 삼켜지고 마는 건 싫습니다. 제아무리 고상하고 훌륭한 이상이라 해도 그 배에 올라타 익사하는 것만은 거절합니다.

이번 편지를 쓰는 동안 문화대혁명 분위기는 일단 진정되었으나, 그 여파는 아직 가시지 않았습니다. 중국 현대사에서는 '문자의 옥' 숙청 이후에, '대명대방大鳴大放' 운동이 일어났습니다. '대명대방'이란, '검열은 끝났으니, 여러분, 이제 안심하고 자유롭게 의견을 말하세요'라는 권력자의 호소입니다. 그러나 잠시 비관적인 분위기에서 벗어났다고 낙관적으로 변한 지식인들이 자칫 본심을 드러내면, 다시금 문자의 옥에 의한 숙청의 먹이가 될 수 있습니다.

중심 가치를 대변하는 중국 문인의 일희일비는 바로 이런 '문자의 옥'과 '대명대방'의 순환 과정에 있습니다. 그들은 자신이 만든 이상적인 중국에 대한 생각을 품고 있다가 나중에 정치적 핍박의 격랑에 휩쓸려 익사합니다. 일본의 문인들은 변경에 있어도 평화롭게 지내는 것 같네요. 어떤 의미에서는 행복한 일이라 부러울 따름입니다. 홍콩에서 일희일비하는 우리가 일본에서는 어리석어 보일까요?

이번 편지의 제목 '하고 싶은 말이 무수히 많은 듯한데, 안타깝지만 난 못 알아듣겠다却像有無數說話, 可惜我聽不懂'는, 제가 좋아하는 광둥어 가요 〈레이헝란李香蘭〉의 한 구절입니다. 타마키 코지의 J-팝 〈가지 마行かないて〉를 광둥어로 리메이크해서 홍콩 가수 청훅야우張學友가 부른 히트곡이죠. 레이헝란[리샹란, 이향란][9]은 중일전쟁 당시 배우로 활동했던 일본인 야마구치 요시코를 가리키는데, 이 노래는 왠지 홍콩인의 사랑을 받으며 그들의 마음 깊은 곳까지 침투했습니다.

'변경인(=어느 중심에도 속하지 않은 누군가)'의 심정을 세심하게 그려냈기에 홍콩인들이 매료된 것 같아요. 하고 싶은 말

9 [옮긴이] 일본 이름 야마구치 요시코(山口淑子, 1912~2014). 20세기 만주국에서 가수 및 배우로 활동하며 중화권에서 선풍적인 인기를 구가했다. 그러나 중일전쟁기 일본 측의 선전 영화에 출연한 경력이 문제가 되어 한간(漢奸)으로 비판받았다. 1945년 이후 일본으로 건너가 배우와 정치인으로 활동했다.

이 무수히 많은 듯한데, 안타깝지만 난 못 알아듣겠다. 과연 그 주체는 누구일까요? 중심에 사는 사람들일까요, 아니면 변경에 있는 우리일까요. 변경의 목소리는 과연 쉽게 전해질 수 있을까요? 이와 관련된 노래와 영화 이야기를 다음 기회에 자세히 다뤄보고 싶습니다. 일단 〈레이헝란〉을 꼭 들어보시길.

2017년 9월 14일
청육만

'말끔함'은 '더럽다'
― 열도의 주변으로부터

청육만 씨,

기계의 차가움, 피의 뜨거움

보내주신 편지 잘 읽었습니다. 홍콩 젊은이들 사이에서 막막한 감정이 거세게 일고 있군요. 일본에서는 전혀 모르고 있었습니다. 저는 청 씨가 강도를 더해가는 대륙의 박해에 '힘'과 '분노', '유머'로 단호히 맞서야 한다고 생각합니다. 우산운동 이전의 청 씨는 많은 홍콩인과 마찬가지로 폭력을 싫어하는 '절대적 평화주의자'였는데, 이제 정말 격세지감이 듭니다. 뻔한 말이지만, 증오가 증폭되면 사회는 망가집니다. 그것을 냉정한 말로 진정시키려 해도, 도리어 초조함만 더할 뿐이죠.

청 씨가 언급한 〈리헝란〉의 가사는 확실히 현대의 병리 현상을 잘 표현하고 있습니다. 여기저기서 애절한 목소리가 울리는데, 그걸 알아듣지 못한다는 것입니다. 홍콩 부동산 가격이 급등하는 가운데 젊은이들은 기성 세대와 같은 경제적 풍요를 누리기 매우 어려워져, 그 불만이 오늘날 '정치화'의 원인이 되고 있습니다. 그러나 장년 세대는 여기에 공감하고 있을까요? 과거 민주화를 요구한 천안문 사태의 목소리에 강하게 반응했던 이들도 우산운동의 목소리에는 그렇지 않은 듯합니다. 일본인인 저는 거기에 야릇한 인상을 받았습니다만, 그렇게 말하는 저 자신도 그 목소리를 헤아리는 데 어려움을 느낍니다.

더욱이 동서의 변경을 압박하고 있는 중국 정치인도 제 눈에는 몹시 차갑고 사무적인 철면피처럼 비칩니다. 거기에 변경의 목소리에 귀를 기울이려는 자세는 전혀 없습니다. 이 '기계적인 차가움'은 서양식 자유주의에 큰 시련이 됩니다.

타자와의 공생을 중시하는 자유주의가 제시하는 선택지는 대화를 통한 적극적인 이해, 아니면 영역 나누기에 따른 소극적인 무관심, 대략 그 둘 중 하나입니다. 그러나 중국의 강경한 태도는 대화와 영역 나누기라는 모든 가능성을 앗아가고 있습니다. 철면피의 '차가움' 앞에서 자유주의가 그대로 얼어붙어 버리는 것입니다. 중국의 터무니없는 차가움이 독립과 홍콩 젊은이들의 초조함을 한층 증폭시키고 있는 건 아닐까요? 홍콩 독립을 둘러싼 정치적 알력이 앞으로 뜨거운 유혈사태로 이어지지 않는다는 보장도 없습니다.

불현듯 떠오른 것인데, 베이징 경찰에 의해 제자를 잃은 루쉰은 "먹물로 쓴 허언은 피로 쓴 사실을 덮을 수 없다. 피의 부

채血債는 동일물로 상환되어야 한다. 지불이 늦어질수록 이자도 늘어나야 한다'라는 과격한 말을 한 적이 있습니다.[1] '먹물(글)'은 현실에서 흘린 '피'의 뜨거움을 대신할 수 없기 때문에 피의 희생은 피로 속죄해야 한다는 말입니다. 자유주의의 위신이 실추된 21세기에 '먹물의 허언'은 '피의 사실'에 대응할 수 없게 되었는지도 모릅니다. 일본에서는 정치적으로 피를 흘린 일이 공공연하게 없었다고 말하지만, 오키나와의 미군기지 반대 투쟁에서 이미 유혈사태의 조짐이 보입니다.

변경의 정치 언어

인간은 결국 말이나 이미지 같은 '허언'으로 '현실'을 대체하고 마는 위태로운 생물입니다. 따라서 언어에 대한 점검이 언제나 이뤄져야 합니다. 여기서 중요한 것은 올바른 말이 꼭 올바른 사회를 만들진 않는다는 점입니다. 언뜻 보기에 훌륭해 보이는 말이 이면에 수상쩍고 추악한 욕망을 숨기고 있기 십상입니다.

　실제로 중국 '중난하이(중국공산당 당사 소재지)'의 권력은 마르크스주의에 근거한 수상쩍은 도그마(교의)와 그 도그마를 태연하게 배반하는 불공정한 금권정치, 이른바 '연고緣故 자본주의'를 포함하고 있습니다. 마르크스주의는 본래 프롤레타리아

1　魯迅, 竹内好 訳, 「花がきバラの二」, 『魯迅評論集』(岩波文庫), 岩波書店, 1981. 1926년 초판 출간.

트의 해방을 목표로 하지만, 지금 중국의 특권계급은 일부 고위 간부의 가족―소위 '태자당太子黨'―입니다. 청 씨의 말을 빌리자면 '이상적인 도덕' 자체가 '위선'과 '기만'을 낳습니다. 위화나 옌렌커閻連科처럼 현대 중국의 혼란과 마주해 온 작가들은 공식적인 도덕이야말로 노골적인 '더러운' 욕망을 번식시킨다는 아니러니를 잘 포착하고 있습니다.

미국에서도 자유주의자의 '세련된' 말에 대한 반동으로 트럼프 대통령과 그 우익 브레인들의 '상스런' 말이 폭주하고 있습니다. 트럼프는 거침없는 직설 화법을 구사하는 한편, 트위터에서는 기이한 영어를 남발하곤 합니다. 그것은 일종의 개인 방언 idiolect의 발명이라고 할 수 있습니다. 좋든 나쁘든 언어적인 분방함으로 연극 같은 감정을 연출하는 것이지요 중국이나 미국은 그야말로 "아름다운 것은 추하고 추한 것은 아름답다"[2]라는 셰익스피어적 상황을 드러내고 있는 듯합니다.

여기에는 중요한 교훈이 있습니다. 완전히 '세련된' 말은 일종의 반작용으로 '상스런' 말을 파생시키기 쉽다는 것입니다. 그렇기에 때로는 '세련됨'과 '상스러움'을 그물코처럼 교차시키는 변경적 잡종성을 긍정적으로 평가해도 좋지 않을까요? 이것은 청 씨가 세 번째 편지에서 언급한 화폐처럼 빠르게 유통되는 '초우하우'라는 주제와 관련이 있습니다.

예를 들어 러시아 지식인들은 순수한 유럽도 아니고 순수

---

2   [옮긴이] 『맥베스』의 대사 "Fair is foul, and foul is fair."

한 아시아도 아닌, 그 양쪽을 포함한 특별한 변경으로서 자신들을 평가하곤 했습니다. 그리고 이 변경 러시아에서 혁명을 지휘한 레닌의 연설에서 매우 특징적인 언어가 사용되는 것을 알 수 있습니다. 레닌은 원래 고전 교육을 받았기에, 연설에도 유서 깊은 라틴어 교양이 반영되어 있습니다. 하지만 일상적인 구어 어휘를 자주 사용해 관료적 미사여구를 깨뜨리는 비속어가 난무합니다.[3] 인텔리적인 것과 민중적인 것이 겹겹이 뒤섞여 삼겹살처럼 독특한 풍미를 자아내는 것, 이것이 바로 잡종적인 연설 문체입니다.

현재 동아시아 변경의 정치에서도 일종의 언어적 잡종성을 확인할 수 있습니다. 예를 들어 2016년 대만 총통이 된 민진당의 차이잉원蔡英文은 이전에 업무상 영어에 푹 빠졌던 결과, 모국어 사용이 이상해져서 영어 직역과 같은 '차이蔡式식 중국어'를 쓰게 되었다고 합니다. '잉원英文'—중국어로 '영어'를 의미함—이라는 이름이 바로 그녀의 삶을 예고하고 있었던 셈입니다. 그러나 그녀는 정치인이 된 후 다시 대만어台語[4] 세계로 돌아와 대

---

3   ヴィクトル•シロフスキイ他, 桑野隆副 訳, 『レーニンの言語』, 水声社, 2005.

4   [옮긴이] 오늘날 대만은 번체자 중국어를 기반으로 하는 국어(國語), 1949년 이전 대만에 이주한 푸젠계 중국인 이민자들의 민남방언인 대만어(台語), 광둥 지역에서 이주한 중국계 소수민족 객가(客家)족의 객가어, 대만 원주민를 공용어로 하는 다언어 사회다. 대만 본성인의 후손인 차이잉원은 대만어를 모어로 사용하는데, 이는 외성인 정체성에 뿌리를 둔 국민당과 대조되는, 민진당계 정치인의 중요한 아이덴티티다.

만 원주민[본성인]의 후손이라는 자신의 뿌리를 재확인합니다.[5]

차이잉원이 정치인으로 성공할 수 있을지 문제는 차치하더라도, 그녀의 글로벌하면서도 로컬한 언어적 잡종성은 흥미롭습니다. 반대로 일본의 정치 언어는 글로벌하지도 로컬하지도 않고, 인텔리적이지도 서민적이지도, 젠더적이지도 않습니다. 어떠한 문화적 내력도 없고, 출신이나 성차와도 관계없는 규격화되고 추상화된 말입니다.

문화적 배경을 말소하면서 비로소 정치인답게 말할 수 있게 된 셈이지요. 고이즈미 준이치로小泉純一郎 전 총리의 '원 프레이즈 정치'[6]는 이 상황에 적응한 것입니다. 그러나 이러한 경향은 일본의 정치 언어를 획일적이고 가난하게 만듭니다.

멜랑콜리한 '상태'의 지배

정치 언어의 상실을 포함해서, 일본은 지진 재해나 인구 감소를 비롯한 많은 심각한 문제에 직면해 있습니다. 하지만 중국이라는 대국('진격의 거인'?)에 억압받고 있는 홍콩과 달리, 일본에는 국내 문제를 '어느샌가 없던 일'로 만드는 배제 메커니즘이 작용합니다. 재해지의 부흥이나 방사능 오염 등을 화제로

---

5   蔡英文, 前原志保 訳, 『蔡英文自伝』, 白水社, 2017.
6   [옮긴이] 어려운 말을 피하고 일상 언어를 반복 사용해, 유권자 및 미디어와 친근하게 소통하는 제스처를 취하는 여론 전략.

삼는다고 '억압'하지는 않으나, 그것이 커뮤니케이션의 주제로
다뤄지지 않으며 언론의 세계에서 슬며시 '배제'됩니다.

일본인에게 큰 문제는 '억압'이 아니라 '배제'입니다. 막강한
억압자가 없는데도 어느새 커뮤니케이션의 주제가 교체되는 애
매한 '상태'가 일본을 지배하고 있습니다. 가라타니 고진이 프로
이트Sigmund Freud나 자크 라캉Jacques Lacan을 참고해 말한 것
처럼, 이는 일본의 '거세의 배제'라는 문제와 직접 관련이 있습
니다.[7] 밖으로부터의 억압(=거세)에 대해서는 청 씨의 경우처럼
투쟁이 일어나기 마련이고, 그것이 강력한 정치적 '주체'를 만듭
니다. 그런데 내부의 배제에 대해서는 애초에 누구와 투쟁해야
하는지 알 수 없게 되는 셈이지요.

게다가 이러한 종류의 애매함은 거시적(사회)이기도 하고,
미시적(마음)이기도 합니다. 예를 들면, 많은 일본인의 경우 정
신질환자가 아닌데도 '우울'하다는 말이 흔한 말버릇이 되었는
데, 이것도 대체로 주체의 '쇠약'이라고 할 수 있는 희미한 '상태'
를 가리키는 말입니다.[8] 이유를 잘 알 수 없으나 어느샌가 마음
이 쇠약해지고, 기력이 고갈되는 현상이 많은 일본인에게 주기
적으로 나타납니다. 이 역시 '애매한 상태의 지배'를 보여주는
한 예일 겁니다.

7   柄谷行人, 『日本精神分析』(講談社学術文庫), 講談社, 2007: [국역본] 가라타니 고진,
     송태욱 역,『일본정신의 기원』, 이매진, 2006.
8   エリザベート・ルディネスコ, 信友建志他 訳, 『いまなぜ精神分析なのか』, 洛北出版, 2008.

제1차 대전 중 프로이트는 '애도'와 '멜랑콜리(우울)'에 관한 유명한 논문을 쓴 바 있습니다.[9] 이것은 상실에 대한 마음의 두 가지 반응을 나타냅니다. 사랑하는 대상을 잃었을 때, 사람은 비탄(=애도Trauer)에 빠지지만, 이 비정상적 상태는 곧 정상적인 상태로 복귀하는 데 필요한 과정입니다. 반면 멜랑콜리는 잃어버린 대상이 명확하지 않을 때 생깁니다. 뭔가 소중한 것을 잃었음에도 그 무언가가 분명하지 않을 때, 사람은 애도에 잠길 수 없고, 공중에 붕 떠 있는 것과 같은 멜랑콜리한 상태에 처합니다. 『부흥 문화론』에서도 언급한 적이 있는데, 지진 후의 일본인은 바로 이런 의미에서 멜랑콜리에 빠져 있는지도 모릅니다. 일본은 수많은 인명뿐만 아니라 소중한 것들을 잃었으나 그게 과연 무언인지 확실하지 않습니다.

이러한 막연한 상황에 대한 근본적인 해결책은 아마 없을 것입니다. 그래도 '배제'나 '상태'의 지배에 저항하려면 우선 생각의 대상을 점차 구체화하는 것이 중요합니다. 그런 사고방식에 기초해서 저는 8월 초에 혼슈 북단의 시모키타반도를, 8월 말에는 나가사키와 미나마타를 여행하고 돌아왔습니다. 이번에는 전자의 체험을 바탕으로 동일본 대지진 후의 '말'과 '문화'를 생각해 보고자 합니다. 지금 일본에서 변경론을 펼친다면 원전

9   フロイト, 中山元 訳, 「喪とメランコリー」, 『人はなぜ戦争をするのか』 (光文社古典新訳文庫), 光文社, 2008: [국역본] 지크문트 프로이트, 윤희기·박찬부 역, 「슬픔과 우울증」, 『정신분석학의 근본 개념』(프로이트 전집11 개정판), 열린책들, 2020.

이 산재한 일본열도의 변경을 다루지 않을 수 없기 때문입니다.

전근대와 초근대의 만남

저의 시모키타반도 방문은 쓰치모토 노리아키土本典昭 감독의
다큐멘터리 영화 〈바다 도둑질海盜り〉(1984)에서 촉발되었습니
다. 시모키타반도에서 70년대 후반 핵연료 사이클[10] 기지 건설
이 계획되었고, 83년에는 나카소네 야스히로中曾根康弘 당시 총
리가 이 반도를 '원전의 메카로 만들고 싶다'는 취지의 발언을
했습니다. 원자력 시설의 유치와 대규모 개발계획, 즉 돈다발을
동원한 국가와 현縣이 이제껏 물고기를 잡으며 살아온 어부들
의 바다를 강탈하는, 생활세계의 강탈 과정이 〈바다 도둑질〉에
기록되어 있습니다.

　〈바다 도둑질〉 제작 연도와 같은 해인 1984년에 때마침 개
봉한 미야자키 하야오 감독의 〈바람계곡의 나우시카〉(이하 〈나
우시카〉)는 핵전쟁 이후 초근대적hypermodern 미래 세계를 그린
애니메이션입니다. 미야자키 감독은 생태주의자로 알려져 있는
데, 핵과 같은 기술이 초자연 존재―생체 병기인 '거신병巨神兵'
이나 거대 곤충인 '오무王蟲'―를 만들어낸다는 초월적 세계관

10　[옮긴이] 핵연료 사이클(Nuclear Fuel Cycle)은 천연 우라늄, 토륨 자원을 탐사,
　　채광, 정련, 변환, 농축, 가공 과정을 거친 후 핵연료로 만들어 원자로에서 사용
　　하고, 원자로에서 사용이 끝난 핵폐기물을 영구 처리장에서 직접 처리하거나 재
　　처리, 재가공 과정을 거쳐 다시 원자로에서 사용하는 일련의 과정을 말한다.

에도 친화적이었습니다. 붕괴하는 거신병의 모습이 강하게 각인된 애니메이션판 〈나우시카〉는 비대화된 원자력 기술의 꿈이 마침내 자기파괴에 이르는 작품이라고 해석할 수도 있습니다.

반면 쓰치모토 감독의 다큐멘터리는 시모키타반도의 원자력화가 극히 전근대적인 방식으로 추진되고 있다는 점에 주목했습니다. 정치인들은 막대한 예산이 투입되는 원자력 정책을 실현하려고 노골적으로 민의를 조종합니다. 공개 토론이나 투명한 정보 공개가 아닌, 돈다발 뿌리기와 일방적인 통보만 있었습니다. 롯카쇼무라六ヶ所村를 중심으로 시모키타반도의 불투명한 원자력 계획을 취재한 아오모리靑森현 출신 언론인 가마타 사토시鎌田慧도 "원전은 민주주의 정반대편에 있다"라고 단언했습니다.[11] 전근대(돈)와 초근대(원자력)가 만나면 근대(민주주의)는 사라져 버립니다.

저는 조금 전에 중국과 미국을 예로 들어 '도덕이 기만을 낳는다', '세련된 것이 상스러운 것을 낳는다'는 아이러니를 이야기했습니다. 그런데 이는 일본의 원자력 행정에도 적용됩니다. 원자력을 초근대적인 '깨끗한 지구'라는 비전으로 홍보하지만, 그것은 전근대적인 '부정한' 돈다발 정치와 다르지 않으니까요. 미나마타병[12]에 관한 뛰어난 다큐멘터리로 이름을 날린 쓰치모

11   鎌山慧, 『原発列島を行く』(集英社新書), 集英社, 2001.

12   [옮긴이] 미나마타병(水俣病)은 수은 중독으로 인해 발생하는 다양한 신경학적 증상을 특징으로 하는 증후군이다. 1956년 일본의 구마모토현 미나마타시에서 메틸수은이 포함된 조개 및 어류를 먹은 주민들에게서 집단적으로 발생하면서

토 감독은 이 아이러니를 일찍부터 포착했습니다.

시모키타반도에는 국책의 실패가 겹쳐 있습니다. 예로부터 제철업이 번성하던 지역이기에, 1960년대 초반에 무쓰 제철소 건설을 계획하지만 공상에 그치고 맙니다. 그 후 60년대 말 신전국종합개발계획新全国総合開発計画 아래 대규모 개발 프로젝트인 '무츠오가와라 개발계획むつ小川原開発計画'이 입안되어 석유 콤비나트 건설을 추진하다가, 그것도 오일쇼크로 좌절됩니다. 그런데 핵연료 사이클 시설 건설 이야기가 제기되면서 현지인들도 그 계획에 뛰어들었습니다.

그 무렵 전후 만주와 사할린에서 일본으로 돌아온 이들(귀환자)[13]이 개척한 변경의 롯카쇼무라 이야사카다이라弥栄平에는 핵폐기물에서 우라늄과 플루토늄을 추출하는 재처리 공장이 세워졌습니다. 그리고 롯카쇼무라 북쪽 옆에는 히가시도오리東通 원전이 건설되고, 시모키타반도 북쪽 끝의 오마마치에도 혼합산화물MOX 연료(플루토늄과 우라늄을 섞은 혼합연료)를 이용한 원전 건설 계획이 수립됩니다. 이렇게 거대 개발이라는 '미명' 아래 시모키타반도의 원자력화가 국책으로 추진되었습니다.

그러나 일본의 핵연료 사이클 계획은 궤도를 이탈하기 시작

사회적으로 큰 문제가 되었다. 문제가 되었던 메틸수은은 인근의 화학 공장에서 바다에 방류한 것으로 밝혀졌다.

13   [옮긴이] 여기서 '귀환자'는 일본어의 '히키아게샤'(引揚者)를 말한다. 1945년 8월 15일 일본이 패전한 이후, 일본의 식민지, 점령지 등에 거주하거나 이주해 있던 일본인들 가운데 일본 본토(내지)로 귀환한 자를 뜻한다.

합니다. 고속 증식로(나트륨 냉각 고속로)인 '몬주文殊'[14]에 연달아 문제가 발생했고, 롯카쇼무라의 재처리 공장 건설도 일정을 훨씬 넘겨 지연되면서 핵연료 사이클 계획 자체가 좌초되던 와중에 동일본 대지진이 발생합니다. 그 결과 일본의 원자력 관련 시설에도 비판이 쏟아져, 지금은 오마大間 원전 건설 계획도 반발을 사고 있습니다. 이번 여행 중 우연히 들른 하코다테시(오마마치 건너편 강가)에서 오마 원전 건설 반대 서명운동이 진행되는 것을 직접 보았습니다. 하코다테 시장과 의회도 원전 건설 금지 소송을 제기했습니다(후기: 2018년 3월 19일자로 기각됨).[15]

오소레산의 돌과 바람

줄곧 지적되는 것처럼 아오모리현에는 다양한 형태로 '핵연료 머니'가 유입되고 있습니다. 시모키타반도의 유명한 영산靈山인 오소레산恐山도 예외는 아닙니다. 여행 중에 알게 된 사실입니다만, 오소레산으로 가는 버스가 출발하는 JR 시모키타역 앞 광장은 '전원 입지 지역 대책 교부금電源立地地域対策交付金'으로 정비되었습니다. 그리고 오소레산 휴게소에도 1991년에 설치된 "원자력 발전 시설 등 주변 지역 교부금 시설原子力発電施設等周辺

---

14 [옮긴이] 지혜를 상징하는 문수보살에서 따온 '몬주'는 일본이 독자적으로 개발한 고속증식로의 하나로, 1995년에 후쿠이현 쓰루가시에서 가동하기 시작했다.

15 [옮긴이] 현재 오마 원전은 2030년까지 운행이 연기되어 있는 상태이며, 지역 주민과 시민단체의 반대 운동이 계속 이어지고 있다.

地域交付金施設"이라는 표기가 있습니다. 신비로운 영산도 원자력 행정과 무관하지 않습니다.

저는 이번에 처음으로 오소레산에 올라가 봤는데 그 인상을 조금 적고 싶습니다. 오소레산은 고야산高野山 및 히에이산比叡山과 더불어 일본의 3대 영산으로 불립니다. 그런데 고야산 및 히에이산이 세련된 밀교密教를 배운 불교계 선구자들(구우카이空海와 사이초最澄)에 의해 개척된 것과는 달리, 오소레산은 '죽으면 산으로 돌아간다'는 일본의 오래된 산악신앙을 강하게 떠올리게 하는 곳입니다. 아마도 거기에는 유황 가스를 내뿜는 화산에 대한 경외감도 포함되어 있겠지요.

특히 인상 깊었던 것은 '돌의 영력靈力' 신앙이었습니다. 오소레산에 펼쳐진 에메랄드빛 우소리호宇曽利湖(칼데라호) 주변에는 참배객이 쌓은 방대한 돌탑이 죽은 사람을 대신하듯 놓여 있는데, 누구든 그 희고 황량한 풍경에 압도당하고 맙니다. 그리고 그 돌탑 옆에는 여러 개의 작은 바람개비가 바람을 맞으며 가련하게 계속 빙글빙글 돌고 있습니다. 아마도 죽은 사람의 숨息(=영)(영어 spirit의 본래 의미는 '숨'입니다)을 느끼기 위한 간소한 장치 같습니다.

오소레산에는 보다이지菩提寺라는 조동종曹洞宗 사찰이 있는데, 저는 그 사찰의 온천이 딸린 숙방宿坊에서 묵었습니다. 훌륭한 숙방이긴 하나, 강한 황화수소의 영향으로 금속이 녹슬어 버릴 것만 같은, 이른바 '과학' 문명이 '화학적'으로 거부당하는 것만 같은 인상을 받았습니다. 다만 오소레산 신앙의 본체는 선종禪宗이라기보다는 지장 신앙地蔵信仰인 것 같습니다. 지장 신앙은 시모키타반도 일대에서 볼 수 있는데, 승려를 거치지 않고 오로지 현지 노파들이 유지해 오고 있습니다.[16] 지금의 오소레산은 불교화되어 있다고는 하나, 불교로 조직화되기 이전 신앙의 흔적을 곳곳에 간직하고 있습니다.

오소레산은 죽은 사람을 불러 모으는 '무녀'(무당)로 잘 알려져 있습니다. 죽은 자를 대신해 산 자에게 메시지를 전달하는 무녀는 지금도 가족이나 친구를 잃은 사람들에게 위로를 주고 있습니다. 이 경우 무녀에게 정말로 죽은 사람이 빙의되었는지를 묻는 것은 난센스입니다. 참배객은 사자의 영혼과 동화된 돌과 바람을 마주하고, 또 죽은 사람과 동화된 무녀와 만납니다. 그로 인해 울적한 마음이 외부 관계에 투사되어 고통이나 고민이 어느 정도 정리됩니다. 오소레산 전체가 정신의 정화 시스템 같다고 할 수 있습니다.

프론티어(=방어벽)로서의 일본

그렇다고 해서 오소레산이 역사를 초월한 영적인 산이라는 말은 아닙니다. 앞서 말한 핵연료를 포함해 거기에는 다양한 역사적 현실이 작용하고 있습니다.

예를 들어 민속학자 미야모토 쓰네이치宮本常一는 근대 이

---

16   高松敬吉, 『下北半島の民間信仰』, 伝統と現代社, 1983.

후 오소레산의 무녀 중에는 다이쇼 시대 증기기관차 개통 후 쓰가루津軽에서 건너온 무녀가 많다고 지적했습니다.[17] 관광객이 오소레산에서 발견하는 것은 철도라는 근대 기술에 의해 '재발명'된 샤머니즘입니다(이것은 청 씨가 했던 인류학적 철도 연구와도 관련된 문제입니다). 이런 식의 샤머니즘적 재발명은 최근까지 계속되고 있습니다. 1970년대 이후 오컬트가 유행했고, 그 영향으로 오소레산은 서브컬처화되었습니다. 저도 오소레산에서 돌아오는 길에 과거 『주간 소년 점프』에 연재되었던 〈샤먼킹〉 '성지순례'를 다녀왔다는 청년 그룹을 봤습니다.

이 지방에 샤머니즘이 뿌리내린 배경에는 경제 상황이나 생활 습관의 영향도 있습니다. 민속학자 지바 도쿠지千葉德爾에 따르면 과거 쓰가루 지방은 당시로서는 드물게도 백미를 주식으로 했다는데, 이 때문에 비타민 결핍이 생기기 쉬웠고, 그것이 여성의 환각 증상을 촉진하고 빙의 현상을 늘리는 한 요인이 되었다고 합니다. 한편으로 영양실조로 유아 사망률도 높아 그것이 '영혼의 환생'이라는 민간 신앙을 낳았다고 지바는 추측합니다.[18] 실제로 죽은 자를 대신하는 무당이나 아이를 수호하는 지장보살은 아이 잃은 부모를 위로하는 일과 관련 있습니다. 오소레산에 있는 동안 제 뇌리에는 여성이나 아이의 그림자가 계속 떠나질 않았습니다.

---

17   官本常一, 『私の日本地図第3 下北半島』, 同友館, 1967.

18   千葉德爾, 「津軽民俗の地域性」, 和歌森太郎 編, 『津軽の民俗』, 吉川弘文館, 1970.

게다가 산 근처에는 대단히 절박한 정치적 문제 또한 얼굴을 내밀고 있습니다. 오소레산 깊은 곳에 위치한 가마후세산釜臥山에는 일명 '가메라 레이더'라고 불리는 항공자위대의 거대 레이더가 설치되어 있습니다. 아오모리현은 미군의 미사와三沢 기지를 중심으로 미사일 방어MD의 최전선인데, 가마후세산도 거기에 포함되었습니다. 그런데 미군이 무엇을 지키고 있는지는 애매합니다. 예를 들어 샤리키車力(아오모리현 쓰카루시)에 배치된 미군의 초고성능 X밴드 레이더는 모두 다 군사 기밀이라며 정보가 공개되지 않습니다. 게다가 이 레이더는 북한과 중국의 탄도미사일로부터 미 본토와 미군 기지를 지키는 것으로, 일본 방위는 둘째라는 설도 있습니다.[19] 무엇보다 가장 중요한 미사일 방어의 유효성이 명확하지 않습니다. 제게는 미사일이라는 환상이 방위의 신학神學을 만든 것처럼 보일 뿐입니다.

저는 네 번째 편지에서 변경(=전선)의 군사적 성격을 말한 바 있습니다. 전후 미국한테 일본이라는 극동의 변경 국가는 공산권의 진출을 막는 '방어벽'이었고, 이 변경 일본 안에서도 변경인 미사와, 오키나와가 군사적인 전선이 된 것입니다. 하지만 아시아로부터 유럽을 지키려 했던 폴란드와 달리 일본에는 '방어벽'이라는 자의식이 거의 없습니다. 청 씨가 언급한 무라카미 하루키의 은유를 빌리자면, 대다수 일본인은 자국에 대해 미국을 지키는 '벽'이 아니라, 미국의 보호를 받는 '달걀'이라

---

19   斉藤光政, 『在日米軍最前線』(新人物文庫), 角川書店, 2010.

고 생각합니다. 하지만 그건 집단적인 착각이 아닐까요?

일본과 같은 '변경'은 그런 착각을 수정해야 한다고 생각합니다. 우리가 착각 자체를 없앨 수는 없겠지만, 착각하기 쉬운 상황을 바꾸는 건 가능할 것입니다. 인간이 항상 똑같은 상황에 머물러 있으면 비슷한 착각을 몇 번이나 반복하기 마련입니다. 특히 도쿄처럼 '유행에 민감한 도시'에서는 착각을 수정할 시간이 없습니다.

폐기물은 '개념적인 대상'이다

'집단적인 착각'이 앞서 말한 일본의 핵연료 사이클 계획과도 무관하지 않습니다. 예를 들면, 오소레산이 있는 무쓰시むつ市에는 '중간저장시설'로서 원자력발전소의 사용후핵연료를 인수하는 시설이 있습니다. '중간저장시설'은 '최종처분시설'이 별도로 필요한데, 일본에는 아직 그런 곳이 없습니다. 일본의 원전은 폐기물 처리장이 없다는 의미에서 '화장실 없는 맨션'이라고 야유를 받는데, 어찌 보면 중간저장시설이 '끝'은 없고 '중간'만 있는 사실상의 핵 화장실이 돼버린 셈입니다. 여기에는 분명 말 뒤에 숨겨진 속임수가 있습니다.

반면 독일은 핵폐기물의 '최종' 처분을 재빨리 정치적 과제로 인정한 나라입니다. 1977년에는 고어레벤Gorleben 마을이 고준위 방사성 폐기물을 최종 처분하는 후보지로 선정되었으나, 체르노빌 원전 사고를 거치며 슈뢰더 정권하에서 철회됩니다.

독일은 '최종'이라는 말의 의미를 진지하게 받아들인 것이지요. 원전 추진파였던 메르켈 총리는 동일본 대지진 후 탈원전으로 방향을 틀었는데, 그전에도 여러 차례 원전 정책의 노선 수정이 있었습니다. 덧붙이자면 독일은 고속증식로 건설도 추진했으나, 이것도 독일 통일 후 무산되어 그 터는 분더란트 칼카르 Wunderland Kalkar라는 놀이공원으로 바뀌었습니다.[20] 무용지물이 된 일본의 몬주도 차라리 독일식 테마파크로 만드는 게 좋을지도 모릅니다.

일본은 이 처분하기 어려운 사용후핵연료의 재처리를 영국이나 프랑스에 위탁해 왔습니다. 그런 의미에서 폐기물도 이미 전 지구적으로 유통되고 있습니다. 사회학자 지그문트 바우만은 상품이 아닌 '폐기물'에서 근대를 포착하려 했는데,[21] 어떤 시대나 사회의 성질을 살피는 데 '어떤 쓰레기를 배출하고 있는가'라는 질문은 확실히 유효합니다. 청 씨가 다섯 번째 편지에서 썼던 보스턴 여행 이야기처럼, 17세기 이후 상품(차, 후추, 설탕, 커피……)의 유통으로 전 지구적 세계가 형성되었습니다. 긍정적 편익을 주는 그러한 재화goods 이면에는 항상 부정적 편익을 주는 재화bads, 즉 폐기물이 존재합니다. 전 지구화된 폐기물은 전 지구화된 상품의 '부정적인' 모습입니다.

20   篠山航一官川裕章, 『独仏「原発」二つの選択』(筑摩選書)。筑摩書房, 2016.

21   ジクムント・バウマン, 中島道男 訳, 『廃棄された生』, 昭和堂, 2007: [국역본] 지그문
      트 바우만, 정일준 역,『쓰레기가 되는 삶들─모더니티와 그 추방자들』, 새물결,
      2008.

게다가 폐기물은 단순한 '사물(대상)'이 아닙니다. 예를 들면, 조금 전까지 편의점 매장에 진열되어 있던 도시락이 유통기한이 지났다는 개념(말) 때문에 일순간 쓰레기가 됩니다. 반대로 쓰레기나 다름없는 더러운 인형이 어떤 사람의 추억이 담긴 보물이 되어, 쉽게 버릴 수 없는 물건이 되기도 합니다. 무엇이 상품이고 무엇이 폐기물인지는 결국 약속으로 결정됩니다. 그런 점에서 모든 폐기물은 개념적 대상이라고 할 수 있습니다.

그중에서도 방사성 폐기물에는 대단히 성가신 '개념'이 얽혀 있습니다. 핵폐기물 때문에 엄격한 처리를 요구하는 무거운 '법'이 제정되고, 처리 과정에는 까마득하게 오랜 시간이 수반됩니다. 그 시간은 거의 개념으로만 존재할 뿐입니다. 상황에 따라 플루토늄 추출이 가능한 이 폐기물은 핵무기의 재료로 새롭게 개념화되고, 때로는 그것이 현실화되기도 합니다.

현대 예술에서 폐기물은 흔히 사회비평의 소재가 되지만, 저는 그런 종류의 시도에는 별로 자극을 받은 적이 없습니다. 많은 작가가 사물을 폐기물로 만드는 '개념' 자체에 무관심하기 때문입니다. 너덜너덜한 폐기물로 전시해도 대개가 단순한 볼거리에 그칠 뿐입니다. 결국 방사성 폐기물 같은 고도로 '개념적인 대상'은 예술적 상상력을 훌쩍 뛰어넘어버린 것 같기도 합니다.

원전과 만화

저는 즉각적이고 전면적인 탈원전은 무리일지라도, 큰 방침으로는 원전을 줄여나가야 한다고 생각합니다. '은폐의 체질화'나 '분위기의 지배'를 벗어나기 어려운 일본의 정치 풍토에서는 투명한 원전 관리가 어렵기 때문입니다. 나아가 근대 민주주의 절차를 소홀히 한 과거의 의사결정 과정을 충분히 반성하지 않기 때문입니다.

지금의 일본 원전은 앞서 말한 것처럼 애매한 '상태'에 있습니다. 향후 에너지 정책의 방향이 탈원전을 목표로 하는지, 아니면 원전을 유지할 것인지 갈피를 잡지 못하고 있습니다. 물론 아베 총리가 탈원전을 선택하는 일은 없을 테고 원전 재가동 준비도 착착 준비되고 있습니다. 그러나 어떠한 어려움이 있어도 원전을 계속하겠다는 강한 의지는 표명하지 않습니다.

어째서 이렇게 애매한 걸까요. 아마도 그 원인 중 하나는 원전이 견고한 신념체계나 정치철학이 아니라, '꿈'에 뿌리를 두는 것과 관련이 있다고 생각합니다.

저는 동일본 대지진 다음 해에 재가동을 둘러싸고 반대 운동이 일어나고 있던 후쿠이현의 오이大飯 원전과 몬주 근처를 방문한 적이 있습니다—오이초大飯町에서 만난 택시 기사의 말에 따르면, 성수기 해수욕객이 절반 정도로 감소한 탓에, 최근 마을 산업 대부분이 원자력발전소에 의지한다고 합니다. 거기에는 '엘가이아 오이エルガイアおおい'라는 원전 홍보관이 있는데, 〈우주전함 야마토宇宙戦艦ヤマト〉의 감독으로 알려진 일본 SF의 대가 마츠모토 레이지松本零士가 감수한 어트랙션이 흥미롭습니다. 마츠모토의 또 다른 대표작 〈은하철도 999〉의 등장인물과 비

숫한 캐릭터를 조종해서 미래 우주공간의 발전소를 운영하는 게임이 그 어트랙션의 핵심입니다.

이 어트랙션에는 일본인이 원자력을 올바르게 제어해 지구에 친화적인 청정에너지로 선용할 수 있다는 '꿈'이 담겨 있습니다. 전함 야마토를 '우주전함 야마토'로 변신시켜 방사능 오염으로부터 지구를 구하는 역할을 부여한 마츠모토는 대중의 꿈 조작에 능한 작가인데, 엘가이아 오이의 어트랙션에도 바로 그 힘이 발휘되고 있습니다. 데즈카 오사무의 〈메트로폴리스〉, 〈우주소년 아톰〉에서 〈우주전함 야마토〉, 〈바람계곡의 나우시카〉에 이르는 전후 서브컬처는 원자력의 '꿈'을 빼놓고 말할 수 없는데, 그 서브컬처적 상상력이 원자력발전소 홍보와 직접 관련되어 있었습니다―참고로 몬주가 있는 후쿠이현 쓰루가시의 역 앞에도 '마츠모토 레이지 거리'가 있어, 〈우주 전함 야마토〉나 〈은하 철도 999〉 캐릭터가 즐비합니다.

원래부터 일본의 원자력 정책 자체에 좋지 않은 의미의 만화 같은 구석이 있습니다. 지진 재해 당시에 원자력안전 위원장이었던 마다라메 하루키班目春樹가 직접 그려 홈페이지에 공개한 서투른 네 컷 만화는 가장 좋은 예입니다.[22] 자신을 캐릭터로 삼아 스스로에게 면죄부를 주고, 간 나오토菅直人 총리에게 차분히 책임을 떠넘기는 최악의 만화입니다. 마다라메가 그린 얼굴은 개성이 없고 꿈속 장면처럼 묘하게 붕 떠 있어서 대부분

22   http://ponpo.jp/madarame/lec5/list.html

밋밋한 인상을 줍니다. 만화평론가들이 어떻게 평가할지 모르겠으나, 그것은 근대적 의사결정은 건너뛰고, 그저 '꿈'을 꾸고 있던 원자력 행정을 희화화한 것으로는 아주 잘 그려진 것입니다.

<너의 이름은.>의 꿈과 풍경

아무래도 지진 재해 후 일본 애니메이션이나 만화(혹은 그 비평)는 자신이 키워온 '꿈'을 재검증할 필요가 있을 것 같습니다. 2016년에 일본에서 폭발적으로 인기를 누린 신카이 마코토新海誠 감독의 <너의 이름은.>이 '꿈'을 테마로 한 애니메이션 영화였다는 사실은 지극히 상징적입니다. 다만 제 생각에는 그 미학적 측면에 문제가 있습니다.

청 씨도 잘 아시겠지만, <너의 이름은.>은 신카이 감독의 데뷔작 <별의 목소리ほしのこえ>(2002) 이후 이른바 '세카이계'—세계의 종말과 개인의 연애가 직결되는 작품군—미학의 집대성입니다. 꿈속에서 도쿄의 소년과 시골의 미소녀가 마음이 통하고, 소녀에게 운명적 재앙이 닥쳐오는 것을 깨달은 소년이 그녀를 구하려고 동분서주합니다. 신카이 감독은 소녀가 사는 마을을 정다운 옛 시골 풍경으로 정말 정성스럽게 그렸습니다. 그리고 마을을 멸망시키는 재앙 자체도 우주적이고 몽환적인 사건으로 그려졌습니다.

그러나 동일본 대지진이 일본인에게 들이민 것은 과거 쓰치모토 노리아키 감독이 찍은 것[<바다 도둑질>]과 같은 일본 내부의 제3세계적 풍경, 즉 전근대와 초근대가 만나는 변경의 풍경입니다. 그것은 〈너의 이름은.〉에서 옛 전통이 남아 있는 시골의 미학과는 정반대입니다. 우노 츠네히로는 『아사히 신문』의 서브컬처 평론에서 〈너의 이름은.〉에서의 재해가 동일본 대지진을 염두고 두고 그렸을 텐데, 그것을 남녀의 연애 배경으로 축소했다고 비꼬았는데, 확실히 이 애니메이션 영화의 풍경은 심각한 '거짓'이 있는 것으로 보입니다. 그럼에도 신카이 감독의 마술적 영상을 많은 관객이 환영한 건 우노가 말한 것처럼 지금의 일본인이 무엇을 원하는지 잘 보여줍니다.[23]

물론 신카이 감독은 대단히 총명합니다. 엔딩을 제외하면 이야기의 모든 것이 '꿈'이며 현실과 혼동해선 안 된다는 메시지가 작품 전체에 깊이 스며들어 있습니다. 또한 남자와 여자가 살아가는 인생의 '시차時差'가 보편적 주제라는 것도 부정하지 않습니다. 그러나 이 애니메이션의 진정한 문제는 세카이계적인 꿈의 세계를 순진무구하게 유지한다는 점입니다. 시모키타반도의 역사나 원자력발전소의 홍보관에서 얻을 수 있는 것은 '아름다운 꿈에는 함정이 있다'는 교훈입니다. 전후 일본 애니메이션은 그 아름다운 꿈을 프로파간다로 만드는 힘이 있었습니다.

그렇다면 지진 재해 이후의 애니메이션ポスト震災のアニメ은 〈너의 이름은.〉처럼 시골 풍경을 아름다운 꿈으로 그릴 것이 아

---

23 [옮긴이] 이와 관련해서는 우노 츠네히로, 김현아·주재명 역, 『모성의 디스토피아』, 워크라이프, 2022, 469~474쪽 참조.

니라, 오히려 기존 애니메이션의 '풍경'이나 '꿈'에 압력을 가해 비평과 수정을 더해야 합니다. 생각해 보면 일찍이 〈바다 도둑질〉, 〈바람계곡의 나우시카〉와 같은 해에 개봉한 오시이 마모루 감독의 〈시끌별 녀석들2 / 뷰티풀 드리머〉(1984)는 소녀의 꿈을 주제로 하면서도 그 허구성을 날카롭게 도려냈습니다.[24] 지금 필요한 것은 그런 작업이 아닐까요?

원전 사고의 표상 불가능성

일본인은 지진 재해를 계기로 만화나 애니메이션도 포함해 '문화란 무엇인가'를 다시 생각해 볼 필요가 있습니다. 문화나 예술도 커뮤니케이션의 한 형태입니다. 보통의 의사소통과 달리 말이 술술 나오지 않는 주제를 전달하고자 문화나 예술이 존재합니다. 청 씨가 관심을 기울인 '노래'만 해도 일상적인 의사소통 능력이 다한 곳에서 출현하지요.

문화와 예술에 관한 이러한 시각은 20세기라는 시대와 깊은 관련이 있습니다. 20세기 예술이 표상 불가능한 것을 어떻게 표상할 것인가라는 난제를 안고 있었기 때문입니다. 아우슈비츠나 히로시마 같은 극단적인 사건은 언어나 이미지(표상)로 표현하기가 극히 어렵고, 안이한 표상은 도리어 사건을 배신함

---

24   [옮긴이] 이와 관련해서는 우노 츠네히로, 김현아·주재명 역, 『젊은 독자를 위한 서브컬처 강의록』, 워크라이프, 2018, 105~108쪽 참조.

니다. 여기서 아우슈비츠 이후에 시를 쓰는 것은 야만적이라는 아도르노의 유명한 훈계도 도출됩니다. 그렇더라도 이 표상 불가능성을 앞에 두고 침묵을 선택하는 건 사건의 망각으로 이어집니다. 아무리 어려워도, 표상 불가능한 것을 표상하지 않으면 전달(=커뮤니케이션) 자체가 불가능해집니다.

지진과 쓰나미, 원전 사고라는 큰 사건이 일어난 동일본 대지진도 마찬가지입니다. 여기에도 '표상 불가능한 것의 표상'이라는 난제가 존재합니다. 특히 원전 사고는 다양한 수준에서 '표상 불가능성'을 동반합니다. 색깔도 소리도 냄새도 없는 방사성 물질은 오감으로 포착할 수 없으며, 피폭량은 시버트$_{Sv}$라는 단위의 차갑고 무기적인 숫자로만 나타낼 수 있습니다. 울리히 벡이 말하는 것처럼 피폭의 위험은 과학적 지식으로만 의식되기에, 인간의 '1차적 경험'으로는 파악할 수 없습니다.[25] 방사성 물질은 쌀쌀맞은 데이터로만 인식되기에, 이로부터 강한 불안이나 유언비어가 생깁니다. 게다가 방사능 유출을 일으킨 원자로는 문자 그대로 '표상 불가능'합니다. 금년 1~2월에는 후쿠시마 제1원전 2호기에 전갈형 조사기가 들어갔지만, 고선량 때문인지 금방 고장이 나버렸습니다. 이렇게 되면 '표상 불가능한 것의 표상'은 더는 인문학계의 말장난이 아닙니다. 원자로 내부를 '표상'해서 이미지로 공유하지 못하면, 원자로 폐쇄도 여의

25   ウルリヒ•ベック, 東廉他 訳, 『危険社会』, 法政大学出版局, 1998: [국역본] 울리히 벡, 『위험사회: 새로운 근대(성)을 향하여』, 새물결, 1997.

치 않기 때문입니다.

이 원자로와 방사성 물질의 '표상 불가능성'은 문화와 예술에 큰 시련입니다. 특히 오감에 호소해 독자를 감정이입시키는 근대소설은 큰 한계에 부딪게 되었습니다. 근대소설의 리얼리즘은 18세기 영국에서 탄생했는데, 당시는 바로 인간의 오감에 주목하는 철학이 나왔던 시대이기도 합니다.[26] 식사나 섹스 장면을 즐겨 그리는 무라카미 하루키의 작품은 근대소설이 오감(감각)의 묘사로 독자에게 강력하게 호소한다는 것을 잘 나타냅니다. 그러나 방사성 물질이나 원자로는 이 오감에 대한 호소 자체를 불가능하게 하고, 근대소설이 연마해 온 표상의 기술을 기능 부전 상태로 만들어버립니다.

원전의 악령

문학이 잘 다뤄온 것은 첨단 기술이라기보다는 기술과 인간의 관계라는 주제입니다. 예를 들어 전쟁이나 재해에 깊이 관여한 인간, 특히 '사자死者'에 관해 생각하는 것이 문화나 예술의 핵심이었다고 할 수 있습니다. 산 자가 죽은 자를 애도하는 추모나 진혼의 문제는 지난번에 청 씨가 소개한 문화의 '중심적인 가치 체계'에 포함됩니다. 죽은 사람을 대하는 방식에는 공동체의 특

---

26   イアン•ワット, 藤田永祐 訳, 『小説の勃興』, 南雲堂, 1999: [국역본] 이언 와트, 강유라·고경하 역, 『소설의 발생』, 강, 2009.

성이 잘 나타나지요.

동일본 대지진은 여기에서도 새로운 난제를 맞닥뜨리고 있습니다. 예를 들어 쓰나미(자연 재해) 사망자는 이제까지의 공동체적 의례로 추모가 가능합니다. 전쟁터의 사망자도 야스쿠니 신사 같은 공동체의 종교적 장치로 신성화되어 왔습니다—야스쿠니 신사는 근대 국가신도国家神道[27]의 장치로, 전통에 입각한 것이라고는 말하기 어렵습니다만. 반면 원전의 사망자는 어떻습니까? 다행히 동일본 대지진의 경우 원자력발전소 사고로 생긴 사망자는 나오지 않았습니다. 하지만 당시 일본인의 상상 속에서는 분명, 원전 피해가 낳은 사망자가 아른거리고 있었습니다—끔찍한 상상이어서 공개적으로 말할 수는 없습니다만.

그리고 그 상상 속 '원전의 사자'는 공동체의 진혼에 저항합니다. 쓰나미나 전쟁 사망자는 자연이나 외부의 적 때문에 죽은 공동체의 영웅으로 일정한 의미를 부여받을 수 있습니다. 그러나 원전의 사자는 그렇지 않습니다. 그들은 일본의 국책과 번영 때문에 생긴 죽은 자들, 즉 공동체의 과거 성공 체험을 '죄'로 반전시키는 희생자이기 때문입니다. 그들은 '우리'에게 살해당한 셈입니다. 따라서 원전의 사자를 미담으로 주워 담으려 할수록, 즉 공동체가 원전의 사자를 온화하게 추모하려 할수록, 반드시 강한 저항이 일어날 것입니다. 공동체의 진혼을 거스르

---

27   [옮긴이] '국가신도'는 오랫동안 민간 신앙으로 내려온 신도 신앙을 이용해 황권 강화하고 천황에 대한 숭배감을 고취시키고자 만든 일종의 국교 제도를 말한다.

는 사자, 그것은 곧 '악령'을 가리킵니다. 동일본 대지진은 '상상 속 악령'을 만들어낸 재해입니다.

저는 『부흥 문화론』을 쓴 후에 '지진 재해 이후ポスト震災'의 문화 상황에 관해 여러 차례 질문을 받았습니다. 그에 대한 저의 생각은 빈곤한 대답보다 풍부한 물음을 제기해야 한다는 것입니다. 왜냐하면 ① 서브컬처의 꿈이나 풍경에 수정이 필요하고, ② 원자력발전 사고라는 극한의 '표상 불가능한 것' 때문에 기존 표상 기술의 한계가 드러났으며, ③ 공동체 추모 의례에 수렴되지 않는 상상 속 '악령'이 탄생했다는—지진 후의 이러한 난제들은 그 어느 것도 간단히 해결할 수 없기 때문입니다.

그렇지만 어려운 수학 문제처럼, 문화의 난제가 금방 해결되지 않더라도, 후세까지 계속 이어가는 것이 중요합니다. 지진 재해의 문제를 애매하게 '배제'하면 머지않아 현실에서 역습을 받게 될지도 모릅니다. 우선은 필요한 질문들을 제대로 제기해야 합니다.

'지식'과 '예술'이 분산된 나라

지진 재해가 벌써 6년이나 지났지만, '살아 남은' 일본인에게는 생각할 것이 많이 남아 있습니다. 저는 이번 여행에서 그것을 다시 한번 실감했습니다. 제가 일본을 여행할 때마다 놀라는 건 작은 지방 도시에도 지식인이 항상 있고 향토에 대한 깊고 풍부한 정보를 가지고 있다는 것입니다. 게다가 그 지방 도시들은 그

다지 토속적이지 않으며 미적으로도 세련된 경우가 적지 않습니다. 이번 여행에서 처음으로 아오모리현의 네부타 마쓰리ねぶた祭り를 봤는데,[28] 2차원 평면(그림)과 3차원 입체(무대)가 결합된 슈퍼플랫[29]적인 네부타 행진은 마치 경극이나 가부키의 무대가 이동하고 있는 듯 보였으며, 여느 마을 축제의 볼거리와는 수준이 달랐습니다. 청 씨가 보내주신 지난번 내용처럼, 지리적 변경이 문화적으로도 변경이라고 할 수는 없습니다.

일본 지방의 다양성은 이른바 '도쿠가와 시대의 평화'가 남긴 유산입니다. 근세 이래의 일본은 '지知(지식)'와 '미美(예술)'가 전국으로 퍼진 나라였다고 할 수 있습니다. 예를 들어 에도 시대의 국학은 지방까지 널리 확산된 지식 운동이었습니다. 모토오리 노리나가는 마쓰자카松坂의 의사였으며, 이즈伊豆와 나카쓰가와中津川 등에도 국학의 거점이 있었던 것으로 알려져 있습니다. 시마자키 도손島崎藤村의 대작 『동트기 전夜明け前』(1929)에 그려진 것처럼, 이 '초야의 국학草莽の国学'은 메이지 유신의 원동력이기도 했습니다. 다른 예로 다이쇼 시대에 야나기 무네요시柳宗悦가 창시한 '민예folk art'도 있네요. 평화로운 도쿠가와 시대에 중앙의 세련된 문화가 각지로 전파되고, 이에 따른 지방

---

28   [옮긴이] 음력 7월 7일 연중행사(칠석 행사의 하나)로 행해져 온 여름 전통 축제의 한 유형. 인물이나 여러가지 형상의 크고 작은 등을 수레에 싣고 행진하는 퍼레이드로 유명하다.

29   [옮긴이] 슈퍼플랫은 무라카미 다카시(村上隆)가 만든 용어로, 일본의 애니메이션과 만화의 열풍에 영감을 받은 일종의 일본 팝아트라고 할 수 있다.

의 수준 높은 생활문화가 '민예'의 배경입니다.

물론 인구 감소 사회로 접어들면서 한계집락限界集落[30]이 늘어나는 이상, 머지않아 일본의 지방은 좋든 싫든 간에 재통합될 것입니다—불확실성이 가득한 포스트모던 세계에서도 인구 동태만은 상당히 정확하게 예측할 수 있습니다. 그때도 과거 유산의 상속을 잘하는 것이 중요합니다. 그것은 지역의 이미지를 바꾸는 것으로도 이어질 것입니다. 생각해 보면 도호쿠東北는 폐쇄적인 밀실 이미지가 있으나 오히려 현실의 토지는 광활합니다. 도호쿠 사람은 과묵하다고 하지만 다자이 오사무太宰治의 소설에서 볼 수 있듯 실제로는 수다스러운 사람도 많습니다. 이 편지에서 더 이야기해 볼 여유는 없지만, '아름다운 꿈'을 퍼뜨리는 것과는 다른 방식으로, 도호쿠의 이미지를 바꿔나갈 여지가 많이 있으리라 생각합니다.

……… 문득 정신을 차리고 보니, 우리의 편지도 어느새 마무리 단계에 있습니다. 다음 주는 우산운동 3주년이네요. 지금의 불안한 상황을 듣자 하니 언제라도 돌발적인 사건이 발생할 가능성이 있어 보입니다. 청 씨를 비롯한 여러분이 무사하길 진심으로 기원합니다.

2017년 9월 19일

후쿠시마 료타

30　[옮긴이] 65세 이상 고령자가 마을 인구의 절반을 넘어 농업용수나 삼림, 도로 유지관리, 관혼상제 등의 공동체 유지 기능이 한계에 도달한 마을을 가리킴.

변경 문화의 빛과 그림자
— 도시, 영화, 중국 내셔널리즘

후쿠시마 씨,

덕분에 귀는 많이 좋아졌습니다. 완전히 나은 건 아니지만. 사람 목소리는 그럭저럭 알아들을 수 있습니다만 조금 낮게 들립니다. 반년 동안의 회복기가 지났는데 아직 더 나아질 여지가 있는 듯해요. 침술 효과인지 특정 영양소의 효능인지(최신 영문 의학서적을 읽고 알게 된 사실입니다), 아니면 그저 착각인지 알 길이 없습니다. 한 일본 의료팀 연구에 따르면, 손상된 귀에 클래식 음악을 들려주면서 신경망을 재학습시키는 치료 방법이 효과가 있을지도 모른다고 합니다. 완치로 가는 길은 모르겠습니다만, 확실한 건 정적의 무음 상태도 뇌 내에서 합성된 '음성'의 일종이라는 점입니다. 들리지 않은 상태란, 완전한 무음이 아니라 잡음과 소음으로 가득 찬 질서 없는 세계입니다.

변경 문화는 잡음과 무음으로 만들어지는 세계입니다. 중심이 일정한 리듬으로 잘 조율된 문화라면, 변경 문화는 정반대입니다. 변경 문화를 해독한다는 건 단지 그 문화를 이해하는데 그치지 않고, 새로운 문화를 편집하고 만들어내는 일을 의미합니다. 이 책의 독자들 역시 수동적인 관객이나 읽는 사람에 머무는 게 아니라 변경 문화의 기여자이자 참여자입니다. '한 명의 작가, 한 명의 독자, 하나의 의미, 하나의 메시지'가 있을 뿐이라는 획일적인 문화관은 정치적으로 교착되고 고정된 하나의 이데올로기에 불과합니다. 변경의 사상은 문화의 능동성도 꽃피웁니다. 좀 더 능동적으로 귀를 기울일 필요가 있습니다. 그리고 조금만 유연하게 사고한다면 누구나 변경인으로 변신할수 있습니다.

문명의 변경

지난 편지에서도 서양 문명 얘기를 많이 했는데, 역시 중국이라는 존재, 또 하나의 문명 중심을 좀 더 이야기하지 않고서는 홍콩과 일본 두 변경의 미래를 가늠하기 어렵습니다. 얘기를 전개해 볼게요. 중국은 이름 그대로 '중심' 그 자체입니다. 오늘날 세계는 서양, 인도, 중국이라는 세 개의 문명밖에 없습니다. '문명'이란 '문文'으로 '밝힌다明'는 것, 성경에서 말하는 "태초에 빛이 있으라"에 해당하죠.

여기서 문명이란 시간을 초월한 영속적인 사상 체계도 의미합니다(이런 의미에서 이슬람 국가도 서양의 신학 체계에 들어갑니다). 중화 문명은 서양 문명과 2백 년쯤 대치하면서 일시적으로 역풍을 맞았지만, '중화 민족 부흥의 꿈'을 장대하게 이야기하는 이 이웃 나라가 오늘날 다시 간과할 수 없는 존재감을 드러내기 시작했습니다. 적어도 3천 년을 살아왔는데 2백 년간의 패배는 일시적인 것에 지나지 않죠. 맞아요. 시간은 항상 중화 문명이라는 중심의 편입니다.

교토 사람인 후쿠시마 씨만큼은 아니겠지만, 저는 애석하게도 음예 예찬파陰翳禮讚派[1] 변경인이기에 중심이라는 빛에 가급적 접촉하지 않으려 합니다. 이런 생각을 하며 일본의 지난 150년, 홍콩의 지난 70년이라는 각 변경의 평화에 대한 우연성과 행운을 느끼는 것입니다. 일본이라는 네이션도, 홍콩이라는 도시도 중화 문명이 역사상 가장 큰 위기에 처했을 때, 운 좋게도 서양 근대가 발명한 애플리케이션을 다운로드할 수 있었기에 간신히 자신의 변경 문화를 지켜낼 수 있었습니다.

이번 편지에서는 1920년대부터 30년대까지 근대 중국의 움직임을 살펴보면서, 그 변경에 있는 홍콩과 상하이를 클로즈업해 보려고 합니다. 이 시기 변경 도시들은 어떻게 격동의 근대를 맞이했으며, 어떻게 새로운 문화와 사상을 창출할 수 있

---

1   [옮긴이] 여기서 청육만은 탐미주의 소설가 다니자키 준이치로의 에세이집 제목 『음예예찬』에 빗대 자신의 변경 문화적 감수성을 이야기하고 있다. 다니자키 준이치로, 김보경 역, 『음예예찬』, 민음사, 2020.

었을까요? 이 물음에는 사실 중국 내셔널리즘이 깊이 연관되어 있습니다. 결론부터 얘기하자면, 근대 중국 내셔널리즘의 탄생에는 사실 홍콩과 상하이라는 도시가 깊이 연관되어 있는데, 이를 영화사로 되짚어보고자 합니다.

중국 내셔널리즘의 기원

먼저 내셔널리즘을 설명해 볼게요. 이미 여러 번 썼듯이, 내셔널리즘은 서양 근대문화의 애플리케이션인데, 비서구 문명사회에서는 일본이 가장 먼저 그 애플리케이션을 수입했죠. 후쿠자와 유키치를 비롯한 메이지 지식인들은 사민평등四民平等 또는 독립자존 등의 개념으로 시대를 이념적으로 지탱했습니다. 한편 중국의 내셔널리즘은 서양에서 직수입된 게 아니라 일본을 통해 유입되어 신해혁명과 중화민국 탄생을 촉진했습니다. 예를 들어 청말 지식인 양계초梁啓超는 일본에서 내셔널리즘 개념을 가져와 '민족주의'로 번역했습니다. 최근 중국의 어용학자들도 중국 내셔널리즘 탄생의 계기가 된 개념이 '일본에서 직수입되었다'는 역사적 사정을 인정하지 않을 수 없습니다.[2]

다만, 자국 민족의 유래와 역사가 '외국산'이라고 하면 본전도 못 찾을 것이기에, 중국 내셔널리즘이 탄생하기 이전 '오래

---

[2]   黃興濤, 『重塑中華—近代中國「中華民族」觀念硏究』, 三聯書店香港, 2017.

전부터 '중화 인민의 역사와 감정', '중화 문명'이 존재해 왔다'고 말합니다. 현 정부의 정치적 정통성과 관련된 이데올로기 또한 사실 공산주의가 아니라 내셔널리즘이라고 저는 해석합니다. 현대 중국 내셔널리즘의 융성은 천안문 사건 이후, 정부가 "중국 공산당은 중화 민족을 대표하고 외세를 막는 존재"라고 자신의 위치를 자리매김하면서 위대한 중화 민족의 부흥이라는 '중국몽'을 내세운 데서 유래합니다.[3]

내셔널리즘을 확산시키려면 '이야기'가 필요합니다. 내셔널리즘 연구의 스테디셀러인 베네딕트 앤더슨Benedict Anderson의 『상상의 공동체』는 내셔널리즘이란 성경이나 소설을 비롯해 복제 기술을 이용한 다양한 문화 장치로 유통된, 일종의 산업화된 이야기라 설명합니다.[4] 국민 의식을 기르기 위해 모두가 공유해야 하는 '거대 서사'인 거죠. 만들어진 이야기가 다른 시공간에 존재하는 인간들에게 같은 시간을 공유할 수 있게 해주고, 보편적인 관점을 제공해 준다는 것입니다. 학교나 신문뿐 아니라 영화 같은 대중오락도 어떤 이데올로기를 배포하는 좋은 선전 수단이었습니다.

그렇다면 근대 중국을 집대성한 국민적 이야기는 어디서 왔으며 그 내용이 어떻게 내셔널한 상상력을 자극했을까요? 중

---

3   平野聡,『「反日」中国の文明史』(ちくま新書), 筑摩書房, 2014.

4   ベネディクト・アンダーソン, 白石隆他 訳, 『定本 想像の共同体』, 書籍工房早山, 2007: [국역본] 베네딕트 앤더슨, 『상상된 공동체』, 길, 2018.

국 학자들은 중국 내셔널리즘 이야기의 기원은 아편전쟁이며, 항일전쟁으로 더욱 강화되었다고 말합니다.[5] 이러한 역사 인식은 오늘날 중국에서도 널리 공유되고 있습니다. "처음에는 영국, 그다음은 구미 제국諸國, 마지막은 일본. 중국은 이 제국주의 열강에 침략당했지만, 결국 중화 민족의 의식이 각성해 민족 부흥을 이루었다"라는 진정한 의미의 자학사관[6]—중국인이야 말로 가장 심한 피해자이니 너희들 가해자는 무릎을 꿇어라!—이 오늘날 중국에서는 정설입니다.

<훈업천추>, 그리고 네이션의 상상력

중국인을 피해자로 상정한 아편전쟁과 항일전쟁 이야기가 중국 내셔널리즘의 기원이라는 것, 이건 확실히 그럴듯하고 상식적인 주장으로 보입니다. 그러나 과연 이 두 전쟁만으로 중국의 민족 서사가 성립될 수 있었을까요? 덧붙여 또 이런 민족 서사를 이야기하고 퍼뜨린 건 대체 누구일까요?

영화는 이러한 질문을 심화하는 흥미로운 텍스트가 될 수 있습니다. 저는 올해 우연히 어떤 정치학자 선생의 '중국 정치

---

5   徐迅, 『民族主義』, 東方出版, 2015. 162쪽, 23쪽.
6   [옮긴이] 본래는 일본의 우익 정치 세력 혹은 역사수정주의자들이 기존 주류 역사서나 역사 교육이 자국 역사를 필요 이상으로 부정적, 비하적으로 이야기한다고 지적하며 사용한 말이다. 특히 아시아·태평양 전쟁을 비롯한 제국 일본의 과거사에 대한 비판, 반성, 사과의 태도가 과도하다고 주장하는 역사적 입장이다.

와 영화'라는 수업을 청강하게 되었습니다. 그는 제게 문예평론을 가르쳐준 은사 중 한 분입니다. 그는 이 강좌에서 "영화야말로 홍콩에서 현대 중국의 정치화를 관찰하기에 가장 좋은 변경적 관점을 제공한다"라고 주장하며, 제일 먼저 홍콩에서 중국 영화사가 차지하는 위치를 파악하고자 합니다. 변경인 홍콩과 상하이가 중국이라는 중심의 정체성을 규정했다는, 얼핏 전도된 듯 보이는 관계를 영화에서 읽어볼게요. 앞으로 이어질 내용 일부는 해당 강좌를 진행한 선생님의 식견인데, 허락해 주셔서 제 나름의 해석과 설명을 덧붙였습니다.

일본에서 태어나 홍콩에서 공부한 '홍콩 영화의 아버지'라 불리는 리민웨이黎民偉 감독의 〈훈업천추勳業千秋〉라는 다큐멘터리 영화가 있습니다. 1921년부터 28년까지 촬영해 1941년 홍콩에서 상영된 이 작품은 아편전쟁이 아니라 쑨원의 혁명과 장제스의 북벌(군벌 정벌)을 기록한 작품입니다. 쑨원의 측근이었던 감독이 직접 북벌군에 복무하며 전장에서 촬영한 다큐멘터리 영화입니다. 미국 영화 〈국가의 탄생The Birth of Nation〉(1915)은 박력 있게 전쟁 장면을 그려내며 '상상의 공동체'를 만들어내는 대중적인 이야기가 되었는데, 〈훈업천추〉가 '상상의 공동체'에 기여한 바는 〈국가의 탄생〉 그 이상이라 할 수 있어요. 혁명 전장이라는 현장(!)에서 촬영된, 진정한 의미에서 중국판 내셔널리즘 탄생을 기록한 영화이기 때문입니다.

하지만 중국이라는 네이션의 상상력에 일조한 영화가 '홍콩 영화의 아버지'의 것이라니, 중심 입장에서는 다소 불편한 이야깁니다. 서양 기술을 이용해 중화 민족을 멋대로 말하는 건 중국 영화사에서 재미없는 일이겠죠. 중심의 서사가 변경에 편승하는 듯하니까요.

사실 2000년대 초반에 홍콩 영화 연구자들과 중국 영화 연구자들 사이에 "홍콩 영화사 제1의 쟁점"이라 불리는 논쟁이 있었습니다. 홍콩의 한 영화평론지에서 "홍콩 영화의 아버지"라 불리던 리민웨이가 홍콩이 중국에 반환된 후인 2003년, 홍콩 영화 아카이브 전시회에서 "홍콩과 중국 영화의 아버지"라 칭해졌는데, 곧장 중국 영화 전문가들의 반발을 일으켜 2년 후 그 칭호가 "홍콩 영화의 선구자"라는 호칭으로 바뀌는 일이 있었습니다.[7] 중국이 역사의 해석권을 가지고 있음을 여기서 알 수 있습니다.[8]

'누가 최초의 '중국 영화'를 찍었는가'라는 질문에 대한 답은 간단합니다. 최초로 거리 풍경을 촬영한 사람을 자료로 확인하면 됩니다. 하지만 네이션 자체가 상상의 산물이라면 '중국이라는 근대 네이션을 영화로 새롭게 상상하고 필름에 담아낸 최초의 인물'이 진정한 의미의 '중국 영화의 아버지'가 됩니다. 미국의 〈국가의 탄생〉이 미국 내셔널리즘의 기념비적 작품인 것

---

7   [옮긴이] 이를 간단히 소개하는 최근의 한국어 문헌으로는 뤼천, 이규태 역, 「영화란 무엇인가―'홍콩영화'의 기원 논쟁 고찰을 시작으로」, 한국 영화학회 편, 『영화란 무엇인가』, 한국문화사, 2022, 232~240쪽 참조.

8   陳柏生 編, 『早期香港影史第一懸案―黎北海, 黎民偉從影個案硏究』, 香港電影雙周刊, 2008; 李以莊周承人, 『香港電影第一案』, 廣州花城出版社, 2012.

처럼, 리민웨이가 "홍콩 영화와 중국 영화의 아버지"라 불려도 개인적으로는 별문제 없습니다. 혁명 전장에서 찍은 이 영화야말로 중국 내셔널리즘의 영화적 기원이라고 생각합니다.

확실히 말할 수 있는 건 홍콩이라는 도시야말로 중국 내셔널리즘의 발상지였다는 전도된 역사입니다. 네이션이라는 상상력이 변경의 땅에서 탄생했다는 게 불가사의하네요. 하지만 그건 중심에는 불리한 일이기에 때때로 홍콩 영화사는 정치적 간섭을 받아 중국의 공식 문서나 교과서에서 은폐되고 맙니다.

공산당의 지하공작으로서 '국방 영화'

리민웨이와 같은 영화감독에 주목하면 중국 내셔널리즘 서사의 기원이 아편전쟁이 아니라 북벌이라는 것, 그리고 내셔널리즘의 서술자 또한 식민지 홍콩이라는 불순한 유전자를 포함하고 있음을 알 수 있습니다. 그렇다면 중일전쟁은 어떨까요. 중일전쟁도 중국 내셔널리즘의 발흥을 자극한 걸로 보이나 영화에서는 간단히 드러나지 않습니다. 여기서 상하이 영화로 눈을 돌려보죠.

전쟁 전 중화민국 시대, 영화를 비롯한 문화 발신의 중심지로 부상한 상하이는, 당시로서는 확실히 변경이라기보다는 중국 근대문명의 새로운 중심이었습니다. 상하이라는 도시는 이미 청나라 시대에 형성되었지만, 그 도시의 융성은 서양 근대문명에 힘입은 바가 매우 큽니다. 외국 열강이 관리하던 조계租界

도 근대 상하이의 성격을 농후하게 규정했다고 할 수 있어요. 1937년 발발한 중일전쟁으로 상하이는 일본군에 점령당했으나, 조계는 1943년까지 존재했습니다. 그곳은 정치적 소속과 문화적 정체성이 불안정한 기묘한 시공간이었습니다. 이 또한 외래의 이질적인 변경 문화라고 생각하는 건 저뿐일까요?

1920~30년대 중일 관계는 긴장 상태였으나, 자본주의와 소비주의의 진원지였던 상하이(홍콩도 마찬가지)에서는 항일전쟁의 위기감을 부추겨도 별다른 효과를 거두지 못했습니다. 특히 장제스의 국민정부는 (중국 국민정부는 철저한 타협주의 기조였기에) 일본을 자극하지 않으려는 이유로, '항일영화'는 기본적으로 검열하고 있었으나, 1931년 9·18 사건(만주사변) 이후 일본군이 동북부를 점령하기 시작하자 국민정부는 위기의식을 느낍니다. 하지만 국방 의식을 고취하기 위해 '국방 영화'를 제창하고 싶어도 애초에 명시적으로 '항일'을 내세울 수 없었습니다.

그럼에도 중화 민족의 단결을 도모하지 않고 버틸 수는 없었습니다. 그리하여 이 상황을 이용해 중화 민족주의를 부추기는 움직임이 생겨났습니다. 이를 부추긴 게 바로 중국공산당의 지하 문예 공작원이었습니다. 이 좌익 공작원의 영향을 받은 사람 중 한 명이 훗날 중국 영화사를 대표하는 감독으로 꼽히는 페이무費穆입니다. 페이무는 1930년대부터 자신이 나고 자란 상하이에서 영화감독으로 활동했습니다. 〈도시의 밤城市之夜〉(1933), 〈공부자孔夫子〉(1940), 〈작은 마을의 봄小城之春〉(1948) 등의 대표작으로 알려진 페이무는 급속히 현대화된 중국에서 전통이란 무엇인가를 재조명하는데, 특히 섬세한 인정을 그려내는 게 특징입니다.

페이무의 초기 작품인 〈랑산첩혈기狼山喋血記〉(1936)를 살펴보죠. 이 영화는 마을 사람들과 늑대의 싸움을 그리는데, 거기에는 항일 테마가 숨겨져 있습니다. 얼핏 보면 국방을 내세우며 항일과 내셔널리즘을 고양할 목적으로 한 '국방 영화' 계보에 속하는 듯합니다. 그러나 작품에서 강조하는 것은 항일 중국 내셔널리즘뿐 아니라 계급투쟁(!)의 메시지라는 게 제 해석입니다.

줄거리는 이렇습니다. 무대는 어느 산골 마을. 어느 날 마을 전체가 늑대의 습격을 받지만 목숨을 잃을까 봐 아무도 나서지 않습니다. 마을 사람들 사이에서는 나 말고 다른 누군가가 해결하길 바라는 분위기가 팽배해지면서 마을의 공동체 정신이 훼손되고 있었습니다. 그런데 한 마을 주민이 늑대의 먹잇감이 된 걸 계기로, 마을 사람들은 일치단결해 폭압적인 늑대에 저항합니다. 어떤 의미에서 이 늑대는 일본에 대한 비유입니다. 당시 상하이 영화와 문학 작품에 이미 중국공산당의 지하 공작 손길이 닿아 있던 시대적 상황을 감안하면 이 영화에 항일 민족정신을 고양하려는 의도가 있었음은 물론이고, 이와 함께 계급투쟁이라는 비유도 선명하게 드러납니다.

압제자가 있고, 운명을 거역할 수 없는 불쌍한 서민들이 있습니다. 그리하여 '의심을 내려놓고 일치단결해 압제자와 운명에 반항하라!'는 매우 명료한 메시지를 그렸습니다. 사회운동과 혁명 정치를 잇는 마르크스주의 논리를 매우 시적으로 비유했죠. 〈랑산첩혈기〉에는 '민족의 적(=일본)을 쓰러뜨리자'는 내셔널리즘적인 메시지와 '계급의 적(=국민당)을 쓰러뜨려라'는 마르크스주의 메시지가 이중으로 중첩되어 있다고 생각합니다.

겉으로는 항일을 외치면서 뒤로는 계급투쟁을 외친다. 이는 마오쩌둥이 1937년 쓴 『모순론』에서 주창한 '주요 모순'과 '부차 모순'이라는 구분입니다. 즉 항일 시대에는 "일본에 대한 민족투쟁이 주요 모순"이라 하여 주적인 일본을 먼저 때려잡는 걸 주안점으로 삼고, 계급투쟁은 부차적으로 은밀히 해야 한다는 시국 판단을 했던 것입니다. 항일이 성공한 다음에는 계급투쟁이 주된 사회 모순이기에 계급의 적을 철저하게 무너뜨려야 한다는 정치투쟁 철학을 〈랑산첩혈기〉와 같은 문예영화에도 적용할 수 있는 게 1930년대 이래 중국 영화의 특징입니다.

요령 있게 정치를 거부한 페이무

그런데 페이무는 작가로서 무슨 생각으로 〈랑산첩혈기〉를 만들었을까요. 그 자신은 작품에 대해 "현실적인 영화를 목표로 했을 뿐, 사냥꾼이 늑대를 사냥한다는 지극히 평범한 소재를 테마로 한다"라며 우리의 정치적 해석을 거부합니다. 늑대가 무엇을 의미하는지 언급하지 않고 예술적 기법으로 적을 모호하게 숨긴 채 추상적인 기록만 남겼습니다.

이 작품을 보고 구로사와 아키라黑澤明의 〈7인의 사무라이〉가 떠올랐습니다.[9] 두 영화 모두 마을 사람이 단결해 적에게 저항하는 이야기입니다. 반대로 중국 영화 역사상 최고 걸작 중 하나가 된 〈작은 마을의 봄〉에서 페이무는 중국 예술을 상징하는 '여백의 미'를 효과적으로 사용해 '정열'에서 일순 '퇴폐미'로 바뀌는 남녀와 가족의 정을 담담하게 그렸습니다. 정치투쟁의 그림자 속에서 애정과 가족이라는 테마를 중국 산수화와 같은 정적인 화면에 정착시켰다는 의미에서는 오즈 야스지로小津安二郎의 작품에 가까울지 모르겠습니다.[10] 초기의 〈랑산첩혈기〉가 구로사와적이라면, 후기의 〈작은 마을의 봄〉은 오즈적이라고 할 수 있을까요. 그러나 이 프티부르주아적 미학은 1949년 해방 후 중국에서는 정치적인 이유로 볼 수 없게 됩니다.

우리의 『변경의 사상』에서 페이무 이야기는 대체 무엇을 의미할까요. 중심을 지향하는 정치투쟁보다 퇴폐적인 남녀의 치정담이 오히려 더 변경적이라는 걸까요. 실제로 퇴폐적인 분위기가 물씬 풍기는 〈작은 마을의 봄〉은 후대에야 평가받습니다. 정치적인 파도보다는 '시냇물처럼' 가늘고 길게 흐르는 정신. 겉으로 드러나지 않는 히키코모리 같은 은둔 생활. 중국의 은둔 문인들이 떠오르는, 이 지극히 변경적인 사상과 미학은 단순 취미가 아닌, 일종의 정치적 생존술로 이해해야 합니다.

9   四方田犬彦, 『「七人の侍」と現代』 (岩波新書), 岩波書店, 2010.

10   與那覇潤, 『帝国の残影』, NTT出版, 2011.

이는 시대와 국경을 넘어 훗날 홍콩 영화의 영원한 테제가 되었습니다.

세 번째 편지에서 추상적인 연출과 시적인 대화 묘사로 유명한 세계적인 왕가위 감독의 영화를 살펴보았습니다. 그의 영화 기법과 의미를 해석하는 일은 아주 난해하나, 형언하기 어려울 만큼 따뜻한 표현과 아름다운 화면 구성은 문화의 경계를 넘어 전 세계 관객을 매료시켰습니다. 남녀 치정담이나 가족애는 겉으로 보기에는 범속하나, 홍콩인뿐만 아니라 어느 나라 사람이나 오랫동안 사랑해 온 보편적인 주제입니다.

최근 일본에서 인기를 끈 홍콩 작가 찬호께이陳浩基의 추리소설 『13·67』[11]은 홍콩 경찰의 실태와 최근의 정치 메시지를 이야기의 이면에 담은 경찰소설로, 이른바 사회파 추리소설로 분류해도 좋을 법한 작품입니다. 평론가인 제 친구는 "홍콩 TV 멜로드라마 대사를 떠올리게 한다"라고 감상적인 평을 남기기도 했습니다. (홍콩 TV 드라마에서는 경찰과 같은 전문직을 소재로 하면서 실제로는 가족 유산 분쟁이나 남녀의 이야기를 그리는 경우가 많습니다.) 홍콩이라는 변경은 내셔널리즘이나 혁명 같은 정치를 생산하기도 하지만, 또 한편으로는 정치에서 도피해 범속한 남녀의 치정과 가족애에 몸을 숨깁니다. 변경은 사상이라기보단 말하자면 지혜에 더 가까운 듯합니다. 변경의 사

---

11   陳浩基, 『13·67』, 文藝春秋, 2017: [국역본] 찬호께이, 강초아 역, 『13·67』, 한스미디어, 2015.

상이란 복잡한 정치와 역사적 환경에서 만들어진 지혜라 말해도 좋겠네요.

덧붙여 이건 여담인데, 당시 연기가 어설픈 배우 한 명이 페이무에게 야단을 맞고 앙심을 품었다고 합니다. 아마도 그 배우는 중국공산당을 뒷배로 배역을 따낸 듯합니다. 정치적 인사 청탁 등으로 골치 썩던 페이무는 1949년 홍콩으로 도망쳐 51년 조용히 세상을 떠났습니다. 이 배우는 바로 문화대혁명이라는 격동의 시기에 수많은 문예 작가와 영화감독을 매장한 마오쩌둥의 부인 장칭江靑입니다.

아편전쟁과 중국 내셔널리즘이라는 수수께끼

리민웨이의 〈훈업천추〉는 북벌이라는 중국 대륙의 민족적 사건를 촬영했는데, 그 발상지는 변경의 홍콩이었습니다. 반면 상하이에서 페이무가 만든 〈랑산첩혈기〉는 항일을 내세운 단순한 내셔널리즘 영화로 보이지만, 거기에는 공산당의 계급투쟁 메시지가 담겨 있습니다. 이렇게 보면 중국 내셔널리즘 서사와 그 서술자라는 게 생각보다 복잡한 테마라는 것을 이해할 수 있습니다.

전쟁 중에 찍은 영화 한 편을 예로 들어볼게요. 1937년 중일전쟁이 전면적으로 치닫는 가운데, 두 도시―외국의 조계이자 '외딴 섬'인 상하이, 대영제국의 식민지였던 홍콩―는 긴장 상태의 사회 상황에서도 전쟁을 피한 변경 한 구석의 피난처에

서 편안히 안주합니다. 갓 태어난 중화 민족이 존속이 걸린 전쟁을 하고 있을 때, 이 두 변경은 섬뜩할 정도로 도시의 소비생활을 누렸습니다. 중심의 문인 입장에서 보면 이보다 더한 민족적 모욕은 없습니다. 일본의 '교토 혐오京都嫌い'[12] 같은 느낌일 것입니다.

하지만 1941년 12월, 일본군은 상하이(8일)와 홍콩(25일)을 점령했습니다. 중화 문명과 서양 문명의 변경이 일본 문명의 변경(!)이 되었습니다. 그리고 이 새로운 변경의 땅에서 일본제국의 대동아공영권 정신의 선전을 목적으로 하는 영화가 제작되었습니다. 당시 상하이에는 영화 스튜디오가 밀집해 있었는데, 그곳에 영화 제작자를 모아 놓고 영화를 만들게 했습니다. 이 시기 제작된 영화는 '중국 영화'로 인정되지 않았고 이후 '노예 영화' 또는 '매국노漢奸 영화'로 자리매김합니다. 자세한 내용은 영화평론가 사토 다다오佐藤忠男의 『키네마와 포성—중일전쟁 영화 전사前史』에 맡기고 싶습니다. 이 시기의 인물과 친분이 있는 사토의 서술은 당시 변경의 문화 상황, 특히 그 정치의 모호함과 혼돈을 선명하게 그려냅니다.[13]

만약 당신이 이 시기에 상하이 땅에서 중국인 영화감독이었다면, 혹은 대일본제국의 감시를 받는 프로듀서였다면 무엇

---

12   [옮긴이] 교토를 제외한 일본인들 사이에 회자되는 교토인 특유의 부정적인 기질(음흉함, 표리부동)에 대한 세속적인 낭설.

13   佐藤忠男, 『キネマと砲聲—日中映画前史』(岩波現代文庫), 岩波書店, 2004; 四方田犬彦, 『李香蘭と原節子』(岩波現代文庫), 岩波書店, 2011.

을 만들었을까요. 실제 역사는 이렇습니다. 초기에는 오락영화가 많이 만들어지다가(전쟁 중에도 사람들은 영화를 많이 봤어요), 1942년에 '반反영미, 반제국주의' 영화가 만들어지는 흐름 속에서 〈만세유방萬世流芳〉—장셴첸張善琨, 부완창卜萬蒼, 저우쓰린朱石麟, 마슈웨이방馬徐維邦, 양샤오종楊小仲 공동 감독 5인—이라는 초대형 영화가 탄생했습니다.

이 영화는 아편전쟁기 중화 민족 영웅인 임칙서林則徐 이야기입니다. 맞아요, 훗날 중국 내셔널리즘이라는 서사의 기원이 된 아편전쟁을 테마로 한 영화입니다. 임칙서는 후에 아편전쟁기의 민족 영웅이라는 칭호를 얻은 청나라의 대신입니다. 그가 인민을 독살하는 마약, 즉 아편을 몰수하고 폐기시킨 바람에 영국이 전쟁을 일으킨 역사는 유명하죠. 그는 응전했으나 참패해 황제한테 직위를 박탈당하고 한직으로 쫓겨났습니다.

이렇듯 아편전쟁을 소재로 한 최초의 영화가 일본 제국주의 시대의 마도魔都 상하이에서 제작되었다는 건 놀라운 일입니다. 일본 측 요청도 있었겠지만, 이 영화에는 중국인 감독이 다섯 명이나 참여했고 중국, 일본, 만주 출신 배우도 많이 캐스팅되었습니다. 일본군 점령지뿐만 아니라 공산당 근거지인 옌안에서도 상영되어 당시 큰 반향을 불러일으켰다고 합니다.[14] 하지만 중국 내셔널리즘의 기원이 된 아편전쟁 영화가 일본 제국주

---

14   傅葆石劉輝, 「淪陷區電影中的鴉片戰爭」, 『二十一世紀雙月刊』, 香港中文大學, 2007年 12月号; 黄望莉冷平, "孤岛"沦陷时期」, 『电影新作』, 2015年 第5期.

의의 영향을 받아 그에 내통하던 중국인들에 의해 만들어졌다는 건, 현재 중국 정부의 정치관(민족주의)에 대한 조롱 같습니다. 이런 사실을 접할 때면 중심 가치관을 비웃는 역사의 망령이 현존하는 느낌마저 듭니다.

홍콩 영화평론가 웡아이링黃愛玲은 이 영화를 "중국 영화사의 블랙홀"이라 표현하며, "역사적 인과관계가 정리할 수 없을 정도로 복잡하게 얽혀 있다. 그래서 이 이야기는 기피되고 은폐되었다"라고 그 역사적 의미를 설명합니다.[15]

〈만세유방〉, 즉 '후세에 아름다운 명예를 남긴다'는 이 영화는 역사적 사실과 크게 다르지 않습니다. 그러나 출처가 불분명한 '민담'도 일부 있어 역사에 등장하지 않는 여주인공들이 창작되었습니다. 예를 들어 리샹란이 연기하는 사탕 장수 여인이 그러한데, 아편의 폐해를 노래하는 장면이 인상적입니다.[16] 또한 임칙서를 동경하는 반反영국 게릴라단 소속 미소녀 전사의 존재. 스파이인 그녀는 적의 동태를 살피고 결국 임칙서를 위해 희생됩니다(변경의 문화는 스파이 이야기를 좋아하죠). 하지만 많은 생각을 하게 하는 건 영화 마지막에 등장하는 '충忠'에 관한 이야기입니다.

임칙서가 아편 단속 임무에서 해임되어 광저우를 떠날 때 그를 배웅하는 장면이 나옵니다. 임칙서와 부인, 부하 세 사람

---

15   黃愛玲, 「中國電影史上的黑洞」, 『信報』 2005. 6. 10.

16   毛尖, 「這個世界會好嗎」, 藍天雲編, 『張愛玲－電感劇本集』, 香港電影資料館, 2010.

이 대화를 나누는 이 장면에서, 국가를 위해 죽음도 마다하지 않던 임칙서가 도대체 어디에 충성을 맹세한 것인지, 혹은 그의 적은 누구인지 의문이 듭니다. 이 작품이 일본 정부의 지시로 제작되었다는 배경을 감안하면 일본제국의 프로파간다 영화일 테니(이에 대한 더 자세한 내용은 사토 다다오 저서에 맡깁니다), 적은 당연히 대영제국입니다. 그러나 청나라의 임칙서가 대일본 제국주의에 가담할 리가 없는데, 중국과 일본 공동 제작자는 대체 그의 이야기에서 어떤 메시지를 관객에게 전달하고자 했는지 의문입니다. 중화 민족의 정통성을 호소하려 했는지, 인민의 입장에 주안점을 두었는지, 아니면 보다 폭넓은 아시아적 의미를 말하려 했는지는 관객이 해석하기 나름인데, 이 다양한 해석의 가능성이 열려 있다는 게 〈만세유방〉의 흥미로운 부분입니다.

여기에 정치나 사랑 중 어떤 것을 위한 싸움인지, 무엇에 대한 '충성'인지도 의문입니다. 임칙서는 나라를 위해, 게릴라 부대 여주인공은 임칙서를 향한 애정을 위해 싸웁니다. 여주인공의 헌신적인 모습을 본 임칙서의 부하가 "인생에서 나를 알아줄 한 사람의 벗도 얻기 어렵다人生難得一知己"라고 평하자, 임칙서의 아내는 "아니요, 그는 나라를 위해 싸웠어요"라고 말합니다. 아내 입장에서 남편이 여주인공의 애정을 위해 싸운 거라면 불쾌했을 터이니 당연한 반응입니다.

'정치에 대한 충성인가, 아니면 우정이나 애정에 대한 충성인가', '후세에 빛나는 명예를 남기는' 건 누구일까요. 복잡한 정치 환경이 배경인 〈만세유방〉은 다양한 해석이 가능한 영화입니다. 제작자는 도대체 무엇을 위해 영화를 만들었을까요? 그는 무엇에 충성을 다했을까요? 저는 이 영화 역시 변경의 지혜를 매우 잘 이끌어낸 작품이라고 생각합니다.

이 영화에 관여한 제작진의 이후 운명을 쉽게 짐작하시겠죠. 일본의 패전 후 모두 적과 내통한 사람이나 중화 민족의 적으로 지목되어 영광이 아닌 오명을 뒤집어썼습니다. 그들 태반이 민족 반역자가 되어 홍콩으로 도피하게 됩니다. 〈만세유방〉에 대해서는 아홉 번째 편지 마지막에 인용한 광둥가요 〈레이헝란〉의 한 구절인 "하고 싶은 말이 무수히 많은 듯한데, 안타깝지만 난 못 알아듣겠다"라는 말밖에 덧붙일 게 없습니다. 우리의 편지처럼 이 영화에서 눈여겨 볼 점은 그 내용보다도 제작자 사이의 관계입니다. 이 작품을 무엇보다 제작자 사이의 우정의 증표로 보면 더 깊게 음미할 수 있습니다.

변경의 암호 해독, 장아이링의 가족영화

상하이에서 제작된 〈만세유방〉은 언뜻 보면 아편전쟁을 그린 내셔널리즘 영화가 맞지만 그것만으로 해석하기 어려운 암호를 많이 품고 있습니다. 표면적으로 보면 정치적 의도나 사적인 감정 등을 헤아리기가 쉽지 않습니다. 하지만 잘 음미하면서 작품을 보면 대사와 화면 배후에 은밀히 빛나는 무언가가 보이기 마련입니다.

다만 '문자의 옥'이라는 전통이 있는 중국은 문화에 대한 정치의 간섭이 심해서, 중국 문명의 변경성을 점점 더 알아보기가 힘듭니다. '문자의 옥'은 엄혹한 정치투쟁을 목적으로 문자와 문화를 검열하려는 정치운동입니다. 중국 문자는 대단히 자의적으로 해독될 수 있기에 문자를 관장하는 문인은 위험에 노출되어 있습니다. 중심의 이데올로기 통제에 충실히 따를 것인가 말 것인가. 그것은 창의성을 생명처럼 여기는 문예 창작자의 생사가 달린 문제입니다.

문화대혁명 시기, '문자의 옥'이 정점에 이르러 극심한 정치 검열로 문화의 잠재력과 창의력은 말살됐습니다. 그 결과 이 시기에 전통극이 추방되고 공식적으로 여덟 개의 모범극[樣板戱]만 남았습니다. 문자보다 더 해석의 여지가 많은 영화 같은 매체는 크나큰 시련을 겪었습니다.

문화대혁명을 비롯해 중국 전역을 휩쓸었던 수많은 광란의 사건과는 떨어져서 한구석에 숨어 번영을 누리던 도시, 그곳이 바로 홍콩입니다. 제2차 세계대전 후 현재의 세계지도를 그린 국경선이 정해졌습니다. 중국 공산당이 '해방'시킨 상하이는 도시적 특성을 잃어갔지만, 일본제국에서 대영제국에 속하게 된 홍콩은 자유도시의 빛을 되찾아, 냉전 시대에도 한동안 평화를 누렸습니다. 이윽고 변경의 문화가 여기서 꽃을 피웁니다.

지금까지 세 편의 전쟁영화에 숨어 있는 정치적 '암호'를 읽어봤습니다. 중심의 강한 빛은 변경의 역사를 가리지만, 뛰어난 글쟁이라면 교묘한 방법으로 후세의 우리에게 메시지를 전했을 것입니다. 저는 변경에서 발산하는 은은한 빛을 찾고자 영화의 암호를 풀어봤습니다. 홍콩 영화를 비롯한 팝 문화나 서브컬처는 모두 정치와 무관해 보이나, 정치투쟁에서 벗어나고자 하는 변경 주민의 마음이 담겨 있습니다. 그 때문에 변경의 문화에는 언제 닥칠지 모르는 피난과 이주를 준비하는 마음이 그려집니다. 정치로부터 도피한 일상을 묘사하면서도 실은 정치에 대해 말하고 싶은 무언가를 지닌 채, 그러나 쉽게 말하지 못하는……, 이 모순되고 모호한 방식이 홍콩에 국한되지 않는 변경 사상의 정수라 할 수 있습니다.

물론 정치적인 암호 해독만으로 홍콩 영화를 말할 수는 없습니다. 홍콩에는 정치와 거리를 두려는 '일상계日常系'[17]에 속하는 영화도 있으니까요. 그중에 두 번째 편지에서 후쿠시마 씨가 언급한, 중국 문단을 풍미했던 장아이링을 소개하려 합니다. 그녀는 홍콩과 깊은 인연이 있습니다. 1930년대에 데뷔해 상하이와 홍콩을 배경으로 소설을 썼고, 해방(1949년) 후에도 중국에 잠시 머물렀으나 정치에 복무하는 문학이 싫었는지 창작의 자유가 보장되는 홍콩으로 건너갔습니다. 1955년 미국으로 건너간 그녀는 미국인 극작가와 재혼했으며, 1950년대 후반부터 60년대 초반까지 홍콩 영화 시나리오 의뢰를 받았습니다.

---

17 [옮긴이] '일상계'는 일본에서 2000년대 후반부터 이른바 세카이계에서 파생된 것으로 여겨지는 만화-애니메이션 장르이다. 이야기의 전개에 있어 큰 사건이나 대립이 없이 여성들의 커뮤니케이션을 중심으로 한다는 특징을 가지고 있다.

장아이링의 문학 작품은 '모친 살해'라는 주제를 담고 있습니다. 어머니는 오로지 악인으로만 그려집니다. 하지만 그녀가 각본을 맡은 홍콩 영화 〈소아녀小兒女〉(1963)에서는 어머니와의 화해가 이루어지고, 가족 간의 화목한 장면까지 묘사됩니다. 이는 오늘날 홍콩 멜로드라마의 한 장면 그 자체입니다. 〈소아녀〉의 주제는 주인공들의 엄마가 세상을 떠난 후, 아이들이 새엄마와 어떻게 마주할 것인지입니다―방 한쪽 구석에 놓인 영정 사진 속 어머니는 그저 침묵한 채, 주인공들을 어쩐지 으스스하면서도 '따뜻하게 지켜보고' 있습니다. 작가로서 자부심이 대단한 장아이링이 타협적인 자세로 창작했을리는 없을텐데, 소설에 비해 영화 시나리오의 내용은 상당히 부드러운 듯합니다.

드라마의 이런 질적 변화는 장아이링이라는 한 개인뿐만 아니라, 홍콩의 사회 상황과도 깊이 연관되어 있습니다. 대륙의 공산당과 대만의 국민당 사이에는 오랫동안 이데올로기 전쟁이 지속되고 있었습니다. 홍콩으로 도피해 목숨을 건졌던 난민과 노동자들은 '정치는 이제 지긋지긋하다'라는 메시지에 공감했습니다. 그때 '가족'이라는 사적 공간은 과격화된 당시의 정치적 분위기의 해독제가 되었습니다. 장아이링도 자신과 가족의 생활에 분주했으니 나름대로 문예적 타협을 했다고도 볼 수 있습니다. 정치가 아닌 금전을 위한 타협 말이에요. 문예는 정치에 봉사하는 것이 아닌 변경에서 살아남기 위한 기능이라는 것, 그것이 곧 도시의 논리인 셈이지요.

변경은 '편안偏安'한 상태에서도 안절부절못하다

'틈새 한구석에 안전하게 몸을 숨긴다', 즉 편안일각偏安一角은 홍콩 정신의 수맥입니다. 바깥 세계는 혼란과 동요로 가득하지만 홍콩은 왠지 모르게 도원향桃源鄕의 고요함을 간직하고 있습니다. 일견 천진난만하고 세상 무해한 캐릭터들이 작품에 묘사되는 것도 정치로부터 몸을 사리고자 하는 방법이라 생각됩니다. 그러고 보면 장아이링이나 김용 같은 문화인은 대단한 사람들인 거 같네요.

냉전은 끝났으나, 서로 다른 정치 세력 사이에 끼어있는 홍콩의 입지는 변함없습니다. 애초에 홍콩의 '편안偏安'은 중국이라는 거대한 역사에서 벗어나 있었기에 가능했습니다. 그러나 서양 근대를 넘어서는 민족 부흥을 꿈꾸며 독재적인 전체주의 정치로 치닫고 있는 오늘날 중국을 보고 있자면 '편안'의 정신을 지키기 어렵습니다. 포연 없는 전선에 서서 보이지 않는 투쟁을 벌이며, 이 시대를 정면으로 버텨내야 하는 장소에 몸을 담고 있다는 게 어떤 느낌일지 상상할 수 있는지요?

그 마음은 언제나 안절부절못합니다. 이러한 불안함은 전 세계인이 매료된 홍콩의 임협任俠 영화(흑사회黑社会), 무협 영화, 스파이 영화에 잘 묘사되어 있습니다. 맞아요, 정치의 그림자가 작품 한구석에 어렴풋이 으스스하게 그려져 있습니다. 변경의 마음처럼 언제나 새로운 여정을 준비하는 듯한 분위기랄 수 있죠.

이번 서한에서 저는 이러한 '안절부절못한' 입장에서 영화에 나타난 중국 내셔널리즘의 기원을 탐구하며 변경 문화의 암호적인 특징을 생각해 보았습니다. 〈훈업천추〉와 같은 다큐멘터리 영화는 그 정치적 내용보다는 누가 중국 영화의 아버지인가라는 중국 영화의 기원을 둘러싼 논쟁에 휘말렸는데, 이는 현대 중국 영화사 서술에도 영향을 미쳤습니다. 반대로 흑역사로 여겨져 후세에 잊힌 〈만세유방〉은 표면적으로는 정치 프로파간다이지만 넌지시 사적인 우정을 이야기합니다. 비정치적 작품으로 보이는 〈소아녀〉도 해석하기에 따라 강한 정치성을 읽어낼 수 있습니다. 일전에 후쿠시마 씨도 중국 정치와 문화에 침잠해 있는 암호화 경향에 주목한 바 있는데, 언뜻 비정치적으로 보이는 대상에 정치적 해석을 의도적으로 부여할지 여부는 당연히 독자(혹은 검열자)의 의지에 달려 있습니다. 전후 홍콩의 난민 사회는 안정된 생활이 지속되기를 원했기에, 대부분의 독자는 홍콩 작품의 비정치성에 주목해 왔던 것입니다.

암호화된 정치적 메시지를 담고 있으면서도, 그 톤을 억제하여 세상 무해한 작품처럼 보이게 하는 건 역시 창작자의 능력입니다. 변경의 사상은 일상적인 것에 숨겨진 정치성을 찾아내는 머릿속 '스위치'를 요구합니다. 일본 문학계에는 정치에 대한 예민한 감각이 아직 살아 있을까요—예를 들어 〈웃음의 대학〉 각본을 쓴 작가 미타니 코우키三谷幸喜에게 이런 스위치가 있는 게 아닐까 하는 생각이 듭니다.

내셔널리즘의 기원이 중국 본토가 아닌 변경 홍콩이나 상

하이 같은 도시에 있다는 사실이 놀라운가요? 물론 제국주의
와 식민주의가 중국 내셔널리즘의 탄생을 촉진한 측면도 있으
나 그 역사는 결코 단순하지 않습니다. 내셔널리즘을 자극하려
면 영화처럼 대중을 끌어들이는 상상력 덩어리라는 매체가 있
어야 합니다. 변경이라는 도시는 창조의 산파로서 언제나 중심
세계에 새로운 자극을 선사합니다. 세계 대전 이전의 프랑스 파
리도 다양한 혁명 분자들을 길러내어 전후 후진국에 혁명과 내
셔널리즘 발흥을 불러일으켰습니다. 얼핏 어울리지 않을 것 같
은 도시주의와 내셔널리즘은 사실 밀접한 관계에 있습니다.[18]

후쿠시마 씨가 부럽습니다. 일본의 문예비평이나 문자를 다루
는 학문은 정치, 폭력, 피와는 멀리 떨어져 존재합니다. 하지만
이 홍콩이라는 변경의 땅에서는 이미 문자와 문예를 통한 정치
적 대결이 반복되고 있습니다. 영화뿐만 아니라 시와 음악도 때
로는 생사와 직결되기도 합니다.

 마지막 서한을 눈앞에 두고 다다음 주 후쿠시마 씨와 담당
편집자를 만나러 도쿄로 떠납니다. 같이 맛있는 거나 먹으러
갑시다.

18   Michael Goebel, *Anti-Imperial Metropolis Interwar Paris and the Seeds of Third World Nationalism*, Cambridge University Press, 2015.

2017년 10월 16일

청육만

* 이번 편지를 영화론의 은사인 마쉬얀馬樹人 선생님께 바칩니다.

내셔널리즘에서 도시적 아시아주의로

청육만 씨,

자유주의와 내셔널리즘

겨울이 다가오고 있는데 잘 지내시는지요.

　북벌을 기록한 대작 〈훈업천추〉가 홍콩 영화의 아버지 리민웨이 감독에 의해 촬영된 한편, 반￦식민지적 도시 상하이에서는 아편전쟁을 그린 〈만세유방〉이라는 신화적이고 다의적인 영화가 제작되었고, 따라서 중국 영화의 내셔널리즘적 '기원'은 변경의 도시에서 비로소 확인할 수 있다는 것이 지난 편지에서 청 씨가 전개한 대담한 영화사 이야기입니다. 저로서는 이 모든 것을 납득할 수 있었던 것은 아니며, '중심은 정태적이고 변경은 역동적이다'는 청 씨가 제시한 구도에도 논란의 여지가 있다고 보지만(반대의 패턴도 많지 않을까요?) 어쨌든 간에 흥미로운 이야기였습니다. 애초에 영화 발전의 역사에는 잃어버린 고리들이 적잖이 있을 겁니다. 특히 중국 영화에서 내셔널리즘의 일단을 담당했으나, 이후 정통 영화사에서 배제된 리민웨이 감독은 '사라지는 매개자' 그 자체로 느껴졌습니다. 그것은 분명 중국 영화사에 숨어 있는 섬뜩한 망령이겠지요.

이번 편지에서는 청 씨가 제기한 내셔널리즘 문제를 출발점으로 삼아 재차 종래의 '일본 변경론'을 갱신하고자 합니다만, 시사적인 이슈부터 짚고 넘어가고자 합니다.

일본에서는 10월에 중의원 선거가 치러졌고 여당인 자민당이 대승을 거두었는데, 아마 이 사실은 홍콩에도 전해졌을 겁니다. 총선 전에는 야당인 민진당이 분쟁 끝에 분열되어 좌익적인 입헌민주당이 창당되었는데, 자민당의 우세는 흔들리지 않았습니다. 한편 정치적으로 극우에 해당하는 고이케 유리코小池百合子가 '희망의 당希望の党'을 창당해 언론의 주목을 받기도 했지만, 선거에서는 어이없게 참패했습니다. 아베 총리는 누구나 인정하는 강경 우익 개헌파—이 입장은 아베 총리가 존경하는 할아버지 기시 노부스케岸信介('쇼와의 요괴'라는 별명을 가진 1960년 안보 체제의 주역)를 표면적으로 모방한 것이지만, 이제는 이 모방자가 진짜를 뛰어넘어 더 진짜처럼 된 셈입니다—로 정치적 이데올로기를 뚜렷하게 드러내고 있습니다. 반대로 고이케는 자신의 주장을 숨긴 채 권력 게임의 승자를 지향하고 있다는 점에서 전형적인 포퓰리스트입니다.

아무튼 몇 년 전만 해도 집권당이었던 민진당이 갑작스러운 해산과 총선거의 일격으로 어이없이 공중 분해된 걸 보면,

일본 리버럴[1] 정당의 취약성을 부정하기 어렵습니다. 다만 좀 더 원론적으로 보자면, 애초에 자유주의(자기결정의 논리와 가치의 다원화를 중시하면서 다양한 '차이'를 지닌 '타자'와의 '공생'을 지향하는 진보주의 사상) 자체가 조직화의 어려움을 내포한다고 할 수 있습니다.

17세기 후반 계몽사상에 뿌리를 둔 자유주의의 문제점을 생각해 보려면 18세기 이후 세력을 키운 내셔널리즘과 비교해 보는 것이 좋습니다. 서로 닮은 데가 없는 형제와 같은 이 두 근대 사상의 공통점은, 둘 다 18세기 종교의 황혼, 즉 기존 종교가 사회 통합의 원리로 기능하기 어려워진 세속 세계를 배경으로 등장한다는 것입니다—그린펠드는 내셔널리즘의 원점을 16세기 영국에서 찾지만, 내셔널리즘의 보다 본격적인 유행은 18세기 이후라고 해도 좋을 것입니다. 애초에 종교의 역할이란 무엇일까요? 그중 하나는 '운명'에 대처하는 것입니다. 운명과 관련된 질문—왜 나는 장님인가, 왜 나는 최악의 가정에서 태어났는가, 왜 내 가족만 끔찍한 일을 당했는가 등—에 대해 사회는 대체로 무력하고 제대로 대답하지 못합니다. 그러나 종교

---

1   [옮긴이] 한국 정치에서 '보수(우)' 대 '진보(좌)'의 프레임이 즐겨 쓰이는 것처럼, 일본의 경우엔 '보수' 대 '리버럴'의 프레임이 주로 쓰인다. 다만 이때 '리버럴'이란 한국의 '진보'와 유사한 의미로 이해할 수도 있겠으나, 일본의 전후사 맥락에서 독자적 의미를 지니는 것이기에 그대로 표기한다. 오늘날에는 특히 '헌헙 9조' 개정이라는 정치적 문제를 둘러싸고 이를 지지하는 입장이 '보수', 반대하는 측이 '리버럴'로 나뉘어 이해되는 경향이 있으나, 후쿠시마는 이 책에서 '리버럴'을 '정치적 중도주의'나 '자유지상주의'까지 포괄하는 입장에서 사용하고 있다.

는 사회에서 해결할 수 없는 운명론적 부조리를 더 큰 존재의 의지(신의 뜻)로 해명해 왔던 것입니다.

18세기 진보주의와 시민혁명은 종교의 지배로부터 인간을 해방하고자 했습니다. 하지만 그 후 유포된 내셔널리즘이 종교의 기능을 대체한 셈이지요. 중국 태생의 정치학자 베네딕트 앤더슨[2]이 일찍이 논했듯이, 내셔널리즘은 일종의 의사 종교입니다. 물론 모든 인간은 그저 무의미하게, 불합리하게 죽을 뿐입니다. 특히 인간을 장기 말처럼 다루는 전쟁은 죽음의 불합리함을 잘 드러냅니다. 그러나 내셔널리즘은 그 무의미한 죽음을 더 큰 존재인 '국가'를 위한 죽음으로 바꿀 수 있습니다—이를테면 일본 병사의 죽음이 야스쿠니 신사라는 내셔널리즘적 장치 속에서 의미를 부여받고 영원화된 것처럼. 앤더슨은 단언합니다. "우연을 숙명으로 전환하는 것, 이것이 내셔널리즘의 마술이다." 그린펠드도 비슷하게 말합니다. "내셔널리즘으로 세속적인 것, 특히 정치는 그 자체로 성스러운 영역이 된다."[3]

반대로 자유주의적 진보주의는 종교(혹은 그 대체물인 내셔널리즘)와 달리, 운명론적 부조리에 '초조한 침묵'만을 보일 뿐입니다. 가치의 다양성을 호소하는 자유주의의 약점은 다양

---

2   [옮긴이] 베네딕트 앤더슨은 중국 쿤밍 출생이다.

3   ベネディクト・アンダーソン, 白石隆他 訳, 『定本 想像の共同体』, 書籍工房早山, 2007: [국
     역본] 베네딕트 앤더슨, 『상상된 공동체—민족주의의 기원과 보급에 관한 고
     찰』, 길, 2018. ; Liah Greenfeld, *Advanced Introduction to Nationalism*,
     Edward Elgar, 2016.

한 유형의 불행에 무력하다는 데 있습니다. 자유주의는 특정 가치관에 의거해 한 사람의 우연한 죽음을 운명적 죽음으로 바꿀 수 없습니다. 그러므로 사람은 네이션(의사 종교)을 위해 죽을 수는 있지만 자유주의(진보주의)를 위해 죽지는 않습니다. 일본의 리버럴은 죽음을 우연으로 유지하기 때문에, 즉 야스쿠니 신사를 만들지 않기 때문에 리버럴하다고 말할 수 있습니다.

그러나 자유주의의 조직화되기 어려운 성질은 바로 이 운명에 대한 배제에서 발생합니다. 자유주의자는 자기결정을 지지하고 권위적인 가부장주의를 거부하는 인간입니다. 그런데 이 부유성浮遊性이 원인이 되어, 오늘날엔 진보적 자유주의자를 자칭하는 인간일지라도 일단 자신이 경제적으로 절박하면, 쉽사리 트럼프식 논리에 동화되어 버립니다. 청 씨는 '서양 근대 보편적 모델'의 실추에 관해 여러 차례 말해주었습니다. 그런데 아마도 그것은 진보적 자유주의를 조직화하는 것의 실패라고 바꿔 말해도 아주 잘못된 건 아닐 겁니다.

부정성을 결여한 네오내셔널리즘

본래 대다수 일본인은 극단론을 좋아하지 않습니다. 자민당이 오랫동안 집권한 것이 한 요인일지도 모르겠으나, 중도中道, 즉 '가운데'를 선호하기에, 진보적이고 자유주의적 성향의 사람들이 자라날 가능성이 있습니다. 아홉 번째 편지에서 청 씨가 언급한 아즈마 히로키의 『관광객의 철학』도 제가 보기에는 포스트모던 진보주의나 계몽주의를 이야기하고자 한 책입니다. 원래 존 로크나 몽테스키외 등의 유럽 계몽사상이란 '국가 간 여행'과 떼려야 뗄 수 없습니다. 관광은 그것을 더 대중화한 것입니다.

지금까지 포스트모던 주체의 모델은 '노마드(유목민)'라고 알려져 왔지만, 이를 아즈마 히로키나 지그문트 바우만의 말처럼 '관광객'으로 대체하는 게 더 명쾌할 것입니다. 사무실에 얽매이지 않고 인터넷으로 업무를 보는 현대의 노마드 노동자는 언뜻 보기에 자유로워 보이지만, 일 자체는 규칙적으로 계속해나가야 합니다. 반대로 관광객은 호기심과 놀이기구에 이끌려 불규칙적으로 장소를 바꿀 수 있습니다.[4] 그런 점에서 관광객은 노마드보다 불성실하고 유동적인 존재입니다.

그러나 관광객은 의회정치에는 적합한 존재가 아닙니다. 애초에 관광객을 정치적으로 조직한다는 것 자체가 난센스입니다(관광객의 이해를 대표하는 정치인이 과연 어디에 있을까요). 그것은 관광객이 운명을 갖지 않는 존재라는 것과 깊이 관련되어 있다고 여겨집니다. 사람들은 자신의 운명을 잊기 위해 관광합니다—비근한 예로 〈로마의 휴일〉에서 오드리 헵번이 연기한 앤 공주처럼 말이죠. 반대로 현실의 의회정치에 영향을 미치는 것은 자기들 마음대로 공동체의 큰 운명을 짊어지려는 내셔널리스트나 극우 세력입니다.

4   Zygmunt Bauman, *Postmodern Ethics*, Blackwell Publishing, 1993.

오늘날 전 세계적으로 유행하는 글로벌리즘의 반동으로 일어난 네오내셔널리즘에 전망이 있다고 생각하지 않습니다. 과거 20세기 내셔널리즘은 '일본은 서양에 비해 못났고 열등하다. 그렇기에 일본을 사랑한다'는 굴절된 콤플렉스를 동반했습니다. 즉, 강력한 자기 부정을 경유해서 더 큰 민족의 운명도 짊어질 수 있었습니다. 반면 21세기 포스트모던 네오내셔널리즘은 더 단순한 긍정성으로 가득 차 있습니다. '이민자들 짜증 난다', '자이니치, 기분 나쁘다'식의 자잘한 원한 감정과 피해자 의식을 배경으로 하면서 자기 긍정적인 국가 찬양으로 나아갑니다.

그러나 과연 이처럼 경박한 네오내셔널리즘에 앤더슨이 말한 운명의 부조리를 견딜 힘을 부여할 수 있을까요? 개인의 삶이나 죽음에 흔들림 없는 의미를 제공할 수 있을까요? 아무래도 가망이 없어 보입니다. 그렇기에 일본의 고루한 보수계 지식인은 이제 '외로움' 속에서 살아갈 수밖에 없습니다. 세계적인 우경화라는 겉모습과 달리 내셔널리즘의 종교적인 힘은 쇠퇴하고 있는 것으로 보입니다. 그리고 그 빈틈을 메우면서 내셔널리즘보다 한층 과격한 종교적 원리주의가 고개를 들고 있습니다.

법이 산출하는 시간

돌이켜보면, 20세기 후반 선진국에서는 대체로 '정신'(마음이나 이념)의 도야보다도 '신체'(의료나 복지)의 관리 쪽이 공공적인 테마였습니다. 그중에서도 일본의 의료비는 40조 엔을 넘어

천문학적인 숫자에 달하지만, 반대로 교육비의 GDP 대비 공적 지출은 선진국 중 최저 수준입니다. 자유주의도 그런 '생정치'(인구 관리나 복지·의료 같은 통계적, 신체적 영역의 정치)의 상승과 무관하지 않습니다. 왜냐하면 정신 영역은 공적 돌봄이 아니라, 사적 자기결정에 맡기는 편이 좋다는 것, 그것이 곧 자유주의자의 생각이기 때문입니다. 이는 고대 그리스의 플라톤 등의 사상과는 반대되는 생각입니다.

그러나 이러한 '정신의 사적 영역화'에 저항하듯, 홍콩 독립파 내셔널리스트들은 오히려 '집단정신'(정체성)을 문제 삼기 시작한 것으로 보입니다. 넷우익적인 네오내셔널리즘과 달리 최근 대두한 홍콩의 내셔널리즘에는 '운명'(천명?)이나 '정신'에 대한 질문이 있는 것처럼 보입니다(물론 앞으로 어떻게 될지는 모르겠지만). 여러 번 말했듯 영국 식민지 시대에는 '비정치적'이고 '경제적 동물'이었던 홍콩인이 21세기 이후 급속히 정치화되어 커뮤니케이션 주제를 크게 변경해 왔습니다.

그렇다면 홍콩 정신의 근거는 도대체 어디에 있는 것일까요? 우산운동 때 제가 "홍콩의 문화적 정체성이란 무엇인가요?"라고 홍콩 젊은이에게 질문했더니 "법치입니다"라고 즉답한 게 인상 깊었습니다. 법이 대륙과는 다른 정체성의 근거가 되는 셈입니다. 이는 일본인에게는 부족한 감각입니다.

원래 홍콩의 기원 자체가 '법'과 불가분합니다. 홍콩의 실질적인 역사는 아편전쟁 이후 난징조약으로 영국에 할양되면서 시작됩니다. 그리고 1997년의 중국 반환 후에는 홍콩의 자치, 이른바 일국양제가 홍콩 기본법으로 보증됩니다. 지금 홍콩 사회에서 2047년이 매번 상징적인 해로 회자되는 까닭도, 홍콩 기본법에 '자본주의 제도와 생활방식'을 1997년부터 50년간 유지한다고 나와 있기 때문입니다. 바꿔 말하자면 그 이후에는 자치권을 빼앗길 수도 있기 때문입니다.

제게 흥미로운 것은 홍콩이 건국 영웅을 갖지 않는 대신 법이 산출하는 시간에 의해 깊이 규정되어 있다는 점입니다. 홍콩의 영국 식민지 시대 역사는 법으로 시작해 법으로 끝났습니다. 그리고 지금의 일국양제도 사회주의와 자본주의를 조정하고자 법으로서 창설된 시스템입니다. 이 점은 작은 나라 스위스와 비슷해 보이기도 합니다. 스위스의 국가적 기원도 영웅 이야기가 아니라 세 개의 영방領邦이 맺은 맹약에 있기 때문입니다─아들 머리 위의 사과를 쏘아 떨어뜨린 윌리엄 텔은 그 이후에 만들어진 가공의 영웅이라 합니다. 그 후 20세기에 스위스 제네바에서 많은 국제적인 조약이 만들어지게 됩니다.

그에 비해 일본의 법적 기원은 모호합니다. 『고사기古事記』에서 일본의 기원 신화를 보아도 자연스레 '되다なる[생성되다]'라는 식의 모티브(차례로 진척되는 기세)가 강하며 법의 창설 의지는 부족하다는 점이 마루야마 마사오 이래로 자주 지적되었습니다.[5] 일본인은 자연과 정치를 제대로 구별해 오지 않았고, 이

---

5 丸山眞男, 「歴史意識の 『古層』」, 『忠誠と反逆』 (ちくま学芸文庫), 筑摩書房, 1998: [국역본] 마루야마 마사오, 박충석·김석근 역, 『충성과 반역』, 나남출판, 1998.

것은 근대에도 크게 다르지 않습니다. 태양을 본뜬 국기(히노마루)라든가 천황의 영구 통치를 '바위'에 빗댄 국가 기미가요君が代 등은 자연의 연장이며, 국민에 대한 호소가 결여되어 있습니다.

이를테면 방사능 오염이라는 '케가레ケガレ'—공동체에 해를 끼친다고 여겨지는 불결, 부정한 상태—에 대한 차별적 감정을 포함해, 근대국가에서는 보통 도태될 법한, 오래된 세계를 수용하는 일이 21세기 일본에서는 여전히 상징 차원에 남아 있습니다.

네이션의 향락, 도시의 쾌락

홍콩뿐만 아니라 최근 몇 년간 전 세계에서 다양한 독립운동이 간헐적으로 일어나고 있는 것은 흥미로운 현상입니다. 하지만 요즘 화제인 스코틀랜드나 카탈루냐의 독립운동은 정치 문제라기보다는 경제 문제의 연장 같은 인상도 줍니다. 물론 거기에 역사나 정체성과 관련된 복잡한 사정이 있는 것도 잘 알고 있지만, 아마추어적 관점에서 보면 그들이 구태여 왜 독립을 하려는지 다소 불가사의하게 느껴집니다.

스코틀랜드나 카탈루냐에 비하면 홍콩(혹은 티베트나 위구르)의 독립운동이 저에게는 이념적으로 이해하기 쉬운 예입니다. 지금의 홍콩과 중국 대륙은 분명히 정치 체제나 이데올로기가 다르기 때문입니다. 그리고 후자가 압도적인 국력을 배경으로 전자의 자치를 제약하고 있는 것도 분명하기 때문입니다.

저는 자유와 법치를 표방하는 홍콩의 독립운동에 지적인

흥미와 심정적인 공감을 갖습니다. 다만 당장 명쾌한 대답에는 이르지 못하더라도 몇 가지 물음을 조직하는 일이 필요합니다. 두 번째 편지에서 언급한 다섯 가지 질문과도 관련이 있는데, 여기서는 다시 한번 ① '독립파에 얼마나 구체적인 전망이 있는가', ② '애초에 독립이 바람직한 것인가'라는 두 가지 문제를 끄집어내고 싶습니다.

정면으로 독립을 내세우면 중국에 폭력적으로 탄압받기 때문에, 적당히 불평하는 퍼포먼스에 그치는 것이 상식적으로는 안전합니다. 하지만 그래도 진정으로 독립하고자 한다면 홍콩은 자신의 군대가 필요합니다. 또한 안정적인 전력 공급과 주변국과의 복잡한 외교 전략도 필요합니다. 네이션으로 독립하려면 군사나 인프라, 외교에 관한 많은 귀찮은 일을 받아들여야 합니다. 청 씨가 의미를 부여한 유머나 서브컬처 같은 가치관만으로 독립은 어렵지 않을까요? 실제로 일본인을 괴롭히는 것은 (아마 홍콩인이 평소에는 그다지 생각하지 않는) 국방 문제, 에너지 문제, 외교 문제이며, 열 번째 편지에서도 썼듯이 그런 것들이야말로 일본 내부의 변경에 뒤틀림을 초래해 왔습니다.

나아가서 홍콩이 스코틀랜드나 카탈루냐처럼 독립된 국민국가가 되려는 것이 정말 바람직한 일일까요? 홍콩으로서는 일국양제를 유지하면서 '도시'로서 자립할 수 있다면 그 나름대로 나쁘지 않기 때문에, 본래라면 무리하게 국민국가가 될 필요가 없습니다. 일정한 규모 이상의 공동체를 정치적으로 합법화하는 시스템은 지금도 네이션에 의해서만 독점되고 있습니다. 그런 연유로 세계 각지의 반체제적인 정치운동도 결국 내셔널리즘에 회수되는 것입니다.

라캉파 정신분석학자들은 네이션을 '향락'의 대상으로 간주합니다.[6] 간단히 말해서 내셔널리즘은 이성이 아니라 욕망—보다 더 정확하게 말하면, 자기 자신을 망칠 수도 있는 강한 욕망의 반복—과 관계가 있다는 것입니다. 그 욕망을 제어할 수 없게 되면 바람직하지 않은 현실이 만들어집니다. 내셔널리즘의 향락은 이성이나 계몽으로 완전히 억제할 수도 없습니다. 그렇게 되면 '향락enjoyment'의 격렬함을 이성이 아닌 방식으로 완화시킬 필요가 있습니다. 정신분석 용어로 말하면 죽음이나 엑스터시의 이전 단계에서 유희하는 '쾌락pleasure'이 요청됩니다. 특히 홍콩의 현실은 스코틀랜드나 카탈루냐와는 달리 네이션의 향유가 아닌 도시의 쾌락을 축으로 하는 새로운 정치 체제를 요구하고 있는 것처럼 보입니다.

도시는 전통을 필요로 하지 않는다

여기서 일단 정리하고 넘어가기로 합시다. 저는 앞서 앤더슨의 논의에 따라 종교의 황혼을 배경으로 자유주의와 내셔널리즘이라는 정반대의 형제가 성장했다고 말했습니다. 그러나 이제 '운명'을 떠맡는 내셔널리즘의 종교적 힘이 약화되었습니다. 한

---

6   ヤニス•スタヴラカキス, 山本圭他 訳, 『ラカニアン•レフト』, 岩波書店, 2017.

편 중도의 자유주의도 의회정치에서는 우익의 네오내셔널리즘의 압박을 받고 있습니다. 21세기 정치는 이 두 근대 사상의 좀비가 싸우고 있는 형상입니다.

이 곤경에서 탈출구를 찾으려면 네이션에서 일단 멀찌감치 떨어져 사상을 재구성할 필요가 있다고 생각합니다. 이때 도시는 내셔널리즘의 사고 패턴이나 가치 기준을 바꾸는 단서가 될 수 있습니다. 이를테면 네이션은 전통의 창조를 요구합니다. 즉, 국민의 역사라는 '거대 서사'가 국민국가라는 '상상의 공동체'의 일체성을 보장하는 데 필수적입니다. 하지만 도시는 전통이 필요하지 않습니다. 거기에 국민국가와 도시의 큰 차이가 있습니다.

저는 여덟 번째 편지에서 보리스 그로이스의 에세이를 참조하며 도시가 절대적, 초월적 모델을 갖지 않는다는 점, 현대 도시에는 다른 도시의 복제가 집적되어 있음을 지적했습니다. 도시의 매력은 그 스스로가 얼마나 다른 도시로 복제되느냐에 달려 있습니다. 예를 들어 크래프트 맥주나 커피로 유명한 미국의 포틀랜드는 그 문화적 생산물이 다른 도시로 점점 더 옮겨가면서 명성을 얻었습니다. 또는 도쿄의 세븐일레븐이나 패밀리마트는 타이베이나 홍콩, 상하이에 복제되어 그 도시의 풍경을 안에서 바꿔갑니다. 거꾸로 말하자면 어떤 도시에만 존재하는 상품이란 거의 불가능한 셈입니다.

게다가 이런 종류의 유행은 일단 복제되면 더는 그 기원을 알 필요도 없습니다. 부끄러운 이야기입니다만, 저는 얼마 전까지도 홍콩의 거대한 드럭스토어 체인인 왓슨스Watsons를 대만

회사로 알고 있었습니다. 그만큼 왓슨스는 아무런 위화감 없이 타이베이 거리에 녹아들어 있습니다. 도시는 전통이나 내력을 소거하는 힘이 있습니다. 동시에 그와는 반대로 도시에는 에스닉한 기호를 상품 라벨로 적극 유통시키는 힘도 있습니다. 술을 잘하는 편이 아닌 저 같은 사람도 3년 전 도쿄로 이사한 뒤부터는 레바논이나 남아프리카처럼 변경의 색다른 와인을 찾아 마시게 되었습니다.

도시는 앞으로 점점 다른 도시를 더 자주 참조하게 될 것입니다. 우노 츠네히로의 최근 저작을 참고하자면, 그것은 도시끼리 '형제'에 가까워짐을 의미합니다.[7] 형제에게 서로 닮은 면이 있듯이 세계의 도시들도 복제와 모방을 반복하며 서로 어느 정도 닮아갑니다. 이는 홍콩에 중국적 도시의 기억이 격세유전으로 흘러들어 있다고 여섯 번째 편지에서 펼친 주장과도 모순되지 않습니다. 지리적, 역사적 조건에 어느 정도 규정되면서도 전지구적으로 유행하는 기호가 그때마다 문화의 층을 바꾸는 것, 그것이 곧 글로벌 시티의 현황이 아닐런지요.

포스트모던은 카인의 시대?

여덟 번째 편지에서 기술한 바와 같이 일본에는 지금까지 초월

---

7   宇野常寛, 『母性のディストピア』, 集英社, 2017: [국역본] 우노 츠네히로, 김현아·주재명 역, 『모성의 디스토피아』, 워크라이프, 2022.

적인 모델이 존재했고, 게다가 운 좋게도 외부로부터 군사적 정복을 받은 적도 없습니다. 가라타니 고진이 말하는 '아주변'에 위치한 일본은 보편적인 것으로 이어지면서도, 자기 문화를 안전하게 키울 수 있었습니다. 그런데 일본사에서는 이례적으로, 이제 상위의 초월적인 모델은 사라졌고, 세계(보편적인 것)로의 통로는 좁아지고 있습니다. 우치다 타츠루는 외부의 '아버지(준거틀)'와의 거리를 통해 변경을 규정했는데, 이 준거틀이 파탄에 이른 것이야말로 지금 일본이 처한 곤경입니다. 일본의 갈라파고스화란 바로 이 세계 상실의 위기를 상징하는 말입니다.

그렇다면 세계로의 통로를 어떻게 회복할 수 있을까요? 이 물음에도 '도시'가 힌트일 수 있습니다. 여기서 중요한 것은 국가가 늘어나는 경우는 드물지만, 거대한 도시는 앞으로도 새롭게 출현할 수 있다는 것입니다. 국가는 배타적, 독점적이며 지방이 독립하려 하면 이를 허용하지 않습니다. 반면 본국과 심각한 마찰을 낳기도 하지만, 도시는 다수적이고 복제적이며 여러 개 있어도 무관합니다.

건축가 렘 콜하스가 일찍이 1994년에 지적했듯이, 아시아는 제네릭 의약품generic medicine—선발 의약품을 복제한 후발 의약품—처럼 독창성이나 개성이 없는 '제네릭 시티'를 대량으로 만들어 왔습니다.[8] 콜하스가 염두에 두었던 것이 바로 홍콩을 포함한 주강 삼각주Pearl River Delta 도시의 역동적인 모습이

---

8   レム•コールハース, 太田佳代子他 訳, 『S, M, L, XL+』(ちくま学芸文庫), 筑摩書房, 2015.

었습니다. 제대로 된 도시계획urbanism과 아름다운 건축으로 이뤄진 전통적 도시계획은, 마치 포토샵처럼 건물을 계속 복제하는 아시아의 콜라주 시티 앞에서는 그저 무의미할 뿐입니다. 게다가 이런 종류의 도시는 앞으로도 증식할 가능성이 있습니다. 빠른 속도로 인구 증가를 거듭해, 이미 1억 명 가까이 도달한 필리핀이나 베트남 등에서 언젠가 아시아의 허브가 될 만한 글로벌 시티가 출현한다고 해도 전혀 이상하지 않습니다.

다시 말해 현대 도시는 전통을 불필요하게 만들고, 복제물을 영매(매개자)처럼 불러 모으는 장소입니다. 게다가 그 도시는 때로는 일종의 무리를 지어 주강 삼각주와 같은 도시권의 성좌를 형성합니다(홍콩은 단순히 고립된 섬=도시가 아닙니다). 콜하스는 그것을 정확히 기술했다고 볼 수 있습니다. 저명한 문학 연구자인 리어우판李歐梵도 2001년의 글에서 문화의 기억을 간직한 상하이보다 홍콩 쪽이 한층 빠르게 제네릭 시티가 되어가고 있다고 분석합니다.[9] 물론 지금으로서는 상하이도 제네릭 시티에 가까워졌다고 말할 수 있겠지만.

여덟 번째 편지에서 논한 내용의 반복입니다만, 도시라는 주제는 커뮤니케이션 환경 개선에도 도움이 될 것입니다. 예를 들어, 일본에서는 중국이나 한국과 사이좋게 지내자고 할수록, 반드시 감정적 반발이 나옵니다. 중국이나 한국에서도 일본과 사이좋게 지내자고 하면 마찬가지일 겁니다. 하지만 의사소

9   李歐梵, 『尋回香港文化』, 広西師範大学出版社, 2003.

통 단위를 네이션에서 도시로 옮겨보면 어떨까요. 더 구체적으로는 일본과 한국, 중국 대신 도쿄와 서울, 상하이라는 단위로 생각해 보면 어떨까요. 감정의 뒤틀림이 조금은 나아지지 않을까요.

그렇다면 '진정한 것'을 내세우지 않는 몰개성적 제네릭 시티가 아시아에서 증식하고 있다는 것은 결코 마이너스가 아닙니다. 비록 국가의 현실은 제각기이지만, 다른 제네릭 시티의 현실을 이해하는 건 비교적 쉽기 때문입니다.

저는 파라다이스의 도래를 말하는 게 아닙니다. 절대적 중심이 없는 도시 간 경쟁 시대에도 새로운 마찰과 갈등이 생겨납니다. 다만 그것은 위대한 '아버지(중국/서양)'에게 반항하면서 추월하려는 '오이디푸스 콤플렉스'와는 다른 형태일 것입니다. 서로 닮은 제네릭 시티가 증식하는 가운데 앞으로 생각해야 할 것은 아마도 구약성경의 카인과 아벨 같은 형제간 다툼 모델, 즉 비슷한 사람끼리 적대하는 '카인 콤플렉스'일 것입니다.[10] 사실 일본, 남한, 북한의 상호 뒤틀린 관계는 카인 콤플렉스 그 자체가 아닐까요? 근대가 오이디푸스의 시대라면 포스트모던은 카인의 시대라고 말할 수 있을지 모릅니다. 감정적 대립의 형태도 시대적, 지리적 환경에 따라 달라지는 것입니다.

---

10   ルネ•ジラール他, 内藤雅文 訳, 『カインのポリティック』, 法政大学出版局, 2008.

커뮤니네이션 단위를 바꾸는 것은 집단적인 감정 개선에 도움이 됩니다. 동시에 그것은 정치사상이 경직화되는 것을 푸는 계기가 될 것입니다.

예를 들면, 근대 일본의 논단에서는 전 지구적 제국주의도 일국적 내셔널리즘도 아닌, 제3의 길로서 지역주의regionalism를 추구하는 움직임이 끊임없이 출현했습니다. 일본의 사상적 맥락에서 이 지역주의는 '아시아주의'로 대표됩니다.

아시아주의를 견인한 대표적 사상가는 20세기 초 오카쿠라 텐신岡倉天心입니다. 그가 제시한 '아시아는 하나'라는 유명한 슬로건은 제국주의를 휘두르는 구미의 열강에 대해 일본 단독의 내셔널리즘이 아니라, 약자인 아시아 연합을 통해 맞서자는 생각입니다. 이는 지금도 나름의 영향력을 가진 사상입니다. 예를 들면, 최근 우치다 타츠루와 강상중의 대담에서도 아시아주의의 재평가 필요성이 논의되었습니다—홍콩을 취급하는 방식은 놀라울 정도로 냉담합니다만.[11] 혹은 2018년 NHK 대하드라마의 주역인 사이고 다카모리西鄕隆盛도 아시아주의의 원점에 위치하는 유신 지사입니다. 메이지 신정부와 대립해 패배한 사이고는 현실의 메이지 내셔널리즘이 아니라, 가능성으로서의 메이지 아시아주의를 이상으로 삼았습니다.

11   内田樹·姜尚中, 『アジア辺境論』(集英社新書), 集英社, 2017.

그러나 아시아는 유럽에 비해 너무나 광대하고, 공통의 전통도 없으며 그 윤곽도 뚜렷하지 않습니다. 유럽을 유럽으로 만드는 '정신'적 기반에 대해서는, 오카쿠라 텐신과 동시대 사람이었던 폴 발레리Paul Valéry가 말했듯, 로마적인 것(법이나 정치), 기독교적인 것(반성이나 도덕), 그리스적인 것(과학이나 미)이라는 세 가지를 들 수 있습니다.[12] 그러나 그에 상응하는 공유재산이 아시아에는 없습니다.

애초에 아시아라는 지리 개념을 우리 스스로가 받아들인 것은 불과 한 세기 전의 일입니다. 아시아는 하나라는 텐신의 선언은 사실 낭만주의적, 미학적 슬로건입니다. 인도의 여성시인과 연애편지를 주고받던 텐신에게 아시아는 정치나 사상에 의해서가 아니라 '사랑'이나 '미'에 의해 연결되는 것이었습니다(그것은 동아시아 공동체 구상을 추진한 하토야마 유키오鳩山由紀夫 전 총리가 즐겨 내세우던 '우애'를 생각나게 합니다). 아시아주의는 언뜻 보기에는 강경파적인 정치사상으로 보이지만, 실제로는 과거 중국 문학자 다케우치 요시미竹内好가 말했듯이 '무사상'의 '심적 분위기'라고 해야 할 것입니다.[13]

지금의 아시아주의도 '분위기' 이상의 실체는 없습니다. 이런 로맨틱한 사상을 현대에 그대로 부활시키려 해도 일부 언론

12   ポール•ヴァレリー, 恒川邦夫 訳, 『精神の危機』 (岩波文庫), 岩波書店, 2010.
13   竹内好, 「日本のアジア主義」, 『日本とアジア』 (ちくま学芸文庫), 筑摩書房, 2015: [국역본] 다케우치 요시미, 윤여일 역, 『다케우치 요시미 선집 2: 내재하는 아시아』, 휴머니스트, 2011.

의 잡담에 그칠 뿐이며, 포퓰리즘이나 배외주의를 이겨낼 순 없습니다. 그래도 아시아의 연결고리를 생각하려면 일단 커뮤니케이션 단위를 네이션에서 도시로 바꿔보면 어떨까요? 아시아에 얽힌 복잡한 감정적 반발을 억제하기 위해 일단 네이션의 주박을 풀고 홍콩이나 도쿄, 서울이나 상하이, 쿠알라룸푸르라는 단위에서 출발해 보는 것, 저는 이 구상을 일단 '도시적 아시아주의'라 부르도록 하겠습니다. 이를 통해 그동안 논단의 아시아주의가 경시해 온 홍콩을 새로이 조명하는 일도 가능할 것입니다.

바다와 도시에 얽힌 망령적 근대

거창한 이야기를 늘어놓고 있습니다만, 실은 제가 현재 구상한 것에도 견고한 실체는 없습니다. 그렇다고 해서 도시를 '횡적으로 연결'한다는 것이 전혀 근거 없는 생각만은 아닙니다. 내셔널리즘 성립 이전의 도시적 전통은 일본에서도 찾아볼 수 있기 때문입니다.

예를 들어 『무로마치기室町記』라는 책에서 아시카가足利 시대 교토의 도시문화를 정교하게 기술한 평론가 야마자키 마사카즈山崎正和는 그 후속작인 여행기 『바다의 모모야마기海の桃山記』를 통해 그 시각을 보다 보편적으로 전개하고자 시도했습니다. 야마자키는 마카오에서 시작해 인도의 고아주州, 포르투갈의 리스본, 스페인의 세비야, 이탈리아의 로마로 여행하면서, 흥미로운 비교 문명론적 고찰을 전개합니다. 이 경로는 16세기 후반 덴쇼 소년사절단天正遣欧少年使節[14]의 여행을 뒤따르는 한편, 일본에 기독교를 전한 가톨릭 예수회 프란시스코 사비에르 Francis Xavier의 경로를 거꾸로 밟아가는 것이었습니다. 야마자키는 모모야마 시대의 일본을 염두에 두면서 도시를 통해 유라시아를 연결합니다.

메이지 일본인은 독일, 프랑스, 영국, 미국 등의 국민국가를 모범으로 삼았습니다. 19세기는 그야말로 내셔널리즘과 제국주의의 시대로, 일본인이 군사적, 문화적 강국을 본받은 것은 당연합니다. 그런데 일본사에서 '서구화'의 최초 사도使徒라고 볼 수 있는 사비에르는 리스본이나 고아주처럼 해양에 접한 다양한 '도시'를 경유해 왔습니다. 19세기의 두 번째 서구화가 '육지의 근대'로서 네이션을 수립한 것이었다면, 16세기의 첫 번째 서구화는 '바다의 근대'로서 도시를 배경으로 합니다―다만 이 후자의 근대화는 불발되었습니다. 야마자키는 "16세기 일본인의 마음"이 "바다를 향해 열려 있었고, 사회 자체도 서양풍의 '근대'를 맞이하기에 충분한 준비가 되어 있었던 것으로 보인다"라고 적고 있습니다. 그러나 이 가능성이에도 시대에는 상실되어, 이른바 '망령화'되어 버립니다.

물론 도쿠가와 막부의 정책을 일방적으로 비판할 수도 없습니다. 야마자키 스스로가 "바다는 인간을 번영시키지만, 한편

---

14   [옮긴이] 1582년 아즈치모모야마 시대에 규슈의 기독교 다이묘들이 조정을 대신해서 교황을 알현하기 위해 파견한 4명의 소년을 중심으로 한 기독교 사절단.

으로는 국민의 생명력을 무서울 정도로 소모하게 하는 것이 아
닌가"라고 적었듯이, 포르투갈이든 스페인이든 네덜란드든 해양
국가의 패권은 분명 짧았습니다. 도쿠가와 일본은 바다를 몰아
냄으로써 힘을 축적할 수 있었다고도 볼 수 있습니다.[15] 이런 굴
절된 역사를 사유하기 위해서라도, 일본의 서구화가 급작스런
사건이 아니었다는 점, 근대적 체험 자체가 중층적이라는 걸 다
시 한번 떠올릴 필요가 있습니다.

반복하자면, 아시아주의는 사이고 다카모리나 오카쿠라 텐
신 같은 내셔널리즘 시대의 인물로 대표되어 왔습니다. 그러나
내셔널리즘이 전 세계에 복제되기 전, 즉 리아 그린펠드가 말하
는 내셔널리즘의 세계화가 일어나기 전인 16세기 근세의 덴쇼
소년사절단이나 사비에르의 경로에서 해양적, 도시적 아시아를
재고해 보는 것도 미개척의 흥미로운 사상 과제라 할 수 있을
겁니다. 네오내셔널리즘에서 도시적 아시아주의로. 이것은 아직
엉성한 도식이라고는 하지만, 우선 사고의 대상과 틀을 바꾸지
않는다면 정치사상도 재생할 수 없다고 저는 생각합니다.

해안 국가의 착각

저는 이 왕복 편지에서 일본의 전통을 여러 차례 참조해 왔습
니다. 전통을 필요로 하지 않는 홍콩(도시)과 달리 일본(네이

---

15   山崎正和, 『海の桃山記』(文春文庫), 文藝春秋, 1978.

션)은 전통의 창조를 요구하기 때문입니다. 그런데 이 경우에도 기존 일본론의 패턴을 재확인하는 것만으로는 재미없으니까 보다 미래 지향적인 전통을 찾아낼 필요가 있습니다.

이러한 작업은 일본의 자기 이미지를 수정하는 데도 도움이 됩니다. 흥미롭게도 야마자키 마사카즈는 일본을 '해양 국가'가 아닌 '해안 국가'로 규정합니다.[16] 확실히 일본은 사방이 바다로 둘러싸인 섬나라임에도 미지의 대양으로 나아가는 모험적인 해양문학이 거의 없습니다. 대신에 일본 문학은 시마자키 도손의 노래처럼 야자열매가 둥실둥실 떠다니다가 당도하는 '해안'(바다와 육지의 접면)을 사랑해 왔습니다. 일본을 나라奈良의 쇼소인正倉院과 같은 아시아 문명의 박물관으로 간주한 오카쿠라 텐신에게도 일본은 아시아 문명이 표착하는 수동적인 '해안'이었습니다.

그러나 야마자키가 기술한 16세기 일본의 세계 체험은 이 '해안 국가'의 모델에서 한 발짝 더 나아간 것이라고 볼 수 있습니다. 이 이례적인 역사를 참조한다면 '해안 국가'라는 자기상을 수정하고, 일본의 도시가 홍콩이나 마카오 같은 해양도시와 연결되는 세계상을 구상할 수 있지 않을까요?

게다가 오카쿠라의 '박물관'이라는 메타포는 마치 아시아의 모든 것을 포함하는 듯한 인상을 줍니다. 하지만 그것은 당연히 큰 실수입니다. 예컨대, 이는 은사인 김문경 선생에게 배운

---

16   梅祥忠夫・林麗辰三郎・山崎正和 編, 『日本史のしくみ』(中公文庫), 中央公論新社, 1976.

것인데, 일본은 한국과 함께 아시아에서 이슬람교의 영향을 받지 않은 드문 나라입니다. 일본 문화는 확실히 나름대로 '박물관'적일지 모르지만, 그 소장 목록에는 아시아에서 절대적인 영향을 미친 종교가 빠져 있습니다. 그리고 그것이 오늘날 이슬람에 대한 일본인들의 몰이해를 낳고 있는 것도 분명합니다. 일본은 어디까지나 불완전한 박물관입니다. 일본론은 '일본 문화란 무엇인가'라는 물음일 뿐만 아니라, '일본 문화는 무엇이 아니었는가'라는 물음이기도 하다는 점을 항상 염두에 두지 않으면 안 됩니다.

일본은 위대한 '준거틀'의 모델을 잃어가고 있기에, 홍콩 같은 이웃 도시의 체험에 주목해야 합니다. 즉 변경끼리의 세세한 비교가 중요합니다. 저는 '동아시아 공동체'와 같은, 실효성 떨어지는 지역주의를 내세우기 전에 먼저 세계를 연결하는 방법을 갱신해야 한다고 생각합니다. 그것은 중심적 네이션(=아버지)에 의존하는 것이 아니라 분산적 도시(=형제)의 체험을 비교하면서 서로 참조한다는 구상입니다. 변경의 이점은 네트워크 확장의 자유에 있음을 여기서 재차 강조해 두고 싶습니다.

헬스클럽보다는 산책을

도시를 통해 공간적인 연결 방식을 바꾸는 것은 사고의 시간축도 넓히는 것, 구체적으로는 '일본 근대의 중층성'을 재고하는 것으로도 연결됩니다. 다만, 이 점은 마지막 편지에서 다루도록 하겠습니다. 끝으로 작은 이야기 하나만 덧붙이겠습니다.

저는 요즘 운동 부족으로 여러 문제가 생겨서, 마음을 고쳐먹고 헬스클럽에 다니기 시작했습니다. 그런데 헬스클럽이란 대단히 기묘한 장소입니다. 거친 차림으로 누구와도 대화를 나누지 않고, 스피닝 자전거의 디스플레이를 바라보며, 혹은 이어폰으로 음악을 들으며 그저 묵묵히 몸을 움직입니다. 마치 주위에 다른 사람이 존재하지 않는 것처럼. 헬스클럽에서 사람들은 기계에 연결되어 축 늘어진 몸을 드러내면서 공적 공간을 사적 공간처럼 취급합니다. 사회학적 분석에는 안성맞춤인 장소라고 할 수 있겠죠.

현대 미국의 비평가 마크 그리프Mark Greif는 「운동에 저항하여Against Exercise」라는 에세이에서 만약 카프카Franz Kafka가 오늘날 「유형지에서」를 썼다면, 운동기구에 대해 말하는 것만으로도 충분했으리라고 지적합니다.[17] 헬스클럽에서는 생각할 여유가 별로 없습니다. 오로지 컨베이어 벨트에 쫓기면서(운동기구는 정말 새디스트적입니다!), 디스플레이 숫자를 바라볼 뿐입니다. 그리프가 말한 것처럼 헬스장에서 가장 본질적인 것은 숫자입니다. 헬스클럽은 사람을 수치적 성취도의 하인으로 바꾸며, 그 누구도 그것을 거역하려 하지 않습니다. 이러한 기계나 숫자에 대한 순종은 확실히 카프카 소설을 떠올리게 합니다.

게다가 그리프가 고대 김나지움(공공체육관)과 현대의 헬

---

17   Mark Greif, *Against Everything*, Pantheon, 2017.

스클럽을 비교하는 것도 흥미로운 착안입니다. 고대 그리스 철학자들은 아카데메이아에 근거한 플라톤이든, 리케이온에 근거한 아리스토텔레스든 김나지움에 인접한 땅을 학문의 거점으로 삼았습니다. 김나지움은 신체 훈련과 목욕의 장소이자, 시민들의 소통과 그리스 자제들의 고등교육을 위한 공공적인 토의의 공간이기도 했습니다.[18] 즉, 그것은 신체와 정신을 위한 공공 공간이었습니다. 반대로 오늘날 헬스클럽에서는 시민적 대화는 봉인되고 영혼 없는 신체만 관리될 뿐입니다.

헬스클럽을 자세히 관찰하면 현대사회의 흥미로운 축도임을 알 수 있는데, 저는 조만간 헬스장을 그만두고 다른 운동이라도 시작할 생각입니다. 정신 건강에 좋은 건 헬스클럽보다는 역시 산책이겠죠. 산책이란 정신을 복수화하는 행위나 다름없습니다―나가이 가후永井荷風의 대표작 『묵동기담』은 바로 이를 주제로 한 메타소설입니다. 비록 혼자 산책을 하고 있다 하더라도 여러 풍경과 걷잡을 수 없는 사념이 뇌리에 침입해, 정신이 저절로 분산됩니다. 그렇게 생각하면 왕복 편지의 집필이 산책과 비슷하다는 것을 알 수 있습니다. 저는 사무실에 틀어박혀 지금 혼자 편지를 쓰고 있습니다만, 뇌리에는 항상 청 씨, 편집을 맡은 토리시마 씨, 게다가 이 책을 읽을 사람들의 그림자가 어른거립니다. 한 통의 편지는 반드시 복수의 정신에 의해 쓰인다는 것, 저는 그걸 이제야 깨달은 것 같습니다.

18   廣川洋一, 『プラトンの学園 アカデメイア』 (講談社学術文庫), 講談社, 1999.

그러고 보니 제 출신지인 교토도 산책하기에 아주 좋은 곳입니다. 지금도 1년에 몇 번은 교토에 돌아가서 거리를 어슬렁어슬렁 걷습니다만, 그것은 말하자면 시간과 공간을 맛보러 가는 것과 같은 경험입니다. 교토에 살 때 저는 손님들을 유명한 관광명소나 고급 가게보다는, 시간과 공간의 맛을 느낄 수 있는 곳―참고로 제가 추천하는 곳은 요사부손与謝蕪村과 연관된 곤푸쿠지金福寺와 센본샤카도千本釈迦堂입니다―으로 안내하곤 했는데, 이제는 어디나 관광객이 많이 늘었네요. 교토의 '도시문화'도 기로에 들어선 것 같습니다.

어쨌든 1년 전에 시작된 우리의 왕복 편지가 드디어 대단원을 맞이하고 있습니다. 청 씨가 보내줄 마지막 편지를 기대하며 기다리겠습니다.

2017년 11월 2일
후쿠시마 료타

열세 번째 편지

진정한 자유의 저편으로

후쿠시마 씨,

지지난 주 시원한 도쿄에서 후쿠시마 씨를 만났었는데 어느덧 홍콩도 쌀쌀해졌습니다. 시간의 흐름이 느껴지는데, 홍콩에서 시간의 흐름과 역사를 체험하려면 일본처럼 계절의 정취보다는 역시 주가의 오르내림과 정보의 추이를 보는 게 좋네요. 지난번 편지에 썼듯이, 홍콩의 정치 상황은 비관적인 게 사실이나, 저와 제 친구들을 포함한 홍콩의 대중은 권력에 휘둘리면서도 절망에 사로잡히지 않고 세월에 몸을 맡기듯 생활하고 있습니다. 변경이란 역시 궁극의 생존주의입니다. '오늘'밖에 없는 세계를 살아가려면 지난한 노력이 필요한지라, 교착상태에 빠져 공상이나 이야기할 한가함도 없습니다.

　새로운 생활을 향해 사태를 타개하려면 새로운 상상력이 꼭 필요합니다. 여기서 '상상력'이란 호기심과 같은 말입니다. 시장과 정보의 움직임을 예민하게 감지하면서, 때로는 유머러스한 게임을 하는 듯한 정신으로 폐색된 상황을 타개하며, 끊임없이 다른 가능성을 모색하는 구상력 말입니다. 사회와 시대의 흐름을 파고들며, 변화하는 마음과 시간의 움직임을 가늠하는 능력이라고도 할 수 있겠네요.

'오늘은 된다! / 이왕 할 거면 오늘!'이라는 도시 정신. 홍콩에서 살아남으려면 금융과 정보를 향해 안테나를 세우고 있지 않으면 안 된다는 것. 홍콩인들은 이 가혹한 서바이벌 게임에 적응하고자 항상 허구적 상상력과 정치를 밀접하게 연결합니다. 홍콩과 일본 모두는 문명의 변경이지만, 바로 이런 점에서 홍콩만의 특수성이 두드러집니다. 홍콩의 근대화는 일본과 달리 내셔널리즘을 거치지 않고 실현된 것으로, 그 본질은 역시 도시주의입니다.

개인주의 문화인 홍콩 사회는 가치관도, 신앙도, 심지어 정체성마저 유동적입니다. '각자 편하게 천명을 따르라'는 원초적이면서 자유주의적인 도시 정신으로 홍콩이라는 변경의 근현대사를 조망할 수 있습니다. 아무리 노력해도 결국 인생은 운에 달려있다. 모든 홍콩인이 몸으로 그 진리를 체득하고 있습니다.

다양한 내셔널리즘

홍콩인이 체득한 건 도시주의 정신만이 아닙니다. 우산운동 이래 일부 홍콩인은 도시주의가 주는 안정감보다 개인주의와 시민적 감각에 눈을 떠 이른바 자유라는 감정을 몸소 맛보게 되었습니다. 이후 홍콩인의 마음에 개인적, 시민적 내셔널리즘이 싹텄다고 할 수 있습니다. 그것은 시민사회의 이성과 개방성을 유지하면서 내셔널리즘으로 향하는 새로운 움직임입니다. 그간 내셔널리즘과는 무관했던 홍콩인의 말과 행동에서 마음이 요동침을 관찰할 수 있습니다.

에스닉한 요소가 없는 내셔널리즘[國族主義], 이 오래됐지만 새로운 내셔널리즘이야말로 변경의 미래라 주장하고 싶습니다. 그게 무엇인지 보여주기 전에, 일단 한때 변경에서 태어난 근대의 애플리케이션인 내셔널리즘에 대해 지금까지 쓴 내용을 요약하면서 다음 이야기로 넘어가고자 합니다.

내셔널리즘에 대해서는 그 기원을 포함해 이미 여러 번 논의한 바 있는데, 이 편지에서 다룬 내셔널리즘의 이해는 아마 대부분 사람이 가지고 있는 '민족주의' 이미지와는 조금 상이할 것입니다. 네이션은 '민족'이라는 말이 그러하듯, 어떤 타고난 '속성 원리', 즉 혈연이나 전통이라는 불변의 것으로 정의되어 제시되는 경우가 많은데, 내셔널리즘에 대한 이런 일반적인 이해는 안이하고 왜곡된 것입니다. 다섯 번째 편지에 썼듯, '잉글랜드야말로 네이션의 시조'라고 주장하는 그린펠드는 본래 네이션이란 시민citizen의 존재에 근거해서 정의된다고 주장합니다. 즉 인권과 언론의 자유, 법치주의와 같은 '시민적' 가치에서 개인의 생존주의와 정체성을 발견하고, 그러한 가치에 공명하는 독립적인 개인들의 연합체로 구성된 게 네이션 본연의 모습입니다. 요컨대 자유의지를 지닌 '개인'이 스스로의 선택으로 네이션에 참가하는 모습이야말로 내셔널리즘의 본래 모습입니다.

홍콩인은 본래 중국이라는 에스닉 정체성을 지니고 있고, 앞으로도 계속 그럴 것이라 보이는데, 이는 개인적, 시민적 내셔널리즘과 모순되지 않습니다. 이 둘은 양립할 수 있어요. 시민적 내셔널리즘은 미국, 캐나다, 호주와 같은 다민족주의 국가 형태를 취하는 네이션에서 볼 수 있으며, 자유주의와의 친화력 또한 높습니다. 그런데 이들 국가도 원래는 '자유로운 국가'가 아니라 그 이념과는 거리가 먼 민족 차별적인 국가였습니다. 그러나 도시적 자유주의를 도입한 뒤 국가가 법률적으로 보장해 개인의 자유를 존중하게 되었습니다.

이러한 내셔널리즘의 형태가 근대 일본에 정착했다고 해도 전혀 이상할 게 없습니다. 실제로는 '시민적' 가치가 뿌리내리지 못했지만요. 오츠카 에이지는 민속학자 야나기타 쿠니오를 검토하면서 일본에서도 '시민적 민속학'의 가능성도 있었으나 결국 낭만주의에 휩쓸려 일본이 집단적, 민족적 네이션이 되었다고 논합니다.[1] 전후 민주주의 지식인의 총아인 마루야마 마사오의 내셔널리즘론을 보면, 그의 이상 역시 개인적, 시민적 내셔널리즘이었음을 알 수 있습니다.[2] 그들은 모두 민족과 집합체의 운명 공동체(낭만주의)보다 개인의 자주적인 운명 결정권(자유

1 　大塚英志, 『社会を作れなかったこの国がそれでもソーシャルであるための柳田國男入門』 (角川EPUB選書), 角川書店, 2014.

2 　丸山真男, 『新装版 現代政治の思想と行動』, 未来社, 2016.

주의)에 따른 사회 형태가 더 바람직하다고 생각했죠. 낭만주의
가 일본을 파멸로 이끈 과거를 염두에 두면 당연한 일이에요.

그린펠드는 내셔널리즘 개념을 네 가지 지표로 분류합니
다.[3] 이 논의를 알기 쉽게 표로 정리해 보았는데, 네이션의 구성
이 개인적인가 집단적인가, 그리고 소속감이 시민적인가 민족
적인가의 경우의 수에 따라 네이션의 구성을 네 가지 유형으로
나눠볼 수 있습니다.

내셔널리즘의 기준[4]

네이션의 구성	개인적	집합체적
소속감membership의 기준	시민적	민족적

'서구'의 개인적, 시민적 내셔널리즘은 사회를 하나의 유기
적 공동체가 아니라 각기 독립된 개인들의 연합체로 파악합니
다. 오늘날 자유주의 서구 국가들은 이러한 네이션의 형태를 취
하고 있습니다. 프랑스는 종교 공동체 전통이 강했기 때문에 시
민적, 집합체적 네이션의 형태를 취할 수 있었으나, 그 결과 매
우 불안정한 정치 상황을 맞게 됐습니다. 나중에 네이션을 만
든 대부분의 사회는 집합체적, 민족적 내셔널리즘 형태를 취하
며, 자유주의와 개인주의적 가치보다 혈연과 문화 같은 불변하

---

3   Liah Greenfeld, *Nationalism Five Roads to Modernity*, Harvard
     University Press, 1993, p. 11.
4   Liah Greenfeld, "Etymology, Definitions, Types", *Encyclopedia of
     Nationalism*, Vol 1. pp. 251~256.

는 전통을 중시하는 운명 공동체 같은 모습입니다. 어째서 그럴까요? 그린펠드는 원한 감정ressentiment, 즉 성공한 이에 대한 분노, 반복되는 원한과 피해의식이라는 감정에 주목합니다.

집합체적, 민족적 내셔널리즘이라는 원한

지금 일어나고 있는 '내셔널리즘 문제' 대부분은 전쟁 전의 일본이나 현대 중국이 대표하듯, 국가에 의해 반강제적으로 길러진 집합체적, 민족적인 내셔널리즘이 개인의 자유를 구속한 데서 기인합니다. 독일이나 러시아 혹은 일본을 비롯한 대부분의 사회가 '왜곡된' 형태로 내셔널리즘을 구현하게 된 이유는 후발 주자의 조급함 탓입니다. 나라마다 사정은 다르겠지만, 내셔널리즘이라는 개념을 서양에서 수입한 정치인과 지식인이 '세계의 흐름에 뒤쳐졌다'는 위기감에서 자국의 근대 혁명에 불을 붙인 것입니다.

내셔널리즘은 분명 인간에 대한 존엄의 감정을 추구해왔기에, 본래는 개인의 자유를 훼손하는 것이 아니었습니다. 그러나 선진국에서 직수입된 내셔널리즘, 즉 자국 고유의 개념이 아닌, 영원히 낙오자라는 굴욕을 맛본 후진국에서 내셔널리즘은 자유를 구속하는 방향으로 나아갔습니다.

유약한 우리는 존엄과 영광을 원하고, 그 욕망 때문에 내셔널리즘을 욕망하면서도 미지의 운명 앞에 주눅 들어버립니다. 실제로 낭만주의에 기반한 독일 발 내셔널리즘은 '어차피 내셔널리즘 개념을 수입할 수밖에 없는 우리는 패배자'라는 생각에 사로잡혀 있었습니다. 선진국의 네이션과 동일한 목표를 좇아봐야 소용없는데, 그렇다고 무엇을 목표로 삼아야 하는지도 알 수 없었습니다. 거기서 탄생한 게 일단 개인의 자유를 희생하더라도 '민족 공동체로부터 주어진 사명을 다하는 것이야말로 개인의 진정한 자유를 성취하는 것이다'는 발상입니다. 이는 전쟁 전의 일본이나 현대 중국에도 강하게 영향을 끼쳤죠.[5]

　하지만 여기까지의 이야기는 수많은 내셔널리즘 양식과 발전 형태의 극히 일부에 불과합니다. 그 힘은 무엇보다 상상력의 확산에, 그리고 인간의 인지를 단숨에 확대한 데 있습니다. 그러한 확산은 인간의 인정 욕구와 존엄성을 잘 끌어내어, 사회계층에 얽매인 낡은 운명관을 쇄신했습니다. 물론 네이션이라는 틀은 때때로 상상의 한계를 초래하기도 합니다. 따라서 도시주의가 정체성으로 내세우는 다문화주의 그리고 오늘날 자유주의 세력에게는 기존 상상력의 확산뿐 아니라, 세계화 시대에 대응하는 그 이상의 것이 요구됩니다. 말하자면 빛바랜 운명관이 배제된 것이지요.

　빛이 눈부실수록 그림자나 어둠도 더 짙게 보입니다. 근대사를 이성의 진보가 아닌 오히려 부정적인 감정, 다시 말해 메시아주의 정신에서 흘러나온 원한, 정념, 질투와 같은 감정의

5　　Leonard Krieger, *The German Idea of Freedom: History of a Political Tradition*, University of Chicago Press, 1957.

연쇄로 본다면 근대 세계사를 좀 더 깊이 있게 해석할 수 있을 듯합니다.

후쿠시마 씨는 얼마 전 〈기동전사 건담〉의 원작자인 애니메이션 감독 토미노 요시유키富野由悠季 초청 이벤트에도 참석했던데 질투가 날 정도로 부러웠습니다. 흥미가 생겨 저도 그의 작품 〈역습의 샤아〉(1988)를 우리 학생들에게 보여주었습니다. 정치운동에 열중하는 독립파와 본토파 학생 몇몇을 제외하고, 스무 살 무렵의 제가 그랬듯이, 학생들은 '개인적 원한으로 우주에서 홍콩으로 운석을 떨어뜨린', 작품 속 샤아가 행한 폭거의 의미를 전혀 이해하지 못했습니다.

독립 분쟁에서 '그릇이 작은' 인간들이 싸움을 벌이는 모습은[6] 최근 홍콩의 사정을 봐도 알 수 있는데, 토미노 감독의 선견지명이 대단하다고 느꼈습니다. 부정적인 감정을 감지하는 '뉴타입(정보 공간에 민감한 인간)'은 결국 '붉은 혜성의 샤아'처럼 레닌이나 마오쩌둥 같은 존재가 됩니다. 운석이 가차없이 떨어지는 장면에 공포를 느끼는 건 현실의 홍콩에 있는 저뿐일까요.

원한 감정에 얽매여가는 미국

홍콩은 원래 피난처이자 식민지에 불과한 도시였으나, 다섯 번

---

6   宇野常寛, 『母性のディストピア』, 集英社, 2017; [국역본] 우노 츠네히로, 김현아·주재명 역, 『모성의 디스토피아』, 워크라이프, 2022.

째 편지에서 보았듯이, 홍콩의 젊은 세대는 우산운동 이후 개인의 존엄성 감정에 눈을 떠 언론의 자유와 법치주의를 추구하는 시민적 열기에 불탔습니다. 오늘날 홍콩에서 개인적, 시민적 내셔널리즘이 태동하고 있는 걸 생각하면, 홍콩이 걷는 길은 미국 역사와 닮은 부분이 있습니다. 개인, 자유의 가치를 구가하고자 하는 자유주의가 홍콩인들의 입에 오르내렸던 걸 생각해 보면, 그것은 설득력이 있을지도 모릅니다.

오늘날 미국은 트럼프의 승리가 상징하듯, 그들이 내세우는 자유주의 가치를 실현하는 데 좌절을 겪고 있습니다. 80년대에 이미 그 조짐이 있었는데, 냉전 종식과 함께 국민 전체의 자신감이 한꺼번에 떨어지기 시작해, 자유주의의 의미 또한 변모했습니다. 당초 '자유주의'는 소련의 공산주의와 독재정치에 대항하고자 개인과 시장의 자유를 '해방'한다는 의미가 있었습니다. 그러나 세계화된 90년대 이후에는 대학과 미디어에서 도시주의를 꿈꾸는 문화 좌파에 의해 자유주의라는 말에는 '다문화주의'의 의미가 더해집니다. 그 결과, 본래 자유주의적 미국의 내셔널리즘은 오히려 나쁜 '보수'나 '우익'으로 낙인찍혔습니다. 시대의 변화에 뒤처진 사람들이 자연스럽게 내셔널리스트가 된 것입니다.[7]

7   リチャード•ローティ, 『新装版 アメリカ未完のプロジェクト―20世紀アメリカにおける左翼思想』, 晃洋書房, 2017: [국역본] 리처드 로티, 임옥희 역, 『미국 만들기―20세기 미국에서의 좌파 사상』, 동문선, 2003.

미국의 사회학자 프란체스코 두이나Francesco Duina가 미국 내륙 하층민을 방문해 인터뷰한 내용을 분석한 게 있는데, 거기에 따르면, 그들이 '미국 내셔널리즘 서사'로 자신과 세계의 관계를 이해하고 있음이 드러났습니다. 그들 대부분은 미국 건국의 꿈과 중산층 생활이라는 신화에서 자신의 존엄성을 찾고 있었습니다. 그러나 그 꿈이 깨지고 삶이 파탄되는 경험을 하고도 '운명을 거머쥘 기회를 놓친 건 자신'이라며 아메리칸드림 자체를 부정하지 않았습니다. 오히려 경제적 실패가 자신의 책임이라 말했다고 합니다.[8]

미국의 불평등한 현실은 더 말할 필요도 없겠으나, 두이나는 그들이 믿는 내셔널리즘을 '환상의 신화'나 '빛바랜 상상력'이라는 말로 치부해 버리지 않습니다. 오히려 이러한 신화야말로 그들에게 현실(리얼리티)과 자기 존엄을 부여했다고 말합니다.

트럼프의 승리가 의미하는 건 도시 엘리트들의 가치관에 반발하는 내륙 지역 주민들의 감정 그 자체입니다. 자유와 개인주의를 기조로 하는 미국의 내셔널리즘에도 이제 원한과 분노라는 부정적 감정이 섞이게 됐습니다. 그러나 세계화라는 흐름 속에서 내셔널리즘보다 도시주의로 축을 옮긴 엘리트의 패배야말로, 어떤 의미에서 중심을 둘러싼 세계의 참상을 명확하게 보여주고 있어요.

---

8   Francesco Duina, *Broke and Patriotic: Why Poor Americans Love Their Country*, Stanford University Press, 2017.

예전에 후쿠시마 씨는 "자유와 민주주의라는 가치를 아직도 진심으로 믿는 곳은 홍콩과 대만 정도다"라고 말씀하셨죠. 이건 매우 훌륭한 관찰이라 생각합니다. 중국의 전제정치와 제국주의의 부활, 거기에 미 제국의 쇠퇴와 개인적, 시민적 내셔널리즘의 타락. 이런 상황에서 홍콩은 바로 두 문명의 가치와 신념이 충돌하는 전쟁터로 변모했습니다. 우산운동의 리더 격인 한 대학교수도 홍콩이 자유주의를 둘러싼 세계의 최전선이 되었다고 지적합니다. 그렇다면 자유주의의 이상이란 무엇인지, 그리고 자유의 진정한 의미란 무엇인지 다시 한번 생각해 봅시다.

홍콩의 진정한 자유, 새롭게 빛나다

홍콩은 원래 도시주의 전통이 강해 무엇보다 자유에 큰 가치를 두어 왔는데, 이제 도시주의만으로는 부족합니다. 오늘날 홍콩은 중화 문명의 압박을 받고 있습니다. 민족적 내셔널리즘이 홍콩의 도시주의를 무너뜨리려고 합니다. 그러나 저는 홍콩이 도시주의의 문화적 기억을 도화선으로 삼아 자유의 불씨를 점화하고 새로이 시민적 내셔널리즘으로 빛나는 게 가능하다고 믿습니다. 자유라는 가치를 지키려면 내셔널리즘 또한 필요합니다.

근대를 낳은 두 개의 변경 사상이 내셔널리즘과 도시주의라는 건 이 편지에서 여러 번 언급한 바 있습니다. 이 두 사상은 나선형으로 교차하며 근대의 역사를 엮어왔는데, 서로 손을 맞잡은 채 경쟁을 벌이는 듯 보이기도 합니다. 주류를 이뤘던 내셔널리즘이라는 오래된 상상력에서 벗어나서, 도시주의라는 새로운 트렌드가 전 지구적 상상력을 이끌고 있습니다. 현재 세계의 중심 사상이 전자에서 후자로 이행하는 과정에 있는데, 아즈마 히로키가 『관광객의 철학』에서 지적했듯이, 양자는 병존하면서도 세계를 이 이중 구조로 찢어놓기도 합니다.[9] 전자는 악역으로, 후자는 선한 역으로. 전자에서 후자로의 전환은 역사의 진보, 그 반대는 퇴행. 그러나 지난 30년 동안 세계는 급속히 도시화(메트로폴리스화)된 한편, 대만, 홍콩, 카탈루냐의 상황을 보면 알 수 있듯이, 제국 변경에 자리한 지방과 도시가 존엄에 눈을 떠 내셔널리즘 운동 또한 번성하는 중입니다.

다음 시대를 선도할 사상이 태동하는 기운이 이곳 변경에 있습니다. 선악 이원론을 배제하고, 도시주의와 시민적 내셔널리즘을 융합해 서로의 약점을 중화하고, 자유주의와 개인주의를 갱신하는 새로운 사상적 모델을 구축하는 일은 그야말로 변경 사상의 가장 큰 도전입니다. 그렇다면 자유주의와 개인주의란 무엇일까요. 여기서 강조하고 싶은 건 내셔널리즘의 긍정적 plus 측면입니다.

'자신의 운명을 스스로 결정한다'는 개인주의 발상도 원래는 내셔널리즘 사상에서 유래했습니다. 앞에서 논한 네이션과 같은 발상은 근대적 개인에게 법적 주권을 부여했습니다. 서양 문명에 대한 기독교적 설명에 따르면, 인간은 본래 신이 정한

9   東浩紀, 『ゲンロン0ー観光客の哲学』, ゲンロン, 2017.

운명에 얽매여 있었습니다(전지전능한 신이 운명을 마음대로 결정한다니, 왠지 불합리하고 자유롭지 못한 것 같다는 게 우리 동양 문명에 속한 인간의 생각입니다). 자유의지를 부여받은 개인에게는 '천직'이나 '연애'처럼 실천해야 할 운명이 나름대로 존재합니다. 주어진 '목표'가 구체적으로 뭔지는 몰라도 그 사명을 찾아내고, 목숨을 걸고서라도 그 천명을 확인하고 실행하려 합니다. 그걸 이루면 최상의 행복에 도달할 수 있고, 이루지 못하면 지옥 같은 불행에 빠지게 됩니다.

내셔널리즘에 이끌려 개인주의와 모험정신이 유감없이 발휘된 대항해 시대에 현대 과학, 자본주의와 같은, 근대 서양이 자랑하는 거대한 제도가 탄생했습니다. 그 모든 바탕에는 도박꾼 같은 개인주의와 외골수적인 '도박 중독자' 정신이 깔려 있습니다. 그 틀 아래 오늘날 우리 세계가 있습니다. 하지만 무궁무진한 지식과 돈을 위해 이 한 몸 바치려는 현대 정신은 큰 위험을 수반하는데, 그건 종교를 초월한 일종의 광기의 영역이죠.

홍콩의 우산운동 또한 '운명 자주運命自主'라는 근대적 계몽으로 '개인적, 시민적 내셔널리즘'의 탄생을 촉진했습니다. 민주화가 실패하고 개인의 자유가 위협받는 위기 상황에서 자유의 가치를 이전보다 더 피부로 느끼게 되었습니다. 한편에서는 잃어가는 자유를 그리워하면서 다른 한쪽으로는 자유를 쟁취하려는 의지가 생겨나고 있습니다. 전 지구화된 사회에서의 자유가 개인주의적이고 국경을 넘어 방황하는 자유라면, 홍콩이 새로이 품고자 하는 건 자유의 성과가 영구적으로 보장되는 사회

입니다. 중심 때문에 자유가 요동치는 상황에서 스스로와 자유
의 가치를 지켜낼 수 있는 사회를 만들고 싶다는 자각이 지금
싹트고 있습니다. 그것이야말로 변경의 진정한 자유주의라고
할 수 있습니다.

홍콩이 재미있는 점은 이렇듯 도시주의적이고 개인의 생존
을 최우선으로 생각하는 사고방식에서, 개인의 존엄을 희구하
는 내셔널리즘적 사고로 이행하고 있다는 사실입니다. 얼핏 보
면 세계적 조류를 거스르는 시대적 역행인 듯 보일지도 모르겠
습니다. 하지만 실제로는 홍콩이야말로 세계의 흐름을 선취하
고 있는 것일 수도 있습니다.

네덜란드의 유산

하지만 그렇다고 홍콩에 미래가 있다고 말하는 건 설득력이 부
족하죠. 홍콩 도시주의의 유구한 문화 전통이 미래를 예지할 힌
트라고 할지라도, 다른 도시에도 이미 그 맹아가 있었습니다. 그
래서 그 길잡이가 될 만한 책을 한 권 풀어보고자 합니다. 올해
제게 가장 많은 가르침을 준 문필가인 러셀 쇼토Russell Shorto
의 『암스테르담—세계에서 가장 자유주의적인 도시의 역사』라
는 책입니다. 이 책에 쓰여 있듯이, 오늘날 자유주의 사상의 근
원을 암스테르담에서 찾는 것이 옳을지도 모릅니다.[10]

10   Russell Shorto, *Amsterdam: A History of the World's Most Liberal City*,

저지대 국가의 시민들이 합심하여 마을을 건립한 것이 암스테르담의 시초라고 하는데, 이는 유럽 대륙의 '중심'인 봉건사회의 입장에서 보면 야만인과 이단 종교를 수용한 변경에 불과했을 터입니다. 이 책은 자유라는 현대적 감정을 만들어낸 도시 사상의 정체를 생생하게 그려냅니다. '법을 어기는 걸 일단 용인한다'는 말은 네덜란드의 심성을 잘 표현하고 있는데, 홍콩의 모우만타이無問題 정신과 딱 맞아떨어져요. '법을 어기지 않는 한 무조건 OK'라는 뜻의 속담인데, 네덜란드가 보다 더 관용적인 듯합니다. 하지만 네덜란드적 관용은 도덕적 이상이 아니라, 그 실용적인 태도에 있습니다.

종교와 사상에 관용적인 이 도시는 새로운 근대적 현실을 묘사해 낸 렘브란트 같은 문예부흥의 예술가뿐만 아니라 철학사에 이름을 새긴 인물과도 깊은 인연을 맺고 있습니다. 근대 사상의 거장 데카르트, 스피노자뿐만 아니라 영국에서 온 정치 난민 로크에 이르기까지, 근대적 세계관을 그려낸 대표 격 사상가들이 이 변경의 무연소無緣所에서 보호받으며 문화 다양성이라는 사상을 일궜습니다(이를테면 로크의 정치론이 영국이 아니라 암스테르담에서 쓰였다는 건 저로서는 의외의 발견이었습니다).

하지만 부족 간 분쟁을 보면 알 수 있듯이 문화의 자기 방어기제는 여전히 강고하고, 타문화에 관용적인 태도를 견지

Little, Brown Book Group, 2014.

하는 건 실제로는 인간 정신에 과도한 부담을 줍니다. 따라서 자신과 다른 문화적 존재를 용인하려면 때때로 가혹할 정도로 마음을 바꿔 먹어야 합니다. 게다가 개인과 자유의 획득을 위해 종교 독재국가였던 스페인—유럽의 천조天朝—과 80여 년 동안(!) 피비린내 나는 투쟁을 벌인 네덜란드의 역사를 보면, 자유의 대가는 역시 비싸다는 생각이 듭니다. 홍콩인들은 과연 네덜란드인만큼 자유를 사랑할 수 있을까요?

암스테르담은 도시주의적 개인주의, 정치적 관용과 자유 같은 다양한 가치를 시민적 내셔널리즘에 입각한 법으로 보장해 도시주의와 내셔널리즘이라는 현대사회의 양대 축을 모두 실현한 최초의 도시입니다. 또한 같은 시기에 영국이 내셔널리즘의 불길로 자본주의에 동기를 부여해 지속적인 경제발전이 가능했다는 것이 그린펠트의 가설입니다. 자본주의로 지속 가능한 발전을 유지하려면 역시 내셔널리즘을 연료로 하는 영구기관이 필요했던 것이죠.

결국 도시의 영광과 자유라는 가치의 지속을 위해서는 도시주의만으로는 부족하고, 내셔널리즘이라는 기개와 희생이 필요합니다. 반대로 내셔널리즘에 잠재되어 있는 편협함과 광기에는 도시주의의 개방성이라는 중화제가 때때로 필요합니다. 이 얽히고설킨 두 개의 현대적 애플리케이션을 잘 융합해 더 나은 역사의 나선을 엮어내는 사상이야말로 홍콩을 비롯한 변경이 살아남기 위한 시급한 과제라고 생각합니다.

마음이 자리하는 곳 ― 자존심과 호기심

생각해 보면, 내셔널리즘이나 도시주의 모두 마음에서 나타난 감정과 문화 사상입니다. 둘 다 서양 근대의 변경에서 발명된 새로운 마음의 형태에 지나지 않습니다. 내셔널리즘은 감정에 바탕을 두고 도시주의는 이성에 바탕을 둔다는 이원론적 도식은 부적절합니다. 둘 다 일종의 감정에서 비롯된 발상이기에, 오히려 각각이 향하는 마음의 동태를 규명하면 그 성격을 더 잘 드러낼 수 있습니다.

내셔널리즘이 자존심으로 구성된다면, 도시주의는 호기심으로 성립됩니다. 내셔널리즘이 불러일으키는 서사가 집합적인 '마음의 응축'과 '자아의 완성'을 목적으로 한다면, 도시주의는 개인적 자립의 서사로서 '마음의 발전'과 '세계의 인식'이라는 두 가지 키워드로 표현할 수 있을 듯합니다.

내셔널리즘은 내부적으로 닫혀 있으며, 구성원들의 평등한 권리를 보장하나 외부의 타자들에게는 다소 냉담합니다. 반면에 도시주의는 항상 대외적으로 개방적이며 타자를 평등하게 대하고(기회의 평등), 해방과 융화라는 보편적이고 중립적인 가치를 내세웁니다.

내셔널리즘적인 자존심이 마음의 응축, 즉 개인의 정체성과 신념의 탐구에 중점을 두고 서사화, 상징화를 요구한다면, 도시주의적 호기심은 마음의 발달, 즉 타인과 세계에 대한 관심과 관계 맺기를 중시하며 대화의 장을 여는 상상력을 중요하게 여깁니다. 스스로에 대한 존중, 타인과의 관계 맺기. 이 둘 사이에서 균형을 취하면서도 평상심을 유지하는 게 현대인에게 가장 중요한 마음의 단련이 아닐까요?

왜 그런가 하면, 인간 마음의 동태dynamism, 즉 문화의 움직임이 너무 활발해지면 비극이 일어나기 때문입니다. 내셔널리즘의 자존심은 곧 비대한 자의식으로 흘러 인간을 보수적으로 만듭니다. 역으로 도시주의 특유의 겸손한 감정이 부풀어 오르면 인간은 피해망상에 빠져 히스테리(정신을 파괴하는 해리성 장애)에 시달리게 됩니다. 전자가 비대해지는 것에 따른 폐해는 후쿠시마 씨가 말했듯이 속악俗惡한 국가 신화의 일종이고, 후자의 문제는 오히려 자기 왜소화에 있다고 봐요. 예를 들어 빈곤층과 피해자에 대한 동정심이 와전되어 '우리야말로 피해자의 대표'라는 피해망상의 공동체화로 이어져 진정한 의미에서 무책임의 체제를 만들 수 있습니다. 공산 혁명의 비극 또한 피해와 관련된 공동의 망상에서 발생했고, 겸손의 감정에서 한 발짝 더 나아가 자기비하에 빠져버리는 결말을 보았습니다. 그것이 '원한을 부추기는' 부정적인 나선형으로 이어졌습니다.

앞서 소개했던 탕쥔이 선생의 말을 빌리자면, 도시주의가 급진적으로 발달해서 생기는 건 '용해된 마음'이 '부유하는' 상태입니다. 이야기가 제각기 조각난 먼지 파편이 되어 카오스가 된 상태죠. 호기심이나 동정심이 결국 원한으로 변질되면 '마음이 타락'하는 상태가 됩니다(반대로 '응축된 마음'이 굳어버리면 '마음이 폐색'되는 상태가 됩니다).

서양 근대는 이 두 가지 마음의 기능을 최대한 자극해 인류 사회의 쇄신을 이루었는데, 정치적 재앙만이 그 부작용의 전부는 아닙니다. 이를테면, 현대병인 정신질환이 그러하죠. 현대인은 항상 우울증과 조증이라는 양극성 장애의 리듬 사이에서 갈팡질팡하는데, 마음의 동태를 관장하는 자유의지가 기능 부전을 일으키거나 최악의 경우 정신분열증(자기 정체성의 상실)이라는 병리 상태에 빠져버리기도 합니다.

우울증이 마음의 호기심을 잃게 한다면, 조증은 마음의 응집력을 잃게 합니다. 마음의 양단이 불균형해지면 마음은 끝내 무너져 내립니다. 이는 현대인이 자아의 존엄과 호기심, 나아가 상징력[기호 생성/해독 능력]과 상상력을 얻은 대가겠죠.[11]

이러한 논리를 알려준 홍콩의 사상가 레이틴밍李天命 씨는 "비록 전지전능한 신 앞에서도 비굴해지지 않는 것이야말로 자신감의 극치다. 미약한 개미 앞에서도 자만하지 않는 것이야말로 겸손의 극치다. 자신감과 겸손을 모두 겸비한 적당함의 극치"라는 중용의 지혜를 설파하는데, 이것이야말로 실로 변경의 사상에서 도출된 근대성의 부작용에 대한 처방이겠죠.

---

11   Daniel Nettle, *Strong Imaginations: Madness, Creativity and Human Nature*, Oxford University Press, 2002; Louis Sass, *Madness and Modernism. Insanity in the Light of Modern Art, Literature, and Thought*, Oxford University Press, 2017; Liah Greenfeld, *Mind, Modernity, Madness*, Harvard University Press, 2013.

2014년 우산운동 이후 홍콩과 일본 모두 도시주의와 내셔
널리즘이라는 양극단에서 갈팡질팡하는 중입니다. 시대가 '평
상심'을 쉬이 용납하지 않겠으나 그렇더라도 중용을 지켜서 어
리석은 개죽음은 피해야 합니다. 어두운 곳에 빛을 비추면 새
로운 그림자가 생겨납니다. 방탕한 마음, 폐색한 마음, 공허한
마음. 여러 가지 병의 새로운 치료법을 찾지 않으면 안 됩니다.
왜곡된 마음을 치유하려면 시대의 편향에 맞서면서도 새로운
감정, 언어 그리고 마음의 방식을 모색해야만 합니다.

2017년 11월 29일

홍콩에서 청육만

근대를 펼쳐 콩을 기르다

청육만 씨,

부흥과 독립

새해가 밝고 벌써 한 달이 지났네요. 저는 건축사가 오카무라 켄타로岡村健太郎의 권유로 이와테현 가마이시에 이웃한 해변 마을 오쓰치초大槌町에 다녀왔습니다. 그곳에는 '키리키리吉里吉里'라 불리는 일대가 있는데, 이노우에 히사시井上ひさし의 장편소설『키리키리진吉里吉里人』(1998)도 그 지명을 모델로 한 것으로 알려져 있습니다.

　　오쓰치초는 1933년 쇼와 산리쿠 쓰나미에 큰 피해를 입었지만 이후 국가적 부흥 사업으로 재건에 성공해 재해 부흥 모델로 높이 평가됩니다. 이노우에의『키리키리진』은 동쪽 벽촌에 독립 국가 '키리키리국'이 탄생하고 멸망하기까지를 그린 유토피아 소설인데, 거기에는 반세기 전 쇼와 산리쿠 쓰나미를 극복한 부흥 체험이 어느 정도 반영되어 있을 것입니다.

돌이켜보면 '부흥'과 '독립'은 서로 닮은 점이 있습니다. 부흥을 위해선 죽은 자를 애도하고 인프라를 복구하며, 돈의 흐름을 바꾸고 새로운 목표를 세워야 하고, 이전과는 다른 어휘로 말해야 합니다. 특히 피해 지역은 다른 곳에 비해 무엇보다 '말'이 먼저 바뀌기 마련입니다. 마치 홍콩 젊은이들의 언어 체계나 커뮤니케이션 주제가 우산운동을 전후로 극적으로 바뀐 것처럼. 지진 전의 시점에서 보면 지진 이후의 사람들은 이상한 말씨로 말하고 있는 것처럼 보일 것입니다.

이것을 곧 독립의 프로세스에 비유할 수 있습니다. 독립도 부흥과 마찬가지로 경제적, 문화적, 언어적 기반을 새롭게 확립해야 하기 때문입니다. 그렇게 생각하면 말장난이 특기인 이노우에 히사시의 『키리키리진』에 색다른 사투리나 음담패설 같은 '괴상한 말'이 상당한 두께로 담겨 있는 건 주목할 만합니다. 이는 문학적 실험인 동시에 독립(혹은 부흥)이 말을 급진적으로 변화시킨다는 점을 보여줍니다. 자기 자랑처럼 들릴지도 모르겠으나, 저도 예전에 『부흥 문화론』에서 부흥기 언어 체계의 갱신을 주제로 삼은 적이 있습니다. 부흥기의 문화는 단순히 '말끔한 것'이나 '보기 좋은 것'이 아니며, 그 이전을 기준으로 볼 때 오히려 '이상한 것'으로 보이는 서브컬처를 많이 포함하고 있다는 게 저의 취지였습니다.

그러나 오쓰치초 또한 이번 동일본 대지진을 극복해 부흥하는 데는 다양한 문제를 안고 있습니다. 쇼와 산리쿠 쓰나미

때의 부흥 프로젝트는 국가가 주체가 되어 고액의 공적 자금을 재해지에 주입하는 방식으로 이루어졌습니다. 반면 이번에는 주민의 요구에 부응한다는 명목하에 토목의 힘으로 거대한 벽 같은 방조제를 만들 예정입니다. 쓰나미뿐 아니라 토목 공사의 영향으로 땅의 지형이 근본적으로 바뀌고 있습니다.

이 토목 포퓰리즘의 결과가 얼마나 안전한 방벽을 만들어 낼지 알 수 없으나, 이 방벽은 결국 바다와 인간의 마음을 잇는 연결고리를 끊어냅니다. 게다가 천년에 한 번 올지 모를 규모의 쓰나미에도 대응하겠다며 주택지 지면을 몇 미터씩이나 부풀려 쌓고 있지만, 산을 깎아 흙더미를 만드는 장기 공사가 진행되는 사이에 주민은 유출되고 맙니다. 토목의 힘으로 '삶의 터전'을 억지로 재생시켜도 인간이 없으면 의미가 없습니다.

도호쿠의 어소시에이션

'산다'는 건 부조리합니다. 일본을 여행하다 보면 '왜 하필 여기에'라는 생각이 들 정도로 외진 곳에 민가가 들어서 있습니다. 이사 가면 좋을 테지만 쉽지는 않습니다. 애초에 어떤 인간도 합리성만으로 '삶의 터전'을 결정할 수 없습니다. 모든 생명체는 출생 시점에 선택의 여지없이 선행하는 거주지(한나 아렌트가 말하는 '사물의 세계')에서 태어납니다. 인간은 '삶의 터전'을 제어하고 주인 행세를 하지만 실제로는 '삶의 터전'이 인간의 주인입니다. 하이데거의 존재론적 철학은 그런 의미에서 '거주함'에 큰 가치를 부여했습니다.

그렇다고 '삶의 터전'을 무리하게 고정하는 것, 즉 '운명론'으로 치우치는 것은 경계해야 합니다. 대규모 재해는 확실히 부조리한 운명을 강하게 느끼게 합니다. 운명이란 계산이나 선택을 초월한 무언가를 말합니다. 그러나 운명을 정치적으로 이용하고 토목 포퓰리즘을 가속화해 장기적인 시각을 잃게 하는 게 진정한 부흥은 아닐 겁니다. 제『부흥 문화론』의 목표는 이 '거주함'의 존재론에 다른 길을 제안하는 것이었습니다.

대지진이 국민을 단결시켜 하나의 운명 공동체를 만든다는 통념도 잘못된 것입니다. 물론 2004년 수마트라 지진처럼 인도네시아 정부와 독립파의 오랜 내전이 쓰나미 대피해로 보류되었다가 마침내 화해로 이어진 경우도 있습니다―이 경우 쓰나미는 니체Friedrich Wilhelm Nietzsche가 말하는 '선악의 저편'을 개시한 셈입니다. 그러나 큰 재해는 대체로 운명을 가르는 역할을 합니다. 이번 취재 중에도 높낮이 차이 때문에 자기 집은 무사했지만, 옆집은 떠내려갔다는 이야기를 들었습니다. 도호쿠에서 대지진 체험을 함께 했음에도, 약간의 우연으로 제각각 다른 운명이 되어버리는 것, 그것이 사회적인 분단을 낳는 괴로운 상황입니다.

이러한 상황에서 인문학이 당장에 무엇을 할 수 있을까 생각하면 막막합니다. 다만 근시안적인 '복구'가 아니라 중장기적인 '부흥'을 목표로 할 때, 도호쿠의 사상적인 자원을 잘 활용하는 일은 생각할 수 있습니다. 흥미롭게도, 오카무라 켄타로는

'포스트근대 부흥'의 양태를 구상하면서, 도호쿠의 사상에 어소 시에이션(결사주의)의 맹아가 있음에 주목합니다.

예를 들어 야나기타 쿠니오는 민속학자가 되기 전에 농정 관료로 산업조합 보급에 관여했습니다. 이때 어소시에이션(조합)의 심리적 기반을 탐구했는데, 그 성과로 이와테현 도노 지방의 민간설화를 모아 『도노 이야기遠野物語』를 쓴 것입니다. 『도노 이야기』는 단순한 괴담집이 아니라, 괴이한 현상에 대한 반응 데이터를 모은 집단심리 연구서였습니다. 혹은 청 씨가 좋아하는 미야자와 겐지―메이지 산리쿠 지진이 일어난 해(1896)에 이와테현 하나마키에서 태어나 쇼와 산리쿠 쓰나미가 일어난 해에 사망―의 「폴라노의 광장ポラーノの広場」이라는 유명한 동화가 있는데, 이는 두 주인공이 산업조합을 운영해 이상적인 광장을 만든다는 유토피아 소설입니다.[1]

야나기타와 미야자와가 지지한 산업조합은 쇼와 산리쿠 쓰나미를 극복해 부흥하는 데도 중요한 역할을 했습니다. 그런 의미에서 도호쿠 어소시에이션의 재발견은 국가에 의존하지 않고 운명에 따른 분단을 극복하기 위한 하나의 힌트가 될지도 모릅니다. 그것은 향후 지역 재편에서도 필수적입니다. 한계집락이 늘어나면 지역도 재통합될 텐데, 그때는 지역 간 '어소시에이션'이 필요할 것이기 때문입니다.

---

1   岡村健太郎, 『「三陸津波」と集落再編』, 鹿島出版会, 2017.

근대, 그 다층적 구조체

오쓰치초에서 생각한 것입니다만, 이 왕복 편지에서 일본의 부흥과 홍콩의 독립을 더 병행해 논의했다면 좋았을 것입니다. 청씨는 지난번 내셔널리즘의 유형을 정리하면서 시민적 내셔널리즘의 가능성을 도출하려면 홍콩과 같은 도시가 필요하다는 문제 제기를 했습니다. 부흥도 지역을 담당하는 '시민'을 육성하는 사업이라고 볼 수 있습니다. 다만, 이번은 마지막 편지이기 때문에 우리의 대주제였던 변경의 근대를 정리하는 것으로 마무리하겠습니다.

2018년은 메이지 유신으로부터 150년이 되는 해입니다. 150년이라는 주기는 일본사를 분절하는 기본적인 리듬입니다. 가마쿠라 시대가 약 150년, 무로마치 시대는 남북조 합일[2]로부터 180년, 에도 막부는 260년 정도 지속되었는데, 도쿠가와 이에야스의 출생부터 헤아리면 '도쿠가와 300년'이라는 말이 성립합니다. 그렇다면 메이지 유신으로부터 150년이 되었다는 것은 일본 '근대'의 사이클이 닫히고 있음을 의미할지도 모릅니다.

마르셀 프루스트Marcel Proust의 말대로, 가까운 과거는 실제보다 오래된 것처럼 느껴집니다. 저는 일본의 근대산업 유산

---

2   [옮긴이] 남북조 시대란 일본의 시대 구분(1336-1392)으로, 일본 역사상 최초로 조정이 남조와 북조로 나뉘고, 두 명의 천황이 옹립되어 대립하던 시기다. 교토를 중심으로 무로마치 막부가 실권을 행사한 북조와, 요시노를 중심으로 한 남조가 대립하다가, 1392년 북조의 고코마쓰 천황이 남북조를 통일한다.

을 보는 것을 좋아하는데, 특히 히로시마현의 구레시 야마토뮤지엄大和ミュージアム이나 아오모리시 하코다마루八甲田丸, 사가현 나가하마시 얀마뮤지엄ヤンマーミュージアム―더불어 카이요도 피규어뮤지엄海洋堂フィギュアミュージアム도 진귀한 시설이지요―을 방문한 것은 제게 좋은 추억이 되었지만, 거기서 본 근대의 유물들은 이미 전통문화로 확립된 사찰 불각 이상으로 신기할 만큼 고색창연하게 느껴졌습니다. 나쓰메 소세키夏目漱나 오카쿠라 텐신 같은 메이지 지식인을 언급할 때도 저에게는 항상 그와 비슷한 감정이 생깁니다. 일본의 '근대'가 낳은 인간과 사물은 점점 더 그런 산업 유산 같은 것이 될지도 모릅니다.

그것이 반드시 나쁜 건 아닙니다. 근대가 유산이 되면 그것을 새로운 방식으로 이해하고 상속받을 기회도 생기기 때문입니다. 마치 인류학적 에피소드처럼 거리감을 두고 근대를 관찰할 수 있다는 의미에서 지금은 지적으로 꽤 흥미로운 시대입니다. 저의 경우 일본 문학의 근대성(모더니티)을 근세부터 이어지는 '다층 구조체'로 재평가한 것이 『성가신 유산厄介な遺産』이라는 문예비평서였습니다.

덧붙여 말하면, 올해가 '헤이세이'의 마지막 해이기에 여러 헤이세이론이 미디어에 난무하고 있습니다. 그러나 쇼와와 달리 '헤이세이 ○○년대'라는 구분은 의미가 없습니다. 포스트냉전의 헤이세이 시대는 정보화, 세계화, 테러리즘, 포퓰리즘으로 특징지어지지만, 그것은 세계적인 문제이며, 굳이 일본의 연호와 연관해 말할 필연성이 없습니다. 즉, 헤이세이 시대란 연호가 그 상징적 의미를 상실한 시대라고 할 수 있습니다. 무라카미 하루키식으로 말하면, 헤이세이의 일본인은 서기西曆라는 순수하게 "숫자로 셀 수 있는 것"(『양을 쫓는 모험』)에 따라 시간의 의식을 정돈해 왔습니다.

게다가 헤이세이의 정치 풍토라는 것도 쇼와 시대에 비해 크게 갱신된 것이 아닙니다. 오히려 쇼와 시대부터 "무책임의 체계"(마루야마 마사오)나 "분위기의 지배"(야마모토 시치헤이山本七平)[3]라는 말로 비판되어 온 일본형 기회주의(영합주의)가 한층 악화되고 있습니다. 공무원의 '손타쿠忖度'[4]가 화제가 된 최근의 모리토모 학원 문제는 그야말로 분위기가 지배하는 무책임의 체계가 그대로 드러난 사건이었습니다. 헤이세이 말기에 밝혀진 것은 쇼와 시대의 나쁜 점만 비대화된 정치 상황입니다.

서구 근대의 탈취

메이지 이래 근대의 사이클이 한 바퀴 돌고, 헤이세이도 특별

3   [옮긴이] 일본어의 '공기空気'는 특정한 주체 없이 사회 내에서 암묵적으로 대세를 이루는 '분위기'나 그에 대한 '동조 압박'을 뜻하는 것으로 이해할 수 있다. 보다 상세한 내용은, 야마모토 시치헤이, 박용민 역, 『공기의 연구―일본을 조종하는 보이지 않는 힘에 대하여』, 헤이북스, 2018 참고.
4   [옮긴이] 어원은 『시경(詩經)』 「교언(巧言)」 편, "타인이 가지고 있는 마음을 내가 헤아린다(他人有心 予忖度之)." 현대 일본 사회에서는 그 의미가 변화해 '윗사람의 눈치를 알아서 살피며 일을 처리하는 상명하복 체제'를 가리키는 부정적인 어휘로 통용된다.

한 상징적 의미를 띠지 않고 끝나가는 것이 지금의 일본입니다. 하지만 좀 더 신중하게 말하면 오늘의 세계적인 현상은 근대 그 자체의 소멸이라기보다는, 오히려 서구의 근대가 '탈취'된 hijacked 것이라고 해야 하지 않을까요?

과거 20세기 사람들은 서구의 우위 속에서, 예컨대 중국을 근대화하고 이슬람을 근대화하는 것으로 전통을 부정했습니다. 반면 21세기 세계에서 일어나고 있는 것은 재중국화, 재이슬람화, 재기독교화입니다. 그것들은 대부분 우경화나 보수화를 의미하지만(예를 들면 교황 요한 바오로 2세의 출신지이자 가톨릭계가 우세한 폴란드 정부는 낙태 금지 법안을 통과시키려다 항의 시위에 부딪혔습니다), 그것이 반드시 야만으로의 회귀를 의미하진 않습니다. 미셸 우엘벡의 논쟁적인 근미래 소설 『복종』이 니힐리즘적으로 그린 것처럼, 엘리트주의적인 이슬람 정권이야말로 민주적인 유럽의 백인들 이상으로 스마트하게 사회를 운영할 가능성도 없지는 않습니다.

앞으로도 자본주의는 당분간 사라지지 않을 것이고 서구 문명도 사라지지는 않겠지만, 통치나 사상의 프로그램에 서구화 이전의 전통이 접목되는 경우는 늘어날 것입니다. 즉 서양 근대를 전면적으로 내던지고 야만으로 돌아간다기보다는, 근대의 달성을 자국의 방식으로 '탈취'하는 것이 지금 세계에서 일어나고 있는 현상입니다. 그런 의미에서 서구와는 다른 근대의 모델을 근세 중국에서 발견한 요나하 준의 『중국화하는 일본』은 실제적인 문명론이라고 할 수 있습니다.

이 '근대의 탈취'가 시작된 시점은 1979년 전후로 볼 수 있을 겁니다. 이 시기를 특징짓는 대처Margaret Thatcher의 신자유주의, 덩샤오핑의 개혁개방, 호메이니의 이란혁명, 새 교황 요한 바오로 2세의 폴란드 방문은 시장과 종교의 본격적인 대두를 알렸습니다.[5] 마르크스주의라는 유토피아적 '거대 서사'에 대한 환멸이 확산된 이후, 수년간 억압되어 온 시장과 종교에 의해 근대의 공공 공간이 '탈취'되는 현상, 여기에는 분명 지난 40년간의 세계 변화가 응축되어 있습니다.

오늘날의 세계는 상품의 주술에 현혹되어 '소비자'로서 하루하루를 살아가는 것에 익숙해진 한편, 이제 유럽인들조차 때로는 삶의 의미를 찾아 이슬람 국가에 뛰어들기도 합니다. 유럽의 젊은 여성들이 이상적인 '아버지'(준거틀)를 찾고자 과격한 지하디스트 극단주의에 투신하는 '페미니제이션feminization'(부성의 디스토피아?) 현상도 작금의 큰 문제가 되고 있습니다.[6]

변경의 양명학

양식 있는 시민들의 대화(커피를 한 손에 든 카페 살롱 토크!)에 기초한 유럽의 세속적 민주주의 사회에 주술적인 물건(=상

---

5   クリスチャン・カリル, 北川知子 訳, 『すべては1979年から始まった』, 草思社, 2015.

6   ファラッド・コスロカヴァール, 池村俊郎他 訳, 『世界はなぜ過激化 (ラディカリザシオン) するのか?』, 藤原書店, 2016.

품)과 종교적인 도그마(=신앙)가 침입하는 것, 이 '포스트세속화'의 상황은 동아시아 사상에서도 예외가 아닙니다. '근대의 재중국화'를 상징하는 유교 회귀에 대해서는 이미 여섯 번째 편지에서 언급한 바 있지만, 조금 더 보충하겠습니다.

20세기 홍콩 신유가가 인격주의나 인식론에 치우친 반면, 21세기 중국의 신유가는 정치에 적극적으로 관여하고자 했습니다. 전자가 변경의 '세카이계' 철학이라면, 후자는 그에 대한 비판으로 나온 것입니다. 또한 전자가 근세의 신유학Neo-Confucianism, 즉 사변철학인 주자학의 유산을 변방 홍콩에서 이어받은 것인 반면에, 후자는 고대의 동중서나 근대의 강유위처럼 유교를 국교로 만들고자 했던 신학적 사상가들에 주목합니다.

그런데 흥미롭게도 시진핑은 근세 신유학의 일익을 담당한 유심론적인 왕양명을 높이 평가합니다. 유물사관을 명분으로 하는 공산주의의 국시를 생각해 보면, 그것은 아무래도 기묘해 보입니다. 하지만 양명학이 원래 근세 상인 계층의 관심을 끈 사상임을 상기하면 나름대로 납득할 수 있습니다.

주자학에 '배워서 성인의 경지에 이른다'라는 학구적인 발상(너도 독서하고 공부하면 '성인'이 될 수 있다!)이 있다면, 양명학은 비록 문맹의 어리석은 자일지라도 마음먹기에 따라 성인이 될 수 있다는 차원까지 나아갑니다. 양명학은 교양 있는 지배 계층(사대부)뿐만 아니라 농·공·상을 포함한 사회의 폭넓은 계층을 대상으로 했습니다. 근대에 이르러서도 양명학은 도시 상인들에게 자기 수양의 지침이 됩니다.[7] 그것은 도덕적 수양(마음)과 경제적 추구(사물)를 조화시키는 것, 즉 상업화된 사회의 '종교 윤리'에 준하는 것입니다.

대만의 저명한 사상사학자 위잉스余英時는 막스 베버를 비판적으로 계승하면서 근세 중국의 신선종과 양명학을 유럽의 '프로테스탄티즘 윤리'에 상응하는 것으로 파악했습니다. 베버의 대담한 생각에 따르면, 프로테스탄티즘은 자기 자신을 금욕적으로 모니터링하면서 근면하게 노동하는 주체를 만들었고, 이로써 '자본주의 정신'을 확립했습니다. 요점은 미래의 구제를 진지하게 생각하고 자기 관리를 할 수 있는 종교적 인간이 자본주의의 성립을 촉구했다는 것입니다. 위잉스는 이와 가까운 '세속적 금욕주의'의 모델이 유럽뿐만 아니라 근세 중국의 유교나 불교에도 있었다고 봅니다.[8] 이 가설이 맞다면 자본주의화된 현대 중국에서 상업 사회의 종교 윤리로 양명학이 부활해도 그리 이상할 건 없습니다.

흥미로운 것은 양명학이 일본에서도 기묘한 사상적 영향력을 가졌다는 것입니다. 일본의 양명학은 오시오 헤이하치로大塩平八郎에서 미시마 유키오三島由紀夫에 이르기까지 '지행합일知行合一'을 기치로 한 과격한 개혁 사상에 가까워졌습니다. 그것

---

7   Wen-hsin Yeh(葉文心), *Shanghai Splendor*, University of California Press, 2008.

8   余英時, 森紀子 訳, 『中国近世の宗教倫理と商人精神』, 平凡社, 1991.

은 일본에서 양명학이 신도神道와 뒤섞인 탓도 있습니다. 17세기에 '오미의 성인近江聖人'이라고 불린 나카에 도주中江藤樹는 양명학을 이세 신궁伊勢神宮의 신도와 연결시켰습니다. 나카에의 사상이 오시오에게도 전해진 것이고,[9] 그 때문에 일본의 양명학은 일종의 샤먼적 혁명사상에 가까워졌습니다. 물론 시진핑이 높이 평가한 원조 양명학은 이 일본화(=신도화)된 '변경의 양명학'과는 분명히 별개입니다.

중국에는 '근대의 재중국화'를 이끌 만한 정치사상의 유산이 축적되어 있었습니다. 그렇기에 21세기인 지금에도 정치유가나 양명학이 복권되는 것입니다. 그러나 일본에는 좋든 나쁘든 '근대의 재일본화'를 견뎌낼 만한 유산이 없습니다. 신도화된 양명학을 비롯해, 일본 언론인이 종종 서브컬처적인 '빙의'—극우사상(오늘날 '일본회의'로 대표되는 것)이나 선사시대적인 애니미즘—로 비약하는 것은, 그만큼 일본의 '시민적' 정치사상이 빈곤하기 때문입니다.

이 왕복 편지에서 종종 거론했다시피, 서양 근대국가의 모델을 금과옥조로 삼고자 해도 이제는 포퓰리즘이나 세계화가 그것을 갉아먹고 있습니다. 그렇다고 중국의 정치유가처럼 민주주의를 열등한 제도로 간주하거나 일본의 극우처럼 '신神'에 열광한다고 해서 밝은 미래가 찾아오진 않습니다. 그런 연유로 이

---

9 福永光司, 『中国の哲学·宗教·芸術』, 人文書院, 1988; 張君勱, 『新儒家思想史』, 中国人民大学, 2006.

왕복 편지에서는 어디까지나 근대를 '교차로'나 '도시'라는 시점에서 점검하는 것을 목표로 해 왔습니다.

16세기의 서구화

근대의 재구성에 도움이 될 만한 유산을 변경 체험에서 끌어내는 것, 일본의 경우 그 시도는 근대의 시야를 '메이지 150년'에 가두지 않고 시간적으로나 공간적으로 확장하는 일을 의미합니다. 구체적으로 말하면 시간축을 16세기까지 늘리고 공간축을 다른 변경으로 넓히는 것입니다. 여기서는 아주 대략적인 지침만 제시하고자 합니다.

반복하건대, 일본은 두 번의 서구화를 거쳤습니다. 보통 일본의 서양화라고 하면 19세기 페리Matthew C. Perry 내항 이후의 변화(문명개화)를 가리키는데, 그 이전 16세기 최초의 서구화, 즉 기독교의 전래가 있었습니다. 페리 내항 이후 서양의 내셔널리즘이 '유사 종교'로서 도입된 반면, 프란시스코 사비에르는 문자 그대로 '종교'와 함께 등장했습니다. 열두 번째 편지에서 말했다시피, 야마자키 마사카즈는 사비에르나 덴쇼 소년사절단을 의식하면서, 바로 그 '잃어버린 바다', 즉 망령화된 '바다의 근대'라는 경로를 따라간 것입니다.

흥미로운 점은 16세기가 본격적으로 세계지도가 만들어지기 시작한 시대였다는 것입니다. 주요 담당자는 플랑드르 지방에 살았던 지리학자 아브라함 오르텔리우스Abraham Ortelius와 헤라르뒤스 메르카토르Gerardus Mercator입니다. 오르텔리우스는 당시 최대 상업도시였던 플랑드르 지방의 앤트워프에서 『세계의 무대Theatrum Orbis Terrarum』라는 세계 최초의 지도책을 만들어 유럽에서 큰 명성을 얻었습니다. 그는 인문적인 고대 지리학에서 과학적인 근대 지리학으로 이행하는 과도기의 학자입니다. 이 『세계의 무대』와 경쟁한 것이 항해 지도로 두각을 드러낸 후발자 메르카토르의 『아틀라스Atlas』였습니다.[10] 16세기에는 여러 지도가 경쟁했던 셈이죠.

지도 제작이란 최첨단 도시의 상징입니다. 지도를 만들려면 철저한 정보 수집력과 테크놀로지가 필요하기 때문입니다. 지금은 구글이 세계적인 지도 제작자입니다. 2016년에 존 행키John Hanke가 이끄는 나이앤틱Niantic, Inc.이 구글맵의 테크놀로지를 응용해 개발한 위치정보 게임 〈포켓몬 고Pokémon GO〉는 도시 산책 모델을 기존 '윈도우 쇼핑'(=표면의 창을 연속해서 어루만지듯 걷는 행위)에서 '멀티윈도우 게임'(=도시에 이미지의 창을 자유자재로 포개는 행위)으로 대체했습니다. 오리텔리우스나 메르카토르의 경우와 마찬가지로 행키 역시 새로운 지도 제작 기술로 세계를 계량화하면서, 세계 체험의 모델을 갱신합니다(저는 〈포켓몬 고〉에는 금방 질려버렸습니다만). 오늘날 16세기 앤트워프에 비견할 만한 것은 실리콘밸리일 겁니다.

무엇보다 『세계의 무대』 1570년도 초판을 보면, 유럽이나

---

10   C・クーマン, 長谷川孝治訳, 『近代地図帳の誕生』, 臨川書店, 1997.

아프리카의 형상이 꽤 정확하게 포착되고 있는 것에 비해, 중국이나 일본의 지형은 엉망입니다. 게다가 한반도의 존재는 아예 지워져 있어서 그야말로 엉터리입니다. 유럽 입장에서 보면 '극동'은 지식을 통한 계량화(=속령화屬領化)의 외부에 있는 변경이었습니다. 오르텔리우스보다 약 20살 연상이었던 사비에르가 얼마나 모험적인 선교사였는가를 알 수 있는 대목이기도 합니다.

유럽의 기독교는 그다지 온건한 종교가 아닙니다. 사비에르 등과 함께 스페인 가톨릭교회(예수회)를 주도한 이냐시오 데 로욜라Ignatius de Loyola는 이교도를 강력히 탄압했습니다. 도스토옙스키의 『카라마조프의 형제』에서 이반이 창작한 '대심문관' 이야기가 스페인의 세비야를 무대로 하고, 토마스 만Thomas Mann의 『마의 산』이 예수회로 개종한 스페인의 유대인 레오 나프타를 등장시킨 것은 그만큼 스페인에서 이교도 박해가 심했기 때문입니다. 사비에르만 해도 일본 도항 이전에 인도 고아에서 이교도 화형을 목격한 것으로 보입니다.[11] 이러한 폭력성을 배후에 띠면서 선교사들은 일본에 '서구화'를 가져왔습니다(참고로 오늘날 오이타현에 해당하는 지역에서 의료업에 종사한 루이스 드 알메이다Luis de Almeida는 기독교로 개종한 포르투갈 유대인이었습니다).

11 小岸昭, 『スペインを追われたユダヤ人』(ちくま学芸文庫), 筑摩書房, 1996; 德永恂小岸昭, 『インド・ユダヤ人の光と闇』, 新曜社, 2005.

그렇게 생각하면 당시 선교사들이 때때로 일본인의 온건함을 인정한 것은 흥미로운 일입니다. 예를 들어 오다 노부나가織田信長나 도요토미 히데요시와 대면한 루이스 프로이스Luís Fróis는 유럽인들이 채찍으로 아이를 위협하며 복종시키는 반면, 일본인은 폭력 없이 말로 아이를 훈계하고 있다고 진술했습니다.[12] 일본에서는 지금도 아이 훈육이라며 '체벌'을 옹호하는 사람들이 있습니다만, 그것은 프로이스가 본 16세기 일본인보다 퇴행한 것입니다. 프로이스는 폭력을 행사하지 않고 아이를 가르치는 일본인에게 감탄했습니다. 일본인은 이런 '전통'이야말로 계승해야 합니다.

변경의 망령적 근대

그런데 여기서 문제는, 언뜻 보기에 온건한 이 일본인들이 이윽고 기독교에 대해 격렬한 폭력성을 발휘하기 시작했다는 것입니다. 원래 일본에는 '원령 신앙', 즉 원한을 품고 죽은 자를 어느 정도 경외하는 풍습이 있었습니다. 그럼에도 기독교에 대해서는 비정상적으로 사디스틱한 폭력성과 잔혹성을 발휘했습니다. 이질적인 문명과의 만남(서구화)을 폭력적으로 차단한 것입니다.

이 잔학함은 일본사의 큰 수수께끼로 남아 있습니다. 일본

---

12   ルイス•フロイス, 岡田章雄 訳, 『ヨーロッパ文化と日本文化』(岩波文庫), 岩波書店, 1991.

인이 이렇게 맹렬히 배타적이었던 시대는 이례적입니다. 전시에 사카구치 안고坂口安吾나 전후 엔도 슈사쿠는 이 일본사의 트라우마라고 할 수 있는 수수께끼에 대처하려고 했지만, 그다지 성공적이었다고는 볼 수 없습니다. 엔도의 대표작『침묵』은 기독교 탄압과 그 이후의 전향을 연약한 남성이 '모성'을 회구한다는 식의 일본적 판타지로 수렴시켜 버렸습니다(한편 마틴 스코세이지 감독의 영화판 〈사일런스〉가 이 모성이라는 주제를 희석시킨 것은 현명합니다).

1637년에 일어난 '시마바라의 난島原の乱'은 전후 처리를 포함해 대단히 시사적인 사건입니다. 전문가들에 따르면 시마바라의 난에는 이중성이 있습니다. 즉, 이 반란은 기근과 무거운 과세가 낳은 백성들의 '잇키'(무장봉기)이자, 기독교 신앙에 기초한 '종교전쟁'이기도 하기에, 어느 하나로 결정하기 어렵습니다. 흥미롭게도 이 난을 주도한 이들은 이미 과거의 탄압으로 신앙을 포기한 적이 있지만, 기독교도 영주(다이묘)가 다스리던 옛 전성기를 되찾고자 신앙으로 복귀한 '되돌아온 기독교도'였습니다.[13] 이 점에서 시마바라의 난은 폭력적으로 봉살封殺된 기독교의 망령이 일으킨 반란입니다. 정신분석 용어로 말하면, '억압된 것의 회귀' 그 자체입니다.

게다가 도쿠가와 막부는 기독교도를 무력으로 제압했을 뿐만 아니라, 그들을 정신적으로도 지배하려 했습니다. 반란 이

13   神田千里, 『島原の乱』(中公新書), 中央公論新社, 2005.

후에 시마바라의 정치개혁에 착수한 이는 유명한 선승인 스즈키 쇼산鈴木正三의 동생 시게나리重成였는데, 이후 주민들을 위해 목숨을 바친 그의 공적을 기리기 위해 스즈키 신사鈴木神社까지 세워집니다. 쇼산은 에도 시대에 '세속적 금욕주의'라는 '근면의 철학─막스 베버가 말하는 '프로테스탄티즘의 윤리'에 가까운 것─을 확립한 사상가입니다. 이 노동을 통한 '규율(훈련)'의 강조는 오늘날의 관점에 비춰 보면 노동 착취로 보일 수도 있으나,[14] 당시에는 쇼산의 혈육(시게나리)이 시마바라를 정신적으로 위로한 것입니다. 이는 '도쿠가와 이데올로기'가 기독교를 대체했다고 말할 수 있습니다.

이처럼 일본 최초의 서구화는 기독교 탄압에서 시마바라의 난에 이르는 강렬한 '거부반응' 때문에 폭력적으로 중단되었습니다. '도쿠가와 평화'의 기원에는 피비린내 나는 억압이 있었습니다. 그것은 전후 일본 평화의 근원에 아시아 침략과 패전이 있는 것과 대단히 유사합니다. 그러나 만약 이 기독교 체험이라는 '망령적 근대'의 지반이 없었다면, 150년 전 두 번째 서구화도 아마 순조롭게 진행되지 않았을 겁니다. 그런 의미에서 16세기의 체험에서부터 일본의 근대를 다층적 구조체로 생각하는 것이 중요합니다.

---

14   ヘルマン・オームス, 黒住真他 訳, 『徳川イデオロギー』, ぺりかん社, 1990.

동아시아에 국민국가 시스템은 적합한가?

지난 150년간 일본은 국민을 하나로 통합하는 내셔널리즘을 배경으로 서구에 근접하려 했습니다. 그러나 그 내셔널리즘도 이제 매우 볼품없이 되었고, 서양 근대 자체도 종교와 시장에 의해 '탈취'되어 버린 모양새입니다. 그렇기에 저는 이 왕복 편지에서 네이션/내셔널리즘 유행 이전부터 존재했던 것에 주의를 기울였습니다. 그중 하나가 방금 말한 16세기의 망령적 근대입니다. 그리고 또 하나는 도시입니다. 전자는 시간이라는 주제이며, 후자는 공간이라는 주제와 연관되어 있습니다.

아시다시피 오늘날 동아시아에서 내셔널리즘을 상대화하는 것은 대단히 시급한 과제입니다. 특히 중국 주변의 상황을 고려했을 때, 근대 국민국가 시스템이 이 지역에는 적합하지 않는 것은 아닌가 하는 의구심이 듭니다. 예를 들어 동쪽의 변경인 홍콩은 일국양제하에서 코즈모폴리턴한 '도시'의 자주성을 확보할 수 있으면 될 뿐이지, 중국에 맞서 국민국가가 되는 것은 본래의 의도가 아니라고 생각합니다. 저는 이미 여섯 번째 편지에서 과거 중국에도 도시국가의 전통이 있었고, 둔황이나 한커우 같은 코스모폴리스를 홍콩의 먼 조상 격으로 이해할 수 있다고 기술한 바 있습니다. 물론 청 씨가 말한 도시와 네이션을 양립시킨 '시민 내셔널리즘'의 모델을 생각하는 것도 중요하지만, 그것 역시 배타적인 에스닉 내셔널리즘으로 기울 위험이 전혀 없다고 할 수 없습니다.

반면 서쪽 변경인 신장 위구르 자치구에서는 위구르인을 비롯한 튀르크계 민족이 독립을 꾀하고 있습니다(동투르키스탄 독립운동). 그러나 이 지역의 '팔레스타인화'를 우려하는 중국 작가 왕리슝王力雄의 말처럼, 설령 동투르키스탄이 중국에서 독립한다 하더라도 다민족이 공존하는 그 광대한 지역을 하나로 통합하기는 쉽지 않습니다. 거의 단일한 민족 구성원과 종교를 갖추고 있으며, 종교적 리더가 있고, 지리적 경계도 명확한 티베트라면 일단 국민국가의 틀에 담을 수 있겠지만, 신장은 티베트보다 더 거대하고 민족 간 경계도 복잡하며, 각 민족의 내력도 제각기입니다. 신장에서 일부 급진적 독립파가 폭주한다면 과거 보스니아 헤르체고비나와 같은 '인종 청소'가 민족 간에 발생할 수도 있습니다.[15] 여기서도 역시 내셔널리즘 모델이 행복한 미래를 열어줄 것 같지 않습니다.

요컨대 홍콩은 국민국가가 되기에 너무 작고, 신장은 너무도 큽니다. 국민국가는 근대 유럽의 지리적 규모에는 딱 들어맞겠지만, 동아시아의 정치적 단위로서는 재고의 여지가 있습니다. 중국 입장에서 보면 한나라, 당나라, 원나라, 청나라 시대는 '국민국가'라기보다는 '제국'이었으니까요.

중국의 변경뿐만 아니라 동남아시아에서도 그 전통적 국가 형태는 유럽 근대의 주권국가와는 이질적입니다. 동남아시아의 왕권은 원래 의례적, 양식적, 여성적인 것으로, 도시가 정

---

15   王力雄, 馬場裕之 訳, 『私の西域、君の東トルキスタン』, 集広舎, 2011.

치권력의 '극장'으로 기능했습니다. 서구의 근대 국민국가 모델은 이러한 전통적 통치체계를 부정하며 들어온 것입니다.[16] 그러나 이 새로운 통치체계는 국가 내에 갈등의 불씨를 낳았습니다.

예를 들어 이 왕복 편지에서는 그간 화제로 삼지 못했지만, 미얀마의 이슬람계 로힝야족 난민에 대한 인권 침해가 큰 문제가 되고 있습니다. 로힝야족은 수수께끼 같은 집단으로, 여러 세대에 걸친 이민자들의 집합체인 것 같습니다. 불교도에게 원한과 적대감을 내비치며, 동남아시아 국민국가 '사이'를 떠도는 로힝야족의 상태는 마치 홍콩의 뒤집힌 모습처럼 보입니다. 홍콩과 로힝야족 모두 영국 식민 통치의 산물임에도, 그 존재 형태는 거의 정반대이기 때문입니다. 홍콩인들이 '도시국가[城邦]'의 보호를 받는 이민자의 후손이라면,[17] 로힝야족은 '도시국가'라는 피난처를 갖지 못하고, 국민국가에서도 배제된 변경의 난민입니다.

국민국가라는 정치 시스템은 반쯤 우연으로 유행한 것이지만, 그로 인해 전 세계는 일정한 혜택을 받았습니다. 청 씨도 말했듯이, 중화 제국의 쇠퇴에 맞춰 서양의 내셔널리즘을 도입한 덕분에 일본은 경제적으로 선진국이 될 수 있었습니다. 그러나 그러한 내셔널리즘의 유행은 세계에 큰 혼란도 가져왔습니

---

16   矢野暢, 『東南アジア世界の構図』, 日本放送出版協会, 1984.

17   陳雲, 『香港城邦論』, 天窗出版, 2011.

다. 특히 동아시아 국가들은 자기 키에 맞지 않는 서양식 의상 (네이션)을 무리하게 걸치고 있었는지도 모릅니다. 그 결과 난민 문제를 포함한 정치적 파탄이 곳곳에서 일어나고 있는 것이 아닐까요?

일본의 존재 의의

인문학계에서 내셔널리즘은 오랫동안 눈엣가시처럼 여겨져 왔지만, 그것을 대체할 번듯한 정치 원리는 구상된 바 없습니다. 특히 일본은 네이션의 근대화가 나름대로 성공한 편이기에, 근대 유럽과 다른 정치 원리를 생각할 필연성도 없었다고 볼 수 있습니다. 우메사오 다다오梅棹忠夫의 유명한 『문명의 생태사관 文明の生態史観』(1967)에 이르러서는 일본이 아시아(제2 지역)가 아니라 서구(제1 지역)와 동류라는 주장까지 나옵니다. 우메사오의 논의도 유라시아 대륙 양쪽 끝 '변경'의 입지에 우월성을 부여한 것입니다. '아시아는 하나'라는 사상의 공허함을 드러내면서 새로운 지역적 연관성을 제시한 것은 탁월한 견해이지만, 고도 경제 성장기다운 득의에 찬 언설이라는 인상도 줍니다.

　　그러나 오늘날 일본은 인구 감소 사회로 접어들면서 작은 자치체는 주변의 거점 도시에 흡수되어 정리될지도 모를 상황에 놓여 있습니다. 그렇기에 향후 일본에서도 근대 유럽에서 유래한 국가 의식이나 공간 의식의 갱신이 점점 더 필요할 것입니다. 렘 콜하스식으로 말하면, 충만한 공간을 디자인하는 것보다

'무無'를 생각하는 것, 즉 소멸이나 쇠퇴의 디자인을 잘하는 것이 중요합니다.[18] 국민국가가 아닌 도시국가의 모델은 이때 도움이 되지 않을까요? 적어도 국수주의적 신앙에 '빙의'되는 것보다는 훨씬 생산적인 논의를 할 수 있을 것입니다.

물론 도시의 미래라고 해서 결코 낙관적이지는 않습니다. 사회학자 리처드 플로리다Richard Florida는 "글로벌한 세계는 평평하면서 동시에 들쭉날쭉하다spiky", 즉 "글로벌 경제는 분산되면서도 집적되어 있다"라고 지적하며, 지구 곳곳에 스파이크처럼 박힌 창의적 활동이 집적되어 있는 것을 웅변적으로 이야기해 왔습니다만, 그런 그조차 최신 저작에서는 도시 내부 불평등의 확대와 슬럼화 문제를 더는 무시할 수 없게 되었습니다. 플로리다가 충격을 받은 것은 버려진 지방의 분노와 불안을 등에 업고 도널드 트럼프가 대선에서 승리하는 한편, 도시와 교외에서 표를 얻은 힐러리 클린턴이 패배한 일입니다.[19] 트럼프 본인은 맨해트니즘의 대명사임에도, 그의 승리는 오히려 '도시의 패배'였던 셈입니다.

홍콩에서는 세대 간 불평등이 심각하게 받아들여지고 있습니다. '성공한 사람들'인 연장자에 비해 경제적으로나 정치적으로 어려움을 겪는 젊은 세대가 불만을 느끼는 구도가 상당히 뚜렷해지고 있습니다. 청 씨는 홍콩의 하층 계급에는 관심이 없

---

18   レム・コールハース, 太田佳代子他 訳, 『S, M, L, XL+』(ちくま学芸文庫), 筑摩書房, 2015.

19   Richard Florida, *The New Urban Crisis*, Basic Books, 2017.

는 것 같시만, 이들을 '시민'으로 포용하지 않는다면 내셔널리즘의 꿈도 그저 환상에 그칠 것입니다. 홍콩 사회의 자유를 지탱하는 정의의 저울추는 이미 흔들리는 것처럼 보입니다. 우산운동을 계기로 경찰의 권위가 실추된 것도 바로 이 정의의 흔들림을 상징합니다. 양조위梁朝偉와 유덕화劉德華 주연의 〈무간도〉 같은, 신화적인 아우라를 띤 경찰 영화를 홍콩인들이 앞으로도 찍을 수 있을까요?

게다가, 별로 생각하고 싶지 않은 일이지만, 중국화가 더 진행된다면 홍콩의 '언론의 자유'가 현저하게 제약될 수도 있습니다. 실제로 청 씨가 이 왕복 편지에서 일관되게 우려한 것은 홍콩이 '피난처'로서의 성격을 상실하는 것이었습니다. 그렇다면 앞으로 일본은 바로 그 '도시적인 피난처'로서의 기능을 적극적으로 짊어져야 하는 것이 아닐까요? 일본은 이민자나 난민을 엄격히 배제하고 있어, 노르웨이에서 대량 살인죄를 저지른 극우 아네르스 베링 브레이비크Anders Behring Breivik가 예찬할 정도입니다.[20] 그러나 일본은 다른 나라에서는 살기 어려운 사람이나 언론을 수용해야 합니다. 영어권이나 중국어권에 속하지 않으면서도 나름대로의 사용자 수를 갖춘 일본어 환경이라면, 정치적으로 곤란을 겪고 있는 나라에서는 말하기 어려운

---

20 [옮긴이] 노르웨이 연쇄 테러 사건을 일으킨 살인범이자 극우파 테러리스트. 2011년 7월 22일 테러 및 총기난사를 일으켜 77명을 살해한 혐의로 체포됨. 브레이비크는 한국과 일본을 보수주의와 민족주의가 강한 이상적 국가로 보고, 유럽 역시 이 모델로 돌아가야 한다는 정치적 견해를 피력한 것으로 알려져 있다.

사안도 여기서는 할 수 있을 가능성이 있기 때문입니다. 앞으로도 청 씨와 같은 복잡한 배경을 가진 외국인들에게 '언론의 자유'의 장이 된다면, 극동의 섬나라 일본에도 약간의 존재 의의가 있을 것입니다.

동아시아 지적 허브로서의 도쿄

20세기 초로 거슬러 올라가면, 원래 일본의 도시들이 다양한 망명자와 유학생을 받아들인 사실을 알 수 있습니다(물론 그들을 수용하는 데에는 정치적인 의도도 깊게 관련되어 있었습니다만). 인도 독립을 목표로 한 라시 비하리 보스Rash Behari Bose[일본의 카레 및 제과 전문점 '나카무라야中村屋'의 창립자], 혹은 미야자키 도텐宮崎滔天이나 우메야 쇼키치梅屋庄吉의 지원을 받은 쑨원이 가장 대표적인 예입니다. 19세기 후반 아편전쟁 이후 영국과 프랑스의 조계가 들어선 반半식민지 도시 상하이가 서양의 정보를 번역해 전달하는 '허브'(거점)로 기능했고,[21] 20세기 초에는 도쿄가 동아시아의 교류 센터 역할을 담당했다고 할 수 있습니다. 이국의 망명자나 유학생에게 도쿄는 정보의 근거지가 된 셈입니다.

상징적인 예를 하나만 들어보죠. 루쉰―본명은 저우수런周樹人―과 그의 동생 저우쭤런周作人은 도쿄 유학 중 일본에서 입

---

21   劉建輝, 『增補魔都上海』(ちくま学芸文庫), 筑摩書房, 2010.

수한 해외 문학서를 중국인들에게 소개하고자 '약소민족'의 작품을 중심으로 묶은 번역 소설집 『역외소설집域外小説集』(1909)을 간행했습니다. 그들은 영국, 미국, 프랑스 문학에서 한 작품씩만 선정하고, 나머지는 러시아, 폴란드, 보스니아, 핀란드의 마이너한 작가들의 작품을 중국어로 번역했습니다. 『역외소설집』은 편자들의 의도가 강하게 담긴 변경 문학 선집입니다.

흥미로운 점은, 이 선집에서 체호프Anton Pavlovich Chekhov나 안드레예프Leonid Nikolaievich Andreyev 같은 슬라브계 작가가 큰 비중을 차지하고 있었습니다. 그들은 도스토옙스키나 톨스토이로 대표되는 '황금시대'의 대작가가 아니라 세기말적 불안과 고독을 상징적으로 다룬 '은銀의 시대Silver Age'의 작가들입니다. 일본에서 루쉰은 「고향」과 같은 사색적인 명작으로 알려져 있습니다. 그러나 실제 루쉰에게는 니콜라이 고골Nikolai Vasilevich Gogol을 연상시키는 『아Q정전』과 같은 해학적 소설도 있기에, '은의 시대'의 상징주의로 접근하는 모습도 볼 수 있습니다. 노벨 문학상 수상 작가 모옌管謨業이 말한 것처럼, 루쉰의 문학은 1930년대 『고사신편故事新編』에 이르러서는 20세기 후반의 마술적 리얼리즘을 예고하는 것처럼 보이기도 합니다.[22] 그렇기에 그는 결코 '온화한 휴머니스트'가 아니었습니다.

루쉰은 중국의 국민 작가이자 20세기 세계문학을 횡단한 혼종hybrid 작가라고 할 수 있습니다. 20세기 후반은 유럽 중심

---

22   莫言, 『莫言対話新録』, 文化芸術出版社, 2012.

주의가 무너지고 라틴아메리카와 같은 '변경'이 문학의 진원지가 된 시대인데, 루쉰은 그것을 어떤 의미에서 선취하고 있었습니다. 그리고 그 발단은 그가 일본에서 다양한 '변경 문학'을 접하고, 그것을 『역외소설집』으로 번역한 데 있었습니다.

도쿄가 동아시아 정보의 허브였기 때문에 외국인인 루쉰의 독특한 '문학 지도'가 가능했으며, 이는 향후 일본의 도시가 지향해야 할 방향을 시사하는 것처럼 보입니다. 저는 '우회로로서의 홍콩'이라는 도식을 제안했고, 청 씨도 도시를 다양한 외부의 힘과 시간축이 교차하는 '헤테로토피아(이례적 장소)'로 이해했습니다. 도쿄 또한 인간과 정보를 순환시켜 새로운 접근과 조우를 낳는 소용돌이의 로터리가 되면 좋겠습니다. 그것이 가능하다는 것이야말로 문명의 중압을 짊어지지 않아도 되는 변경 도시만의 강점입니다.

번역에 대한 저항

루쉰과 저우쭤런의 사례에서 볼 수 있듯, 번역은 대단히 중요한 작업입니다. 번역이 정체되어 문화의 소화 장애가 발생하면, 변경인은 곧 쇠약해질 것입니다. 그런데 일견 모순처럼 보이지만, 변경의 좋은 점은 '번역에 대한 저항'에도 있습니다. '번역하라, 그러나 번역하지 마라.' 제 생각에는 이 이중 명령에 머무는 것이 '변경'의 전략입니다.

영어나 중국어에 비하면 일본어는 마이너 언어입니다. 그러나 _그렇기에 이 마이너 언어는 메이저 언어로는 말하기 어려운 것을 말할 수 있는 도피처가 될 수도 있습니다. 일본어 환경 자체가 잠재적인 '피난처'라고 볼 수 있습니다. 언어는 투명한 의사소통의 도구일 뿐만 아니라, 불투명한 '암호'이기도 합니다. 반대로 모든 언어가 컴퓨터 자동번역으로 투명하게 소통될 것이라는 현대판 '바벨탑의 꿈'은 이 '피난처'의 가능성을 지워버릴 위험이 있습니다.

저는 앞서 이노우에 히사시의 『키리키리진』을 예로 들어, 독립 혹은 부흥을 위해서는 기존의 언어 체계에서 벗어난 기묘한 말이 필요하다고 했습니다. 요즘 홍콩에서도 중국어(베이징어) 교육이 정부로부터 강제되는 한편, 사람들 사이에서는 광둥어를 일부러 쓰는 새로운 관습이 뿌리내리고 있습니다. 홍콩의 인터넷 사용자들은 베이징의 관제 언어 게임에 광둥의 게릴라적인 언어 게임으로 대항하고 있는 셈입니다. 청 씨도 이전에 감탄한 것이지만, 그들은 어떤 정치적 메시지가 베이징 권력에 의해 검열된 것인지 아닌지를 특정 어투나 어감으로 추측할 수 있습니다. 어쨌든 이것은 조용한 '언어 전쟁'입니다.

언어학자 노엄 촘스키Noam Chomsky는 인류 공통의 생득적인 언어 프로그램(보편 문법)이 뇌에 갖춰져 있다고 생각했습니다. 그러나 망명 유대인 문예비평가인 조지 스타이너 George Steiner가 지적했다시피, 그러한 공통 프로그램이 있든 없든 간에 인류는 불가해할 정도로 많은 종류의 언어를 만들어

왔고, 그것이야말로 언어의 현실입니다.[23] 실제로 약간의 지역 차이일 뿐인데, 방언이 갈리고 억양이 다른 경우가 드물지 않습니다. 커뮤니케이션의 능률성이라는 관점에서는 분명 불합리함에도, 인간은 타인에게 통하지 않는 불투명한 말을 만들어내는 존재입니다. 그것은 인간이 이해를 넓히기 위해서만이 아니라 이해를 한정하기 위해서도 언어를 사용하기 때문입니다. 그런 맥락에서 보면 번역에 저항해 획득할 수 있는 자유도 있습니다. 특히 정치에서 '연결'이 반드시 긍정적인 것은 아닙니다. 바벨탑과 같은 '번역의 자동화'가 폭정에 활용될 수도 있기 때문입니다.

물론 영어는 이른바 공통 화폐와 같은 세계 언어이며, 다른 언어로 번역(교환)할 수 있는 길을 처음부터 포함하고 있습니다. 반대로 광둥어나 일본어와 같은 마이너 언어는 그렇지 않습니다. 모든 언어를 투명하게 잇는 자동번역의 꿈이 낙관적으로 이야기되는 지금이야말로 불투명한 언어(=암호)의 기능에 주목해야 할 것입니다. 그리고 번역에 저항하는 '자유'를 생각하기에는 홍콩이나 일본과 같은 변경이야말로 적합한 곳입니다.

콩을 기르다

우리는 지금까지 '변경', '근대', '내셔널리즘', '도시', '언어' 등의

---

23   ジョージ・スタイナー, 由良君美 訳, 『脱領域の知性』, 河出書房新社, 1972.

테마와 그 주위를 선회하면서 세계 인식을 보다 미래지향적으로 만들기 위해 편지를 주고받았습니다. 현대는 여러 어려움과 불확실성을 안고 있지만, 그래도 세계의 이해를 더 풍부하게 하기 위한 노력을 멈추어서는 안 됩니다. 세상을 둘러보면 사고의 재료는 얼마든지 있고, 그것들을 인식의 힘을 통해 보석으로 바꿀 수도 있습니다. 그래도 이제는 이 계획의 마무리를 지어야 할 시간이 왔습니다.

일본은 곧 2월 3일에 세츠분節分[24]을 맞이합니다. 교토의 요시다 신사의 세츠분 축제節分祭에서는 중국에서 유래한 방상시方相氏(궁정의 주술사)가 귀신을 쫓는 역을 맡습니다만, 저는 학창 시절에 덴지 천황과 인연이 있는 시가현 오미신궁近江神宮을 방문했을 때, 여섯 개의 눈을 가진 희귀한 방상시 가면이 전시된 것을 보고 놀랐던 기억이 납니다. 이것도 변경 문화의 한 예라고 할 수 있을까요?

일본에서는 세츠분 의식의 하나로, 마귀를 쫓는다는 취지에서 콩을 뿌리는데, 저는 귀신—지금으로 치면 이민자나 난민?—을 괴롭히고 쫓아내는 콩보다, 콩 그 자체에 더 깊은 애착을 갖습니다. 얼마 전에 읽은 흐뭇한 에피소드인데, 미국 작가 폴 오스터Paul Auster는 어린 시절 '인간human being'을 '인두 human bean[사람 콩]'으로 잘못 이해해 들었다고 합니다.[25] 이상

---

24   [옮긴이] 봄이 맞이하는 일본의 연중 전통행사.
25   ポール・オースター, 柴田元幸 訳, 『内面からの報告書』, 新潮社, 2017.

한 착각을 한 어린 오스터는 성장해 문제없이 '인간'이 되었을까요? 하지만 저는 완성된 '인간'보다 미완성의 '인두'에 매력을 느낍니다.

콩은 영양이 풍부해서 그대로 먹을 수도 있고, 가공해 전혀 다른 식품을 만들 수도 있습니다. 즉, 변형 능력이 매우 풍부한 식물입니다. 신화적 소재로서도 콩은 성적인 의미와 다산多産의 의미가 있습니다. 『일본서기』에는 음식의 기원을 배설과 연결하는 '하이누웰레Hainuwele'[26] 신화처럼, 살해된 우케모치노카미保食神[27]의 음부에서 콩 등이 생겨났다는 일화가 실려 있습니다. 콩으로 환생하는 여성의 신체, 그것은 문자 그대로의 'human bean'일 것입니다.

생각해 보면 우리의 왕복 편지도 마치 변경의 '콩'과 같은, 홍콩이라는 도시를 출발점으로 하면서, 세계 인식에 도움이 되는 많은 '콩'을 낳고 길러 온 것입니다. 열네 편에 달하는 편지를 모국어가 아닌 일본어로 계속 읽고 쓴 청 씨에게 깊은 존경과 감사를 표하고 싶습니다. 홍콩의 지식인이 이렇게 많은 분량의 일본어로 자신의 육성을 전한 것은 아마도 일본 출판 역사에

26 [옮긴이] 인도네시아 말루쿠 군도 스람섬 원주민들의 기원신화에 등장하는 존재다. 신화의 내용은 죽은 신의 사체로부터 작물이 태어났다는 이야기인데, 이런 이야기 형식의 음식 기원 신화를 '하이누웰레형 신화'라고 부르기도 한다.

27 [옮긴이] 일본신화에 등장하는 여신이다. 『일본서기』에 기록된 우케모치노카미 이야기는 '하이누웰레형 신화'의 일종으로, 죽은 여신의 사체에서 각종 곡물이 탄생한다는 줄거리이다.

서 처음일 것입니다. '시적 영역'과 '공적 영역'을 능란한 화술로 잇는 청 씨의 편지에 독자들은 일본의 논단이 어느샌가 잃어버린 자유로운 공기를 느낄 수 있을 것입니다. 이 콩알 같은 편지들이 언젠가 새로운 '인두'의 이야기로 발아하기를 바라며 펜을 내려놓습니다.

2018년 1월 30일

후쿠시마 료타

후기

지금 혹시 서점에서 책을 읽고 있는 분이 계신가요? 저는 책의 후기를 먼저 읽는 타입이라 '나중後'을 '먼저先' 손에 쥐고 싶은 이의 마음을 잘 압니다. '들어가며'나 '서문', 그리고 책의 띠지나 뒤표지에 쓰인 글은 아무래도 광고 같다는 생각이 들 때가 많죠. 아무리 훌륭한 추천사라 해도 그건 대부분 판매 전략이 잖아요. 이 책의 '들어가며' 또한 예외는 아닙니다.

그런데 어째서 사람들은 결말을 미리보고 싶어 하는 걸까요. 그건 아마 일종의 체념이나 절망에서 기인하는 게 아닐까요. 숙제로 내준 문제를 풀지 못했을 때, 문제지 말미의 해답지에서 답을 찾는 것처럼. 미래에 대한 예측. 사태에 대한 파악. 미리 알려는 의지. 그렇죠. 후기를 먼저 읽으면 이 책의 개요를 대략 파악할 수 있고, 그 이면에 숨겨진 저자의 진심 혹은 보다 현실적인 무언가를 당신의 예리한 감각으로 포착할 수 있습니다. 확실히 그렇습니다만, 저는 서점에 서서 책을 읽을 때 조금 다른 의도로 후기를 읽습니다.

제 전공이 역사학은 아니지만, 역사사회학 출신이라 항상 '글로 쓰인 것'을 소재로 다룹니다. 또한 인류학이나 문화사회학도 하고 있어서 사람들의 이야기를 듣는 것도 익숙합니다. 말에는 여러 쓰임새가 있다지만, 사람의 마음을 움직이는 말은 무엇을 위한 것일까요?

생각컨대, 결론이 나지 않는 국면을 수습하기 위해, 혹은 교착상태를 타개하기 위해서가 아닐까요. 사태의 처음이나 마지막에 나오는 말은 그 진가를 발휘합니다. 내용이 어떻든 간에, 책의 '들어가며'와 '후기'가 재미있는 것과 같은 이치지요. 둘 다 재미없는 책이면 저는 그 책을 사지 않습니다. 각국의 헌법을 비교해 읽으면서 재미있다고 생각하는 것도 시작과 마지막이 흥미롭기 때문일 겁니다.

중국에 '태초유도太初有道'라는 말이 있습니다. 성경을 중국어로 번역한 말인데, '모든 시작에는 길이 있다'는 의미입니다. 여기서 '길'이란 '말'을 뜻합니다. 영어판을 보면 알겠지만, "태초에 '말씀'이 계셨다. 그 '말씀'은 하나님과 함께 계셨고, 그 '말씀'은 곧 하나님이셨다In the beginning was the Word, and the Word was with God, and the Word was God"[1]라는 말입니다. 여기서 신학을 거론할 수 없겠지만, 서양의 신과 중국의 길道은 모두 다 '최초의 말'이네요.

변방의 사상이 혼돈의 시대에 '길잡이' 역할을 톡톡히 해내고 있습니다. 하버드대의 비교문학 연구자 마틴 푸크너Martin

---

1   [옮긴이] 요한복음 1장 1절. 성서원의 『쉬운말 성경』을 참조했다.

Puchner는 『쓰인 세계The Written World』[2]에서 문명의 기초는 애초에 이야기를 통해 형성되었다며, 각 문화의 기초가 되는 문자와 문학을 소개합니다. 그는 달의 궤도를 최초로 돌았던 아폴로 8호에 관한 이야기를 먼저 꺼냅니다. 우주의 모습을 지구로 중계할 때, 어떤 메시지를 전할지가 우주비행사들의 고민거리였다고 합니다. 그들은 결국 성경의 「창세기」를 낭독합니다. 같은 고전 텍스트라도 우주와 연관지어 읽게 되면 의미가 새로워지죠. 서양 문명이 낡은 시대에서 새로운 시대로 건너갈 때 나룻배와 같은 역할을 한 것이 성경이었는데, 여기서도 그것을 확인할 수 있습니다. 인간은 기계뿐 아니라 문자를 우주로 가져갔다고 푸크너는 강조합니다.

문자로 시작해서 문자로 끝나고, 또 새로운 의미를 지닌 문자가 나타납니다. 중심이 카오스 상태에 빠지더라도, 가장자리의 사상이 문화의 부흥을 완수해 갑니다.

이 책을 구성하는 열네 통의 편지에 담긴 무수히 많은 말에서 카오스 혹은 광기에 가까운 기백을 느끼셨다면 우리 두 사람은 정말 기쁠 겁니다. 이 책은 혼란스러운 국면을 정리하고 사태를 바로잡으려는 두 사람의 사상과 말을 편지라는 형식으로 기록

2   Martin Puchner, *The Written World: The Power of Stories to Shape People, History, Civilization*, Random House, 2017: [국역본] 마틴 푸크너, 최파일 역, 『글이 만든 세계』, 까치, 2019.

한 것입니다. 문명의 위기 속에 다시금 도래한 카니발적인 혼란 상태를 어떻게 수습할 것인가. 세상에 먹구름이 깃들고 중심의 리더십이 갈수록 교착되고, 사상이 대변동해 사회에 적응하기 어려운 지금, 우리는 몇 번이고 딛고 일어나서 변경을 일궈나아 갈 사상의 원점을 탐색해야 합니다. 사태(과거)에 대한 회한과 미래에 대한 축복의 마음을 교차시키면서, 안일한 감상이나 감정, 틀에 박힌 생각에 얽매이지 않고 거침없이 새로운 사상적 흐름을 모색해 보자는 게 이 책의 취지입니다.

마지막에 하는 말이야말로 '변경의 사상'의 진면목이 아닐까요. 종언을 제대로 인식하고 사태의 전모가 드러난 뒤에 쓰는 '후기'란 스스로가 이미 중심이라는 환상에서 벗어나 변경으로 해방되는 과정이나 다름없습니다. 리뷰review, 즉 다시-보기 re-view를 말하는 것이죠. 체념하고, 사태를 정리해 생각을 글로 남기는 것 말입니다. 마지막 편지에서 후쿠시마 씨가 말한 '독립, 죽음'에 대한 애도 작업을 거쳐 문화의 '재생, 부흥'을 견인하는 것이야말로 '후기'와 '서문'의 역할입니다.

그나저나 대만의 작가인 탕누어唐諾 씨가 쓴 『역사, 눈앞의 현실眼前』(2015)[3]이라는 책이 있는데, 중국의 고전 역사서인 『춘추좌씨전』을 현대적 관점에서 읽어냅니다. 상상해 봅시다. 중국의

---

3   唐諾, 『眼前』, 印刻, 2015: [국역본] 탕누어, 김영문 역, 『역사, 눈앞의 현실—엇갈리고 교차하는 인간의 욕망과 배반에 대하여』, 378, 2018.

춘추시대는 인류 문명에서 큰 진전이 있었던 사회였지만, 주나라 천자의 권위는 땅에 떨어지고 봉건 국가들이 서로 다투는 가운데 옛 질서는 무너져 버렸습니다. 거기에는 새로운 세계에 대한 염원이 있습니다. 『좌전』에는 여러 가지 기이한 역사적 사실이 특이한 방식으로 편집되어 있습니다.

이를테면 점괘와 꿈이 아주 중요한데, 미래가 막연하기에 천명에 의지할 수밖에 없다는 것입니다. 전쟁은 빈번히 일어나고 패륜은 급증하며 패권 국가는 약소국을 괴롭히는 등, 이런 상황을 어느 누구도 뜻대로 조종할 수 없었습니다. 하지만 『좌전』의 작가들은 그렇게 '서서히 죽어가는 시대'를 기록할 때 강대국이나 군사적으로 유명한 인물을 중심에 두지 않고, 중간 규모인 정鄭나라나 핵심 역할에서 벗어난 다른 외교관들의 헛된 노력을 상세히 다룹니다.

탕누어 씨는 아주 훌륭한 산문가인데, 이 책의 일본어 번역본이 없는 게 아쉽습니다. 천천히 멸망에 이르는 경험을 기록한 『좌전』에 대한 해석에서 오늘날 대만과 홍콩의 모습이 떠오릅니다. 탕 씨는 이러한 변경의 경험이야말로 다음 문명의 초석이 될 것이며, 그 정신은 수면 아래에 면면히 흐를 것이라고 말합니다.

도쿄의 아키하바라와 오차노미즈 사이에 만세이바시万世橋라는 장소가 있지요. 만세万世란 영원한 미래라는 뜻입니다. '만세를 위해 태평을 연다爲萬世開太平'는 중국 속담이 있는데, 이는 '후세에도 영원토록 우리 중심의 발상을 이어가기만 하면 된다'

는 중심의 발상입니다. 중심 혹은 영속적으로 이어지는 제도는 일종의 저주입니다. '지금의 애정, 학교, 사회, 도시, 국가가 영원히 이어질 것'이라는 '끝나지 않는 잔치'도 결국 환상입니다. 중심을 차지한 정치는 시간과 역사를 쌓는 노력을 아끼지 않겠지만, 영원한 권력은 결코 가능하지 않습니다.

변경의 사상은 그런 걸 바라지 않습니다. 과거를 직시하며 현재를 살면서 미래를 축복할 뿐입니다. 바통을 계속 넘겨주는 영원한 작업입니다. 사상이 변화하지 않으면, 다시 말해 마음이 약동하는 문화의 과정이 없다면 아무런 의미가 없지 않을까요? 어느 시대나 인간은 그러한 마음의 다이너미즘—포스트모더니즘의 용어로 하자면 '구조의 흔들림', 유교 철학의 용어로는 향상일기向上一機, 불교에서는 즉심즉불卽心卽佛—에 은연중에 끌리게 됩니다.

음, 이것으로 끝내기에는 아직 부족할 듯하네요. 처음부터 끝까지 이 책을 읽어주신 여러분께 좀 더 희망찬 이야기를 들려드리고 싶습니다.

변경의 사상이란 단적으로 말해 문화의 죽음과 재생을 잇는 상상(=창조)의 순간을 어떻게 포착할 것인가라고 할 수 있습니다. 우리 두 사람은 자칫하여 교조주의에 빠지지 않도록 경계하며, 열네 통의 편지로 할 수 있는 한 최선을 다해 서로의 마음을 엮어가며 그 윤곽을 여러분께 보여드렸다고 생각합니다. 책과 만화 읽기, 강연 듣기, 영화·드라마·애니메이션 보기,

음악 듣기. 이 모든 문화 체험은 하면 할수록 마음에 양분이 될 거예요(아마 미와 아키히로美輪明宏[4]가 하는 방송에서 들었던 것 같습니다). 저마다 만끽하는 문화의 가짓수나 내용이 다를 것이기에 체험의 질과 양 또한 각기 다르겠지요.

문화의 차이란 시차時差의 일종입니다. 다른 문화에 대한 이해와 대화는 결국 이러한 문화의 개인적 시차를 어떻게 메울 것인가 하는 문제입니다.

홍콩 출신인 제가 아무리 일본어를 잘한다고 해도 대가를 받고 일본어로 글을 쓰는 건 무모한 일에 가까웠습니다. 친구인 후쿠시마 씨와 편집자 선생에게 민폐만 끼칠 뿐이었습니다. 대학 시절부터 20년 동안 일본어 공부를 계속했지만(실제로는 영어 쪽에 더 많은 시간을 투자했지만) 37년 내내 일본어를 구사해 온 후쿠시마 씨에 비하면 제게 일본어는 '부자연스러운 문화'에 지나지 않습니다. 시간이라는 장애가 놓여 있는 것입니다.

그러나 편지라는 형식이라면, 어느 정도는 답할 수 있었습니다. 홍콩의 사정이나 일본 사상계에서는 드문 관점을 소개할 수 있습니다. 이 기발한 대화에서 무언가를 얻어간다면 필자들 역시 행복할 것입니다.

후쿠시마 씨를 처음 만난 건 교토였습니다. 어떻게 말을 걸었는지, 어떤 이야기를 나눴는지 다 잊어버렸으나 같이 먹었던

---

4   [옮긴이] 1935년생. 일본의 배우 겸 싱어송라이터. 일본의 1세대 퀴어 연예인으로 유명하다.

라멘이 제법 맛있었던 게 기억납니다. 나중에 후쿠시마 씨가 쓴 『신화가 생각한다』[5]를 읽었습니다. 처음에는 무슨 내용인지 전혀 이해가 가지 않았습니다―후쿠시마 씨의 책과 편지를 읽고 다 이해했다고 말하기는 어렵습니다. 독자 여러분도 이해가 되지 않더라도 안심하시길. 하지만 최근에 다시 읽어보니 여러 신선한 관점을 발견할 수 있었습니다. 이를 후쿠시마 씨한테 말했더니 "아, 첫 책의 내용은 완전히 까먹었어요"라는 대답이 돌아왔습니다. 시간이라는 건 불가사의합니다. 계기motivation가 전부입니다. 타이밍timing은 곧 맥락이고요. 맥락이 잡히면 글은 자연스럽게 이해되는 것 같아요. 마치 점쾌의 문장처럼.

그런데 이번 편지를 쓰던 중에 돌발성 난청이 시작되더니, 막바지에는 무슨 이유에선지 위통까지 찾아왔습니다(난청약은 분명 위장에 좋지 않습니다). 지금은 회복되었으나, 위통으로 잠을 못 자 멍한 상태입니다. 약간 깨어있는 상태와 잠든 상태 사이에 있는 것처럼 말이죠.

　잠을 잔다는 건 의식을 쉬게 하는 것인데, 마음은 수면 중에도 멋대로 움직이다가 그 의식이 꿈으로 나타납니다. 위통으로 몽롱할 때면 정신장애와 비슷한 상황에서 상상의 흐름이 무질서하게 흐르곤 합니다. 자신의 의지와 무관하게 어떤 사고와

---

5 福嶋亮大, 『神話が考える―ネットワーク社会の文化論』, 青土社, 2010: [국역본] 후쿠시마 료타, 김정복 역, 『신화가 생각한다―네트워크 사회의 문화론』, 기역, 2014.

이미지의 단편들이 반복적으로 나타납니다. 정체성마저 모호해지는 듯합니다.

그 이미지의 단편은 이를테면 제가 〈스타트랙〉의 우주선이 된 듯—의식을 가진 우주선(!)이라고 해야할까요. 마치 도가의 장자 이야기처럼 나비가 되기도 하고 새가 되기도 합니다—우주 여기저기를 날아다니는 것입니다. 최신작 〈스타트랙―디스커버리〉(2017)를 너무 많이 본 탓인지, 제가 작품 속 우주선처럼 순식간에 우주 저편 어디든 갈 수 있을 것 같았습니다. 참고로 인터넷 시대에 걸맞은 최신판 〈스타트랙〉의 우주선은 마치 미나카타 쿠마구스南方熊楠[6]가 연구했던 점균처럼 공간의 구애 없이 네트워크형 포자의 세계를 누빕니다.

또 어느 때는 제가 선거운동 달인이 되어 친구의 선거를 도와주기도 합니다. 꿈에도 정치가 침범하다니, 역시 홍콩 사태의 심각성을 알 수 있을 거 같습니다. 게다가 일본의 신작 애니메이션 세계도 출현했습니다. 빈곤한 상상력 탓인지 그 내용은 기존 애니메이션의 형편없는 복제에 지나지 않았습니다. 이렇게 후기에 한 줄 적을 수는 있겠으나, 꿈에 나타난 내용을 소재로 라이트노벨로 쓰는 건 무리겠죠.

몸이 아파도 사람의 마음은 이상한 꿈을 꾸는 법입니다. 꿈에서 영어, 광둥어, 일본어 세 가지 언어가 난무했던 것 같은

---

6   [옮긴이] 미나카타 쿠마구스(1867~1941). 근대 일본 초창기 박물학자 겸 생물학자. 일본 생태학의 선구자로 평가된다. 생물학자로서 점균 연구로 유명하다.

데, 병에 걸린 뇌에 더 큰 부담을 주었을 뿐 생물학적으로는 의미를 알 수 없는 작용입니다. 후쿠시마 씨가 편지에서 말했듯이, 인간의 문화적 행위란 생물학적으로는 생명을 깎아 먹는 행위입니다. 예를 들어, 위통에 시달리는 나쓰메 소세키에게 『열흘 밤의 꿈夢十夜』과 같은 작품을 만들 수 있는 기력이 대체 어디서 나왔을까요. 답이 보이지 않는 시대에 혼돈을 견디면서도 꿈을 꾸고 새로운 말을 만들어내는 것이야말로 가장 의미 있는 인간적 행위일 것입니다.

변경의 사상이란 먼저 꿈을 꾸고, 잠시 자신이 처한 집단의 질서에서 벗어나, 그 혼돈스러운 인식에서 새로운 자원을 끌어내어 자신의 세계를 재구성하는 일입니다. 저는 일본을 연구하며 홍콩의 상황을 관찰해 왔습니다. 내셔널리즘론과 도시론에 주목하면서, 서양 근대의 이 두 가지 애플리케이션을 어떻게 갱신할 수 있을지 탐구하는 것으로 미력하나마 두 지역의 미래를 축복하고 싶습니다.

이 책의 출판도 여러 작은 기적이 있었기에 가능했습니다. 후쿠시마 료타 씨와 담당 편집자 토리시마 나나미 씨에게 감사드립니다. 2014년 우산운동 이후 후쿠시마 씨에게 "만약 혁명 전쟁이 일어나서 내가 죽으면 묘비명을 부탁한다"라고 말한 기억이 있는데, 앞서 언급한 탕누어 씨가 자신의 저서에서 인용한 문학가 보르헤스Jorge Luis Borges의 말로 이 후기를 마무리해야 할 듯싶습니다. "적당히 좋은 것이 좋은 묘비명이다."

2018년 2월 12일

홍콩 프린스 에드워드 자택에서

입춘이 지났어도 무술년 구정이 아직 오지 않은 기묘한 시기에

청육만

옮긴이 후기

이 책은 2014년 우산운동으로 본격화된 홍콩 내 민주화 시위와 반중反中운동의 열기가 한창이던 시절에 오간 왕복 서한집이다. 2010년대 홍콩의 정치적 격변과 그로 인한 동아시아 변경의 존재 양식과 새로운 인식론을 탐험한다는 점에서, 홍콩발發 동아시아 변경론이라고도 할 수 있다. 오늘날 동아시아의 인민들은 서로의 문화를 즐기고 여행을 떠나는 등 겉으로는 많은 '교류'를 하고 있지만, 실상 서로를 잘 알지 못한다. 부지불식간에 서로를 '외면'하며 문명의 중심만을 바라본 채 각자 달려온 탓이다. 이는 한국 또한 마찬가지다. 우산운동 이전부터 홍콩에 존재해온 '정신'이나 '사상'에 대한 한국어로 된 진지한 글을 찾아보기 어려운 이유가 여기에 있을 것이다. 일반적으로 한국인들에게 홍콩이란 지난 시대 유행한 영화 아니면 화려한 야경과 마천루라는 이미지로 인식된다. 그러나 2010년대의 민주화운동은 홍콩에도 '민의'와 '사상'이 존재한다는, 어찌 보면 당연한 사실을 세계만방에 알린 사건이었다. 두 저자가 나눈 편지는 2010년대 홍콩 민주화운동을 발판 삼아, 문명의 중심(미국, 중국)만 바라보며 각자 고립되어 있는 동아시아 변경들의 자기인식을 해체하는 지적 실험이다.

두 사람은 2010년대 홍콩에 출현한 민의와 사상 추이에서부터 대화를 이끌어나간다. 홍콩 행정장관 직선제를 요구했던

2014년 홍콩 민주화운동(우산운동)은 실패로 끝났다. 그러나 시위를 이끈 젊은 세대들의 정치적 효능감은 홍콩 정치에 새바람을 불러일으켰다. 2016년 9월 4일 치러진 입법회 선거에 홍콩종지Demosistō의 로군충Nathan Law이 의회에 진출한 것이 대표적이다. 그의 의정 생활은 길지 않았다. 10월 국회의원 취임 선서에서 로군충은 중국에 대한 충성 맹세를 의문문으로 '살짝' 비꼬며 제도권 정치인으로서 이력을 시작한다. 민주파 의원에게 이는 하나의 관습처럼 내려온 '전통'이었다. 같은 해 11월 베이징 전국인민대표대회 상무위원회는 이를 빌미로 로군충을 비롯한 다섯 명의 민주파 의원의 자격을 박탈해야 한다는 성명을 발표한다. 그리고 중국공산당은 로군충을 폭동(우산운동) 지도 혐의로 신병을 구속하고 이를 인계받은 홍콩 정부는 의원직 박탈이 가능한 징역 3년 6개월이라는 중형을 선고한다.

이후 홍콩의 정치·사회상은 '중난하이'의 각본대로 흘러간다. 민의를 등에 업은 '홍콩 신사' 창전와는 패배했고, 강경한 시위 탄압으로 베이징의 눈에 든 람쳉윗오는 정해진 수순대로 승리했다. 젊은 세대들의 반항과 시위는 더더욱 철저히 탄압된다. 그 결과 우산운동을 기점으로 폭발한 민주파와 본토파의 정치적 변혁 가능성 또한 급격한 쇠락의 길을 걷게 된다.

이 책에는 이 과정을 실시간으로 지켜보면서 느끼는 참담함이 생생히 담겨 있다. 이러한 가운데 청육만은 2010년대 홍콩의 정치적 격변과 새로운 세대의 정신과 사상을 이을 '변경의 사상'으로서 도시적 내셔널리즘을 제안한다. 그는 이전 세대(베이비부머)의 정신과 사상에 도전하는 신세대(1970년대 말~1990년대 이후 출생자) 본토파 내셔널리스트다. 홍콩의 본토파 내셔널리스트 정치와 사상은 짧은 역사에 비해 매우 복잡한 분파로 나눠진다. 이 지면에서 이를 전부 설명하기는 어렵지만 큰 틀에서 그들의 입장을 다음과 같이 요약해 본다.

기성세대 홍콩인들은 경제적 풍요와 안정에 매몰한 채 '중심(영국·미국, 중국)'에 홍콩의 운명을 철저히 의탁했다. 그 결과 그들은 홍콩 내 경제적 기득권(주로 부동산)을 소유한 채 홍콩의 정체성과 주권의 근본적인 위기를 도외시했다는 것이다. 무엇보다 중요한 건 기성세대 홍콩인들의 이러한 사회적 '정상성'이 후속 세대들에게 가능하지 않다는 데 있다. 기성세대들은 비교적 안정된 체제 안에서 기반을 마련하여 1997년 이후 중국 자본의 유입으로 폭등한 부동산 가격으로 자산을 마련할 수 있었다. 그러나 젊은 세대들에게 부동산 폭등은 만성적인 주거 불안으로 되돌아왔다. 그러한 가운데 값싼 내지內地(중국) 노동력이 젊은 세대들에게 돌아갈 몫의 일자리를 잠식해 버렸다. 기존 세대나 계급의 재생산 문법이 사라진 현재, 홍콩의 젊은 세대들은 자기 운명을 스스로 결정할 주권마저 박탈당한 채 처참한 현실 속에서 살아가고 있다. 이에 대항해 본토파 내셔널리스트들은 그전까지 홍콩에 존재한 적 없던 이데올로기(내셔널리즘)로 홍콩인들을 규합하여 새로운 시대를 열고자 했다.

청육만이 전개하는 도시적 내셔널리즘은 새로운 홍콩을 위한 과감한 구상이다. 그것은 친완의 '홍콩 도시국가론'과 리아 그린펠드의 내셔널리즘 이론을 축으로 한다. 친완은 출간 후 일부 젊은이들에게 성전이 된 『홍콩 도시국가론』(2010)의 저자다. 이 책에서 친완은 홍콩이야말로 중국(공산당)이 잃어버린 화하華夏의 정통성을 잇는 유일무이한 지역임을 주장한다. 그리고 이를 수호하고자 도시국가로서 홍콩의 자치권과 정체성을 재확립하여 중국과 홍콩의 영구적인 체제 분리(독립과는 다른 개념으로서 일국양제의 영원한 공고화에 가깝다)를 역설한다.

친완의 주장은 반환 이후 홍콩 사회의 주류 담론에서 누구도 감히 드러내지 못했으나, 사실은 많은 이들이 품고 있던 정치적 무의식(탈중국)을 자극했다. 물론 친완의 정치적 구상을 지지했던 젊은 급진주의자들조차 그것이 현실적으로 가능할 것이라고 믿었던 것은 아니다. 그들은 '신비낙관' 같은 다소 추상적이고 무모한 기치를 내걸고 일단 과감하게 행동하고자 했다. 이들은 친완의 중국을 향한 과격하지만 유쾌한 비판과 광기 어린 행보에 편승하여 급진적인 반중 정서에 의지하는 정치 행보를 추수하는 행태를 반복하다가 몰락했다.[1]

청육만은 현대의 '정치적 중국'을 구제불능이라며 거부하면서 '문화적 중국'의 근본으로 홍콩의 정체성을 정립하는 친완의 문제의식에 심정적으로 동조한다. 그리고 여기에 더해 리아 그린펠드의 내셔널리즘 이론으로 '도시국가 홍콩'의 가능성을

---

1   徐承恩, 『香港, 鬱躁的家邦-本土觀點的香港源流史』, 新北: 左岸文化, 2020, pp. 516-522.

모색한다.[2] 그린펠드의 내셔널리즘론은 한국에서는 유의미하게 소개된 적이 거의 없다시피 한데, 2010년대 홍콩 민주화운동에 엄청난 영감을 주었다. 그린펠드 본인이 홍콩 링난대학嶺南大學에 특별 방문학자로 체류(2010 - 2016)하며 개최한 내셔널리즘 공개 세미나의 영향이다. 민주화 시위가 한창이던 때에 이루어진 그녀의 내셔널리즘 세미나에는 대학의 교수 및 연구원뿐만 아니라 다수의 재야 언론인과 시민들이 참여했다고 알려졌다. 해당 세미나의 주요 일원이었던 청육만은 그린펠드 내셔널리즘 이론의 체계화 및 (홍콩적) 전유에 힘쓰고 있다.

그린펠드의 내셔널리즘론은 '상상의 공동체'로 대표되는 앤더슨의 마르크스주의적 내셔널리즘 연구에 대한 지적 반발에서 출발한다. 그린펠드에 따르면, 앤더슨의 내셔널리즘론은 문화를 물질적 토대의 부산물(상부구조)에 지나지 않는다고 간주하기에 문제적이다. 단적인 예로 그린펠트는 『상상의 공동체』의 부제인 '민족주의의 기원과 보급에 대한 고찰 Reflections on the Origin and Spread of Nationalism'에 관해 지적한다. 'reflection(반성/반영)'이라는 표현에서 확인할 수 있듯, 민족주의를 단지 경제와 기술이라는 하부구조의 '반영'으로만 여기는 태도가 앤드슨의 맹점이라는 것이다. 앤더슨의 이러한 입장

---

2   이하 내용은 張彧暋, 「燃える宝石のような煌めきー『ナショナリズム入門』解説」, リア•グリーンフェルド, 小坂恵理 訳, 『ナショナリズム入門』, 東京: 慶應義塾大学出版, 2023, pp. 221-239을 참조.

은 네이션 공동체를 구성하는 '상상력'이 실재real가 아닌 허구 fiction임을 명시한다. 즉, 앤더슨에게 내셔널리즘이란 경제적, 기술적 '리얼한' 하부구조의 '허구적' 반영으로, 주체화의 이데올로기로 간주될 따름이다.

이와 달리 그린펠드는 내셔널리즘 그 자체를 끊임없이 전승/갱신되는 문화적(상징적) '실재'로 간주해야 한다고 주장한다. 이러한 가설에 입각해서 그녀는 내셔널리즘의 언어적 전승 과정에 따른 상징적 위상의 변화를 추적한다. 그리하여 그린펠트의 연구는 내셔널리즘이 영국에서 계층 상승 욕망 및 존엄의 감정과 관련된 근대적 제도로서 착근하는 과정을 밝히고, 나아가 그것이 전세계적으로 발흥하는 양상을 고찰하는 기획으로 이어진다. 청육만은 그린펠드의 내셔널리즘 이론을 바탕으로, 2010년대 홍콩의 민주화운동을 홍콩 내셔널리즘 탄생의 기점으로 본다. 청육만이 볼 때, 홍콩 내셔널리즘의 창발은 홍콩인들이 전승해 온 홍콩의 언어(광둥어)를 비롯한 문화적 상징이라는 '실재'에 존엄을 추구하는 마음이 접합해서 발생한 것이다.

후쿠시마 료타는 청육만이 제시한 이 도시적 내셔널리즘에 희의적이다. 홍콩과 달리 이미 민족국가nation-state 체제를 완비한 일본에서 내셔널리즘은 사회적 배제와 쇼비니즘이라는 부작용을 가져오는 극복의 대상이기 때문이다. 이를 위해 후쿠시마는 일본이라는 네이션을 실질적으로 떠받치면서도 비가시화되어 있는 변경(원전, 한계 집락, 전선 등)의 사례를 조망하며, 네이션 너머의 변경론을 전개해 나간다. 그 결과, 오늘날 새로운 형태로 준동하는 (네오)내셔널리즘의 대안이 될 '변경의 사상'으로서 도시적 아시아주의를 제안한다. 서로를 복제하며 닮아가는 21세기 아시아의 '도시적 정서'에 주목하여 내셔널리즘을 에두르는 새로운 아시아적 연결을 구상하는 것이다. 이는 분명 매력적인 제안이다. 도시적 생활양식뿐만 아니라 각종 초국가적 대중문화(일본 애니메이션, 패션, 한류 콘텐츠, 관광 등)를 통해 긴밀히 연결된 역내 민간 문화의 지평을 염두에 두면 그 실현 가능성을 낙관하게 하기도 한다. 그러나 서한에서 밝히듯이, 도시적 아시아주의는 '분위기 이상의 실체'가 없는 러프한 가설로 여전히 남겨져 있다.

자신들이 서 있는 위치에서 적극적으로 미래를 상상하는 두 사람의 대화는 그 자체로 적잖은 지적 영감과 자극을 선사한다. 그렇다고 하더라도 이 왕복 서한에서의 논의가 동아시아에서 보편적으로 통용될 '변경의 사상'을 가시화하고 있다고 주장하는 건 무리일 터이다. 이 책의 저자인 두 사람조차 내셔널리즘에 대한 선명한 입장의 차이를 보이고 있다. 앞으로 홍콩 내셔널리즘과 같은 '새로이' 가시화될 '사상'을 어떻게 대할 것이며 그것과의 지적 관계를 어떻게 이어갈 것인가 여부는 한국의 지식 사회에서도 중요한 과제다. 미국이나 중국 같은 보편적인 '중심'에 의지하는 사고체계는 갈수록 그 지적 효용성을 잃어갈 것이다. 이를 직시하면서 동아시아 변경 사이의 지적 연결과 자유로운 논쟁이 더 적극적으로 이루어질 필요가 있다. 『변경의 사상』은 과감하고 활달한 발상을 시도한 드문 작업이다. 이 홍

미로운 대화가 한국의 독자들에게 어떻게 받아들여질지 궁금
하다.

익산에서
역자를 대표하여
윤재민

변경의 사상 — 일본과 홍콩에서 생각하다

1판 1쇄 2024년 11월 29일

지은이 후쿠시마 료타, 청육만
옮긴이 윤재민, 정창훈
펴낸이 김수기

펴낸곳 현실문화연구
등록 1999년 4월 23일 / 제2015-000091호
주소 서울시 은평구 불광로 128 배진하우스 302호
전화 02-393-1125 / **팩스** 02-393-1128 / **전자우편** hyunsilbook@daum.net
ⓗ blog.naver.com/hyunsilbook   ⓕ hyunsilbook   ⓧ hyunsilbook

ISBN 978-89-6564-302-9 (03300)

이 저서는 2017년 대한민국 교육부와 한국연구재단의 지원을 받아 수행된
연구임 (NRF-2017S1A6A3A02079082)